좋은 문장을 쓰기 위한 우리말 풀이사전

박남일

우리말 연구가. 중앙대학교 문예창작학과(소설 전공)를 졸업하고 제2회 '청년심산문학상', 제12회 '계명문화상', 제3회 '창작문학상' 등을 받았다. KBS 방영 『역사의 라이벌』(전4권)을 엮었고, 『청소년을 위한 혁명의 세계사』, 『히스토리텔러 박남일의 역사블로그』, 『꿈 너머 꿈을 꾸다―정도전의 조선창업 프로젝트』 등을 지었으며, 『예쁜 우리말 사전』, 『재고 세고』, 『뜨고 지고』 등 어린이를 위한 우리말 사전도 펴냈다. 지금은 언어와 역사를 넘나들며 독특한 관점으로 세상을 바라보는 인문학적 글쓰기에 매달리고 있다.

좋은 문장을 쓰기 위한
우리말 풀이사전

초판 1쇄 발행 2004년 10월 7일
초판 17쇄 발행 2025년 3월 10일

지은이	박남일
펴낸이	이영선
편집	이일규 김선정 김문정 김종훈 이민재 이현정
디자인	김회량 위수연
독자본부	김일신 손미경 정혜영 김연수 김민수 박정래 김인환

펴낸곳 서해문집 | 출판등록 1989년 3월 16일(제406-2005-000047호)
주소 경기도 파주시 광인사길 217(파주출판도시)
전화 (031)955-7470 | 팩스 (031)955-7469
홈페이지 www.booksea.co.kr | 이메일 shmj21@hanmail.net

ⓒ 박남일, 2004
ISBN 978-89-7483-228-5 01710

이 도서의 국립중앙도서관 출판예정도서목록(CIP)은 서지정보유통지원시스템 홈페이지(http://seoji.nl.go.kr)와 국가자료공동목록시스템(http://www.nl.go.kr/kolisnet)에서 이용하실 수 있습니다.(CIP제어번호: CIP2005001017)

좋은 문장을 쓰기 위한

우리말
풀·이·사·전

박남일 지음

서해문집

● 이 책을 읽는 분들에게

 한 나라의 문화적 힘은 그 나라 말의 어휘 수와 그 어휘의 세련된 정도로 판가름할 수 있다고 한다. 그런데 우리말은 어휘의 총량은 많지만 그중 열 가운데 일곱이 한자말이라고 한다. 게다가 나머지 셋도 일본말이나 영어 같은 외국말의 때에 절어 있음이 사실이다. 이렇게 된 데에는 피하기 어려운 역사적 배경이 있었음을 지나칠 수 없지만, 무엇보다도 지배층의 책임이 크다고 할 수 있다. 한자말이나 일본말, 그리고 영어를 우리 말글살이에 마구 끌어들인 것은 민중이 아니라 사대주의에 취한 일부 지배자들이기 때문이다.

 말에도 신분이 있다. 평범한 백성으로부터 스스로를 구별 지으려 애쓰는 사람들은 말글살이에서도 뭔가 남다르게 보이기를 좋아한다. 조선 시대 이전의 지배층은 어려운 한자말을 마구 쓰는 것이 높은 신분과 학식을 뽐내는 일이라 여겼고, 일제의 침략에 동조하면서 부귀를 누리던 이들은 앞장서서 일본말을 마구 퍼뜨렸다. 또한 해방 뒤부터 지금까지는 영어 구사 능력이 신분을 결정짓는 중요한 잣대가 되면서 일상적인 말글살이에서도 우리말과 영어를 섞어 쓰는 풍조가 자리를 잡고 말았다. 이처럼 어느 시대나 외국말글이 우리말보다 높은 '신분'을 누렸던 것이 사실이다.

'우리 것은 소중한 것이여!'라는 오래된 광고 문구가 생각난다. 사실은 '우리 것'도 소중하고 '남의 것'도 소중하다. 말글살이에서도 그렇다. 세계를 무대로 하는 오늘날의 경제 활동에서, 활발한 의사소통을 위해서는 당연히 모국어만으로는 부족할 터이다. 영어 따위의 외국어를 일찍부터 갈고 닦아 두는 것이 우리가 세계 속에서 살아남는 길임은 누구도 부인할 수 없는 사실이다. 그렇지만 시대가 그렇다고 해서 우리말을 업신여기고 깔보는 것은 주객(主客)을 바꾸는 일이다.

문화 선진국 프랑스는 '국어 보호법'을 제정하여 지나치다 싶을 정도로 모국어를 보호하고 있으며, 그 국민들은 일상적인 대화 가운데서도 어법을 어기게 되면 스스로 '미안하다'고 사과한 다음에 말을 바로잡는 것이 습관화되어 있다고 한다. 우리는 어떤가? 우리말의 오염된 정도를 감안하면 프랑스보다 두 배 정도는 노력을 기울여야 할 터이다. 그럼에도 우리 문화 정책을 담당하는 관료들과, 문화 권력을 행사하는 거대 언론매체들은 우리말에 대해서 그다지 관심이 있어 보이지 않는다. 예를 들어보자.

다음은 국어 능력을 고양시킨다는 취지로 시행하게 된 '제1회 국어능력인증시험' 문제 가운데 어휘·어문규정 영역에서 정답률이 낮았던 문제 가운데 하나다.

문) 문맥의 흐름으로 보아 〈 〉 표시한 낱말과 바꿔 쓸 수 없는 것은?
"발매된 지 두 달 만에 200만 장을 돌파함으로써 이 가수의 앨범은 〈최고의〉 히트를 기록하게 되었다."
　①공전(空前)의　②불후(不朽)의　③미증유(未曾有)의
　④전무후무(前無後無)한　　⑤전인미답(前人未踏)의

　이 문제에 대한 정답률은 24.9%였다고 한다. 이쯤 되면 한자어 교육이 필요하다는 주장이 나올 법도 하다. 그런데 한자어 실력을 뽐내기 좋아하는 사람들이나 가끔 쓸까 말까 한 한자어를 국어능력시험에 꼭 출제해야 하는지 못내 궁금하다.

　우리 말글, 특히 우리 한글은 만들어진 역사가 그리 길지 않아서 아직은 다듬어야 할 점이 많다고 본다. 무작정 어휘 수를 늘리는 것이 말글살이를 풍요롭게 하는 것은 아니다. 쉽고, 편하고, 아름답고, 세련되게 다듬어야 한다. 그것은 글쓰기에 종사하는 사람들의 몫이다. 소설, 시, 수필 등의 문학작품에서, 신문이나 잡지의 기사에서, 또는 대중에 대한 파급력이 높은 방송 대본 따위에 우리말을 살려 씀으로써, 언중(言衆)의 의식에 우리말의 아름다움이 두루 새겨지도록 해야 할 것이다. 더불어 느낌이 좋은 우리말을 적절히 살려 쓰는 것은 글 쓰는 이 자신의 문장력을 한껏 높여주는 일이기도 하다.

　지금까지 많은 선배 연구가들의 피땀 어린 노력이 있었고, 지금도 많은 분들이 사라져가는 우리말 연구와 보급에 힘을 쏟고 있다. 다만 여러 종류의 '우리말 사전'에 나온 풀이만으로는 그 뜻이 분명하게 다가오지 않아서 선뜻 끌어다 쓰기가 어렵게 느껴진다는 점이 아쉽다. 그래서 이 책에서는 우리 옛말 가운데서 일상적으로 누구나 활용할 수 있는 말 600여 개를 선정하여, 그 뜻과 어원을 자세하게 풀어서 썼다. 또한 그 말을 소설이나 수필, 기사문 따위에서 어떻게 살려 쓸 수 있는지를 생생한 예문을 들어 보여주고자 하였다. 나머지 여줄가리 올림말 1100여 개는 여러 사전 풀이를 대조하여, 그 풀이 내용을 알기 쉽도록 간결하게 다듬었다.

이 책을 쓰기 시작한 뒤로 계절이 네 번이나 바뀌었다. 글쓰기를 업으로 삼은 사람으로서 우리 문장을 쓰는 데 답답함을 느끼게 되어 시작한 일이지만, 그 방대한 작업이 너무 힘이 들어 도중에 포기할 생각을 가진 적도 여러 번 있다. 그럴 때마다 폐수로 오염된 강물에 맑은 물 한 바가지 퍼붓는다는 소박한 생각으로 다시 자료를 뒤지고 펜을 갈았다. 그래서일까. 오랜 시간 애쓴 흔적을 책으로 묶어 내보내기는 하지만 무언가를 끝냈다는 뿌듯함이 없다. 이 책은 대단한 결실이 아니라, 우리 말글살이에 푸르고 맑은 숲을 가꾸기 위한 첫 삽질에 지나지 않기 때문이다. 나머지 우리 말글살이의 숲을 가꾸는 데에는 여러 글벗들이 함께 참여해 주리라고 기대해본다.

끝으로 우리 말글살이에 의미 있는 작업을 할 수 있도록 도움을 주신 도서출판 서해문집 사장님과, 작업 과정에 직간접으로 도움을 주며 오랜 시간 인내심으로 함께해준 사람에게 고마움을 전한다.

2004년 여름 박남일

차례

이 책을 읽는 분들에게_ 4

● 1부 우주와 자연

　우주와 시간
　　해_ 12　　달_ 22　　별_ 28　　계절과 때_ 37
　날씨와 기후현상
　　비_ 47　　바람_ 56　　눈, 서리, 얼음_ 64　　더위와 추위, 구름……_ 69
　지리와 방위
　　땅_ 76　　강과 바다_ 87　　길_ 96　　위치와 방향_ 106

● 2부 생물과 사물

　동물
　　동물의 종류와 이름_ 114　　동물의 생태_ 124
　식물
　　식물의 종류와 이름_ 132　　식물의 생태_ 139
　사물
　　사물의 이름_ 145　　사물의 현상과 이치_ 157　　물, 불, 광물_ 170

3부 사람과 사회

사람의 몸과 생리현상
사람의 몸_ **182**   생로병사_ **193**   생리현상_ **200**

사람에 대한 별칭
생김새나 처지에 따른 변말_ **207**   행위와 성격에 따른 변말_ **217**

사람의 행위와 성정
사람의 행위_ **227**   사람의 성정_ **246**

사람의 관계와 모둠살이
사람의 관계_ **258**   살림살이와 모둠살이_ **269**

4부 경제활동

생업과 노동
농경과 어로_ **282**   일, 노동_ **297**   장사와 그 밖의 생업_ **309**

도구와 단위
연모와 기구_ **324**   수량과 단위_ **335**

재물과 거래
돈과 거래_ **344**

5부 일상생활과 문화

의식주
옷과 장신구_ **360**   먹을거리와 마실거리_ **373**   집과 잠_ **389**

문화와 풍속
말글과 예술_ **402**   민속과 풍습_ **414**   혼인과 성(性) 풍속_ **425**

찾아보기_ **438**

일러두기

1. 풍부한 해설과 실제 활용 예를 흥미롭게 읽으면서 우리 옛말을 습득할 수 있도록 하였다.
2. 옛 우리말 가운데서 일상생활에 활용하기 쉽고 어감이 좋은 말을 우선 올림말(표제어)로 선정하였다.
3. 파생어는 되도록이면 으뜸꼴에 곁들여 설명하고 올림말에서 제외하였다.
4. 실제 쓰임을 염두에 두고 갈래별로 분류한 다음, 다시 가나다 순으로 올림말을 배열하였다.
5. 갈래가 겹치는 말은 활용 정도가 높은 갈래로 분류하여 올렸다.
6. 각 올림말에는 하나 이상의 활용 예문을 덧붙여 그 말의 쓰임 예를 볼 수 있도록 하였다.
7. 출처를 밝히지 않은 예문은 모두 글쓴이가 직접 창작한 문장임을 밝힌다.
8. 올림말 전체를 부록의 '찾아보기'에 가나다 순으로 별도 수록하였다.

1부 · 우주와 자연

우주와 시간

● 해

0001 갓밝이 새벽 동이 틀 무렵의 희끄무레한 상태. 지금 막 밝아진 때.

희미하게 날이 밝을 무렵을 흔히 '여명(黎明)'이라 한다. 이것에 해당하는 우리말이 바로 '갓밝이'다. '금방' 또는 '지금 막'이라는 뜻을 가진 꾸밈말 '갓'과 '밝다'의 명사형인 '밝이'가 붙어서 이루어진 말. '갓난아기'의 '갓'과 같은 이치이다.

∷ 부지런하기로 소문난 김씨는 날마다 갓밝이에 벌써 쇠꼴을 한 바지게나 베어 짊어지고 사립짝을 밀고 들어온다.

0002 검기울다 검은 기운이나 먹구름이 차차 퍼져서 해를 가리고 날이 점점 어두워지다.

하늘에 떠 있는 검은 구름이 해를 가리면 대낮에도 어둑해진다.

또 해가 지평선 너머로 잠기기 시작하면 어스름한 땅거미가 깔린다. 이러한 과정, 즉 검은 기운이 차차 퍼져서 날이 컴컴해지는 것을 일컬어 '검기울다'라고 한다. 무언가 음산한 분위기가 연상되는 말이다.

∷ 해거름에 검기울어 가는 창가에 서면 삶이 참으로 덧없다는 생각이 들지요. 하지만 마음을 밝게 가지세요. 내일이면 다시 신선한 돋을볕을 내뿜으며 힘차게 해가 떠오를 테니까요.

0003 **놀** 하늘이 햇살로 벌겋게 보이는 현상.

놀은 해가 지평선이나 수평선 가까이 있을 때 하늘이 벌겋게 보이는 현상을 말하는데, 우리가 흔히 사용하는 '노을'은 '놀'의 시적인 표현이다. 저녁 무렵 해넘이 때 보이는 놀은 '저녁놀'이고 아침의 해돋이 때 보이는 놀은 '아침놀'이라고 한다.

∷ 동살이 비쳐드는 아침놀과 서쪽 하늘을 붉게 물들인 저녁놀은 하루의 시작과 끝을 알리는 거대한 신호등의 불빛이다.

0004 **돋을볕** 해돋이 무렵 처음으로 솟아오르는 햇볕.

간밤의 어둠을 밀어내면서 부드럽게 세상을 비추는 돋을볕은 상서로운 기운을 느끼게 한다. 해돋이 때 처음 비쳐드는 빛을 '햇귀'라고도 하는데, 두 말의 느낌에 미묘한 차이가 있다. 돋을볕이 햇볕의 힘찬 움직임을 느끼게 하는 말이라면, 햇귀는 소중하고 존귀한 느낌을 주는 말이다.

∷ 매 새해 첫날 해맞이를 하는 사람들은 기실 해돋이 때 뿜어져 나오는 돋을볕을 보기 위해서 명산의 꼭대기나 동해 바닷가로 모여든다.

0005 돋을양지   돋을볕이 잘 드는 곳.

옛사람들은 돋을볕이 비쳐드는 양지(陽地)를 '돋을양지'라고 하여 풍수 지리적으로 길한 곳으로 여겼다. 그런 까닭에 신라의 찬란한 유산 가운데 하나인 석굴암도 돋을볕이 잘 드는 돋을양지에 자리하고 있다. 아침마다 해돋이의 장엄한 광경과 함께 굴 안에 신비한 분위기가 감돌게 하여 사람들에게 숭고한 불심을 느끼게 한다.

∷ 나지막한 언덕배기의 돋을양지에 자리 잡은 집에서, 날마다 안방으로 쏟아져 들어오는 돋을볕에 흠뻑 젖어 아침을 맞이하는 것이 그가 꿈꾸는 세상이었다.

0006 동살   해돋이 전 동이 트면서 푸르스름하게 비치는 빛줄기.

해돋이 바로 전 여명이 드는 때를 흔히 '동트는 새벽'이라고 표현하는데, 이때 동쪽에서 푸르스름하게 비치는 빛줄기를 '동살'이라 한다. 동살은 직사광선이 아니고 해가 떠오르기 전에 비치는 반사 빛이라 할 수 있다. 한편 동살이 비치기 시작하는 것을 '동살 잡히다'라고 한다.

∷ 바닷바람이 매우 차가웠으나 우리는 동살이 잡히기 시작할

무렵부터 바닷가 모래밭에 나가 해돋이를 기다렸다.

0007 **무지개**   햇빛이 대기 중의 물방울에 굴절, 반사되면 해의 반대 방향에 반원형으로 길게 일곱 가지의 빛의 줄기가 뻗치는 것.

햇빛이 물기를 만나서 만들어내는 가장 아름다운 빛깔이 바로 무지개다. 두 개의 무지개가 한꺼번에 생긴 것을 '쌍무지개'라고 하는데, 둘 가운데서 유난히 밝고 고운 쪽을 '수무지개'라고 하며, 엷고 흐린 쪽을 '암무지개'라고 한다. 자연 현상에 음양(陰陽)의 원리를 적용시킨 예라 하겠다.

∷ 지루한 장마를 참고 견디다 보면 어느 날 이 산과 저 산의 중턱을 잇는 커다란 무지개가 떠오를 것이라고 믿는다.

0008 **볕뉘**   볕의 그림자. 햇볕을 은덕(恩德)으로 여기며 고맙게 이르는 말.

조선 시대 학자 남명 조식(曺植)의 '三冬에 뵈옷 입고'라는 시조에 '구름 낀 볕뉘도 쬔 적이 없건마는'이라는 구절이 나온다. 볕뉘는 '볕의 그림자'를 이르는 말이다. 현실 정치를 멀리하고 평생을 초야에 묻혀 학문을 닦으며 처사의 길을 걸은 조식이, 그림자만큼도 임금의 은덕을 입은 적은 없었지만 추운 겨울날 삼베옷을 입고서 임금의 죽음을 슬퍼한다는 내용이다. 그런데 햇볕에도 그림자가 있을까? '뉘'는 본디 세상이나 사람의 한평생, 한 세대를 뜻하는 옛말이다. 하지만 이 말이 볕뉘의 경우처럼 접미사로 쓰이면 별로 대단치 않은 것, 작은 것, 미천한 것, 그림자 등을 뜻한다. 옛날 사람들은 임금을 햇볕에 비유하였으니 볕뉘는 결국 '임금의 작은 은덕'을 이르는 말이다. 사실은 임금의 은혜를 거의 입지 못했음에도 그 은덕을 간절히 바라는 백성들의 소망이 담겨 있다고 볼 수 있다.
∷ 자신의 신념을 지키기 위하여 전향을 거부하고 평생을 창살에 갇혀 지낸 그는 교도소 안에서도 재소자들의 인권을 위해 투쟁하다가 볕뉘도 들지 않는 징벌방에 몇 주일씩 갇혀 지내기도 하였다.

0009 **살** 해나 별 따위의 천체가 내뻗치는 기운.

역학(易學)의 원리에 따르면 인간은 잉태되는 순간부터 하늘에 떠 있는 해와 달과 별의 기운을 받아서 체질과 운명이 결정된다고 한다. 이때 천체에서 뻗쳐오는 기운을 '살'이라고 한다. 인간에게 적절히 작용하여 왕성한 활력을 불어넣어 주는 살은 우리말이지만, 이것이 지나쳐 사람에게 해를 끼치게 되면 '급살(急煞)'이라 하여 한자말로 쓴다. 이 밖에 살은 여러 가지 뜻으로 쓰인다. 우선 나이를 말할 때 '몇 살'이라고 한다. 나이를 먹었다는 것은 그만큼 살을 많이 받았다고 보는 것이다. 또한 사람이 목숨을 이어 나가는 것을 '살다'라고 하고, 생활을 꾸려 나가는 것을 '살림'이라고 한다. 그리고 어떤 방향으로 일정하게 뻗쳐 나가는 모양을 일컫기도 한다. 부챗살, 햇살, 창살 따위의 살이 모두 그런 뜻이다. 한편 혜성(彗星)의 꼬리 빛이 세찬 것을

'살차다'라고 한다.
:: 고개를 들어 하늘을 우러러보니 살찬 별빛이 하늘을 수놓고 있었다.

0010 해거름 해가 서쪽으로 기울어질 무렵.

해거름은 '해'와 '거르다'가 결합된 말이다. '끼니를 거르다'라는 말처럼 '거르다'는 뭔가를 차례대로 해가다가 중간에 어느 자리를 빼고 넘기는 것을 말한다. 즉 해거름은 한 일도 없이 하루가 건너뛰듯 지나가 버린 것을 뜻한다. 해와 관련된 우리말을 자세히 보면 해가 떠 있는 동안의 시간의 흐름에 따라 세밀하게 구분되어 있음을 알 수 있다. 그 중에서 해거름은 해넘이보다 조금 앞선 때를 가리킨다. 해거름은 이미 해가 서쪽 산마루에 걸려 있어서 어떤 일을 새로 시작하는 것보다는 하던 일의 아퀴를 지어야 할 때다.
:: 점심 먹고 바로 밭으로 온다던 서방님은 해거름이 다 되어서야 불콰한 낯을 하고는 갈지자걸음으로 나타났으니, 그 꼴을 본 아낙은 속이 끓어 어찌할 바를 몰랐다.

0011 해넘이 해가 지평선이나 수평선 아래로 잠기는 때.

'해돋이'에 상대되는 말로 해거름보다 조금 늦은 때를 말한다. 서쪽 산마루 또는 지평선 뒤로 해가 '넘어가는' 때를 이르는 말로 '해질녘' 또는 '해질물'이라고 바꾸어 표현할 수 있다. 한자말로는 '일몰(日沒)'이라고 한다.

∷ 정월 초하루 해돋이 구경하는 것이 요즘에는 세시풍속처럼 되었는데, 그 안날인 섣달그믐에는 서해 바다에 가서 해넘이를 먼저 보는 것도 참 재미있는 일일 것이다.

0012 해돋이   해가 막 돋아 오르는 때.
날마다 떠오르는 해는 똑같은 해이지만, 한 해가 새로 시작되는 새해 첫날 떠오르는 해는 사람들에게 각별한 감회를 불러일으키는 것 같다. 그래서 새해 첫날 해돋이를 맞이하기 위하여 수백만 명의 발길이 동해 바다로 향한다. '해넘이'에 상대되는 말이며, 한자말 '일출(日出)'을 대체할 수 있는 우리말이다.
∷ 우리나라 남해에 있는 어떤 섬에서는 수평선 위로 해돋이와 해넘이를 같은 자리에서 볼 수 있대!

0013 해바라기   양지바른 곳에서 햇볕을 쬐는 일.
따사한 햇살도 사시사철 무한정으로 모든 사람들의 머리 위를 비추지는 않는다. 흐린 날, 궂은 날 다 지나고 구름 걷힌 뒤에야 그 따뜻한 기운을 비로소 사람들에게 선사한다. 그래서 햇볕은 더욱 소중하고 고맙게 느껴진다. 해바라기는 해와 사람의 가장 직접적인 만남이다. 겨울을 지난 봄철에는 하루가 다르게 해가 길어지는 것을 보면서 계절의 변화를 실감하게 된다. 따사한 봄볕이 내리쬐기 시작할 무렵 도심지 공원 한구석에서 해바라기 하는 노인들을 종종 볼 수 있다. 볕뉘를 쬐면서 노인들은 무슨 생각을 하게 되는 것일까?

:: 날도 좋은데 그렇게 방 안에만 틀어박혀 있지 말고 옥상에 올라가서 해바라기라도 하렴!

0014 **햇귀** 해돋이 때 처음으로 비치는 빛.

해돋이 때 처음 비쳐드는 빛을 '햇귀'라고 하는데 이는 '돋을볕'과 비슷한 말이다. 똑같은 사물이나 현상을 가리키는 데도 말하는 사람의 처지나 기분에 따라서 다르게 표현하는 경우가 많다. 햇귀와 돋을볕도 뜻은 비슷하지만 그 느낌은 다르다. '돋을볕'이라는 말은 힘찬 움직임을 강조한 느낌이 들고, '햇귀'라고 할 때는 귀하고 소중한 느낌이 먼저다. 이처럼 똑같은 대상을 표현하는 말임에도 돋을볕과 햇귀는 사람들에게 각기 다른 감정 작용을 불러일으키는 것이다.

:: 오늘 아침엔 언뜻 햇귀가 비치는가 싶더니 이내 매지구름이 몰려와 해를 삼키고 말았다.

0015 **햇덧** 낮이 짧아지는 가을날, 짧은 해가 지는 동안.

해가 점점 짧아지는 가을날에는 아직 중천에 떠 있을 것 같은 해가 어느 순간 기울고 있음을 보게 된다. 이 무렵 사람들은 여름철 긴 해에 익숙해져 있다가 금방 해가 넘어가 버리는 것을 덧없이 느끼게 된다. 이처럼 가을날의 해가 지는 동안은 짧게만 느껴지는데, 이렇게 짧게 느껴지는 순간을 '햇덧'이라 한다. '덧'은 '짧은 시간'을 가리키는 말이다. 불교에서 유래한 '찰나(刹那)'라는 말과 뜻이 같다. 한편 세월이 속절없이 빨리 흐른다는 것을 말할 때 '덧없다'라고 하는데, 이는 '무상함'을 뜻하는 형용사다. '햇덧'이라는 한마디 말이 가을날 해질녘의 풍경과 서정을 함축하고 있다. 장황한 설명이나 묘사 없이도 가을날 해질녘의 쓸쓸한 분위기가 물씬 느껴진다.

∷ 이태째 시난고난하던 그녀는 지난가을 햇덧에 돌아올 수 없는 곳으로 떠나고 말았다.

0016 **햇무리** 햇빛이 대기 속의 수증기에 비치어 해 둘레에 둥글게 나타나는 테두리.

사람의 맨눈으로 해를 똑바로 바라보기는 힘들다. 맑은 날에는 너무 눈이 부시고, 그렇지 않을 때는 구름 속에 숨어버리기 때문이다. 그런데 가끔씩은 맨눈으로도 별로 어렵지 않게 해를 바라볼 수 있다. 옅은 구름이나 안개에 싸여 선명하지는 않지만 해의 둥그런 윤곽이 드러나 보일 때가 있는데, 이때는 대부분 해의 둘레에 햇무리가 져 있는 것을 볼 수 있다. 햇무리는 줄여서 '햇물'이라고 한다. 한자말로는 '일훈(日暈)'이라고 하는데 참 어려운 말이다.

∷ 그는 고개를 들어 하늘을 바라보았다. 부연 하늘빛 한가운데 햇무리가 져 있었다. 어지러웠다.

0017 **햇발** 사방으로 뻗친 햇살.

빗발, 눈발, 서릿발 등 날씨와 관련된 말 뒤에 붙는 '-발'은 당찬 기세를 뜻한다. 따라서 햇발은 기세 좋게 강하게 뻗치는 햇살을 나타낼 때 쓰는 말이다. 예컨대 구름 사이로 희미하게 내비치는 햇살을 햇발이라고 부르지는 않는다. 사방으로 펼쳐진 햇살만을 햇발이라고 부른다.

:: 우리가 탄 자동차는 노해에 떨어지는 따가운 햇발을 받으며 해변을 따라 달려갔다.

0018 **햇살** 해에서 나오는 빛줄기.

시어(詩語)나 소설 용어로 자주 쓰는 햇살은 '해의 살'을 뜻하는 말이다. 햇살과 햇발은 느낌이 다르다. '햇발'이 따가운 뙤약볕을 연상시키는 반면, '햇살'은 담장 아래에서 해바라기하기에 적당한 부드러운 햇볕을 떠올리게 한다.

:: 탐스러운 햇살이 가득 넘치는 들녘에서 이름모를 들꽃을 한 아름 꺾어 그대의 품에 안겨주면서 내 가슴속에 오래도록 묻어두었던 그 은밀한 마음을 털어놓고 싶었다오.

● **여줄가리 올림말**

0019 **고른한낮** 태양이 자오선을 지나는 평균 시각.
0020 **고리일식** 달이 태양의 중심만 가리고 그 둘레는 가리지 못하여 태양이 고리 모양으로 보이는 일식.
0021 **빛기둥** 좁은 틈 사이로 뻗치는 빛살.
0022 **하늘갓** 땅 위에 펼쳐져 보이는 하늘의 가.

• 달

0023 갈고리달 몹시 이지러진 달. 초승달이나 그믐달.

초승달이나 그믐달처럼 일그러진 달을 일컬어 어떤 지방에서는 '손톱달'이라 하고, 또 어떤 지방에서는 '갈고리달'이라고 하였다. 똑같은 모양의 달을 두고 지방에 따라서 사뭇 느낌이 다른 명칭으로 불렸던 것이다. 갈고리달은 아무래도 조금 험악한 느낌을 주는 반면, 손톱달은 친근하고 앙증맞은 느낌을 준다.
∷ 한밤중에 뒤척이다가 뜰에 나와보니 우듬지에 걸린 갈고리달이 처연한 빛을 흘리고 있었다.

0024 달가림 '월식'의 순우리말.

월식(月蝕)은 해와 지구와 달이 일직선으로 위치하여 지구의 그림자가 달을 덮어버리는 현상을 말한다. 일식(日蝕)은 반대로 달이 해를 가리는 것이다. 지구와 달이 대거리로 서로에게 장난을 치는 것일까. 그런데 일식이나 월식에서 '식(蝕)'은 좀이 먹거나 썩어 들어간 상처를 뜻한다. 뜻이 별로 좋지 않은 한자말이다. 그것보다는 '해가림'이나 '달가림'이라는 말이 훨씬 느낌도 좋고 과학적이다.
∷ 옛날 사람들은 달가림이나 해가림을 재앙의 징조로 여겼단다. 불길하게 여겼던 게지.

0025 달무리   달 언저리에 둥글게 두른, 구름 같은 허연 테.

대기 중에 물기가 많을 때, 밝은 보름달 주변에 둥글고 허연 테가 생기는 것을 볼 수 있다. 이렇게 달 주변에 허연 테가 생겨나는 것을 '달무리가 지다'라고 한다. 해 주변에 생기는 둥그런 테두리를 '햇무리'라고 하는 것과 같은 이치다.

∷ 그날 밤 우리는 황금빛 달무리가 진 밤하늘을 바라보며 지난날의 아득한 추억에 흠씬 젖었다.

0026 달물결   달빛이 은은히 비낀 물결.

달빛이 바다나 호수의 표면에 비껴드는 풍경 속에 홀로 서 있는 장면을 상상해보라. 어느 숲에선가 금방이라도 소복한 처녀귀신이 사뿐사뿐 걸어 나올 것 같다. 달물결은 자연이 만들어낸 가장 음산(陰散)한 풍경이라고 할 수 있다. 전통사상인 음양의 원리에 따르면 달과 물은 모두 음(陰)의 성질을 가지고 있다. 음의 기운이 강한 두 가지가 만났으니 음산함의 극치다.

∷ 우리가 잔뜩 긴장하며 둔치 수풀 속에 몸을 숨기고 있을 때, 달물결 위로 거룻배 한 척이 소리 없이 다가오고 있었다.

0027 달안개   달밤에 피어오르는 안개, 또는 달빛이 안개처럼 뿌옇게 보이는 것.

강의 어귀나 호수 주변에 피어오르는 안개와 달빛이 어우러진 말이다. 희뿌연 안개 사이로 푸르스름한 달빛이 비껴드는 장면을 떠올리면, 무섭고도 슬픈 전설의 배경이 연상된다. 달빛과 안개는 공포영화에 등장하는 단골 장면이기도 하다.
∷ 달안개가 피어오르는 숲 속, 여기에 늑대의 울부짖음이 음향으로 더해지면 그 다음은 영락없이 소복한 귀신이나 저승사자가 등장한다.

0028 **달편** 반달 모양으로 만든 떡. 월편.

'편'은 떡이다. 만두(饅頭)를 뜻하는 '편수', 정초에 차례상의 떡국을 뜻하는 '편쑤기', 한가위 때 먹는 '송편' 따위의 말에서 쓰인 '편'은 떡을 점잖게 이르는 말이다. 송편은 실은 달편과 비슷한데 소나무[松] 잎을 깔고 찐다고 해서 '송(松)편'이라는 이름이 붙은 것이다. 속담에 '편보다 떡이 낫다'는 말이 있다. 사실은 똑같은 종류의 물건이지만 한쪽이 다른 쪽보다 낮게 여겨진다는 것을 뜻하는 속담이다.
∷ 반달 모양의 떡을 월편이라고도 하고 달편이라고도 하는데, 같은 떡이라도 월편보다는 달편이 낫네!

0029 **손톱달** 초승달이나 그믐달과 같은 손톱 모양의 달.

예로부터 달은 사람들에게 무척 가까운 거리에 있어서 마치 '손으로 잡을 수 있는 존재'로 인식되었던 것 같다. 실제로도 달은 지구와 가장 가까운 거리에 있는 천체이다. 그래서일까. 방 안에서 창문으로 보면 달은 마당의 나뭇가지에 걸려 있는 것처럼 보이기도 한다. 연못에 비친 달을 훔치려다 물에 빠져 죽었다는 중국의 어느 시인에 대한 일화도 있다. 서양의 동화 중에 달을 갖고 싶어 하는 공주에게 손톱만 한 브로치를 만들어주었다는 이야기는 달에 손톱달이라는 이름을 붙이게 된 이유를 단적으로 보여준다.

:: 손톱달만 한 달빛이라도 있었으면 그 밤이 그렇게 무섭고 불안하지는 않았으리라.

0030 **어스름달**   해가 진 다음이나 뜨기 전의 어슬녘에 뜨는 달.

'어스름'은 해가 진 다음이나 뜨기 전 얼마 동안 주위가 환한 상태를 말한다. 어둠과 밝음이 교차하는 시간이라 할 수 있다. 어스름달은 이렇듯 어스름할 무렵, 즉 '어슬녘'에 뜨는 달이다. 검기울어 가는 초저녁에 떠 있는 달이나, 해 뜨기 직전 동살이 들 무렵에 떠 있는 달 모두 어스름달이다. 달은 깜깜한 밤중일수록 더욱 선명하고 밝게 느껴진다. 그런 이치로 본다면 어스름달은 때가 조금 이르거나 늦은 달이라고 할 수 있다.

:: 검기울어 가는 서쪽 하늘에 어스름달의 엷은 빛이 흐르기 시작할 무렵에야 불현듯 그와의 약속이 떠올랐다.

0031 **으스름달**   으스름하게 비치는 달.

'어스름달'과 '으스름달'은 그 이름은 비슷하지만 뜻에는 차이가 있다. 어스름달은 달이 떠 있는 때에 따라 붙여진 이름이지만, 으스름달은 달이 비치는 모양에 따라 붙여진 이름이다. 즉 으스름달은 달빛이 침침하고 좀 흐릿한 상태를 말한다. 안개가 많이 낀 새벽녘이나 조금 흐린 날에는 이런 으스름달을 볼 수 있는데, 약간 스산하고 찬 기운을 느끼게 한다. 사람들은 달을 차가운 것으로 여긴다. '해와 달이 된 오누이' 설화에서 상징하는 것처럼, 음양의 원리를 자연의 이치라고 생각한 옛사람들은 해를 남성적인 것·뜨거운 것으로 보고, 달은 여성적인 것·차가운 것이라고 보았던 것이다. 여성들의 평균적인 생리 주기가 달이 뜨는 주기와 거의 맞아떨어지는 것은 우연이 아닌지도 모른다.

∷ 동네 앞 저수지는 짙은 안개에 싸여 있고, 초가지붕 위로는 으스름달이 처연한 빛을 흘리고 있다.

0032 제돌이 천체가 자전을 하는 것.

어떤 천체가 다른 천체의 둘레를 일정한 궤도를 그리며 도는 것을 '공전(公轉)'이라 하고, 자기 자신의 고정된 축을 중심으로 하여 도는 운동을 '자전(自轉)'이라 한다. 이때 천체의 자전을 우리말로 '제돌이'라 한다. 말 그대로 '제 스스로 돈다'는 뜻이다. 지구는 하루에 한 번, 달은 한 달에 한 번 제돌이를 한다. 그러니까 지구는 일 년에 365번 제돌이를 하면서 태양의 둘레를 한 바퀴 돌고, 달은 한 달에 한 번, 같은 주기로 제돌이와 공전을 한다.

∷ 미국의 시간과 우리나라의 시간은 다르다. 그것은 지구가 제돌이를 하기 때문이다.

0033 조각달
반달보다 더 이지러진 달. 음력 초닷새 무렵의 상현달과 음력 스무닷새 무렵의 하현달.

달은 뜨는 시기와 모양에 따라서 여러 가지 이름을 가지고 있다. 음력 초순과 하순에 뜨는 갸름하고 날카로운 모양의 달은 초승달, 손톱달, 갈고리달 등으로 불린다. 며칠이 지나서 조금 살이 붙은 달은 조각달이다. 이 조각달이 점점 커져서 반달이 되고, 보름달이 된다. 보름달이 기울기 시작하면서는 반대의 순서로 이름이 바뀐다.

:: 초롱초롱한 별빛이 수놓은 하늘 복판에 쓸쓸히 떠 있는 조각달 하나!

0034 지샌달
먼동이 튼 뒤 서쪽 하늘에 보이는 달.

밤을 지새우고 해가 뜬 뒤에도 서쪽 하늘에 아직 달이 떠 있는 것을 가끔 볼 수 있다. 이를 '지새는달' 또는 줄여서 '지샌달'이라고 한다. 밤을 지새운 다음에 떠 있는 달이라는 뜻이다. 지샌달은 어스름달의 한 가지다.

:: 밤새 노동에 지친 몸을 이끌고 퇴근하는 내 발걸음 위로 지샌달의 지친 달빛이 희미하게 흘러내리고 있었다.

● 별

0035 **개밥바라기**   해 진 뒤에 서쪽 하늘에 반짝이는 금성.

'바라기'는 작은 그릇을 말한다. 따라서 개밥바라기는 '개의 밥 그릇'이다. 우리가 살고 있는 지구와 비교적 가까이 있는 행성으로, 지구의 바로 안쪽에서 태양의 주위를 돌며 저녁이나 새벽에 선명한 빛을 내뿜는 별이 바로 금성(金星)이다. 금성은 뜨는 시간에 따라서, 그리고 지방에 따라서 여러 가지 이름으로 불린다. 금성이 저녁 때 서쪽 하늘에 보일 때에는 이를 개밥바라기, 태백성, 어둠별, 장경성(長庚星) 등으로 부른다. 또한 이 별이 새벽하늘에 보일 때에는 샛별, 명성(明星), 계명성(啓明星) 따위로 부른다.

:: 저물녘 열구름 사이로 떠오른 개밥바라기 빛이 처연하다.

0036 **늑대별**   시리우스성을 일컫는 말.

큰개자리의 7개의 별 중에서 주성(主星)이라고 할 수 있는 시리우스는 겨울 하늘에서 가장 밝은 별이다. 시리우스(SIRIUS)는 희랍어 '세이리오스(빛나는 것)'에서 유래한 말이다. 옛날 중국과 한국에서는 이 별이 먹이를 바라보는 늑대의 눈빛 같다고 하여 '천랑성(天狼星)'이라고 불렀다. '랑(狼)'은 사나운 짐승, 곧 늑대나 이리를 뜻한다. 이런 명칭에서 유래하여 이 별을 늑대별이라고 부른다.

∷ 운동선수나 연예계에서 '스타 중의 스타'를 '시리우스'라고 부르는데 우리말로 하면 늑대별인 셈이지.

0037 **닻별** 카시오페이아 자리의 다른 이름.

붙박이별(북극성)을 중심으로 북두칠성과 조금 이지러진 대칭을 이루는 큰 W자 모양의 별자리를 '카시오페이아 자리'라 한다. 우리나라에서 북두칠성과 함께 비교적 선명하게 볼 수 있는 별자리인데, 그 별자리의 생김새가 닻 모양과 비슷하다고 해서 '닻별'이라 불렸다. 북두칠성의 국자 바가지 끝을 이어가다 보면 붙박이별이 나오고, 다시 비슷한 거리만큼 떨어진 곳에 닻별이 있다.

∷ 그대는 내 마음속의 붙박이별이오. 나는 그대를 따라 도는 닻별이 되고 싶었던 게요.

0038 **무저울** 미성(尾星) 끝에 나란히 있는 두 개의 별.

이 두 개의 별이 반듯하면 비가 고르게 와서 농사에 알맞고, 그렇지 않고 어긋나 보이면 물이 고르지 못하다고 한다. 이러한 속설을 들여다보면 '물+저울'에서 'ㄹ'이 탈락하여 '무저울'이 된 것으로 보인다.

∷ 저기 하늘에 무저울 좀 보소. 저렇듯 반듯하고 영롱하니 올해 농사는 풍년일 걸세.

0039 **미리내**　남북으로 길게 강물처럼 분포한 항성의 무리. 은하수.

미리내는 불규칙한 모양을 가진 여러 항성들의 무리다. 많게는 수억 개의 별이 거대한 소용돌이 모양으로 어떤 질서를 이루고 있다. 따라서 이것의 측면을 지구에서 바라보면 거대한 띠, 혹은 거대하게 흐르는 강물처럼 보이는 것이다. 미리내의 '미리'는 '미르'에서 변천한 것으로 보이는데, '미르'는 용(龍)을 뜻하는 우리 옛말이다. 그러므로 미리내는 '용의 내(川)'라는 뜻이다. '은하수'가 단순히 거대한 별무리의 빛깔과 모양을 묘사하는 말이라면, '미리내'는 천체의 신비에 대한 우리 조상들의 상상력이 깃들어 있는 말이다.

∷ 사람의 눈으로 볼 수 있는 것 중에서 가장 큰 것은 무엇일까. 그것은 바로 미리내다.

0040 **별똥별**　'유성'의 우리말.

유성(流星)을 우리말로 '별똥별'이라고 한다. 유성은 우주 공간의 먼지 덩어리가 지구의 대기권 안으로 들어와서 빠른 속도로 낙하하며 공기와 마찰하면서 빛을 내는 것을 말한다. 우리가 흔히 혜성이라고 부르는 꼬리별, 살별과는 다른 것이다. 한편 별똥별이 지구에 떨어진 것을 운석이라고 하는데, 이를 우리말로는 '별똥돌'이라고 한다.

:: 그녀와 처음으로 입맞춤하는 순간, 내 가슴속에서는 수많은 불꽃들이 터져 올랐고, 저 멀리 하늘가에는 별똥별이 유유히 포물선을 그리며 떨어져 내리고 있었다.

0041 **붙박이별**　위치를 바꾸지 아니하는 별. 북극성.

무릇 모든 별들은 시간이 지남에 따라 그 위치가 달라 보인다. 그것은 지구가 제돌이(자전)를 하기 때문이다. 그러나 유독 시간에 관계없이 그 위치를 바꾸지 아니하는 별이 하나 있으니, 그것이 바로 북극성이다. 북극성을 '붙박이별'이라 하는데, 붙박이별이 위치를 바꾸지 않는 이유는 간단하다. 그것은 지구의 자전축과 연장선상에 있기 때문이다. 마치 잘 돌아가는 팽이의 꼭지를 뒤집어놓은 것과 같은 이치이다.

:: 밤하늘에서 붙박이별을 찾는 것은 그리 어렵지 않지. 북두칠성과 닻별(카시오페이아) 사이의 중간 정도 위치에서 늘 반짝거리는 별 하나가 있는데 그것이 바로 붙박이별이란다.

0042 **살별**　빛나는 긴 꼬리를 끌고 태양을 초점으로 포물선이나 타원 궤도를 도는 별. 혜성, 꼬리별.

태양계에 속하는 여러 행성들은 대개 작은 점이나 원형의 빛을 내고 있지만 어떤 별들은 빛나는 긴 꼬리를 끌고 움직이기도 한다. 이런 별들을 '혜성(彗星)'이라고 하는데, 우리말로는 '살별' 또는 '꼬리별'이라 한다. 살별의 대표적인 것으로는

76년을 주기로 하늘에 나타난다는 '헬리혜성'을 들 수 있다. 살별은 흔히 별똥별이라고 하는 유성과 다르다. 유성은 우주 공간의 먼지 덩어리가 지구의 대기권 안으로 들어와서 빠른 속도로 낙하하며 공기와 마찰하면서 내는 빛인 반면, 살별은 그 자체가 하나의 행성으로서 일정한 주기로 태양의 둘레를 도는 별이다.
∷ 바로 그 순간, 수십 년 만에 한 번씩 나타난다는 살별이 긴 꼬리를 끌고 밤하늘을 가르는 것이었다.

0043 **살차다** 살별(혜성, 꼬리별)의 꼬리 빛이 세차다.

살별의 꼬리 빛이 세찬 것을 보고 '살차다'라고 한다. '살'은 인간에게 동력을 주는 것이지만, 지나치면 불길하다. 우리 민간 속설에 따르면, 별 가운데 사람이 보게 되면 아주 운수가 나빠지는 별을 '급살(急煞)'이라고 하였다. 이 말은 '갑자기 당하는 재액(災厄)'이라는 뜻으로 쓰인다. 그래서 비명횡사하는 것을 '급살을 맞았다'고 한다. 자연을 두려워하는 옛사람들의 정서가 엿보인다.
∷ 동학농민전쟁은 민중들의 분노가 낡은 봉건 사회의 끝자락에 살차게 내리꽂힌 것으로, 조선 후기 역사에서 가장 의미 있는 사건이었다.

0044 **샛별** 새벽 동쪽 하늘에 반짝이는 금성.

해질녘에 보이는 금성을 '개밥바라기'라고 한 것처럼, 금성이 새벽하늘에 보일 때는 '샛별'이라고 부른다. '새벽의 별' 또는

'새로 난 별'이라는 의미를 줄인 말이다. 이 밖에도 새벽녘에 뜨는 금성을 '명성', '계명성'이라고도 하며 평안북도에서는 '모제기'라고 부른다. 금성은 왜 이처럼 여러 가지 이름으로 불리게 되었을까? 그것은 금성이 일상적인 삶과 밀접하게 관련되어 있었기 때문인 것 같다. 어두울 때에 그 밝은 빛은 사람들에게 방향을 제시하는 길잡이가 되었다. 또한 살림살이가 어려웠던 옛날 백성들은 새벽에 샛별을 보면서 일터에 나가거나, 해 진 뒤에 개밥바라기의 붉은 빛을 바라보며 일터에서 돌아올 정도로 고되게 일해야만 겨우 생계를 꾸릴 수 있었다. 그래서 이들의 고달픈 세상살이에 대한 한탄과 시름은 애꿎은 샛별과 개밥바라기의 처연한 빛 속으로 녹아들었을 터이다.

:: 샛별이나 개밥바라기라는 말 속에는 고단한 백성들의 감정이 이입되어 있으며, 그러한 과정에서 명칭도 여러 가지가 생겨난 것으로 보인다.

0045 싸라기별   싸라기처럼 아주 잘게 보이는 별. 잔별.

싸라기는 '쌀의 부스러기'를 말한다. 보통 '부스러기'는 작고 하찮은 것을 이르지만, 우리의 전통 정서에서 싸라기는 단순한 부스러기가 아니다. 쌀은 귀중한 식량이다. 그러니 쌀 한 톨뿐만 아니라 그 부스러기도 함부로 버릴 수 없다. 매우 귀한 물건을 '금싸라기'에 빗대는 것처럼, 싸라기는 '자잘하지만 매우 귀한 것'을 뜻한다. 그런 의미에서 우리 조상들은 무수히 흩어져 보이는 작은 별들을 단순히 잔별이라고 하지 않고 싸라기별이라 부른 것이다. 이를 줄여서 '싸락별'이라고도 한다.

∷ 저 하늘에 무수히 빛나는 싸라기별을 보아라. 그 가운데 이름을 가진 별이 몇이나 될까?

0046 어둠별 해 진 뒤에 서쪽 하늘에 반짝이는 금성.

어둠별은 '개밥바라기'처럼 금성을 가리키는 다른 이름이다. 금성은 지구와 가까이 있기 때문에 해넘이 직후에 일찍 모습을 드러낸다. 그런데 반짝이는 별에 왜 '어둠-'이라는 말을 붙여서 쓰는 것일까? 어둠별은 제 스스로의 빛이 어두워서가 아니라 해가 져서 사위가 어두워짐을 알리는 별이라는 데서 그런 이름을 가진 것으로 보인다.

∷ 어둠별이 떠오를 무렵이면, 들일에서 돌아올 어머니를 마중하러 나온 아이들이 동구 밖으로 하나 둘씩 모여드는 것이었다.

0047 여우별 궂은 날 구름 사이로 잠깐 났다가 사라지는 별.

'여우'라는 동물에 대한 우리 조상들의 관념은 상당히 부정적이다. 교활하고 변덕스러운 여자를 속되게 일컬어 여우라고 한다. 또한 전설이나 민담 속에서 여우는 늘 '둔갑을 하여 사람을 현혹시키는 요망한' 동물로 묘사된다. 여우의 생김새를 보면, 몸이 홀쭉하고 주둥이가 길며 꼬리가 굵고 길어서 그 인상부터 교활해 보이는데, 실제로도 여우의 성질이 그렇다고 한다. 또한 여우라는 동물은 행동이 민첩하여 금방 눈앞에 나타났다가 꼬리를 살래살래 흔들면서 눈 깜짝할 사이에 가뭇없이 사라져버린다. 그래서 궂은 날 구름 사이에 잠깐 났다가 다시 구름 속으로 숨어버리고 마는 별을 '여우별'이라 하였다. 햇볕이 나는데 잠깐 오다가 그치는 비를 '여우비'라고 하는 것도 그런 여우의 성질을 반영한 말이다.

:: 웃비가 걷힌 뒤, 하늘을 덮고 있던 먹장구름 사이로 가끔씩 여우별 하나가 나타났다가 가뭇없이 사라지곤 한다.

0048 잔별   작은 별. 싸라기별.

하늘에는 헤아릴 수 없을 정도로 수많은 별이 있다. 그 중에서 샛별(금성)이나 붙박이별(북극성)처럼 이름을 가진 별은 극히 적은 수에 지나지 않는다. 이처럼 이름 없는 작은 별들은 모조리 '잔별'이다. 그런데 우리 눈에 작게 보인다고 해서, 혹은 빛이 밝지 않다고 해서 그 별이 정말 작고 보잘것없는 것일까?

:: 세상 사람 중에도 별이 많다. 어떤 사람은 붙박이별이나 샛별처럼 영롱한 빛을 뿜으며 뭇 사람의 눈길을 끌지만, 한평생을 소리 없이 살다 간 사람도 밤하늘의 잔별만큼이나 많다.

0049 저울자리   12궁의 여덟째 별자리. 천칭자리.

처녀자리와 전갈자리 사이에 있다. 7월 초순 저녁 8시경에 보인다. 보통 '천칭자리'라고 부르는데, 원래는 '저울자리'였던 것이 나중에 '천칭자리'로 바뀐 것으로 보인다. 천칭(天秤)은 저울의 한 가지인 천평칭(天平秤)의 줄임말이다. 천평칭은 주로 작고 가벼운 물건의 무게를 다는 데 쓰이는 저울로, 가운데의 줏대에 걸친 가로장 양끝에 저울판을 달고 한쪽에는 무게를 달 물건을, 다른 쪽에는 추를 놓아서 서로 평평하게 함으로써 물건의 무게를 단다.

:: 정의의 여신 아스트라이아의 저울로 세상의 선과 악의 균형을 맞추는 역할을 한다는 전설이 깃든 저울자리는 바빌로니아 유적의 별자리표에 나올 정도로 오래 전부터 인류의 관심을 받아왔다.

0050 짚신할아비 '견우성'의 속칭.

독수리자리의 으뜸별을 견우성이라 한다. 한 해에 한 번, 칠월칠석에 직녀성과 만난다는 가슴 아픈 전설의 주인공이 바로 견우성인데, 이를 속칭 '짚신할아비'라고도 한다. 별자리의 모양이 짚신을 삼고 있는 할아버지를 닮았다고 해서 붙여진 이름인 듯하다.

:: 모깃불 연기가 모락모락 피어오르는 토방마루에서 할머니가 들려주시는 짚신할아비 따위의 별자리 이야기를 들으면서 나는 스르르 잠이 들었다. 그렇게 여름밤은 깊어만 갔다.

● 계절과 때

0051 나달 나흘이나 닷새 정도. 세월.

어원을 두 가지로 추정할 수 있는 말이다. 말의 뿌리를 '나흘과 닷새'로 보면 4~5일을 뜻하는 말이고, '날과 달'이 더해져서 된 말로 본다면 곧 세월을 뜻하게 된다. 나달은 그 두 가지 뜻을 함께 가진 말이다. 말하는 상황에 따라서 세월의 뜻으로 쓰이기도 하고, 4~5일을 뜻하기도 한다.

:: 사무치게 그리웠던 그 사람의 얼굴도 나달이 흐를수록 차차 희미해지는 것이었다.

:: 그녀의 집 앞에는 절대로 가지 않겠다던 그의 결심은 나달도 지나지 않아서 흔들리고 말았다.

0052 나무말미 장마 중에 날이 잠깐 개어서 풋나무를 말릴 만한 겨를.

'말미'는 어떤 일에 매인 사람이 다른 일을 빌미로 얻은 시간을 말한다. 즉 무언가로 '말미암아 얻은 겨를'이다. 장마 중에 잠시 드는 햇볕으로 말미암아 풋나무를 겨우 말릴 수 있을 때, 이를 '나무말미'라고 한다. 장마가 이어지면 땔감으로 쓸 나무를 말릴 수 없다. 땔감이 없으면 밥을 지어 먹을 수가 없다. 나무말미에 풋나무를 말려 땔감을 준비해두는 것은 먹고 사는 일과 직결된다. 그러므로 나무말미는 어떤 일을 겨우 할 수 있을 정도로 짧은 시간을 말한다. 비슷한 말로 '빨래말미'가 있다. 장마 중에 빨래를 겨우 말릴 만한 겨를을 말한다.
∷ 그와의 만남은 나무말미처럼 짧았지만, 그나마 그리움에 타던 가슴을 조금은 적셔주었다.

0053 **낯곁** 한낮부터 해 지기까지의 시간을 둘로 나누었을 때 그 전반부.

우리의 전통사회에서 하루 동안의 시간셈법은, 낮에는 해가 지나는 길을 따르고, 밤에는 별자리의 놓인 모양에 따랐다. 정오 무렵부터 오후 3시경까지의 반나절을 '낯곁'이라 한다. 낯곁은 해가 가장 높이 떠 있는 시간이다. 세상의 만물이 가장 왕성하게 활동하는 시간이며, 하루 중 가장 더울 무렵이기도 하다.
∷ 푹푹 찌는 더위가 당분간 계속될 것으로 보이니 낯곁에는 외출을 삼가시기 바랍니다.

0054 **따지기** 이른 봄에 얼었던 흙이 풀리려고 할 무렵.

얼었던 흙이 녹으면 땅이 질편하게 된다. '따지기'는 '땅이 진 시기'다. 해토(解土)머리, 해빙기 따위의 한자말에 갈음하여 쓸 수 있는 우리말이다.
∷ 따지기에 열리는 시골 학교 졸업식을 흙바닥의 운동장에서 치르고 나면, 내 신발이며 바짓가랑이는 온통 벌건 황토 흙으로 범벅이 되어 있기 십상이었다.

0055**목밑** 가장 긴요한 시기, 또는 가장 긴요한 고비를 바로 앞둔 때.

사람을 비롯하여 모든 생명체에게 목숨보다 귀한 것은 없다. '목숨'에서 '목'은 머리와 가슴의 이음새를 말한다. 사람은 머리와 가슴이 이어져 있어야 숨을 쉴 수 있다. 이처럼 '목'은 살아 있음을 상징하는 중요한 부위다. '목밑'은 '대목밑'의 줄임말로, 중요한 '대목'의 '밑'에 있다는 것을 뜻한다. '대목'은 설이나 한가위 같은 명절을 바로 눈앞에 둔 시기를 말한다. 장사꾼들에게는 이때가 돈을 버는 절호의 기회다. '목밑'은 '분수령'이라는 한자말에 갈음할 수 있는 우리말이다.

:: 지금 우리는 수구의 낡은 역사를 청산하고 민주주의가 완성되는 목밑에 와 있다.

:: 학력이 '계급'이 되는 사회에서 대학입학시험은 청소년들의 미래가 갈리는 목밑이다.

0056**빨래말미** 장마 때 빨래를 말릴 만큼 잠깐 해가 드는 겨를.

장마로 인하여 오랫동안 햇볕 구경을 못하다가 반나절이라도 햇볕이 들면 우선 눅눅해진 이불이며 옷가지 따위를 밖에 내다 말리는 일 또한 급하다. 이처럼 아쉬운 대로 급한 일을 처리할 수 있는 말미를 '빨래말미'라고 한다. '나무말미'와 비슷한 말이다.

:: 빨래말미도 없이 지루한 장마가 계속되다 보니 집 안에서 온통 자릿내가 진동을 하는군요.

0057 서늘맞이 여름에 더위를 피해 서늘한 바람을 쐼.

해마다 여름이면 사람들은 산과 바다로 떠난다. 온 나라의 고속도로와 해수욕장은 몸살을 앓는다. 이른바 피서(避暑)철이다. 이 무렵 방송이나 극장가에는 어김없이 '납량특집'이라 하여 간담을 서늘하게 하는, 무서운 소재의 드라마나 영화가 쏟아져 나온다. 이 '납량(納凉)'이라는 한자말을 우리말로 풀어보면 바로 '서늘맞이'가 된다.

∷ 이번 서늘맞이 특집은 우리 전통의 귀신 이야기에서 소재를 찾아보는 게 어떨까요?

0058 서리가을 서리가 내리는 늦가을.

가을은 보통 오곡백과가 풍성한 황금 들녘과 불타는 듯이 물든 단풍으로 하여 넉넉하고 낭만적인 계절로 그려진다. 그러나 가을은 가난한 서민들에게는 빈곤의 악순환을 절감하게 하는 계절이기도 하다. 보릿고개에 빌려다 쓴 묵은 곡식에 눈덩이처럼 불어난 길미(이자)를 갚고 보면 땀 흘려 거두어들인 곡식도 간곳이 없다. 가난한 농민들에게 가을은 풍요의 계절이 아니라 시름과 절망의 계절이었던 것이다. 그래서 어감도 서늘한 '서리가을'이었던 것이다.

∷ 논두렁에 세워둔 볏짚 더미에 시름처럼 내려앉은 하얀 서리를 보며 그해 서리가을의 어느 날 아침, 나는 고향 마을을 떠나왔다.

⁰⁰⁵⁹**안날** 특정한 시점을 기준으로 하여 바로 전날 또는 전 시간.

오늘날 '안'과 '바깥'은 주로 공간적인 개념으로 쓰인다. 그런데 여기서 '안'이 시간적인 의미로 쓰이게 되면 어떤 특정한 시점을 기준으로 하여 '바로 전 시간'을 나타낸다. 그래서 바로 전날을 '안날'이라 하고, 바로 전달을 '안달'이라 한다. 같은 이치로 '안해'는 '바로 전해'가 된다. '오늘'을 기준으로 하루 전날을 '어제'라고 하듯이, 과거나 미래의 특정한 날을 기준으로 하루 전날을 일컬을 때는 '안날'이라고 하는 것이다.

∷ 내가 그와 만난 게 그해 시월인지, 아니면 그 안달인지 기억이 잘 나지 않는다.

⁰⁰⁶⁰**열나절** 일정한 한도 안에서 매우 오랫동안.

하루 낮의 절반가량을 '나절'이라고 한다. 그러나 나절이 반드시 하루를 절반으로 잘라서 말하는 것은 아니다. '아침나절'이나 '점심나절' 따위와 같이 하루 가운데 일정한 동안을 어림잡아 나타내기도 한다. 그러므로 열나절은 대략 닷새 안팎이 되겠지만, 딱 잘라서 닷새를 말하는 것은 아니다. 하루 이틀이면 끝낼 수 있는 일을 여러 날 길게 끌고 가는 경우에 쓰는 말이다.

∷ 그들이 과연 과거사를 청산할 뜻이 있는지 묻고 싶다. 차 한 잔 마실 시간이면 의결할 수 있는 여러 개혁 법안을 놓고

열나절 트집이다.

0061 **찔레꽃머리**　찔레꽃이 필 무렵, 곧 초여름.

찔레꽃에는 슬픈 전설이 맺혀 있다. 몽골의 지배를 받던 고려시대에 '찔레'라는 처녀가 몽골로 끌려갔다가 우여곡절을 겪은 끝에 10여 년이 지나 고향에 돌아왔다. 그러나 가족들이 온데간데없어서 동생의 이름을 부르며 산골짜기를 헤매다가 죽었다. 그 뒤로 산골짜기에서는 찔레의 순박한 마음을 닮은 하얀 꽃이 피어서 사람들은 이를 찔레꽃이라 불렀다고 한다. 찔레꽃은 보통 초여름에 피었다가 여름이 끝나갈 무렵 열매가 빨갛게 익는다. '찔레꽃머리'는 그런 찔레꽃이 처음 피기 시작할 무렵을 말한다. '찔레꽃머리'에서 '머리'는 '처음'을 뜻한다.

∷ 때는 오뉴월 찔레꽃머리였건만 보릿고개에 지친 백성들의 가슴은 서늘하기만 하였다.

0062 **찬바람머리**　아침저녁으로 찬바람이 불어오는 가을.

예로부터 가을을 천고마비(天高馬肥)의 계절이라 하였다. 청명한 하늘은 높아만 보이고, 잘 먹은 말이 피둥피둥 살이 찌는 추수기의 가을은 그야말로 햇살마저 풍요롭기 그지없는 결실의 계절이다. 그러나 가진 땅뙈기가 없어서 수확한 곡식도 변변치 않은 농부들이나 가난한 사람들에게 가을은 걱정 많은 계절이기도 하였다. 그들은 풍요의 기쁨을 누리기보다는 겨울나기 준비에 매달려야 했기 때문이다. 그래서 이들은 아침저녁으로 찬

바람이 불어오는 가을을 '찬바람머리'라 하였다. 이 무렵 동쪽에서 불어오는 싸늘한 바람을 '강쇠바람'이라고 하는데, 이는 닥쳐올 모진 추위에 대비해야 한다는 일종의 '경고'인 셈이다.

:: 어느덧 시든 나뭇잎이 우수수 떨어지는 찬바람머리입니다. 찬바람머리에는 겨우살이 걱정에 주름살이 늘어가는 이웃들을 돌아보아야 합니다.

0063 한겻   한나절의 절반, 곧 반나절.

해가 떴다가 지는 동안을 하루의 '낮'이라 하고, 이를 다시 둘로 나누어 '나절'이라 한다. 그래서 '한나절'이라고 하면 '낮'을 둘로 나눈 것 중 하나를 말하는 것이다. 다시 한나절의 절반을 '반나절'이라고 하는데 이것이 바로 '한겻'이다. 계절마다 낮의 길이가 다르기 때문에 정확하게 환산하기는 어렵지만 하루 낮의 평균 시간은 12시간이 되고, 한나절은 대략 6시간이다. 따라서 반나절, 곧 한겻은 3시간이 된다. 그런데 '한나절'과 '반나절'을 혼동하여 쓰는 경우가 많다. 예컨대 한겻을 '반나절의 반'(민중서각 刊 『최신국어대사전』)이라거나 '하루의 4분의 1'(삼오문화사 刊 『국어대사전』)이라고 풀이하는 경우인데 이는 명백히 잘못이다. '한나절'은 하루 '낮'의 2분의 1이고, '반나절'은 하루 '낮'의 4분의 1이며, 한겻은 '반나절의 반'이 아니라 '한나절의 반'이 되는 셈이다.

:: 그 일은 별로 어렵지 않아서 한겻이면 충분히 끝낼 수 있

을 것이오.

∷ 약속한 자리에서 한것이 지나도록 기다렸건만 그는 결국 나타나지 않았다.

0064 한뉘 한평생.

'뉘'는 보통 사람의 한평생, 한세상, 한 세대를 뜻하는 옛말이다. 그러므로 '한뉘'는 사람의 한평생 또는 한세상을 말한다. '뉘'가 '자손' 또는 '자손의 덕'이라는 뜻으로 쓰이는 경우도 있다. 예컨대 '뉘 보다'라고 하면 '자손을 보다'라는 말이다. 한편 '볕뉘'에서처럼 '뉘'가 접미사로 쓰이면 별로 대단치 않은 것, 작은 것, 미천한 것, 그림자 등을 뜻한다. 쌀에 섞인 벼 알갱이를 '뉘'라고 하기도 한다. 이것 또한 하찮은 것을 뜻하는데, 뉘가 많이 섞인 쌀을 '뉘반지기'라고 한다.

∷ 그 한뉘를 인류의 번영을 위해 헌신한 사람이 있는가 하면, 자신의 영달을 위하여 남에게 해를 끼치는 데 한뉘를 모조리 바친 사람도 있다.

0065 한물 채소나 어물이 한창 쏟아져 나오거나 수확되는 때.

'한물갔다'는 말은 오늘날 어떤 사람의 전성기가 지났다는 뜻으로 쓰인다. 그런데 이 말의 유래가 되는 '한물'은 채소나 어물 등이 한창 성한 때를 말한다. 곧 '성어(成魚)기'나 '수확기'의 뜻이다. 특히 '수확의 절정기가 지나다'의 뜻으로 쓰인 '한물이 넘다', '한물이 지다' 따위의 표현이 사람의 처지에 적용되어

"그 사람도 이젠 한물갔어!"와 같이 쓰이게 된 것이다. 한편 한물인 때를 가리킬 때는 '한철'이라고 한다.

:: 농사일이나 고기잡이뿐만 아니라 사람의 삶에도 한물이 있다. 그러나 한물갔다고 낙담하지 말라. 다시 씨 뿌리고 부지런히 가꾸면 언젠가는 또 한철을 맞을 수 있을 터이다.

0066 해껏 해가 질 때까지.

해가 떠서 질 때까지의 하루 종일을 나타내는 말에는 '해참'이나 '해안'이라는 말이 있다. 그런데 '해참'과 '해안'이 단순히 해가 지는 동안의 시간을 나타내는 말인 데 비하여 '해껏'은 사람의 감정과 의지가 실린 말이다. 해가 다 지도록 애써 무언가 했음을 암시한다. '힘껏', '기껏' 따위의 말과 비슷한 어감이 느껴진다.

:: 날마다 들에 나가 허리 펼 틈도 없이 해껏 일했건만 형편이 나아질 기미는 좀체 보이지 않았다.

0067 해뜰참 해가 돋을 무렵.

해돋이는 해의 움직임을 나타내는 말이고 해뜰참은 '해돋이하는 때'를 말하는 것이다. '해돋이를 보다'라는 말은 맞지만 '해뜰참을 보다'라는 말은 맞지 않다. 또 '해돋이에 일터로 나가다'라는 말은 틀리다. '해뜰참에 일터로 나가다'라고 해야 한다. 해뜰참은 '해거름'에 맞서는 말이다.

:: 해뜰참에서 해넘이까지 허리가 휘도록 일하고 받은 삯을

주막거리 술독에 털어 넣곤 하였다.

● **여줄가리 올림말**

0068들마 저녁이 되어 가게의 문을 닫을 무렵.
0069보리누름 보리가 누렇게 익는 철.
0070보릿동 햇보리가 날 때까지의 보릿고개를 넘기는 동안.
0071새때 끼니와 끼니의 사이가 되는 때. (=새참)
0072어뚝새벽 아주 이른 새벽.
0073올제 내일(來日)의 순우리말.
0074이태 두 해.
0075풋머리 햇곡식, 햇과일 등 햇것이 나올 무렵.

🌱 날씨와 기후현상

●● 비

0076 가랑비   조금씩 내리는 비.

'가라고 가랑비 오고, 있으라고 이슬비 온다'는 옛말이 있다. 달갑잖은 손님을 보내기 위해 주인이 꾀를 내어 "가라고 가랑비 온다"고 말하자 손님은 "있으라고 이슬비 온다"고 응수하면서 버티었다는 이야기다. 가랑비에서 '가랑'은 매우 작은 것을 뜻한다. 알에서 갓 깨어난 이를 가리키는 '가랑니'와 같은 이치다. 가랑비는 한자말 '세우(細雨)'에 해당하는 우리말이다.

∷ 푼돈을 가벼이 여기고 쓰는 것이 습관이 되어 나중에 큰돈을 쓰게 되는 사람을 일컬어 '가랑비에 옷 젖는 줄 모른다'고 한다.

0077 **개부심** 큰물이 진 뒤 한동안 쉬었다가 다시 몰아서 내리는 비가 명개를 부시어내는 것.

 '개'는 '명개'의 줄임말이다. 명개는 흙탕물이 휩쓸고 지나간 자리에 생긴 검고 보드라운 흙을 말한다. 즉 많은 비가 내려서 큰물이 지나간 흔적이다. 그런 명개를 부신다는 것은 '엎친 데 덮친 격'이다. 따라서 개부심은 큰 화(禍)나 재앙이 휩쓸고 지나간 자리에 다시 재앙이 찾아드는 것에 빗대어 쓸 수 있는 말이다.

∷ 이곳은 지난해 봄에 큰 산불이 나서 화마가 휩쓸고 지나간 고장입니다. 그 자리에 개부심을 하듯 이번엔 큰물이 져서 수백 명의 이재민이 발생하였습니다.

0078 **달구비** 빗발이 달구처럼 굵게 죽죽 쏟아지는 비.

 '달구'는 집터나 묘지 같은 데에 흙바닥을 다질 때 쓰는 굵은 장대를 말한다. 그런 달구만큼이나 굵게 내리는 빗줄기를 '달구비'라 한다. 달구비는 채찍비, 장대비 따위와 더불어 가장 굵은 빗줄기와 무더기비를 나타내는 말이다.

∷ 달구비가 쏟아지는 언덕길을 검은 비옷을 입은 한 사내가 뚜벅뚜벅 걸어 내려오고 있었다.

0079 **떡비** 가을에 내리는 비. 가을에 비가 오면 떡을 해 먹는다고 해서 생긴 말.

여름철에 내리는 비를 '잠비'라고 하는 것처럼, 가을에 내리는 비는 '떡비'라고 한다. 여름에는 한창 농사철이라 비를 핑계로 늘어지게 잠으로써 그간 쌓인 피로를 푸는 것이다. 반면 풍성한 수확기인 가을에 비가 내리면 내친 김에 떡을 해 먹는 다는 데서 떡비라고 하는 것이다.

:: 비 온다고 이렇게 잠만 잘 건가? 가을에 오는 비는 떡비라는데, 떡은 못해 먹어도 어디 가서 막걸리나 한잔하세!

0080 **먼지잼** 비가 겨우 먼지나 날리지 않을 정도로 조금 내림.

오랜 가뭄으로 메마른 땅에 풀풀 날리는 먼지를 겨우 재워놓을 정도로 내리는 비를 말한다. 먼지잼은 오랜 가뭄으로 애타는 농부의 심정이 녹아 있는 말이다. 목을 빼고 '목비'를 기다렸는데 겨우 먼지잼에 그치면 허탈하기 그지없다. '잼'은 '재움'의 줄임말로 볼 수 있다.

:: 이번 주말에 전국적으로 비가 내렸지만 갈증을 풀기에는 부족합니다. 농민들은 이번 비가 겨우 먼지잼하고 말았다고 아쉬워합니다.

0081 **모종비** 모종 내기에 알맞을 때 오는 비.

'모종'은 옮겨 심기 위하여 가꾸는, 벼 이외의 온갖 씨앗의 싹이다. 배추, 무 따위의 밭작물의 모가 그런 것들이다. '모종비'는 이러한 모종을 옮겨 심기에 알맞은 때에 적당한 분량만큼 내리는 비를 말한다. 모종비는 사람을 이롭게 하는 비의 대표 격이다.

∷ 비로소 무르익은 변화와 개혁의 분위기를 외면하고 수구 세력의 눈치만을 살피는 것은, 모종비가 내리는데도 밭에 나갈 생각은 하지 않고 구들장만 짊어지고 있는 게으른 농부와 무엇이 다른가?

0082 목비 모낼 무렵에 한목 오는 비.

'목'은 여러 가지 뜻으로 쓰이는 말이다. 목비의 '목'은 '다른 곳으로 빠져나가는 중요한 길의 좁은 곳'을 뜻한다. 사람의 '목'도 가슴과 머리를 이어주는 중요한 통로이다. 봄철 모내기할 무렵에는 제때에 목비가 내려주어야 한다. 흔히 오랜 가뭄 끝에 내리는 비를 '단비'라 하는데, 목비는 단비 중에서도 으뜸이다.

∷ 올해는 제대로 목비가 내려서 모내기하는 데는 별 문제가 없을 것으로 보이네.

∷ 그는 마치 목비처럼 내게 왔다. 나는 어쩌면 목비를 기다리는 농부의 심정으로 그를 기다리고 있었는지도 모른다.

0083 무더기비 폭우(暴雨).

한꺼번에 비가 많이 내리는 것을 기상 용어로는 '집중호우'라고 하고, 언론매체에서는 '폭우'라고도 한다. 오늘날 우리 사회는 점점 느낌이 강한 말을 쓰려고 하는 경향이 있다. 그러나 성숙한 사회일수록 부드럽고 절제된 말을 쓴다. '폭우'가 억지로 강한 느낌을 자아내는 말이라면, '무더기비'는 부드럽지만 느낌이 살아 있는 말이다.

∷ 이번 주말을 고비로 또 한 차례의 무더기비가 예상됩니다. 침수 피해 방지에 각별히 신경을 써야겠습니다.

0084 **보슬비** 바람 없이 조용히 내리는 가랑비.

'보슬비가 소리도 없이 이별 슬픈 부산 정거장'이라는 노랫말처럼 보슬비는 소리 없이 가늘게 내리는 가랑비의 한 가지다. 보슬비의 큰말은 '부슬비'다. 비가 내려서 축축하면서도 한적한 분위기를 표현하기에 적합한 말이다.

∷ 선명한 붉은 빛을 함빡 머금고 있는 철쭉꽃 무더기 위로 소리 없이 보슬비가 내리고 있었다.

0085 **비거스렁이** 비가 갠 뒤에 바람이 불고 시원해지는 일, 또는 그러한 때.

한여름에 비가 내리기 직전의 날씨는 매우 무덥다. 그러나 비가 내리고 난 뒤의 날씨는 그와 반대로 서늘하게 느껴진다. '-거스렁이'는 서로 어긋나는 방향을 취한다는 뜻의 '거스르다'와 관계된 말이다. 비가 갠 뒤의 날씨가 그 이전의 날씨에 '거스르게' 시원하게 느껴진다는 뜻이다.

∷ 어렵사리 얻은 새 직장에 첫 출근을 하는 그의 발걸음은 비거스렁이에 나들이하는 것처럼 상큼하고 가벼웠다.

0086 **비꽃** 비가 오기 시작할 때 성글게 떨어지는 빗방울.

오랜 가뭄 끝에 빗방울이 한두 방울씩 툭툭 떨어지기 시작하면 그야말로 꽃보다 아름다워 보일 터이다. 비가 오기 시작할 무렵 손등이나 콧등으로 성기게 툭툭 떨어지는 빗방울을 '비꽃'이라 한다. 북한에서 주로 쓰이는 말이다.

∷ 자동차 앞 유리창에 비꽃이 몇 방울 떨어져 내린다. 드디어 비가 오려나 보다.

0087 비설거지   비가 오려고 할 때 비에 맞지 않도록 물건을 치우거나 덮어서 단속하는 일.

여름철에 금방이라도 소나기가 퍼부을 것처럼 갑자기 먹장구름이 몰려오면서 비꽃이라도 한두 송이 떨어져 내리면 농민들의 발걸음이 분주해진다. 마당에 말려놓은 고추나 빨랫줄에 걸려 있는 옷가지도 거두어야 하고, 그 밖에 치울 물건이 없는지 여기저기 둘러보느라고 정신이 없어진다. 그래서 모두들 뜀박질하듯 부지런히 움직인다. 비설거지를 하기 위해서다.

∷ 초인종 소리가 들리자 그녀는 마루에 널려 있던 물건들을 비설거지하듯 대강 치워놓고 현관문을 열었다.

0088 여우비   볕이 난 날 잠깐 뿌리는 비.

여우라는 동물은 행동이 민첩해서 금방 눈앞에 나타났다가 눈 깜짝할 사이에 가뭇없이 사라져버린다. 예상치 않게 홀연히 나타났다가 사라지는 여우처럼, 여우비는 햇볕이 난 날에 잠깐 흩뿌리다가 마는 비를 말한다. 지역에 따라서는 여우비가 내리는 것을 '호랑이 장가간다'고 말하기도 한다.

:: 들길을 따라 무작정 걸었다. 잠시 여우비가 뿌리고 지나갔다. 풀 냄새가 한층 짙게 풍겨왔다.

0089 **웃비** 아직 우기가 있으나 한창 내리다가 잠깐 그친 비.

장마철에 채찍비나 장대비가 쫙쫙 내리다가 잠시 멈추었을 때, 비는 내리지 않아도 사방에 비의 기운이 느껴질 때가 있다. 이런 때는 언제 다시 빗발이 내리칠지 모르기 때문에 안심할 수가 없다. 바로 그러한 비를 '웃비'라고 한다. 비는 일단 멈추었지만 언제 다시 내릴지 모르는 상황이므로 '비거스렁이'가 아니다. 웃비에서 접두사 '웃-'은 본디 제 것에 더해지는 것을 말한다. '웃돈'과 같은 이치다. 웃비는 주로 '웃비 걷다'의 형태로 쓰인다. 비가 오다가 잠시 멈춘 상태라는 뜻이다.

:: 국민의 뜻을 망각하고 늘 먹장구름을 일으키는 수구 정치인들도 선거 때가 되면 웃비가 걷듯이 유권자를 향하여 선웃음을 보내는 것이 우리의 정치 현실이었다.

0090 **이슬비** 아주 가늘게 오는 비.

이슬비는 나뭇잎에 겨우 이슬이 맺히게 할 정도로 내리는 비라고 할 수 있다. 비를 나타내는 우리말을 보면 가랑비, 이슬비, 보슬비, 부슬비 등 그 이름이 너무도 다양하다. 이와 같은 이름들은 내리는 비의 모양이 아니라 보는 사람의 느낌에 따라 붙여진 것들이다.

:: '가라고 가랑비 오고, 있으라고 이슬비 온다'는 속담은 비에 대한 우리말의 감정적인 표현을 잘 보여주는 예라 할 수 있다.

0091 자드락비 굵직하고 거세게 퍼붓는 비.

굵은 빗방울이 단단한 땅바닥을 두드리는 소리가 생생하게 느껴지는 말이다. 줄여서 '작달비'라고도 한다. 도시 한복판의 아스팔트나 시멘트 바닥에 내리꽂히는 거센 빗방울을 표현하기에 적당한 말이다.

:: 가로수의 굵은 이파리가 나뒹굴고 있는 보도 위로 자드락비가 퍼붓고 있었다. 그 거센 빗줄기 속으로 손바닥만 한 비받이 하나를 받쳐 들고 위태롭게 걸어가는 사람들의 뒷모습이 쓸쓸하다.

0092 잠비 봄, 여름, 가을 중에서 여름철에 내리는 비.

가을에 내리는 비를 '떡비'라고 하는 것처럼 여름에 내리는 비는 '잠비'라고 한다. 여름철에 비가 내리면 일을 못하고 잠을 잔다는 뜻에서 유래한 말이다. 어차피 들에 나가서 일을 못할 바에야 실컷 잠이나 자면서 쌓인 피로를 풀자는 뜻이었을 터이다.

:: 여름비는 잠비라는 말도 있는데 너무 다그치지 말게. 오늘 같은 날 늘어지게 한번 자보자고!

⁰⁰⁹³**채찍비** 굵은 빗줄기가 세찬 바람을 타고 휘몰아치며 채찍으로 바닥을 후려치듯 좍좍 쏟아져 내리는 비.

수줍은 듯 내리는 보슬비를 맞으며 걷는 것은 더러 낭만적으로 느껴지기도 하고, 한여름날 쏟아져 내리는 소나기는 시원하게 더위라도 달랠 수 있다. 그러나 세찬 바람을 타고 '두들기듯' 내리는 채찍비가 얼굴에 내리칠 때는 뺨이 얼얼하다. 마치 채찍을 맞은 것 같다. 그래서 이름하여 '채찍비'다.

∷ 우리가 어렸을 적엔 우산도 없이 채찍비를 고스란히 맞으며 십리 길도 멀다 않고 학교에 다녔어. 요즘에는 우산도 흔하고 교통편도 좋아져서 채찍비를 맞을 일이 별로 없으니 다행이야.

● **여줄가리 올림말**

⁰⁰⁹⁴**건들장마** 초가을에 비가 쏟아져 내리다가 번쩍 개고 또 오다가 다시 개는 장마.

⁰⁰⁹⁵**긋다** ①비가 그치다. ②비를 잠시 피하여 그치기를 기다리다.

⁰⁰⁹⁶**날비** 땅바닥을 두들기듯 오는 비.

⁰⁰⁹⁷**는개** 안개보다 조금 굵고 이슬비보다 조금 가는 비.

⁰⁰⁹⁸**물마** 비가 많이 와서 사람이 못 다닐 정도로 땅 위에 넘쳐흐르는 물.

⁰⁰⁹⁹**바람비** 바람에 날려 흩뿌리는 비. '비바람'과 구별.

0100 **발비** 빗발이 보이도록 굵게 내리는 비.

0101 **불가물** 아주 심한 가뭄.

0102 **비그이** 비를 잠시 피해 그치기를 기다리는 일. 비그침.

0103 **비받이** 우산(雨傘).

0104 **비보라** 센 바람과 함께 휘몰아치는 비. *눈보라.

0105 **비이슬** 비가 내린 뒤 풀잎 따위에 맺힌 물방울.

0106 **시위** 비가 많이 와서 강물이 넘쳐 육지 위로 침범하는 일.

0107 **억수** 물을 끼얹듯이 아주 세차게 쏟아지는 비. 억수장마.

0108 **지짐거리다** 비가 조금씩 자주 내렸다 그쳤다 하다.

0109 **첫물지다** 그해 첫 홍수가 나다.

0110 **해받이** 양산(陽傘).

0111 **흙비** 바람에 날려 떨어지는 가벼운 모래흙. 황사(黃砂).

● 바람

0112 **강바람** 비는 내리지 않고 몹시 세게 부는 바람.

강(江)에서 불어오는 바람을 '강바람(江−)'이라고 하지만 여기서 말하는 강바람은 '비는 내리지 않고 몹시 세게 부는 바람'을 일컫는 말이다. '회오리바람'이나 '소소리바람'도 세게 불어오는 바람이지만 강바람은 일종의 계절풍이다. 즉 비는 오지 않고 바람만 몹시 부는 태풍을 강바람이라 할 수 있다.

:: 이번 태풍의 중심부가 지나가는 곳에는 비를 동반하지 않는 강바람만 불어 닥칠 것으로 예상됩니다.

0113 **꽃샘바람**　봄철 꽃이 필 무렵에 부는 찬바람.

'꽃샘'에서 '샘'은 물이 솟아나는 샘이 아니다. '시샘'의 줄임말이다. 입춘도 지나고 봄이 시작되는 첫머리이지만 꽃이 피는 것을 시샘하여 매우 차갑게 느껴지는 바람이 분다는 것이다. 꽃샘바람은 말의 느낌과는 달리 실제로는 사람들의 몸을 으스스 떨게 하는 매서운 바람이다.

:: 입춘도 지나 봄이라고는 하지만 드러난 살갗을 쓸고 가는 꽃샘바람의 냉기가 여간 매서운 것이 아니었다.

0114 **높새**　'북동풍'을 뱃사람들이 이르는 말.

'높'은 북쪽을 가리키는 말이고, '새'는 동쪽을 말한다. '높'과 '새'가 합쳐져서 '높새'가 된 것이므로 바람의 이름 자체가 '북동풍'이다. 같은 이치로 '높하늬'는 북쪽과 서쪽을 가리키는 말이므로 '북서풍'이 된다. 영서 지방에서는 초여름에 산맥을 넘어 불어오는 고온 건조한 북동풍을 높새라 한다. 지리학 용어로 '푄'이라 하는 높새는 농작물에 많은 피해를 준다. 한편 뱃사람들이 방향을 가리키는 말로 '새'는 동쪽, '하늬'는 서쪽, '마'는 남쪽, '노'는 북쪽이다.

:: 강원도 내륙에는 지금 가뭄이 심각합니다. 더구나 산맥을 넘어 불어오는 높새 때문에 농작물 이파리들이 이렇게 말라

가고 있습니다.

0115 된바람 '북풍'을 뱃사람들이 이르는 말. 빠르고 세게 부는 바람.

된바람은 뱃사람의 말로 센 북풍을 가리킨다. 그래서 뱃사람들은 북동풍을 '된새바람' 또는 줄여서 '된새'라고 부른다. 또한 북서풍을 '된하늬바람'이라고 부른다. 그런데 지방에 따라서는 '된'이 동쪽을 가리키는 경우도 있다. 동남풍을 '된마(된마파람)'라고 부르는 것이 바로 그런 예이다. 일반적으로 된바람은 '빠르고 세게 부는 바람'을 뜻한다.

:: 눈보라와 함께 된바람이 몰아치는 능선을 따라 대원들은 한 걸음씩 정상을 향하여 나아갔다.

0116 마파람 남쪽 또는 앞쪽에서 불어오는 바람.

뱃사람의 말로 '마'는 남쪽이다. 그래서 마파람은 남풍이다. 보통 나아가는 방향에서 마주 불어오는 바람은 방위와 상관없이 '맞바람'이라 할 수 있다. 마파람은 '맞바람'에서 비롯된 것으로 추측할 수 있지만, '마'가 남쪽을 뜻하는 말로 굳어짐에 따라 맞바람과는 구별해서 쓰게 되었다고 봐야 할 것이다. 보통 거슬러 불어오는 바람을 '앞바람'이라고도 하는데, 마파람과 같은 뜻으로 쓰인다.

:: 마파람이 불어닥칠 때마다 바닷가 절벽 위에 매달린 다복솔의 잔가지들이 바르르 떨었다.

0117 **바람꽃** 먼 산에 구름같이 끼는 보얀 기운.

바람에도 꽃이 있다. 큰 바람이 불기 전에 먼저 먼 산에 구름같이 끼는 보얀 기운을 '바람꽃'이라 한다. 바람꽃이 일면 큰 바람이 분다. 그래서 뱃사람들은 바람꽃이 보이면 출항을 하지 않았고, 농부들은 바람의 피해를 입지 않도록 농작물을 단속하였다. 요즘 도회지에서는 대기 오염으로 인하여 늘 뿌연 먼지가 창공을 뒤덮고 있어서 바람꽃을 보고 싶어도 볼 수가 없다.

:: 라디오에서 폭풍이 올 거라는 기상예보를 듣고 나는 바람꽃을 볼 수 있을까, 하여 창문을 열었다. 그러나 멀리 바라다 보이는 산은 바람꽃이 아니라 매연으로 찌든 잿빛 대기 속에 묻혀 있었다.

0118 **보라바람** 높은 고원에서 갑자기 산 밑으로 불어내리는 차갑고 센 바람.

'보라'는 눈보라, 비보라 따위처럼 일정한 규칙이 없이 무언가가 흩뿌려지는 모양을 말한다. 바람은 보통 일정한 방향에 따라 불기 마련인데, 보라바람은 산 위에서 마구발방으로 이리저리 휘몰아치며 미친 듯이 불어오는 바람이다.

:: 보라바람에 실린 눈발이 세상을 집어삼킬 듯이 무서운 기세로 휘몰아치고 있었다.

0119 **살바람** 봄철에 부는 찬바람. 좁은 틈으로 새어드는 찬바람.

그리 세게 부는 바람은 아니지만 매우 차갑게 느껴지는 바람이다. 겨울밤 문틈으로 살며시 스며드는 찬바람이나, 이른 봄날 살품으로 슬며시 파고드는 찬바람을 말한다. 모양으로 보면 된바람에 상대되는 바람이다. 이른바 '황소바람'도 살바람의 한 가지다.

:: 문틈으로 불어오는 살바람에 으스스 몸을 떨며 뜬눈으로 밤을 지새웠건만, 산장에서 맞이한 아침 풍경은 간밤의 고통을 말끔히 잊게 해주는 것이었다.

0120 소소리바람   이른 봄에 살 속을 기어드는 듯이 맵고 찬 바람.

흔히 이른 봄철에 부는 꽃샘바람을 '소소리바람'이라고 한다. 그러나 '소소리'는 본래 '회오리'를 뜻하는 말이다. 따라서 가을이나 겨울철에도 회오리처럼 휘몰아 불어오는 바람은 소소리바람이라고 한다.

:: 담머리 굴참나무 그늘도 짙을러니, 높은 가지 끝에 한두 잎 달려 있고, 소소리바람이 치는 벌써 가을이구려. (이병기, 낙엽)

0121 피죽바람   모낼 무렵 오랫동안 부는 아침 동풍과 저녁 북서풍.

이 바람이 불면 비가 내리지 않아서 큰 흉년이 들어 '피죽'도 먹기 어렵다고 해서 붙여진 이름이다. 초여름에 부는 고온 건조한 높새바람을 지칭하는 듯하다. '피'는 곡식에 섞여 나는 잡풀의 한 가지다. 흉년이 들면 곡식이 자라지 않는 만큼 잡풀이 무성하게 논밭을 차지한다. 피는 언뜻 벼와 비슷한 모양을 하고 있어서 가려내기가 쉽지 않으며 번식력이 강한 잡풀이다.
:: 봄 가뭄은 계속되고 피죽바람만 불어오니 올해 농사도 다 틀린 모양이여.

0122 **하늬바람** 농부나 뱃사람들이 '서풍'을 부르는 말.

'하늬'는 뱃사람의 말로 서쪽이다. 따라서 하늬바람은 맑은 날 서쪽에서 부는 서늘하고 건조한 바람을 말한다. 습하고 무더운 '된마(동남풍)'에 상대되는 바람이다. 무더운 여름철에 부는 하늬바람은 말의 느낌만큼이나 실제로도 상쾌한 느낌을 주는 바람이다.
:: 후텁지근한 장마도 지나서 이파리 무성한 숲길에서는 매미 소리가 요란하고, 언덕배기로 서늘한 하늬바람이 불어오기 시작하면 어느덧 방학이 끝날 무렵이었다.

0123 **황소바람** 좁은 곳으로 가늘게 불어오지만 매우 춥게 느껴지는 바람.

옛날 서민들에게 가장 추운 바람은 황소바람이었다. 지금은 집에 난방이 잘 되어 한겨울에도 집 안에서 속옷 차림으로 지낼 수 있지만, 옛날 서민들은 한겨울날 문풍지 떠는 소리와 함께 문틈으로 스며들어오는 바람에 오금이 저리도록 떨면서 밤을 보내야 했다. 특히 작은 창구멍을 통해 들어오는 바깥공기는 차라리 바깥에서 거세게 휘몰아치는 찬바람을 직접 맞는 것보다 더 춥게 느껴진다. 이처럼 '좁은 곳으로 가늘게 불어오지만 매우 춥게 느껴지는 바람'을 황소바람이라 하는데, 역설적인 이름이 아닐 수 없다.

∷ 이번 겨울에 지리산으로 등산을 갔다가 산장에서 하룻밤을 지새우게 되었는데, 문틈으로 스며드는 황소바람에 밤새 덜덜 떨다가 한숨도 못 잤다.

● **여줄가리 올림말**

0124**가수알바람** '서풍'을 뱃사람들이 이르는 말.

0125**간새** 동남풍.

0126**갈바람** '서풍'이나 '서남풍'을 뱃사람들이 이르는 말.

0127**강쇠바람** 초가을에 부는 동풍.

0128**건들마** 초가을에 남쪽에서 불어오는 시원한 바람. (=건들바람)

0129**고추바람** 살을 에는 듯 독하게 부는 몹시 찬 바람.

0130**꽁무니바람** 뒤에서 불어오는 바람.

0131**날파람** ①빠르게 날아가는 서슬에 이는 바람. ②매우 재빠르고 날카로운 기세.

0132**늦바람** 저녁 늦게 부는 바람. 빠르지 아니한 바람.

0133**댑바람** 북쪽에서 부는 큰 바람.

0134**덴바람** 뱃사공들이 '북풍'을 이르는 말.

0135**도새** 주로 동해안에서 봄과 가을의 흐린 날씨에 부는, 안개 섞인 찬 바닷바람.

0136돌개바람   태풍과 같이 휘돌면서 부는 바람, 또는 강한 회오리바람.

0137동부새   '동풍'을 농가에서 일컫는 말.

0138뒤바람   북풍.

0139든바람   동남풍.

0140마칼바람   '북서풍'의 옛말.

0141막새바람   가을에 부는 신선한 바람.

0142명지바람   보드랍고 화창한 바람.

0143색바람   이른 가을에 부는 선선한 바람.

0144샛바람   '동풍'을 뱃사람들이 이르는 말.

0145서릿바람   서리 내린 아침에 부는 바람.

0146손돌이바람   음력 시월 스무날께 부는 몹시 추운 바람.

0147시마   '동남풍'을 뱃사람들이 이르는 말.

0148실바람   솔솔 부는 봄바람.

0149아랫바람   물 아래쪽에서 불어오는 바람. 연 날릴 때 동풍. *윗바람-서풍.

0150왜바람   이리저리 방향 없이 마구 부는 바람. '왜'는 큰 것을 나타내는 말.

0151재넘이   산에서 재를 넘어 부는 바람. '높새'도 재넘이의 한 가지.

눈, 서리, 얼음

0152 가랑눈 조금씩 잘게 부서져 내리는 눈.

가늘게 내리는 비를 '가랑비'라고 하는 것과 같은 이치로 조금씩 잘게 부서져 내리는 눈을 '가랑눈'이라 한다. '가랑니', '가랑비', '가랑눈'의 '가랑-'은 '잘게 부서진 것'을 뜻한다. 바스락거리며 잘게 부서지는 바싹 마른 갈잎을 '가랑잎'이라 부르는 것도 같은 맥락이다. 그러나 '가랑무'에서는 '갈라진 것'을 나타내므로 전혀 다른 뜻이다.

∷ 소나기눈이 한 길 가까이 내린 눈길에서 큰 사고를 당하고 나니, 이제는 간간이 흩날리는 가랑눈만 보아도 덜컥 겁이 난다.

0153 길눈 거의 한 길이나 되도록 엄청나게 많이 쌓인 눈.

보통 어른 한 사람의 키를 한 길이라고 한다. '길'은 주로 물의 깊이를 가늠할 때 쓰는 단위로, '한 길', '두 길' 따위로 나타낸다. 사실 눈이 어른의 키만큼 쌓이는 일은 그리 흔하지는 않다. 약간 부풀린 말이긴 하지만, 길눈은 그만큼 많은 눈이 내렸다는 것을 강조할 때 쓰는 말이다.

∷ 두어 시간 만에 길눈이 쌓이는 바람에 수백 명이나 되는 대대원이 깊은 산속에 완전히 고립되고 말았다.

0154 **눈석임** 쌓인 눈이 속으로 녹아 스러짐.

늦은 겨울에 날이 풀리기 시작하다가 때늦은 눈이 내리게 되면, 그간 따뜻해진 땅의 온기 때문에 쌓인 눈이 속으로부터 녹아 스러진다. 그럴 때 흐물흐물하게 눈이 녹아 흐르는 것을 '눈석임'이라고 하며, 그렇게 녹아 흐르는 물을 '눈석임물' 또는 줄여서 '눈석이'라고 한다. 또한 눈석임물이 질펀하게 흐르는 길을 '눈석잇길'이라고 한다. 한편 담근 술이나 식혜 등이 발효하여 익을 때 부글부글 거품이 괴면서 삭는 현상을 '석임'이라 부르기도 한다.

:: 그러나 나는, 오히려 나는, 소리를 들어라. 눈석임물이 씨거리는, 땅 위에 누워서, 밤마다 누워……. (김소월, 찬저녁)

0155 **눈설레** 눈과 함께 찬바람이 몰아치는 현상.

몰아치는 바람에 흩날리는 눈발을 '눈보라'라고 한다. 눈이 내리는 모양을 시각적으로 표현한 말이다. 이에 비하여 '눈설레'는 한겨울의 모진 바람과 눈보라를 한꺼번에 나타내는, 촉각적인 느낌이 전해지는 말이다.

:: 미친 듯 몰아치는 눈설레를 헤치며 정상을 밟은 대원들은 감격에 겨워 태극기를 꽂았다.

0156 **도둑눈** 밤에 사람이 모르는 사이에 내린 눈.

눈 내리는 시간에 따라 붙여진 이름이다. 전날은 멀쩡하게 갠 날씨였는데 자고 일어나 보니 세상이 하얗게 변해 있을 때,

사람들은 잠시 기분 좋게 속은 느낌이 든다. 도둑눈은 실제 그 말을 쓰는 상황이나 감정에 비추어보면 반어적인 이름이라 할 수 있다.

∷ 한지 창으로 유난히 하얀 빛이 비쳐드는가 싶더니 이내 마당에서 "워매, 도둑눈이 겁나게 내렸어야!" 하는 할머니의 목소리가 정겹다.

0157 **떡눈** 물기를 머금어서 척척 들러붙는 눈송이.

눈이 내리는 중간에 갑자기 온도가 높은 공기를 만나 녹으면서 내리는 눈을 가리키는 말이다. 나뭇가지 따위에 떡눈이 쌓이게 되면 무게 때문에 나뭇가지가 축 늘어지기도 한다. 늦겨울이나 초봄, 날씨가 풀려갈 무렵에 흔히 볼 수 있다.

∷ 떡눈이 내려, 발을 디딜 때마다 눈석임물이 질펀하게 튀어오르는 비탈길도 아이들에게는 그저 신나는 놀이터였다.

0158 **살눈** 얇게 내리는 눈.

조금 내려서 땅바닥을 다 덮지 못하고 '살짝' 덮을 정도로만 내린 눈이다. 살눈에서 '살'은 얇음을 나타낸다. 얇게 언 얼음을 '살얼음'이라 하는 것과 같은 이치다.

∷ 그해 겨울에는 좀처럼 눈 구경을 할 수 없었다. 어쩌다가 눈발이 더러 날린 적도 있었지만 살눈만 사르르 쌓였다가 곧 녹아 버리는 것이었다.

0159 **설밥** 설날에 오는 눈을 상징적으로 이르는 말.

옛사람들은 정월 초하루에 눈이 내리면 풍년이 들 징조라 하여 길조(吉兆)로 여겼다. 그래서 이를 한자말로 '서설(瑞雪)' 이라 부르기도 한다. 그러나 서설은 꼭 설날 내린 눈만을 뜻하는 것은 아니다. 설날 포근하게 내리는 눈은 '설밥' 이라고 한다. 서설이 고고하고 깨끗한 느낌이라면 설밥은 친근하고 풍성한 느낌을 주는 말이다. 말이나 글의 분위기에 따라서 골라 쓸 수 있는 말들이다.

:: 푸근하게 설밥이 쌓인 걸 보니 올해는 풍년이 들겠어.

0160 **숫눈** 눈이 와서 덮인 후에 아직 아무도 지나지 않은 상태의 눈.

'숫처녀', '숫총각', '숫음식' 따위의 말에서 접두어 '숫-' 은 '다른 것이 섞이거나 더럽혀지지 아니한, 본디 생긴 그대로' 라는 뜻을 나타낸다. 그리고 숫눈이 쌓인 길을 '숫눈길' 이라 한다. 눈이 쌓인 모습에 '순결함' 의 인상을 투영시킨 말이다.

:: 숫눈길을 걷다가 뒤돌아보라. 곧게 난 그대의 발자국이 보이는가? 아니면 지렁이가 꿈틀대듯 비틀어진 검은 점들이 이어져 오지는 않았는가?

0161 **싸라기눈** 빗방울이 갑자기 찬바람을 만나 얼어 떨어지는 싸라기 같은 눈.

싸라기는 잘게 부스러진 쌀알을 말한다. 싸라기눈은 우박과 비슷한 원리로 만들어져서 내리는데, 우박보다는 작고, 하얀 싸라기와 생김새나 크기가 비슷하다. 단단한 알갱이 상태로 내리기 때문에 겨울철에 갑작스럽게 내리는 모습이 꼭 싸라기가 땅바닥에 뿌려지는 것과 비슷하다. 줄여서 '싸락눈'이라고도 한다.

:: 오래된 골목길의 아련한 추억을 더듬으며 걷던 중, 우중충한 하늘에서 비꽃이 몇 송이 듣는 듯하더니 이내 싸라기눈이 한바탕 흩어져 내린다.

0162 올서리　다른 해보다 일찍 오는 서리.

'올-'이 접두사로 쓰이면 여러 가지 뜻을 나타낸다. '올벼'에서는 '설익다'는 뜻이고, '올무'에서는 '작다'는 뜻이며, '올서리'에서는 '이르다'는 뜻으로 쓰인다. 따라서 올서리는 다른 해에 비하여 일찍 오는 서리다. 한편 '무서리'는 그해 처음 내리는 묽은 서리를 말하므로 올서리와는 구별해서 써야 한다.

:: 올서리가 내린 걸 보니 금방 추워질 것 같아. 월동준비를 서둘러야겠어.

● **여줄가리 올림말**

0163 너테　얼음 위에 덧얼어붙은 얼음.
0164 무서리　늦가을에 처음 내리는 묽은 서리. '된서리'에 상대되는 말.

0165서리꽃 유리창 따위에 엉긴 수증기가 얼어붙어 꽃처럼 무늬를 이룬 것.
0166소나기눈 폭설. 줄여서 '소낙눈'이라고도 함.
0167자국눈 발자국이 겨우 날 만큼 적게 온 눈.
0168잣눈 한 자쯤 온 눈.
0169풋눈 초겨울에 들어서 약간 내린 눈.

● 더위와 추위, 구름……

0170강더위 비는 오지 않고 여러 날 계속되는 심한 더위.
강모, 강바람, 강술, 강다짐 등의 말에서 접두어 '강-'은 '억지스럽고 호된', 또는 '그것 자체만으로'라는 뜻을 가진다. 모에는 물이, 바람에는 비가, 술에는 안주가, 다짐(밥)에는 국이나 반찬이 곁들여져야 하는데, 그렇지 않다는 뜻이다. '강더위'는 비가 내려서 더위를 식혀주어야 하는데 그렇지 아니하고 더위만 계속된다는 뜻이다.
∷ 불가물에 강더위만 이어지니, 들판에 곡식 시르죽은 것은 고사하고 사람이든 짐승이든 도무지 기운을 차릴 수가 없다.

0171개미장 장마가 지기 전에 개미들이 줄을 지어 먹이를 나르는 것.

'개미 메 나르듯'이라는 속담이 있다. 개미가 꾸준히 움직여서 마침내 메(산)를 나른다는 뜻이다. 사람도 부지런하고 끈기가 있으면 마침내 큰일을 하게 된다는 교훈을 주는 속담인데, 사실상 개미가 먹이를 부지런히 나르는 것은 궂은 날씨에 대비하는 것이다. '개미장'이라는 말은 사람들이 장날 줄을 지어 장보러 가는 것처럼, 개미들이 떼를 지어 부지런히 먹이를 나르는 것을 말한다. 이를 '개미장 서다'라고 하는데, 사람들은 이를 장마가 올 징조로 여겨 비설거지를 한다.

:: 이즈막 몇 날 동안 마당 구석에 개미장이 서더니, 기어이 장맛비가 쏟아지는 걸 보니 참 신통하기도 하다.

0172 거먹구름 비를 머금은 검은 구름.

'검은 구름' 또는 '시커먼 구름'을, 맛을 좀더 살려 표현한 말이다. 한자말로 '암운(暗雲)'이라고 한다. 흔히 쓰는 '암운이 드리우다'를 우리말로 바꾸면 '거먹구름이 드리우다'가 된다.

:: 그럴 의도는 없었지만, 그날 우연히 그녀와 마주친 순간, 이미 내 인생에 거먹구름이 드리우기 시작했던 거지.

0173 꽃구름 여러 가지 빛을 띤 아름다운 구름.

구름 중에서 가장 아름다운 구름은 꽃구름이다. 사실 구름은 무채색이다. 두꺼운 구름은 시커멓게 보이고, 높이 떠 있는 엷은 구름은 솜털같이 하얗다. 그러나 구름이 아침, 저녁의 노을빛과 어우러지면 화려한 색상으로 물들기도 한다. 꽃구름은 바로 그런 상태를 말한다.

:: 해거름 노을빛이 서쪽 하늘에 색색의 꽃구름을 피워 올리고 있었다.

0174 매지구름 비를 머금은 검은 조각구름.

우리나라의 여름철 날씨는 가끔씩 변덕을 부릴 때가 있다. 햇볕이 쨍쨍 내리비치고 있는 하늘 한 모서리에 검은 비구름 한 조각이 생겨나서는 순식간에 하늘을 시커멓게 덮어버린다. 이처럼 비를 머금은 검은 조각구름을 '매지구름'이라 한다. 매지구름이 검게 보이는 것은 땅으로부터 낮게 떠 있기 때문이다. 그래서 매지구름은 밀려오는 속도가 매우 빠르며, 사람들이 미처 피할 틈도 없이 마구 비를 뿌린다. 그러니까 여름날 매지구름이 밀려오면 소나기를 피할 준비를 해야 한다. 한편 매지구름에서 '매-'는 길게 소리 내야 한다.

:: 저기 매지구름이 몰려오는 것으로 봐서 곧 비가 올 것 같네. 어디 비를 피할 만한 곳을 찾아보세.

0175 벗개다 안개나 구름이 걷히고 날이 맑게 개다.

구름이 '벗겨지고' 날이 '개다'는 뜻이다. 단순하게 날이 '개다'는 것보다 훨씬 더 분명한 느낌을 주는 말이다. 궂은 날이 좋아지기 위해서는 비나 눈이 그치는 것뿐만 아니라 구름이 걷혀야 한다. '벗개다'는 이 두 가지 현상을 모두 어우르는 논리적인 표현이라 할 수 있다.

∷ 몸살 기운도 좀 덜한 것 같고 날도 벗개었으니 오늘은 집에만 있지 말고 어디라도 좀 다녀오시지 그러우?

0176 보름치   음력 보름께 비나 눈이 오는 날씨.

어부들 사이에 쓰이는 말이다. 보름께 궂은 날씨는 고기잡이에 영향을 미친다. 보름치와 상대하여 조금 때에 날씨가 궂은 것은 '조금치'라 한다. '조금'은 바닷물의 조수가 가장 낮은 때인 음력 8일경이나 23일경을 말한다.

∷ 동네 사람들은 보름치에 물질도 못하고 어촌계 창고에 모여 그물 손질이나 하다가 차부 옆 주막으로 하나 둘씩 모여들어 술추렴이나 내기 화투판을 벌이는 것이었다.

0177 비무리   한 떼의 비구름.

비를 머금은 구름은 대체로 땅에 가까이 떠 있다. 그래서 더 시커먼 빛을 띠고 어두워 보인다. 매지구름과 거먹구름, 먹장구름 따위는 모두 비무리라고 할 수 있다.

∷ 순식간에 비무리가 들판을 덮치더니 곧 장대 같은 소나기가 퍼붓기 시작하였다.

0178 삿갓구름   외따로 떨어진 산봉우리의 꼭대기 부근에 걸려 있는 삿갓 모양의 구름.

그리 높지 않은 산꼭대기에 걸려 있는 것처럼 보이는 조각구름을 가리키는 말이다. 이름만으로도 구름의 모양이 머릿속에 그려진다.

:: 멀찍이 보이는 산봉우리에 걸려 있는 삿갓구름에 조금 마음이 쓰이기는 하였지만, 난바다를 항해하기에는 별 탈이 없을 성싶었다.

0179 **솔개그늘** 아주 작게 지는 구름의 그늘. 솔개만 한 그늘.

솔개는 '소리개'의 줄임말이다. 소리개가 낮게 날다 보면 땅 위에 작은 그림자가 생긴다. 그러나 그림자라고 해봤자 미미하여 눈에 잘 띄지도 않는다. 그런데 뙤약볕이 내리쬐는 여름날, 들판에서 땀을 뻘뻘 흘리며 일을 하다 보면, 솔개그늘이라도 아쉽게 느껴진다.

:: 한 해 농사가 시작될 무렵인 음력 2월 20일경에는 날씨가 흐려야 풍년이 든다는 속설이 있는데, 이때 농부들은 솔개그늘이라도 생겼으면 좋겠다고 염원하였다.

0180 **열구름** 바람에 밀려 지나가는 구름.

열구름이 지나가면 대체로 날이 개고 맑은 하늘이 나온다. 매지구름, 거먹구름과 같은 비무리와는 다른 기후조건에서 하늘에 떠가는 구름이다.

:: 풀밭에 누워 열구름이 떠가는 하늘을 바라보았다. 어지러웠다. 저 열구름은 어디로 저렇게 끝없이 흘러가는 것일까?

0181 **잎샘** 봄에 잎이 나올 무렵에 갑자기 추워지는 일.

이른 봄 추운 날씨를 표현할 때 '꽃샘'이라는 말은 요즘도 흔히 쓰이지만 '잎샘'이라는 말은 잘 쓰이지 않는다. 잎샘에서도 '샘'은 '시샘'의 줄임말이다. 꽃을 시샘하면 꽃샘이고, 잎을 시샘하면 잎샘이 된다. 꽃샘과 잎샘을 굳이 구별하자면, 보통 꽃보다는 잎이 먼저 나오므로 잎샘이 조금 더 이른 때의 추위를 말한다고 할 수 있다.

∷ 때는 봄날이지만 잎샘추위가 살 속을 파고들어서, 겨우내 입었던 외투를 다시 입기도 그렇고 봄옷 차림으로 나들이할 엄두도 나지 않으니 참으로 난감합니다.

0182 **잠포록하다** 날이 흐리고 바람기가 없다.

바람이 불지 않으니 숲이며 물결이며 모두 잠잠하고, 날이 흐릿하여 조금은 무겁지만 포근한 느낌이 들기도 하는 날씨다. 이럴 때 사람들의 기분은 대체로 가라앉아서 차분해진다. 이런 날씨는 오직 '잠포록하다'는 말 외에는 달리 표현할 길이 없다.

∷ 장마도 벗개어 잠포록한 어느 날, 나는 그간 마음먹은 일을 비로소 실행에 옮기기로 하고 부모님 몰래 집을 나섰다.

● **여줄가리 올림말**

0183 **골안개** 골짜기에 끼는 안개.

0184 **구름결** 옅고 고운 구름의 결.

0185 **구름바다** 비행기나 산꼭대기 등 높은 곳에서 보이는, 눈 아래

에 넓게 깔린 구름.

0186**구름발** 길게 퍼져 있거나 뻗어 있는 구름 덩어리.

0187**구름밭** 높은 곳에 올라가서 보았을 때, 넓게 퍼진 밭이랑 같은 구름장.

0188**구름장** 구름의 덩이.

0189**누리** 우박(雨雹).

0190**뭉게구름** 밑은 평평하고 꼭대기는 둥글어서 솜뭉치처럼 뭉실뭉실한 구름.

0191**불가물** 아주 심한 가뭄.

0192**비늘구름** 물고기의 비늘 모양으로 하늘 높이 열을 지어 널리 퍼져 있는 구름.

0193**새털구름** 상층운 중에서 가장 높은 곳에 있어 새털처럼 보이는 구름.

0194**손돌이추위** 음력 시월 스무날께의 몹시 심한 추위. *손돌바람.

0195**실구름** 실 같은 구름.

0196**위턱구름** 6천~1만 3천 미터 사이의 상공에 생겨서 햇무리나 달무리를 이루는 구름.

0197**이내** 해질 무렵에 멀리 보이는 푸르스름하고 흐릿한 기운.

0198**일더위** 첫여름부터 일찍 오는 더위. '늦더위'에 상대되는 말.

0199**허리안개** 산중턱을 에둘러싼 안개.

지리와 방위

● 땅

0200 **가람**   강(江)의 예스런 말.

땅에서 불쑥 솟아오른 곳이 산(山)이고, 깊이 패여 물이 괴어 있는 곳은 바다가 된다. 산과 바다, 그리고 사람들이 발붙이고 사는 터전인 땅은 다양한 생물들의 서식지이며 세상의 근본이라 할 수 있다. 또한 산과 땅과 바다는 제각기 높낮이가 있어서 세상의 어느 한 곳도 꼭 닮은 곳이 없으며, 하나의 거대한 유기체를 이루고 있다. 언뜻 보면 각기 동떨어져 있는 것 같은 산과 바다가 가람(강)이라는 핏줄로 서로 연결되어 있는 것이다.

∷ 물은 가람을 버리고 바다로 간다. 흐르지 않고 가람에 머무르는 물은 바다에 이르지 못한다.

0201 **감탕**   갖풀에 송진을 넣고 끓인 끈끈한 풀, 또는 물과 함께 짓

이겨 곤죽같이 된 진흙.

짐승의 가죽이나 뼈 따위를 모아서 오래 고은 뒤 굳히면 끈끈하고 황갈색이 도는 접착제가 된다. 이를 '아교(阿膠)' 또는 우리말로 '갖풀'이라 하는데, 여기에 다시 송진을 넣고 끓이면 더욱 끈끈한 풀이 된다. 이를 일컬어 '감탕'이라 하고, 비가 온 뒤 아주 질게 된 진흙땅을 '감탕밭'이라 한다. 또한 남녀가 점잖지 않게 온갖 음탕한 몸짓으로 잠자리를 하는 짓을 경멸스럽게 말할 때 '감탕질'이라 한다. 요즈음의 성인전용 외설영화 장면을 옛 선비들이 보았다면 "웬 감탕질이냐!"며 호통을 쳤을지도 모를 일이다.

:: 아직 포장이 되지 않은 그 시골길은 간밤에 내린 비로 온통 감탕밭이 되어 있었다. 우리는 장화를 구해 신고서야 그 감탕밭을 지날 수 있었다.

:: 훈련장 한구석에서 몇몇 대원들이 음탕한 대화를 나누고 있었는데 숫제 감탕질하는 듯한 내용들이었다.

0202 개막은땅 간척지(干拓地).

지금처럼 대규모의 갯벌을 막아서 환경과 생태에 영향을 미치는 정도는 아니지만, 비교적 오래 전부터 서해안 지방에서는 바닷가 갯벌에 돌담 등을 쌓아서 농경지로 사용하였는데, 이를 '개막은땅'이라 불렀다. 개막은땅은 지금도 그 흔적이 남아 있다. 한편 개막은땅이 넓은 들판이 되어 펼쳐져 있는 것을 '노해'라고 한다.

:: 개발 논리에 이끌려 끝없이 생겨나는 개막은땅에서 얻은 식량이 잃어버린 갯벌만큼 이로운 것인지는 냉철히 따져볼 일이다.

0203 난데 고향도 아니고 일정한 기간 머무른 적도 없는 낯선 고장.

자신이 태어나서 자란 곳을 고향이라고 한다. 그리고 어떤 이유로 고향을 떠나서 새로 머물게 된 곳을 타향이라 한다. 그러나 살다 보면 고향도 아니고 일정한 기간 머무른 적도 없는 낯선 고장에 가야 할 일이 생기기도 한다. 그런 고장을 바로 '난데'라고 한다. 즉 '나가 있는 곳'을 이르는 말이다. 이 밖에도 '난벌', '난데없다' 등도 '나가다'에서 갈라진 말인데, '난벌'은 나들이옷을 말하는 것이고, '난데없다'는 별안간 불쑥 나타난 상태를 말하는 것이다. 즉 '나온 곳을 알 수가 없다'는 뜻이다.

:: 그는 10년 전에 고향을 떠나 난데로 떠돌다가 이제야 서울 변두리 동네에 자리를 잡았다.

0204 너덜겅 돌이 많이 깔린 비탈.

줄여서 '너덜'이라 한다. 충남 당진에는 '웽이너덜', '닭발너덜'과 같이 너덜의 생김새를 본뜬 땅이름이 실제로 있다. 너덜이 깔려 있는 길은 '너덜길'이라 한다. 한편 험한 바위나 돌 따위가 삐죽삐죽 나와 있는 곳을 뜻하는 '너설'과는 다른 뜻이므로 구별해서 써야 한다.

∷ 그 산꼭대기에서 보면 뒤쪽 비탈을 이룬 너덜겅은 꼭 산을 감싸고 있는 치마의 한 자락 같다.

0205 둔치 강, 호수 등 물가의 가장자리나 둔덕진 곳.

둔치는 예전의 '고수부지(高水敷地)'라는 어려운 한자말을 제치고 훌륭하게 부활한 우리말이다. 언뜻 사람의 눈으로 보기에 둔치는 눅눅한 모래흙에 무성한 잡풀이나 우거져 있어서 마치 쓸모없이 버려진 땅처럼 보이지만 사실은 생태 환경적으로 매우 중요한 곳이다. 둔치는 물과 땅의 점이지대로서 개구리 등 양서류가 서식하는 곳이다. 또 뭍에서 흘러나온 고지랑물을 걸러서 깨끗하게 한다. 그러나 오늘날 많은 둔치가 콘크리트에 덮여버리고 말았다. 둔치라는 말을 살려 쓰는 것도 중요하지만 '죽은 땅'이 되어버린 둔치의 생명을 복원하는 일 또한 우리가 이뤄야 할 과제이다.

∷ 모처럼 가족들과 함께 한강 둔치에 나가 공을 차며 즐겁게 놀았다. 하지만 숱한 생물의 서식지였던 둔치가 단지 사람들의 놀이터로 탈바꿈하고 말았다는 것을 생각하니 한편으로 마음이 무거웠다.

0206 땅별 지구를 별에 빗대어 일컫는 말.

우리가 살고 있는 지구도 뭇별 가운데 하나라는 것을 되새김하는 말이다. 지구를 뭇별 가운데 하나로 보는 것은, 우리들 자신을 여러 사람의 무리 가운데 하나로 객관화시켜 보는 것만큼이나 의미가 있는 일이다. 이타적이고 겸손한 세계관이 깃든 우리말의 묘미를 보여주는 말이다.

:: 무분별한 개발로 땅별이 병들어갈 때 인간의 생명과 영혼도 시나브로 죽어가고 있음을 간과해서는 아니 될 것이다.

0207 말림갓 나무나 풀을 함부로 베지 못하게 하여 가꾸는 땅이나 산.

줄여서 '말림' 또는 '갓'이라고 한다. 말림갓에는 '나무갓'과 '풀갓'이 있다. 나무갓은 나무를 못 베어내게 한 곳이고, 풀갓은 풀을 베지 못하도록 하는 곳이다. 오늘날 개발이 제한되어 있는 '그린벨트(녹지대)'와 비슷한 의미를 지닌 말이다.

:: 여러 해 말림갓으로 두어 수풀이 무성하게 자란 곳은 어느덧 각종 희귀동물의 낙원이 되어 있었다.

0208 못동 파들어 가던 구덩이에 갑자기 나타난 딴딴한 부분.

우물을 파다가 바위 같은 것이 나타났을 때 이를 '못동'이라고 한다. 어떤 일을 하다가 난관에 부닥쳤을 때 '못동을 만났다'고 빗대어 말할 수 있다. 못동에서의 '못'은 나무를 접합하는 데 박는 뾰족한 물건을 말하는 것이 아니라, 무언가에 스치거나 눌려서 살가죽이 단단하고 두껍게 된 자리를 말한다.

:: 이번 사건은 공직자들의 사소한 실수나 판단 착오가 국가적인 중대사에 못동이 되고 마는 사례를 단적으로 보여준 예라 하겠습니다.

0209 **뫼** 산(山)의 옛말.

산의 순우리말은 '뫼' 또는 '메'다. '메'는 어른들께 올리는 '밥'의 높임말로도 쓰이고, 사람의 무덤 곧 '묘'를 가리키는 말이기도 하다. 또한 제사 지낼 때 상에 올리는 밥을 '메'라고 하고 궁중에서도 밥을 '메'라고 이른다. 이처럼 '뫼'나 '메'는 여러 가지 뜻으로 쓰이지만, 중심 뜻은 역시 땅 위에 불쑥 솟아오른 '산'이다. 뫼는 쓰이는 지역에 따라서 '메-, 매-, 뫼-, 미-' 등의 형태로 나타난다. 경상도 지역에서는 산을 '메'라고 하며 충북 연풍 등지에서는 '매아리', 전북 무주, 충남 조치원 등지에서는 '뫼아리'라고 한다. 또한 경주, 영천, 예천, 산청 등지에서는 '미아리'라고 한다. 한편 높고 험하지 않은 멧부리를 가진 나지막한 산은 '잔메'라고 한다. 또 여러 갈래로 뻗은 산의 줄기를 '멧발'이라 하고, 산등성이나 산봉우리의 가장 높은 꼭대기를 '멧부리'라고 한다.

:: 시커먼 군용트럭은 신병 훈련을 마친 우리를 태우고 온종일 북쪽으로 달렸다. 그리고 저녁나절이 다 되어서 사방이 병풍 같은 뫼로 둘러싸인 골짜기를 지나 본대에 이르렀다.

0210 **벼루** 절벽의 밑이 강물이나 바닷물로 통하는 낭떠러지.

먹을 갈 때 쓰는 문방구의 하나를 벼루라고 하지만 '강이나 바닷가의 위험한 낭떠러지'도 벼루라고 한다. 우리나라의 지형에서 깎아지른 듯한 낭떠러지는 산이나 강가 혹은 바닷가에 인접한 산 등에서 볼 수 있는데, 이 중에서 그 절벽의 밑이 강물이나 바닷물로 통하는 낭떠러지를 '벼랑'과 구별하여 '벼루'라고 하였다. 또한 강이나 바다로 통한 벼랑길을 '벼룻길'이라 한다. 물과 어우러진 벼루는 풍광이 무척 아름답다.

∷ 조심스럽게 벼룻길을 내려가자 벼루에 부딪치는 세찬 파도의 하얀 거품이 은가루처럼 허공을 수놓고 있었다.

0211 안돌이
험한 벼랑길에 바위 같은 것을 안고 겨우 돌아가게 된 곳.

비슷한 말로 '지돌이'라는 것이 있다. 이 말 역시 험한 산길에서 바위 따위에 등을 대고 가까스로 돌아가게 된 곳을 이르는 말이다. 사실은 같은 지형을 이르는 말이지만, 바위를 '안고' 돌아가면 '안돌이'라 하고, 바위를 '등지고' 돌아가면 '지돌이'라고 한다.

∷ 가파른 벼룻길을 겨우 내려갔더니 이번에는 한 사람씩 어렵게 지나갈 수 있는 안돌이가 나왔다.

0212 알땅
비바람을 막을 아무런 준비도 없는 땅.

'알땅'을 비롯하여 '알몸', '알곡', '알밤' 따위의 말에서 접두사 '알–'은 겉을 싼 것이 다 벗겨진 모양을 나타낸다. 알땅은 초목이 전혀 없어 먹을 것, 마실 것조차 구하기 어려운, 사막과 같은 발가벗은 땅을 말한다. '노지(露地)' 또는 '황무지(荒蕪地)'라는 한자말에 갈음하여 쓸 수 있는 말이다.

∷ 흙먼지만 풀풀 날리는 알땅에 물길을 내고, 나무를 심고, 곡

식을 가꾸어놓았더니, 뜬금없이 땅임자라는 사람이 나타나서 엄포를 놓는 것이었어.

0213 **터앝** 집 울타리 안에 있는 작은 밭.

터앝은 알뜰한 땅이다. 손바닥만 한 땅이라도 그냥 놀리지 않고, 찬거리가 될 만한 채소 따위를 가꾸는 곳이 바로 터앝이다. 사람들의 마음이 아기자기하게 움터 오르는 땅이기도 하다. 터앝은 '텃밭'과 다르다. 텃밭은 집터에 딸리거나 집 가까이 있지만 울타리(담) 밖에 있는 밭을 이르는 말이고, 터앝은 울타리 안의 마당 한구석에 있는 밭이다. 요즘 도시의 빌딩 옥상 같은 데에 채소를 조금씩 심어놓은 것을 가끔 볼 수 있는데 이것도 터앝이라고 할 수 있다.

:: 옛날의 터앝이 가난과 애처로움의 상징이었다면, 오늘날의 터앝은 제법 여유 있는 사람들의 취미생활이지.

:: 우리 집은 아버님께서 부지런히 터앝을 가꾸시는 덕에 웬만한 채소는 직접 길러 먹는다우.

0214 **푸서리** 덩거칠게 잡풀이 무성한 곳.

'푸서리'는 '풀'과 '서리'가 합하여 이뤄진 말이다. '서리'의 'ㅅ' 앞에서 '풀'의 'ㄹ'이 떨어지면서 '푸서리'가 된 것이다. 이처럼 '풀'은 경우에 따라서 그 받침이 바뀌거나 탈락하여 일정한 말을 만드는데 '푸새', '푸성귀'가 그런 경우이다. '홀하게 대접하다'는 뜻의 '푸대접'이라는 말도 '고기 대접'

에 반대되는 '풀 대접'을 이르는 말이다. 맛없는 음식으로 대접한다는 뜻이다. 한편 '서리'는 '무엇이 많이 모여 있는 그 사이'를 뜻하는 말로 쓰였다. 『월인석보(月印釋譜)』에서 '人間은 사룸 서리라'고 설명하고 있는데, 이때 '서리'는 한자 '간(間)'과 같이 '사이'를 뜻하는 말이다. 그래서 '인간'을 순우리말로 풀어 보면 '사람 사이' 또는 '사람 서리'가 된다. 즉 '인간'은 한 사람이 아니라 '무수히 많은 사람의 무리'를 이르는 말이다. '푸서리', '나무서리' 등도 같은 이치로 이뤄진 말이다.

∷ 수입 농산물이 우리 밥상을 뒤덮게 되자 많은 농민들이 농사를 그만두고 도시로 떠났다. 그 바람에 주인을 잃은 폐가 마당은 푸서리로 변하여 금방이라도 뱀이 기어나올 것만 같았다.

0215 후미 산길이나 물가의 굽어서 휘어진 곳, 또는 굽돌이.

산길이나 물가의 굽어서 휘어진 곳을 '후미'라고 하며, 그렇게 된 길을 '후밋길'이라 한다. 또한 굽어서 들어간 정도가 깊다는 것을 일러 '후미지다'라고 하는데, 이 말은 요즘에 와서 '무서울 정도로 깊숙하고 쓸쓸한 장소'를 나타낼 때 주로 쓰인다. 한편 항간에서는 '후(後)지다'라는 속된 말을 더러 쓰는데, 이는 '뒤처지다', '질이 떨어지다' 등의 뜻을 가진 말이다. 따라서 이 말과 '후미지다'를 같은 뜻으로 혼동해서는 안 될 것이다.

∷ 우리 고향 마을로 들어가는 산길은 몹시 후미져서 밤에 혼자 다니면 간담이 서늘하다.

●● 여줄가리 올림말

0216갈개 괸 물을 빠지게 하거나 땅 경계를 짓기 위해 얕게 판 작은 도랑.

0217난벌 산기슭에서 멀리 떨어진 너른 벌판.

0218날땅 개간하지 않은 땅. '나대지'를 대신하는 말.

0219너럭바위 넓고 평평한 바위.

0220너레 매우 넓고 큰 바위로 된 땅바닥. '암반(巖盤)'을 대신하는 말.

0221너설 험한 바위나 돌 따위가 삐죽삐죽 나와 있는 곳.

0222노루막이 막다른 산마루.

0223노해 바닷가에 퍼진 들판.

0224높게더기 고원의 평평한 땅.

0225누에머리 산세(山勢)가 갑자기 쑥 솟아서 누에의 머리처럼 된 산꼭대기.

0226대밑 ①어떤 산을 중심으로 그 산의 기슭에 바짝 잇닿은 곳. ②대밑등.

0227돌박산 북한말로 나무는 잘 자라지 않고 돌과 바위가 많은 산.

0228돌비알 깎아 세운 듯한 돌의 언덕.

0229돌짬 갈라진 돌과 돌의 틈.

0230된비알 몹시 험한 비탈.

0231들대 가까운 들녘.

0232 **들몰**   들이 끝나는 곳.

0233 **모롱이**   산모퉁이의 휘어 둘린 곳. 숭어의 새끼를 뜻하는 말도 같은 소리임.

0234 **버덩**   조금 넓고 평평하며 나무는 없이 잡풀만 더부룩하게 난 거친 들.

0235 **벼랑톱**   벼랑들이 잇닿아 죽 늘어선 곳.

0236 **빗점**   여러 비탈의 밑자락이 한자리에 모이는 곳.

0237 **상사목**   두드러진 턱이 있고 그 다음에 잘록하게 된 골짜기.

0238 **선바위**   산이나 들, 또는 물 가운데 외따로 우뚝 서 있는 큰 바위.

0239 **선샘**   장마철에 땅 속으로 스며들었던 빗물이 되솟아 나오는 샘.

0240 **솔버덩**   소나무가 무성하게 들어선 버덩.

0241 **자드락**   낮은 산기슭의 비탈진 땅.

0242 **작벼리**   물가의 모래벌판에 작은 돌 따위가 섞인 곳.

0243 **재빼기**   재의 꼭대기.

0244 **지레목**   산줄기가 끊어진 곳. 요즘에는 인공적으로 산의 줄기를 끊어서 길을 냄.

0245 **펀더기**   넓은 들. 광야(廣野). *더기-고원의 평평한 땅. 줄여서 '덕'이라 함.

0246 **풀등**   강물 속의 모래나 흙이 퇴적되어 수면보다 높아지면서 그 위에 풀이 우거져 작은 섬처럼 된 곳.

0247 **풀벌**   초원(草原).

0248**함지땅** 분지(盆地).

0249**흙격지** 지층과 지층의 사이.

● 강과 바다

0250**감풀** 썰물 때는 보이고 밀물 때는 안 보이는, 비교적 넓고 평탄한 모래톱.

우리나라 서해안이나 남해안에는 섬은 섬이지만 썰물 때는 길이 나서 뭍이나 다름없는 곳이 여러 군데 있다. 구약성서에 나오는 '모세의 기적'을 연상하게 하는 이 길은 뭍과 섬 사이에 감풀이 이어진 것이다. 경사가 완만한 서해안에는 감풀과 갯벌이 잘 형성되어 있다.

:: 그 해수욕장은 간조 때 널찍하게 드러난 감풀에서 수십 명이 함께 마음껏 뛰어놀 수 있어서 단체 피서지로 안성맞춤이다.

0251**까치놀** 석양에 먼 바다의 수평선에서 희번덕이는 물결.

'까치-'가 우리말에서 울긋불긋한 색상을 나타내는 경우가 더러 있다. '까치설날' 입는 어린아이들의 색동옷을 '까치저고리', '까치두루마기'라고 하는 것이 바로 그 예다. '까치놀'은 이처럼 다양한 색상의 설빔에서 연상되어 만들어진 말이다. 해거름에 서쪽 하늘을 물들인 불긋불긋한 노을 또한 까치놀이라 하는 것을 보면, '까치-'가 여러 색상이 어우러진 것을 나타내는 말임을 추측할 수 있다.
　∷ 해넘이에 물길을 헤쳐 가는 뱃머리에 서서 수평선을 바라보면 희번덕거리는 까치놀에 눈이 어지럽다.

0252 **난바다**　뭍에서 멀리 떨어진 넓은 바다.
　난바다는 한자말로 '원해(遠海)' 또는 '원양(遠洋)'에 해당한다. 뭍에서 말할 때는 '먼 바다'라 할 수 있지만, 배를 타고 멀리 '나온' 뱃사람의 입장에서는 '난바다'인 셈이다. 난바다를 '배래'라고 부르기도 한다. 한편 뭍에서 그리 멀지 않은 가까운 바다는 '든바다'라고 한다. 한자말로 '근해(近海)'이다.
　∷ 끝없는 난바다의 시퍼런 물결. 지향 없는 이 몸의 신세 돌보니……. (김억, 수부의 노래)

0253 **너울**　바다에서 일어나는 사납고 큰 물결.
　바다에 이는 물결을 한자말로는 단순히 '파도(波濤)'라 하지만, 우리말에서는 물결의 세기와 모양에 따라 다양하게 구별하여 부른다. '너울'은 물결 중에서 가장 거칠고 사나운 것이다. 바람이 세게 불 때 뱃전이나 방파제 따위에 부딪치면서 하얀 물기둥처럼 솟구쳐 오르다가 물보라를 일으키는 거친 파도를 말한다. 또 그런 물결이 일어나는 것을 '너울(이) 지다', 또는 '너울이 치다'라고 한다. 너울을 줄여서 '놀'이라고도 한다.

:: 보시다시피 저렇게 너울이 치는데 배를 띄우라뇨? 선생은 목숨이 두엇쯤 되우? 난 못하오.

0254**멀기** 마루가 미끈하고 파장이 비교적 길며 물매가 느린 바다의 큰 물결.

큰 물결이기는 하지만 너울처럼 사납게 몰아치는 것이 아니라 마루가 미끈하고 느리게 움직이는 물결을 말한다. 즉 크고 사납게 형성되었던 물결이 바람이 잦아들거나 먼 거리를 밀려오는 동안 약해진 것이라고 볼 수 있다. '굼뉘'와 뜻이 같은 말이다.

:: 난바다에 이르러도 바람은 여전히 잔잔하였으나, 가끔씩 거대한 멀기가 밀려올 때면 뱃머리가 하늘로 솟는 듯하여 겁이 덜컥 나는 것이었다.

0255**메밀꽃** 파도가 일었을 때 하얗게 부서지는 포말.

이효석의 소설 「메밀꽃 필 무렵」에는 가을 달빛 아래 하얗게 펼쳐진 메밀꽃의 정취가 물씬 묻어난다. 메밀꽃은 말 그대로 '메밀의 꽃'이다. 그런데 이 메밀꽃이 바닷가에 사는 어부들 사이에서는 파도가 일었을 때 하얗게 부서지는 포말을 가리키는 말로 쓰인다. 또한 물보라를 뿌리며 하얀 거품이 일어나는 것을 '메밀꽃 일다'라고 한다. 바다에서는 파도의 거품이 메밀꽃인 것이다. 한편 하얗게 거품을 일으키는 물결을 '물꽃'이라 부르기도 한다.

:: 쪽빛 하늘에는 갈매기가 날고, 그 아래 끝없이 펼쳐진 잔잔한 수면 위로 간간이 하얀 메밀꽃이 일고 있었다.

0256 무대 일정한 방향과 속도로 이동하는 바닷물의 흐름.

한자말 '해류(海流)'에 해당하는 우리말이다. 해류에 한류(寒流)와 난류(暖流)가 있듯이 무대에는 더운무대와 찬무대가 있다. 무대는 '물+대(帶)'에서 'ㄹ'이 탈락한 형태로 추정된다.

:: 무대를 따라 고기 떼가 몰리면 뱃사람은 또 고기 떼를 따라 뱃머리를 돌리는 거지요. 그것이 우리 같은 갯것들 삶이지 뭐겠소.

0257 무수기 조수간만의 차이, 즉 썰물과 밀물의 차이.

달의 인력에 의해 주기적으로 바닷물이 내려갔다 올라왔다 하는 현상을 '조수'라고 하는데 그 차이를 '무수기'라고 한다. 무수기가 가장 큰 날은 보름과 그믐이고, 무수기가 작은 날은 음력으로 매달 8일과 23일경이다. 한편 바닷가 사람들이 조수간만의 차이를 헤아려보는 것을 '무수기 보다'라고 한다.

:: 동해안에 비하여 서해안은 무수기가 심하다. 우리나라 서해안은 세계에서 두 번째로 무수기가 크다고 한다.

0258 물띠 배가 지나간 뒤 생기는 물거품의 긴 줄기(북한말).

배가 바다 위를 지나다 보면 하얗고 긴 거품 줄기가 생겨난다. 배의 후미에 달려 있는 프로펠러가 만들어낸 것이다. 배가 빠를

수록 물띠가 뚜렷하게 나타난다. 한편 배가 지나갈 때 좌우로 줄줄이 일어나는 물결은 '물이랑'이라 한다.

∷ 우리를 태운 유람선이 속도를 더하자 고물에 흰 거품이 일어나기 시작하더니 긴 물띠가 바다를 두 쪽으로 가르는 것이었다.

0259 물참   밀물이 들어와 가장 높이 찼을 때. 만조(滿潮).

'물참'과 '찬물때'와 '만조'는 모두 같은 말이다. 하루 중 바닷물이 가장 높은 때를 일컫는 말들이다. 물참에서 '-참'은 물이 가득 채워진 상태를 뜻하는 '차다'의 명사형이다. 물참의 반대말은 '잦감', '간물때', '간조(干潮)' 등이다.

∷ 물참에 온갖 너겁과 쓰레기들이 둥둥 떠다니는 것을 보았소? 그 바닷물 속에 도저히 몸을 담그고 싶지가 않소. 모래밭 그늘대 밑에서 구경이나 하렵니다.

0260 사리   매달 음력 보름날과 그믐날에 조수가 가장 높이 들어오는 때.

바다의 오묘한 이치를 알려면 무엇보다 먼저 조수간만에 대해서 알아야 한다. '조수(潮水)'나 '조석(潮汐)', '간만(干滿)'은 모두 다 밀물과 썰물을 나타내는 한자말이다. 이러한 조수의 차이는 달의 주기에 따라 날마다 조금씩 다르다. 그래서 매달 보름과 그믐에 밀물이 가장 높이 드는데, 그 시기를 '사리'라 한다. 반대로 밀물이 가장 낮게 드는 음력 8일경과 23

일경은 '조금'이라 한다. 한편 사리는 '한사리'의 준말이다. '한-'은 '많다', 즉 물이 높다는 것을 뜻한다. 한자말로는 '대기(大起)'라고 한다.

∷ 그 갯마을에 도착한 날은 사리 때라서 썰물에 아득히 넓은 갯벌이 펼쳐지고, 조개 줍는 아낙들 손길이 분주했다.

0261 **숨은여**   수면 위로는 보이지 않지만 바다 속에 내밀고 있는 암초.

바닷물 속에 잠겨 있는 바위를 보통 '여'라고 한다. '숨은여'는 물속에 숨어 있는 '여'의 특성을 조금 더 강조한 말이다. 한자말 '암초(暗礁)'에 갈음할 수 있는 우리말이다. 염(바위섬) 주변을 항해하는 배가 숨은여에 부딪혀 부서지는 일이 더러 있다. 숨은여는 뱃사람들에게 매우 위험하다.

∷ 낚시꾼들을 실은 김씨의 거룻배가 알섬 주위를 선회하던 중 숨은여에 부딪혀 큰 사고가 나고 말았다네.

0262 **알섬**   육지 가까이에 있으면서 물새가 모여 알을 낳는다는 섬.

알섬을 다른 말로는 '알립'이라고 하는데, 일반적으로 사람이 살지 않는 작은 섬을 일컫는 말이다. 우리나라 바닷가에는 '알섬'이라 불리는 섬이 흔하게 널려 있다.

∷ 포구를 벗어난 여객선은 물결을 가르며 알섬들이 올망졸망 떠 있는 다도해로 나아갔다.

0263 **염** 작은 바위섬.

섬을 지칭하는 말은 섬의 크기와 모양과 속성에 따라 다양하다. 바윗돌로 된 작은 섬을 '염'이라고 하는데 그 중에서도 아주 작은 바위섬을 '밤염'이라고 한다. 밤톨처럼 조그맣다는 뜻으로 보인다. 또한 독도처럼 육지에서 멀리 떨어져 있는 작은 바위섬을 '외염'이라 부르기도 한다.

:: 바다에 불쑥 솟아난 작은 바위섬은 섬이 아니라 염이다.
:: 해송으로 뒤덮인 짙푸른 섬과 그 주위에 흩어진 자잘한 밤염들이 절경을 이루고 있다.

0264 **잦감** 밀물이 다 빠져서 잦아진 상태. 간조(干潮).

'잦감', '간물때', '간조'가 모두 같은 말이다. 잦감은 바닷물의 높이가 가장 낮은 때이므로 감풀이나 갯벌이 넓게 드러난다. '조금'은 한 달 중 조수가 가장 낮은 때를 말하는 데 비하여 잦감은 하루 중에 물이 가장 낮아진 때를 말한다. '물참', '찬물때', '만조(滿潮)'에 반대되는 말이다.

:: 어렵게 떠나온 피서길이라 짠물에 발이라도 담글 요량으로 바닷가에 나갔더니 하필이면 잦감이라, 눈앞에는 시퍼런 바닷물결 대신 아득한 갯벌만 펼쳐져 있는 것이 아닌가.

0265 **조금** '조감(潮減)'에서 변한 말. 한 달 중에서 조수가 가장 낮은 때.

밀물이 가장 낮게 드는 음력 7, 8일경과 22, 23일 무렵의 조수를 말한다. 조금 때는 썰물과 밀물의 차이가 크지 않다. 따라서 갯벌이 넓게 드러나지 않는다. 한편 조금 때 날씨가 궂은 것을 '조금치'라 부른다.

∷ 조금 때가 되면 갯마을 아낙네들은 갯벌에 나가지 않았다. 하지만 밭일을 하거나 어구를 손질하느라 여전히 바빴다.

0266 **해미** 바다 위에 낀 짙은 안개.

해미는 한자말로 '해매(海霾)'라 하는데, 어느 쪽이 먼저 쓰였는지는 분명히 밝혀지지 않았다. '해매'에서 '-매(霾)'는 '흙비가 오다'는 뜻을 가진 한자말이다. 황사(黃砂)현상과 관련이 있다. '해매'의 뜻에 따르면 바다의 짙은 안개는 '흙먼지'가 된다. 반면 해미라고 하면 훨씬 더 느낌이 신선하고, 실제 분위기와도 어울린다. 한편 순우리말로 '해매'는 요악한 기운을 뜻하는 말이므로, 해미와는 직접 관련이 없는 말이다.

∷ 해미가 짙게 깔린 부둣가에는 고깃배 서너 척이 아직 묶여 있고, 포구의 한터에서는 어부들 몇이서 그물을 손질하고 있었다.

● **여줄가리 올림말**

0267 **간물때/찬물때** 바다의 썰물이 가장 낮은 때/높은 때.
0268 **개** 강이나 내에 바닷물이 드나드는 곳.
0269 **개어귀** 강물이나 냇물이 바다나 호수로 들어가는 어귀. 개어

름.

0270**개자리** 강이나 내의 바닥이 갑자기 푹 들어가 깊어진 곳.

0271**개치** 두 개울물이 합쳐지는 곳. 합수(合水)머리.

0272**갯고랑** 조수가 드나드는 갯가의 고랑. 줄여서 '갯골'이라 함.

0273**거섶** 물이 둑에 바로 스쳐서 개개지(닳거나 해어지지) 못하도록 둑 벽에 말뚝을 박고 가로로 결은 나뭇가지.

0274**굼뉘** 바람이 불지 않을 때 치는 큰 파도.

0275**돌물** 지형에 따라 일정한 장소에서 소용돌이치는 물의 흐름.

0276**된여울** 물결이 세차게 흐르는 여울.

0277**막사리** 얼음이 얼기 전의 조수.

0278**몰개** 바닷물이 출렁이는 물결. 물 고개. 파도.

0279**묵사리** 연안 가까이에 밀려든 조기 떼가 알을 슬려고 머무르는 때.

0280**물들이** 여러 갈래의 물줄기들이 한데 합쳐지는 곳.

0281**물떠러지** 폭포.

0282**미세기** 밀물과 썰물. 조수간만.

0283**사득판** 바닥이 매우 물러서 디디면 푹푹 빠지는 진펄.

0284**살여울** 급하고 빠른 여울물.

0285**쏠** 작은 폭포.

0286**여울** 강이나 바다의 바닥이 얕거나 폭이 좁아서 물살이 세차게 흐르는 곳.

⁰²⁸⁷오미   평지보다 조금 얕고 수초가 나며 늘 물이 괴어 있는 곳. 습지.

⁰²⁸⁸우금   시냇물이 급히 흐르는 가파르고 좁은 산골짜기.

● 길

⁰²⁸⁹가풀막   가파른 땅의 바닥. 급경사 길.

가풀막은 '가파르다'에, '오르막', '내리막', '늘그막' 따위에 쓰인 '-막'이 붙어서 이뤄진 말이다. '가파르다'의 원형을 살려서 '가팔막'이라고도 한다. '가풀막지다' 또는 '가팔막지다'처럼 형용사 형태로도 쓰인다.

∷ 가풀막진 자드락길을 내려올 때는 발을 헛디뎌 몇 번이고 바닥을 구르면서도 그는 결코 힘든 내색을 하지 않고 앞장을 섰다.

⁰²⁹⁰갓길   비상시 이용하도록 고속도로 양쪽 가장자리에 있는 길.

몇 해 전만 하더라도 자동차로 고속도로를 달리다 보면 "노견 없음"이라고 쓰인 팻말이 듬성듬성 세워져 있는 것을 볼 수 있었다. '노견(路肩)'은 '길 어깨'라는 뜻이다. 그러나 한자 표기가 되어 있지 않아 그 뜻을 이해하기가 어려웠고, 설령 뜻을 이해했다 하더라도 어감이 영 좋지가 않았다. 주먹깨나 쓰는 불량배

를 속된 말로 '어깨'라고 하는데, '노견 없음'이라고 하면 마치 '길가에 죽치고 있던 불량배들이 없어졌다'는 뜻으로 곡해할 소지마저 있었던 것이다. 고속도로 위에서 사고가 났을 때 급히 환자나 구조물자 따위를 운반하는 비상도로를 서양에서는 'shoulder(어깨)'라고 하는데 이를 일본 사람들이 '노견(路肩)'이라는 말로 번역한 것이었다. 요즈음 보편적으로 쓰고 있는 '갓길'이라는 말은 이처럼 우여곡절을 거치면서 살아난 우리말이다.

∷ 고속도로 갓길에 정차를 하는 것은 위험천만한 일입니다. 위급환자 수송에도 지장이 있을 뿐더러 자칫 정차된 그 차량도 추돌을 당할 위험이 있습니다.

0291 **고샅** 마을의 좁은 길목, 또는 좁은 골짜기의 사이.

고샅은 본디 '좁은 골짜기'를 뜻하는 말이다. 하지만 오늘날에는 생활의 터전인 마을의 좁은 길목을 뜻하는 말로 통한다. 고샅의 '고'는 골짜기를 뜻하는 '골'의 받침소리가 탈락한 형태이다. 또한 '샅'은 본래 '사이'가 줄어든 말로 사람이나 짐승의 가랑이 사이를 뜻한다. 손가락 사이를 '손샅'이라 하는 것과 비슷한 이치다. 따라서 고샅을 말 그대로 풀어보면 '골짜기 사이'가 된다. 그런데 문학작품에 나오는 고샅이란 말은 대체로 어린 시절 추억이 스며들어 있는, 마을의 좁은 길목을 뜻한다.

∷ 고향 마을 초입의 그 고샅길은 사실 승용차 한 대가 지나

기 힘들 정도로 비좁고 지저분했다. 하지만 내 어린 추억 속에 떠오르는 고샅길은 늘 아스라이 높아 보이는 담장과, 담벼락을 무성하게 뒤덮고 있는 담쟁이 넝쿨의 검푸른 잎사귀에 둘러싸여 나를 압도하곤 하였다.

0292 길라잡이   길을 인도하는 사람.

길의 중심의미는 '사람이나 교통수단이 다닐 수 있도록 만들어진 곳'이다. 그러나 오늘날 길은 '부모의 길을 걷다'(도리), '돈 버는 길이 막막하다'(방법, 수단), '사업의 길을 가다'(분야, 방면), '살아온 길을 후회하지 않다'(역사, 이력), '인간해방의 길로 가자'(목표, 방향) 따위의 여러 가지 주변의미로 쓰인다. 따라서 길라잡이는 중심의미로서의 길뿐만 아니라 방향을 바로잡아 나아가는 데 도움이 되는 사물, 어떤 목적을 실현하도록 이끌어주는 지침 등을 두루 이르는 말이다.

∷ 뱃사람들은 붙박이별을 길라잡이 삼아 난바다를 항해하였고, 별이 보이지 않을 때는 뱃길 경험이 풍부한 연장자가 길라잡이가 되어 검은 바다를 헤쳐 나갔다.

0293 길품   먼 길을 걷는 노력, 또는 남의 갈 길을 대신 가주고 삯을 받는 일.

'길품(을) 들이다'는 것은 어떤 목적지를 향하여 일부러 노력을 들여 길을 가는 경우를 뜻한다. '길품(을) 팔다'고 하면, 원뜻은 남의 갈 길을 대신 가주고 삯을 받는다는 뜻이다. 그러나 '아무

보람도 없이 헛길만 가다'는 뜻으로도 쓰인다. 이런 경우에는 '길품만 팔았다'고 표현한다. 길품과 뜻이 비슷한 말로 '발품 팔다'는 말을 쓰는 경우가 종종 있는데, 이는 교통·통신이 발달한 요즈음에 새로 생겨난 말이다.

∷ 천 리 길품을 팔아 왔건만 그처럼 홀대를 받고 보니, 그는 친구든 뭐든 정나미가 뚝 떨어져 다시 고향으로 돌아가고 싶은 마음만 굴뚝 같았다.

0294 **난달** 길이 여러 갈래로 통한 곳.

'난달'에 해당하는 한자말로는 '사통팔달(四通八達)'이라는 말이 있다. 네거리나 오거리처럼 여러 갈래로 길이 통하는 곳을 말한다. 즉 여러 길이 교차한다는 뜻이다. 따라서 난달은 교통의 중심지로서 사람들이 모여들어 번화하기 마련이다. 한편 '고누'라는 옛 놀이에서 '나들이고누'가 되는 밭을 난달이라고 한다. 바둑으로 치면 '단수'에 해당하고 장기로는 '외통수'와 같은 격이다.

∷ 여기는 여러 고을로 통하는 난달이라 필시 이곳을 거쳐 갈 게 분명하니, 내일까지만 묵으며 기다려봅시다.

0295 **논틀길** 꼬불꼬불한 논두렁 위로 난 길.

논틀길의 '-틀-'은 '틀다'에서 변형된 말이다. 그러므로 논틀길은 '비틀비틀하게 난 길'의 모양을 담고 있는 말이다. 논틀길을 줄여서 '논틀'이라고도 한다. 한편 논두렁이나 밭두렁으로 난 꼬불꼬불하고 좁은 길을 한꺼번에 이를 때 '논틀밭틀'이라고 한다.

∷ 스승께서 가는 길이면 한길이든 논틀길이든 그림자같이 따르고야 말 요량으로, 그는 신들메를 단단히 고쳐 맸다.

0296 뒤안길 늘어선 집들의 뒤쪽으로 난 길.

동네 앞 '큰길'에 상대되는 말이다. 동네 앞길은 '한길', 마을 속으로 난 길은 '속길(이면도로)', 마을 뒤쪽으로 난 길은 '뒤안길'이 된다. 우리나라 마을은 대체로 산이나 언덕의 남쪽 방향에 자리 잡고 있어서, 뒤안길은 대체로 볕이 잘 들지 않고 겨울에는 녹지 않은 눈 더미가 길섶에 남아 있는 길이다. 한편 뒤안길은 관심을 받지 못하여 초라하고 쓸쓸한 생활이나 처지를 은유로 나타내기도 한다. 인생에도 한길과 뒤안길이 있는 법이다.

∷ 양심의 자유를 존중받기는커녕 냉전 세력의 차가운 눈길과 감시 속에서 수십 년을 보낸 비전향 장기수들에게 인생의 뒤안길에서 벗어날 수 있는 기회라도 주어졌던가?

0297 등굽잇길 등처럼 굽은 길.

'굽돌이길'이 급히 돌아가는 커브길이라면, '등굽잇길'은 비교적 완만하게 활처럼 휘어진 길을 말한다. 한편 등이 휠 것 같은 고단한 인생을 길에 비유할 때, '인생의 등굽잇길'처럼 쓸 수 있다.

∷ 내 인생의 등굽잇길을 어찌 책 한 권에 다 담아낼 수 있겠는

가마는, 삶의 마디마다 못동처럼 마주친 역경과 고난의 몇 장면이나마 독자들에게 보여주기 위함이다.

0298 **속길** 마을 안 길. 이면도로.

행정관청이나 법조계에서 쓰는 용어들은 가장 대중적이어야 함에도, 마치 학술 전문용어처럼 어려워서 대학 교육을 받은 사람들도 이해하기 어려운 경우가 많다. 특히 누구나 밟고 다니는 길에 대한 명칭은 초등학생도 이해할 수 있도록 쉬워야 하는데, 예를 들어 '이면도로(裏面道路)'의 뜻을 아는 사람이 몇이나 될까. '소방도로'와 같은 말은 어쩔 수 없다 하더라도 '이면도로'는 '속길'이라고 쓰면 어떤 설명 없이도 명쾌하게 뜻이 통한다. 굳이 어려운 한자말을 써야 하는지 되돌아볼 일이다.

:: 속길 아무 데나 불법 주차를 하는 것은 화재와 같은 위급한 상황이 발생했을 때 여러 사람의 목숨을 앗아갈 수 있는 심각한 범죄행위라는 것을 아는가.

0299 **에움길** 빙 둘러서 가는 길. 우회로.

가장 가까운 방향으로 질러가는 길을 '지름길'이라고 한다면, 이와는 달리 빙 둘러서 가는 길이나 우회로를 일컬어 '에움길'이라 한다. '두름길'과 같은 말이다. '에움'의 기본형인 '에우다'에는 여러 가지 뜻이 있다. 요즘에도 '에워싸다'라는 표현을 더러 쓰는데, 이때 '에우다'는 '둘레를 빙 둘러싸다'

는 뜻이다. 또한 '주위가 너무 어두워서 길을 에워갔다' 와 같이 쓰일 때는 '다른 길로 돌아갔다' 는 뜻이다. 이 밖에도 '에우다' 는 '쓸데없는 부분을 지우다', '어떤 음식으로 끼니를 때우다', '서로 주고받을 돈이나 물건, 일 등을 비겨 없애다' 등의 뜻으로도 쓰인다.

:: 해마다 명절이 되면 귀성 차량으로 고속도로가 주차장이 되곤 하는데, 이럴 때는 에움길을 미리 알아두었다가 이용하는 게 좋지.

0300 치받이/내리받이 비탈진 곳을 올라가게 된 방향/내려가게 된 방향.

똑같은 길을 가는데도 올라갈 때는 '치받이' 가 되고, 내려올 때는 '내리받이' 가 된다. 따라서 치받이와 내리받이는 길의 형태나 특성에 따른 이름이 아니라, 그 길을 가는 사람의 처지에 따라 붙여진 이름이다. 요즈음에 흔히 쓰이는 오르막길, 내리막길과 비슷한 뜻이다.

:: 치받이에 거푸 숨을 몰아쉬며 가까스로 수레를 끌고 오르던 황소도 내리받이에서는 도리어 걷잡을 수 없는 잰걸음으로 주인을 당황하게 한다.

0301 통길 본디 길이 없던 곳인데 많은 사람이 지나가 한 갈래로 난 길.

모든 길의 근원은 통길에서 비롯되었다. 수천 년 동안 그것을 다듬고 고쳐서 오늘날의 고속도로에 이르게 된 것이다. 숲 속으로 난 등산로, 또는 숫눈길 위에 사람들의 발자국이 포개어져 난 눈길 따위가 모두 통길이다. 사람이 지나가서 자연스레 생긴 길을 말한다.

:: 순식간에 눈이 쌓여 꼼짝없이 산골짜기에 갇혀 있던 중대원들은 선발대원을 앞세워 조심스럽게 눈밭을 헤치고 통길을 내며 한 걸음씩 앞으로 나아갔다.

0302 한길   차나 사람이 많이 다니는 큰 길.

한길은 '큰 길'이다. 어떤 고을에서 가장 크고 번화한 길을 말한다. 개발이 한창이던 지난 세기 1960~70년대에는 한길을 '신작로(新作路)'와 같은 뜻의 말로 쓰기도 하였다. 당시에는 차가 다닐 수 있는 길이 거의 없었으므로 한길은 대부분 신작로였다. 한길은 단지 길의 크기만을 말하는 것이 아니라, 특정 지역 내에서 차나 사람의 통행량이 가장 많은 번화한 길을 가리키는 말이다. 한편 사람들이 많이 모이는 번화한 곳을 '한바닥'이라 하고, 반대로 사람이 별로 가지 않는 외진 곳을 '도린곁'이라 한다.

:: 군청 앞으로 난 한길을 따라 동쪽으로 반 마장쯤 걸어가면 고색창연한 기와집들이 즐비하게 늘어선 동네가 나온다.

0303 허방   길 가운데 움푹 팬 땅. 땅바닥이 갑자기 움푹 패어 빠지기 쉬운 땅.

옛날 아이들이 했던 짓궂은 놀이 가운데 '허방놀이' 라는 게 있다. 길 가운데 허방을 파서 오물을 넣고 나뭇가지 따위로 가린 뒤 그 위에 흙을 덮어 지나가는 사람들의 발목이 빠지게 하는 것인데, 이때 그렇게 만든 것을 '허방다리' 라고 하였다. 한자말로 '함정(陷穽)' 이다. '허방 짚다' 라고 하면 잘못 예상하거나 그릇 알아서 일을 실패하게 된 것을 이르는 말이며, '허방 치다'는 바라던 일이 실패로 돌아간 상태를 이르는 말이다. 한편 기초공사가 부실한 포장도로의 가운데 허방이 생겨서 차바퀴가 빠질 수도 있다. 사회의 허방을 보는 것만 같아 쓴웃음이 나올 뿐이다. 그리고 길가에 움푹 패어 빠지기 쉬운 개천을 '지방' 이라고 하는데, 오늘날 정비가 잘된 포장길에서는 보기 힘들게 되었다. 허방은 허당과 비슷한 뜻으로도 쓰인다.

:: 동네 앞길에 허방이 생겨서 비가 오면 물웅덩이가 되어 차가 지나갈 때마다 흙탕물이 튄다.

:: 이른바 '세계화' 와 '일류화' 다툼에는 나라 안팎이 없다. 되잖은 것을 만들어서 많이 팔려는 악덕 상인도 있다. 그런데 거기에 허방이 있다. (한겨레신문 1995년 10월 14일자)

● **여줄가리 올림말**

0304 거님길   산책로.

0305 곁골목   원길에서 곁으로 갈라져 나간 골목.

0306 굽돌이길   커브길.

0307길섶   길 가장자리.

0308길처   가는 길에 가까운 지방.

0309길턱   ①길바닥의 가장자리. ②과속 방지 턱.

0310나드리   내가 굽은 곳의 바깥쪽 낮은 터, 또는 한길에서 떨어진 마을로 갈려 들어가는 도로의 분기점 같은 곳에 붙는 땅이름.

0311나들목   드나들 때 반드시 거치게 되는 길목. 고속도로 톨게이트.

0312다릿돌   징검다리로 놓은 돌.

0313돌너덜길   돌이 많이 깔린 비탈길.

0314돌서더릿길   돌이 많이 깔린 길.

0315벼룻길   아래가 강가나 바닷가로 통한 벼랑길.

0316복찻다리   큰길을 가로질러 흐르는 작은 개천에 놓인 다리.

0317서덜길   강이나 냇가에 돌이 많이 깔린 길.

0318실골목   폭이 썩 좁은 골목.

0319어김다리   두 철도나 길이 만나는 곳에 놓은 다리. 고가도로.

0320자드락길   나지막한 산기슭에 경사지게 있는 좁은 길.

0321지돌이   험한 산길에서 바위 따위에 등을 대고 겨우 돌아가게 된 곳, 또는 그런 길.

0322지방   길가에 있는 움푹 패어 빠지기 쉬운 개천.

0323쪽다리   긴 널조각 하나로 좁다랗게 걸쳐놓은 다리.

0324푸서릿길   잡초가 무성하게 난 길.

0325홀림길   미로(迷路).

위치와 방향

0326 가두리 물건의 가를 두르고 있는 언저리.

가두리는 바깥쪽, 가장자리를 뜻하는 '가' 와 '두르다' 가 합쳐진 말로, 통상 어떤 물체 겉쪽의 휘두른 언저리를 이르는 말이다. 물그릇을 예로 들면, 물을 마실 때 아랫입술이 닿는 부분을 가두리라고 할 수 있다. 한편 가두리라는 말이 이보다 더 큰 뜻으로 쓰이기도 하는데, 요즘 바닷가에 가면 '가두리 양식장' 이라는 것이 있다. 본디 바다에서 자유롭게 살던 물고기를 울타리 쳐서 가두어 양식하는 시설을 말하는 것이다. 이 경우 가두리는 일정한 공간의 둘레에 울타리를 둘러친 것을 뜻하는 말이다.

∷ 내가 본 고려청자의 가두리는 찬란한 문양으로 치밀하게 세공되어 있어서 마치 도공의 혼이 숨쉬는 듯하였다.

0327 고섶 손만 내밀면 바로 찾을 수 있는 곳.

'업은 아이 삼 년 찾는다' 는 속담이 있다. 이 속담이야 퍽이나 과장된 것이지만, 실제로 건망증이 심하거나 주의가 산만한 사람들은 종종 조금 전에 쓰던 물건을 찾느라고 부산을 떤다. 그러다가 뜻밖에도 물건을 바로 자신의 코앞에서 찾아내고는 머쓱해한다. 이처럼 물건을 두는 곳이나 서랍, 그릇 등에서 손만 내밀면 바로 찾을 수 있는 곳을 일러 '고섶' 이라고 한다. '섶' 이란 비교적 가까운 곳을 뜻한다. '길섶' 이 길에 접해 있는 언저리를 가리키는 것과 같은 이치다. 곳간, 벽장, 서랍, 그릇 따위의 가장 앞쪽의 손쉽게 물건을 찾을 수 있는 곳은 모두 고섶이다.

:: 잃어버린 귀고리 한쪽을 찾으려고 온 방 안을 다 뒤졌지. 그런데 나중에 보니 화장대 위에 있더군. 바로 고섶에 두고 난리를 쳤지 뭐야.

0328 날금/씨금 지구 표면상의 방향과 위치를 표시하기 위한 가상의 세로선/가로선.

'날'은 세로를 뜻하고 '씨'는 가로를 뜻한다. '날금'은 지구를 그 양극을 지나는 평면으로 잘랐다고 가정했을 때 그 평면과 지구 표면이 만나는 360개의 가상적인 곡선이다. 한자말로 경도(經度), 경선(經線)이라 한다. '씨금'은 지구의 극으로부터 같은 거리의 지점들을 이은 가상의 선으로, 적도를 0으로 하여 그로부터 남북으로 각각 90등분한 곡선이다. 한자말로 위도(緯度), 위선(緯線)이라 한다. 날금과 씨금을 날줄, 씨줄이라고도 한다.

:: 생각을 정리한다는 것은 마음속에 날금과 씨금을 그어, 감정의 위아래를 잡고 이성의 좌우를 가르는 일이다.

0329 도래 둥근 물건의 둘레.

도래는 '돌다'에서 비롯된 말로, 다른 말에 덧붙어 '돌아가게 되어 있다', '둥글다'는 뜻을 나타낸다. 예를 들어 옛날 혼인

때 둥글넓적하고 큼직하게 만들어서 초례상에 놓는 흰 떡을 '도래떡'이라 하고, 팔꿈치의 둥근 뼈를 '도래뼈'라 한다. '도래샘'은 빙 돌아서 흐르는 샘물이고, '도래솔'은 무덤가에 둘러선 소나무를 말한다. 또 둥글게 된 밥상을 '도래상'이라 한다.

:: 다람쥐 한 마리가 도래샘 주위를 빙빙 돌다가 사람 소리를 듣고는 쪼르르 숲 속으로 달아나 버린다.

0330 마라 마소 두 마리를 부릴 때 오른쪽 마소를 이르는 말, 또는 오른쪽으로 가라고 외치는 말.

쟁기질이나 연자방아를 할 때 도는 방향은 주로 오른쪽이다. 돌아가는 안쪽은 회전 반경이 작아서 힘이 덜 든다. 따라서 힘이 약한 소가 마라소가 된다. 쟁기질을 하거나 수레를 몰 때, 마소에게 오른쪽으로 가거나 돌라는 뜻으로 외치는 소리로도 쓰인다. 지방에 따라서 '마나'라고도 한다. 한편 왼쪽 소는 '외나'라고 한다.

:: 강씨가 수레를 몰아가는데 왼쪽에서 강아지 한 마리가 불쑥 튀어나오는 것이었어. 그래서 다급하게 "마라 마라" 하면서 말고삐를 당겼지만 이미 때를 놓치고 만 게지.

0331 막대잡이/부채잡이 장님을 상대로 말할 때 오른쪽/왼쪽을 가리키는 말.

보통 길을 인도하는 '길라잡이'를 낮추어 부를 때 '막대잡이'라고 하는데, 오른쪽 또는 오른손을 가리키는 말로도 쓰인다.

장님들은 앞이 보이지 않기 때문에 지팡이나 막대기를 짚으면서 길을 걷게 된다. 이때 막대나 지팡이는 왼손잡이가 아니라면 오른손에 쥐기 마련이다. 더운 여름날이면 오른손으로는 막대를, 그리고 왼손으로는 부채를 들고 다녔던 모양이다. 그래서 장님을 상대로 말할 때 '막대잡이'는 오른쪽이 되고, '부채잡이'는 왼쪽이 되는 것이다. 우리말이 상황에 잘 적응하는 것을 보여주는 예라 할 수 있다. 앞을 못 보는 사람에게 왼쪽, 오른쪽을 설명하는 데 '막대잡이', '부채잡이'보다 더 쉬운 말이 있었겠는가.

∷ 심청이 아버지 심 봉사가 물에 빠졌을 때 지나가던 사람이 얼른 다가와서 그를 구하며 "막대잡이로 내 손을 잡으시오"라고 외쳤다더라.

0332 맞은바라기   앞으로 마주 바라다보이는 곳.

건너편, 맞은편과 뜻이 비슷한 말이지만, '맞은바라기'는 이보다 거리상의 여유가 느껴지는 말이다. '건너편'은 둘 사이에 길이나 강과 같은 경계가 있음을 뜻하고, '맞은편'은 비교적 가까운 곳을 나타낸다. 예를 들어 마주 보이는 아파트 건물은 '맞은편'에 있지만, 멀리 마주 보이는 산봉우리를 나타낼 때는 '맞은바라기'가 어울린다.

∷ 창문을 열면 맞은바라기에 보이는 안산의 늙은 소나무 가지들이 한가롭게 늘어져 있고, 쨍쨍한 날빛 속에 솔개 두어 마리가 날개를 펼친다.

0333 **시울** 눈, 입 등의 언저리.

주로 사람의 얼굴에서 눈과 입의 언저리를 가리키는 말로 쓰이는데, 저 혼자 쓰이는 경우가 거의 없다. '눈시울', '입시울' 처럼 '눈' 과 '입' 에 붙어서 쓰인다. 그런데 눈의 언저리는 지금도 '눈시울' 이라 하는데, 입의 언저리를 말할 때는 '입시울' 이라 하지 않고 줄여서 '입술' 이라 한다. 이렇듯 '입시울' 은 이미 죽은 말이 되어버렸지만, 시어(詩語)나 문학 용어로는 살려 써봄직한 말이다.

∷ 석양에 타오르는 노을처럼 붉디붉은 그녀의 입시울에 내 입술이 살짝 닿았을 때, 가슴 속의 떨림은 눈물이 되고 말았다. 그녀의 눈시울 또한 붉게 젖어들었다.

0334 **오둠지** 옷의 깃고대가 붙은 어름. 그릇의 윗부분.

깃고대는 옷깃의 뒷부분이다. 깃을 달 때 목 뒤로 돌아가는 부분을 말하는데, 윗옷을 바닥에 펼쳐놓았을 때 맨 위쪽 어름이다. 그 깃고대가 붙은 부분을 '오둠지' 라고 하는데, 그릇의 윗부분을 뜻하기도 한다. 한편 깃고대가 지나치게 높이 올라가 붙은 것을 '오둠지진상' 이라 한다. '진상' 은 지지리도 좋지 않은 물건이나 손님을 뜻하는, 장사꾼들의 속어다. 또한 상투나 멱살 따위를 잡고 번쩍 들어서 올리는 것을 '오둠지진상하다' 라고 한다.

∷ 보통의 질그릇은 오둠지가 나부죽한 전으로 되어 있지만 그가 빚어낸 그릇들은 밋밋한 모양 그대로여서 자연스럽다.

0335 **옷깃차례** 옷깃의 왼 자락이 오른 자락 위에 덮이는 데서 유래한 말로, 왼 자락이 덮이는 쪽으로 나가는 차례. 즉 시작한 사람부터 오른쪽으로 돌아가는 차례.

여럿이 모인 곳에서 놀이 등 어떤 일을 벌일 때 시작한 사람부터 왼쪽으로 돌아가는 차례를 '시계방향'이라 하는데, 옷깃차례는 이와 반대의 방향이다. 즉 '반(反)시계방향'이다. '옷깃'이란 '옷의 목을 둘러 앞에서 만나는 부분'을 이르는 말인데, 옛날 사람들의 '옷깃'은 오른쪽으로 돌아가게 되어 있다. 한편 '옷깃'은 '칼라(collar)'라는 외국어와 바꾸어 써야 할 말이다.

:: 오늘 첫낯인 분들이 계실 터이니 회의에 들어가기 전에 옷깃차례로 한 사람씩 돌아가면서 자기소개를 부탁합니다.

0336 **이마받이** 두 물체가 아주 가깝게 맞붙음을 이르는 말.

이마받이는 본디 '이마를 들이받음'을 뜻하는 말이다. 예를 들어 축구경기에서 두 선수가 머리로 공을 받으려고 뛰어오르다가 이마받이를 하는 경우가 종종 있다. 그러나 이마받이가 위치를 뜻하는 말로 쓰일 때는 두 물체의 윗부분 또는 내민 부분이 서로 가깝게 붙어 있음을 뜻한다.

:: 깎아지른 바위절벽으로 이뤄진 두 산봉우리는 멀리서 보면 마치 이마받이하고 있는 듯하다.

● 여줄가리 올림말

0337 **가녘**   가장자리나 언저리, 여가리. 변두리나 한쪽 모퉁이.

0338 **노**   뱃사람들이 북쪽을 이르던 말.

0339 **마작**   어떤 곳의 부근, 근처, 언저리.

0340 **마쪽**   남쪽을 이르는 뱃사람들의 말.

0341 **버렁**   물건이 차지한 둘레, 또는 일의 범위.

0342 **살피**   두 땅의 경계를 간단히 나타낸 표. 두 물건 사이를 구별 지은 표.

0343 **새쪽**   뱃사람들이 동쪽을 가리키는 말.

0344 **자루목**   자루 속에 넣은 물건이 나오지 못하도록 비끄러매는 마구리의 밑부분. 어느 지역으로 드나드는 통로가 되는 중요한 대목. 북한말.

2부 · 생물과 사물

동물

● 동물의 종류와 이름

0345 가랑니   서캐에서 갓 태어난 작은 이.

이는 사람의 몸에 기생하며 피를 빨아먹는 곤충이다. 발진티푸스, 재귀열(再歸熱) 등의 병원균을 옮기기도 한다. 주로 옷 솔기나 머리카락 사이에서 서식하는데, 화학섬유 옷감이 보급되고 위생 상태가 좋아지면서 지금은 찾아보기 어렵게 되었다. 이는 알을 낳아서 번식하는데 그 알을 '서캐'라 한다. 가랑니는 서캐에서 막 깨어난 상태의 이를 말한다. 가랑니가 자라서 크고 퉁퉁하게 된 것은 '수퉁니' 또는 그냥 '퉁니'라고 한다.

:: 학교에서 돌아온 순이는 방바닥에 공책을 펼쳐놓고 참빗으로 머리를 빗어 내렸다. 참빗 살에 걸려 떨어져 내린 가랑니 몇

마리가 공책 위로 꼬물꼬물 기어간다. 순이는 그놈들을 손톱으로 짓뭉개기 시작한다. 피가 튄다. 순이의 엄지손톱과 공책은 핏자국으로 얼룩진다.

0346 고도리   고등어의 새끼, 또는 포도청에서 죄인의 목을 졸라 죽이는 일을 맡아 하던 사람.

'고도리'라는 말을 들으면 우리나라 사람들 열에 아홉은 화투판을 떠올릴 것이다. 이른바 '고스톱'이라는 화투놀이에서 상당히 높은 점수를 얻게 되는 이 고도리라는 일본말이 우리의 일상과 말글살이에 깊숙이 자리 잡게 된 것이다. 그런데 이 일본말이 우리의 말글살이 속으로 파고들기 전부터 고도리라는 순우리말이 있었다. 우선 고등어 새끼를 고도리라고 한다. 이 말의 유래는 분명치 않으나 우리 선조들이 많이 썼던 것으로 보인다. 또한 포도청에서 죄인을 목 졸라 죽이는 일을 하는 사람을 고도리라고 하였다. 그러니까 일종의 직업을 뜻하는 말이긴 한데, 직업치고는 저 유명한 '망나니'보다도 더 고약한 직업이었다. 고등어 새끼를 가리키는 고도리는 오늘날에도 쓸 수 있는 말이다. 그리고 저 무시무시한 직업 가운데 하나인 고도리 또한 그다지 아름다운 말은 아니지만 역사성을 가진 말의 하나로 되살릴 필요가 있을 것이다. 이제 불건전한 오락의 대명사인 화투판에 등장하는 고도리라는 말은 깨끗이 잊어버리고, 그 빈 자리에 순우리말 고도리를 채워 넣어야 할 때다.

:: 내가 고등어자반을 좋아하기 때문에 어머니는 늘 시장에서 고등어를 사 오시는데, 오늘은 웬일인지 자잘한 고도리만 골라 오셨다.

:: 난들 이 일을 하고 싶어 하는 줄 아시오? 이런 일을 하는 나도 마치 고도리가 된 심정이오.

0347 길짐승/날짐승   기어 다니는 짐승/날아다니는 짐승.

땅 위를 기어 다니는 짐승은 '길짐승'이고, 공중을 날아다니는 짐승은 '날짐승'이라 한다. 길짐승은 대부분 네 발을 가지고 있으며, 날짐승은 두 날개와 두 발을 가지고 있다. 그러나 날짐승 중에는 집에서 기르는 오리나 닭처럼 날개가 퇴화하여 날개보다는 다리를 더 많이 사용하는 짐승도 있으므로 모든 동물을 날짐승과 길짐승으로 뚜렷하게 구분하기는 어렵다.

:: 사람이란 때로 산과 들을 내달리는 길짐승이나, 하늘로 날갯짓하는 날짐승만도 못할 때가 많다. 길짐승도 날짐승도 같은 무리를 죽이는 법이 거의 없으며, 더구나 스스로 목숨을 끊는 경우는 더더욱 없다. 오직 사람만이 서로를 죽이고, 스스로도 죽는다.

0348 따개비   바닷물이 드는 바위에 착생하는 따개비과의 절지동물.

'굴등'이라고도 한다. 몸길이 1센티미터 정도거나 그보다 조금 큰 것도 있다. 모양은 원추형, 즉 쇠뿔 모양이며 껍질 표면은 검은색에 가까운 회자색으로 윤이 난다. 바닷가 바위 표면에 붙어서 사는데 밀물 때 물에 잠기는 바위 밑쪽 부분에 주로 서식한다. 바위에 단단히 붙어 있어서 잘 떨어지지 않는다.
:: 따개비가 엉성하게 붙은 바위 위를 맨발로 밟고 다녔더니, 발바닥이 불이 붙은 듯 후끈거린다.

0349 **부사리** 들이받는 버릇이 있는 소.
송아지가 어느 정도 자라서 힘이 생기면 사실 사람의 힘으로 통제가 안 되므로 코를 뚫어서 고삐를 채우게 된다. 소는 보통 순한 짐승으로 생각되는데, 천성이 그렇다기보다는 인간의 꾀에 걸려 길들여진 것이다. 그런데 힘이 세고 성질이 거칠어서 고삐만 놓아주면 사람을 들이받는 소도 있다. 이런 소를 '부사리'라고 한다. 사람 중에도 평화와 질서를 추구하는 사람이 있는가 하면, 무력으로 싸움을 일으키는 것을 일삼는 사람도 있는 것과 같은 이치다.
:: 이태째 인근 씨름판을 주물러온 그는 한번 화가 났다 하면 마치 고삐 풀린 부사리처럼 콧김을 푹푹 내뿜으며 장정 서넛을 단숨에 패대기치는 것이었다.

0350 **붕장어** 뱀장어와 비슷하게 생긴 붕장어과의 바닷물고기.
횟집에 가서 "붕장어회 주시오"라고 주문을 하면 대부분 종업원이 "죄송하지만 그런 회는 안 하는데요" 하며 난색을 표한다. "그럼 아나고회로 주시오" 하고 다시 주문을 하면 그제

서야 종업원이 "예, 고맙습니다" 하면서 물러가는 경우가 많다. 붕장어가 곧 '아나고'의 순우리말이라는 사실을 아는 사람이 과연 얼마나 될까. '아나고'라는 일본말로 더 많이 알려진 붕장어는 몸길이가 90센티미터가량 되는, 뱀장어 비슷한 바닷물고기 이름이다. 살맛이 연하고 부드러워 횟감으로 많이 쓰는데, 요즘에는 도시 한복판 횟집이나 심지어 허름한 포장마차에서도 쉽게 맛볼 수 있는 인기 있는 안줏감이다. 이제부터라도 붕장어의 이름을 찾아주어야 할 터이다.

:: 내가 아나고회나 한 접시 먹자고 하자 그 선배는 대뜸 "아나고가 뭔가. 붕장어라고 해야지, 이 사람아. 일본말을 쓰다니" 하며 나를 슬며시 나무랐다.

0351 **서리병아리** 서리가 내릴 무렵인 이른 가을에 깬 병아리.

서리병아리는 그 몰골이 힘없고 추레하다. 서리가 내리기 시작할 무렵에는 사람이나 힘센 동물들도 추위를 온몸으로 느끼며 겨우살이 준비를 해야 한다. 하물며 작고 연약한 병아리에게 서리 내리는 가을날은 얼마나 곤욕스러울 것인가. 그래서 서리병아리는 줄곧 추레한 몰골로 그저 따뜻한 어미닭의 품에 파묻혀 있어야 한다. 그리고 몰골이 추레하고 힘없는 사람을 일컬어

서리병아리라고 하기도 한다. 한편 막 날기 시작한, 그래서 날갯짓이 영 서툴고 볼품없는 어린 새, 또는 서리병아리보다 더 늦게 태어난 병아리를 '열쭝이'라고 부른다.
∷ 그녀는 마치 서리병아리가 어미의 깃 속으로 파고들듯이 바르르 몸을 떨며 내 품에 안겨왔다.

0352 **송치** 암소 뱃속의 송아지.

농업이 기계화되기 전에 소는 농사에 없어서는 아니 되는 중요한 생산도구이자 재산이었고, 늘 사람과 함께하여 정이 듬뿍 든 식구나 다름없는 존재였다. 송치는 옛사람들의 소에 대한 각별한 마음이 반영된 말이다. 워낙에 중요한 가축이다 보니 다른 짐승과는 다르게 어미 뱃속에 있을 때부터 소중하게 여겨 별도의 이름으로 부른 것이라 할 수 있다.
∷ 그 사람 취기를 이해하게. 송치가 든 암소 고삐를 남의 손에 쥐여주는 그의 심사가 오죽이나 뒤틀리고 쓰렸겠는가? 모르긴 해도 다 키운 딸자식 여읜 듯했을 것이네.

0353 **숨탄것** 가축을, 그 생명을 소중히 여겨 이르는 말. 생명을 가진 동물의 통칭.

우리 조상들의 생명존중 정신이 깃든 말이다. 야생 짐승이든 가축이든 '숨탄것'이라 하여 그 생명을 함부로 여기지 않았던 것이다. '-탄-'의 으뜸꼴인 '타다'는 여러 가지 뜻으로 쓰인다. '말을 타다', '재능을 타고 나다', '커피에 설탕을 타다', '상을 타다', '가르마를 타다', '가야금을 타다', '부끄러움을 타다' 따위의 표현에서 '타다'는 각기 다른 뜻을 가지고 있는데, '숨탄것'에서 '-탄-'은 '선천적으로 어떤 성질을 지니고 난 것'을 말한다. 넓은 뜻으로 사람은 물론 생명을 가진 모든 것을 뜻하는 우리말이다.

∷ 이 사람아, 아무리 미물일망정 숨탄것을 그렇게 함부로 다루는 법이 아니네.

0354 알배기   알이 들어 통통한 생선. 외모에 비하여 알차고 충실한 사람.

생선이 아니라도 '겉보다 속이 야무진 상태'를 이를 때 '알배기'라고 한다. 외모에 비하여 내용이 알차고 충실한 사람도 알배기라 할 수 있다. 겉으로는 유약하여 '물퉁이'처럼 보이는 사람일지라도 안으로는 의지가 굳고 야무진 사람이 있다. 이런 사람도 알배기라 할 수 있다.

∷ 이번 추석 차례상에 올릴 생선을 사 왔는데 통통하게 살이 오른 게 아무래도 알배기 같아.

0355 어이   짐승의 어미.

짐승의 '어미'는 사람과 구별하여 '어이'라고 한다. 지방에 따라서 '어시'라고 하기도 하는데 원래 '어ᇫㅣ'의 반치음(ㅿ)이 'ㅇ'과 'ㅅ' 두 가지로 변천한 것으로 보면 된다. 한편 어미와 새끼를 통틀어 '어이새끼'라 부르기도 한다.

:: 짐승도 어이새끼는 서로 알아보는 법이거늘, 어찌 사람으로서 부모 자식 간에 그토록 냉정할 수 있다는 말이냐.

0356 엘레지 수컷 개의 생식기.

슬픈 노래, 즉 비가(悲歌)를 '엘레지(Elegy)'라고 한다. 엘레지는 원래 '죽은 이에 대한 애도의 시'를 뜻하는 음악용어로 18세기부터 가곡이나 기악곡으로 작곡되었다. 그런데 우리나라 토박이말에서 엘레지는 개의 생식기를 뜻한다. 서양 음악용어의 엘레지와 우리말 엘레지는 소리는 똑같지만 뜻은 이처럼 극과 극이다. 음악용어 엘레지가 '슬픔의 시'를 상징한다면, 우리말의 엘레지는 남성의 끈질긴 정력을 상징한다. 우리 조상들이 고작 개의 생식기를 지칭하던 말을 서양 사람들이 고상한 음악용어로 만들어놓은 것일까, 아니면 그 반대일까.
:: 중복을 앞둔 여름날 이장님 댁 누렁이가 기어이 불에 그슬리고 말았는데, 눈 깜짝할 사이에 엘레지를 누군가 베어 가버렸다는구먼.

0357 오사리 이른 철의 사리에 잡힌 새우 따위의 해산물. 이른 철에 농작물을 거두는 일, 또는 그 농작물.

'오사리'는 덜 여문 해산물이나 농작물을 말한다. 철이 덜 든 사람을 빗대는 말로 쓰이기도 한다. 그래서 철없이 날뛰는 사람을 속되게 말할 때 '오사리잡놈'이라 한다. 이른 철에 잡은 새우가 팔짝팔짝 뛰듯이 그렇게 날뛰는 사람을 이르는 것이다. 반대말은 '늦사리'이며, 오사리로 담근 새우젓을 '오사리젓' 또는 줄여서 '오젓'이라 한다.

∷ 김 영감네 손자 놈은 오사리처럼 펄펄 뛰는 몸짓이나 톡톡 쏘는 말본새가 영락없이 오사리잡놈이다.

0358 **풀치**   갈치의 새끼.

'갈치'의 원말은 '칼치'다. 즉 칼 모양을 닮은 고기라는 뜻이다. 그런데 그 새끼를 '풀치'라고 하는 것은 그것이 기다란 풀잎 모양을 닮았기 때문일 것이다. 해학이 묻어나는 우리말이다. 풀[草]이 자라서 칼[刀]이 되는 셈이다.

∷ 해가 뜬 지도 한겻이 지나 어시장도 끝물이라, 그나마 두어 군데 남아 있는 좌판에는 풀치 몇 마리만 뒹굴고 있다.

● **여줄가리 올림말**

0359 **가라말**   털빛이 온통 검은 말. 흑마.
0360 **가시**   음식물에 생기는 구더기.
0361 **간자미**   가오리 새끼.
0362 **개호주**   호랑이 새끼.
0363 **꺼병이**   꿩의 새끼.
0364 **껄떼기**   농어 새끼.
0365 **꽝다리**   조기 새끼.
0366 **네눈박이**   두 눈 위에 흰 점이 있는 개. 줄여서 '네눈이'라고

함.

0367**능소니** 곰의 새끼.

0368**동부레기** 뿔이 날 만한 나이의 송아지.

0369**맏배** 짐승이 첫 번째로 낳은 새끼.

0370**매구** 천 년 묵은 여우가 변하여 된다는 짐승.

0371**버새** 수말과 암나귀 또는 암노새 사이에서 난 잡종.

0372**보라매** 난 지 1년이 채 안 된 새끼를 잡아다가 길들여서 사냥에 쓰는 매.

0373**부룩소** 작은 수소. *부룩송아지-아직 길들이지 않은 송아지.

0374**부림소** 짐을 운반하거나 밭을 갈기 위하여 기르는 소. 역우(役牛).

0375**불강아지** 몹시 여윈 강아지.

0376**불개** 일식이나 월식 때에 해나 달을 먹는다고 하던 상상의 짐승.

0377**비게질** 마소가 가려워서 나무나 돌 따위에 몸을 비비는 짓.

0378**솜병아리** 알에서 깬 지 얼마 안 되는 병아리. 햇병아리.

0379**애돝** 한 살 정도 된 돼지.

0380**찌러기** 성질이 몹시 사나운 황소.

0381**푿소** 여름에 생풀만 먹고 자라서 힘을 잘 쓰지 못하는 소.

● 동물의 생태

0382 가탈   타기에 거북스러운 말의 걸음걸이.

'까탈'의 원말이 '가탈'이다. 사람의 행위나 어떤 일의 모양을 뜻하는 말로 쓰일 때는, 이러쿵저러쿵 트집을 잡으며 까다롭게 구는 것을 가탈이라고 한다. 일이 순조롭지 않게 방해하는 어떤 힘을 뜻하기도 한다. 그런데 가탈은 원래 말의 걸음걸이를 나타내는 말이다. 말의 걸음이 탄 사람에게 자꾸 불편을 주는 것을 '가탈거리다'라고 한다. 또 그러한 걸음을 '가탈걸음'이라 한다.

∷ 너설에 이르자 말의 걸음걸이가 자꾸만 가탈거린다. 갈수록 길은 험해지는데 추격을 해오는 관군의 말발굽 소리가 점점 크게 들려온다.

0383 고락   검은 물이 든 낙지의 배때기, 또는 그 검은 물이나 그 물이 담긴 주머니.

바닷물이 드는 갯벌에 주로 서식하는 낙지는 몸통과 여덟 개의 다리로 된 연체동물이다. 낙지는 위험에 처하면 몸에서 먹물을 내뿜어 포식자의 시야를 흐리게 한 다음 도망친다. 이때 내뿜는 먹물을 '고락'이라 하는데, 그 뜻이 넓어져서 먹물 자체뿐만 아니라 그것이 든 배때기나 먹물주머니까지도 가리키는 말로 쓰인다. 지방에 따라 '꼬락'이라고 된소리로 부르기도 한다.

:: 끓는 물 속으로 던져진 낙지 몇 마리가 솥 안에서 요동을 친다. 무수한 빨판이 달린 기다란 다리로 소용돌이를 치며 고락을 내뿜자 투명하던 솥뚜껑이 그새 뿌옇게 변하고 만다.

0384 고지 명태의 이리.

생태, 동태, 황태, 북어 등 '명태'를 부르는 우리말이 다양하다는 것은 널리 알려진 사실이다. 일반적으로 수컷 물고기의 뱃속에 들어 있는 정액 덩어리를 '이리'라고 하는데, 명태의 이리는 '고지'라 하여 특별히 다른 이름으로 부른다. 명태는 다른 물고기에 비하여 이리의 양이 많아서 국거리로 많이 쓰이기 때문인 것으로 보인다. 지리탕, 복지리 따위처럼 흔히 이리를 '지리'라고 부르기도 하는데 이는 방언이다.

:: 뱃가죽이 등짝에 붙을 지경이오. 주인장! 여기 생태매운탕 하나 끓여주오, 고지 잔뜩 넣어서.

0385 굳비늘 물고기의 단단하고 광택이 있는 비늘.

비늘은 물고기나 파충류의 몸 표면을 덮고 있는 작은 조각들을 말한다. 그 중에서도 사방형(斜方形: 모서리가 비스듬하게 깎인 사각형)으로 표면이 단단하고 광택이 있는 물고기의 비늘을 '굳비늘'이라 한다. 철갑상어 따위의 비늘이 굳비늘이다. 한자말로는 '경린(硬鱗)'이라 한다.

:: 횟집 주방 일을 하던 어머니의 몸에서는 좀처럼 비린내가 떠날 일이 없었고, 소맷자락에 굳비늘 조각 몇 개씩을 늘 묻

히고 다녔다.

0.386 **땅까불** 암탉이 혼자서 땅바닥에 몸을 대고 비비적거리는 짓.
예전에는 농가에서 닭을 마당에 풀어놓고 키우는 게 예사였다. 그러다 보면 닭이라는 짐승은 두 가지 미운 짓을 하게 마련이다. 하나는 거름더미나 우케(말리는 곡식) 따위를 흩어놓는 것이고, 또 하나는 바로 암탉의 땅까불이다. 땅까불은 마치 암탉이 혼자서 흘레하는 모습을 연상케 하는데, 사실은 알 낳을 자리를 고르는 습성 때문인 것으로 보인다.

:: 봉숭아꽃이 피기 시작하는 여름날이다. 암탉 한 마리가 거름더미 곁에서 땅까불을 하고, 바지랑대 끝에는 고추잠자리 하나가 눈알을 굴리며 망을 보고 있다.

0.387 **무녀리** 한 태에 낳은 여러 마리의 새끼 가운데 맨 먼저 나온 새끼.

무녀리는 '문(門)+열다'의 뜻을 가진 말이다. 개, 돼지, 고양이처럼 새끼를 여러 마리씩 한꺼번에 낳는 짐승의 경우, 한 태에 낳은 새끼 중에서 가장 먼저 나온 것을 '무녀리'라 하는 것이다. 소나 말처럼 한 태에 한 마리씩 새끼를 낳는 짐승에는 해당되지 않는 말이다. 한편 무녀리는 '맏배'와 다르다. 맏배는 처음으로 임신하여 낳은 새끼를 말한다. 사람의 경우 맏딸, 맏아들이라고 하는 것과 같은 이치다.

:: 우리 집 애완견이 새끼를 낳는다고 하자 단숨에 달려온 친구

는 무녀리로 나온 놈을 따로 표시해두었다가, 젖을 떼자마자 냉큼 가져가 버렸다.

0388 바람칼   새가 날갯짓을 하지 않고 빠른 속도로 날 때의 날개.

새가 하늘을 나는 모양을 찬찬히 살펴보면 참으로 신기하다. 하늘로 떠오른 새는 시종 날갯짓을 하는 것이 아니라, 어떤 때는 날개를 몸에 붙이거나 쫙 펴서 고정한 채로 상당히 먼 거리를 날아간다. 이처럼 새가 날갯짓을 하지 않고 빠른 속도로 날 때의 날개를 일컬어 '바람칼'이라 한다. 예리한 칼끝으로 허공을 긋듯이, 새는 날개로 바람을 가르며 날아간다. 그러니까 바람칼은 '바람을 가르는 칼'이라 할 수 있다. 그러나 바람칼로는 오래 날지 못한다. 날갯짓을 멈춘 새는 곧 추락하고 말 것이기 때문이다.

:: 마당에서 모이를 쪼던 병아리들을 발견한 솔개는 바람칼을 세우고 곤두박질치듯 내려와 순식간에 병아리 한 마리를 낚아채어 유유히 날아올랐다.

0389 배내   남의 가축을 빌려 길러서 그 가축이 다 자라거나 새끼를 낸 뒤에 임자와 나눠 갖는 일.

가난한 농민이 지주의 땅을 얻어 부치고 그 수확물을 나누는 것을 '소작'이라 한다. '배내'도 이와 비슷한 관례에 따라 이루어진다. 살림이 넉넉한 쪽에서 소, 돼지, 닭 따위의 새끼를 사다가 이를 다른 집에 맡겨 기르게 한 다음, 다 자라거나 새끼를 치게 되면 그 결과를 반반씩 나누는 것이다. 이를 한자말로는 '반양(半養)'이라 한다.

:: 한씨는 연신 싱글벙글했다. 배내로 기른 소가 벌써 만배를 보았고, 소작으로 얻어 부친 논에서도 풍작이 들어 누런 벼가 익어가고 있었으니, 한 이태만 고생을 하면 셈평이 펴일 것이 틀림없었던 것이다.

0390 부등깃   갓 태어난 새끼 새의 다 자라지 못한 약한 깃.

날개는 있지만 연약하여 아직 날 수 없는 새의 깃을 말한다. 여리고 덜 자란 것을 비유적으로 나타내기도 한다. 예컨대 어린아이가 팔을 흔들며 폴짝폴짝 뛰는 가녀린 모양을 나타낼 때, '부등깃을 파닥거리다' 처럼 쓸 수 있다.

:: 널을 뛰는 두 소녀는, 하늘로 솟구칠 때마다, 어린 새가 부등깃을 치듯, 가녀린 두 팔을 위로 쳐들곤 하였다.

0391 비루   개나 말 따위의 털이 빠지는 피부병.

비루에 걸리는 것을 '비루먹다' 라고 한다. 비루먹은 개는 듬성듬성 털이 빠진 부분에 곰팡이가 피어 썩는 냄새까지 난다. 사람의 행동이나 성질이 너절하고 더러운 경우를 '비루(鄙陋)하다' 고 하는데 우리말과 뜻이 비슷하다. 한편 생물학 용어인 '바이러스(Virus)' 를 독일어로는 '비루스' 라고 읽는데, 이 또한 우리말 비루와 공교롭게도 소리와 뜻이 닮았다. 물론 그 관련성이 명확히 밝혀진 것은 없지만 우연치고는 좀 특이하다.
:: 옷은 누더기로 해지고 머리카락은 도가머리처럼 비죽거리며 두어 걸음 밖에서도 구리한 냄새가 나는 것이 영락없이 비루먹은 강아지 꼴이었다.

0392 털붙이 털이 붙어 있는 짐승의 가죽.

한자말 '모피(毛皮)'에 갈음할 수 있는 우리말이다. 보통 짐승의 털로 만든 물건을 뜻하며, 털 있는 짐승을 통틀어 가리키는 말이기도 하다. 사람들은 짐승을 죽여서 살은 고기로 먹고 털붙이는 옷이나 방한구를 만들어 쓴다. 이는 인간만이 가진 특권일까, 아니면 횡포일까.
:: 지구 한쪽에서는 문명의 수혜자들이 짐승의 두툼한 살코기로 배를 채우며 그 털붙이로는 기름진 몸을 감싸고 있을 때, 다른 한쪽에서는 날마다 수천 명의 어린아이들이 굶어 죽고 얼어 죽는다.

0393 홀알 암탉이 교미하지 않고 낳은 알. 무정란(無精卵).

우리가 먹는 달걀의 대부분은 무정란이다. '무정란'은 암탉이 교미하지 않고 낳은 알을 말하는 것으로, 부화시켜도 병아리가 나오지 않는다. 그러니 달걀을 먹으면서 병아리에게 너무 미안해할 것까지는 없을 것이다. '무정란'을 순우리말로는 '홀알'이라고 한다. 양계장에서 날마다 쏟아져 나오는 수많은 달걀은 대부분 홀알이다.

:: 동영이는 에디슨 전기를 읽은 뒤 날마다 방에 틀어박혀 달걀을 품었으나 여러 날이 지나도 도무지 부화가 되지 않는 것이었다. 알고 보니 그 달걀은 홀알이었다. 어쩌면 에디슨이 품은 달걀도 홀알이 아니었을까?

0394 **흘레** 짐승의 교미(交尾).

짐승이 교미를 하는 것을 '흐르다'라고 한다. '흘레'는 이 '흐르다'가 변한 말로, '흘레하다' 또는 '흘레붙다'의 형태로 쓰인다. 소, 말, 돼지 따위 짐승을 흘레붙일 때에는 암컷이 달아나지 못하도록 틀에 암컷을 묶어놓는데, 이 틀을 '흘레틀'이라고 한다. 한편 사람에게 '흘레'라는 말을 쓰게 되면 심한 욕이 된다. 예컨대 정욕에 들떠서 여자를 마구 범하는 사내를 '흘레개'라고 하고, 반대로 여자가 왕성한 성욕을 주체하지 못하여 문란한 성행위를 일삼는 경우는 '흘레암캐'라고 한다.

:: 우리 집 암소와 옆집 황소가 흘레붙는 것을 멀리서 훔쳐본 내가 아버지에게 왜 그렇게 하느냐고 물었더니 아버지는 히죽 웃으며 송아지를 만드는 거라고 하셨다.

● **여줄가리 올림말**

0395 **고추뿔** 두 개 다 곧게 선 쇠뿔. '곧추선 뿔'이라는 뜻.

0396 **노구거리** 둘 다 안으로 굽었거나, 높낮이가 다른 쇠뿔. '고추뿔'과 상대되는 말.

0397 **녹비**   사슴의 가죽. 원래 '녹피(鹿皮)'에서 유래한 말인데 우리말로 굳어졌다.

0398 **도가머리**   새의 대가리에 길고 더부룩하게 난 털.

0399 **며느리발톱**   길짐승이나 새의 뒤쪽 발톱.

0400 **모래집**   포유동물의 태아를 싼 얇은 막.

0401 **자귀**   짐승의 발자국.

0402 **조가비**   조개의 껍데기.

0403 **털모숨**   짐승의 털이 엉켜서 된 작은 뭉치.

0404 **항정**   돼지나 개 따위 짐승의 목덜미.

 식물

● 식물의 종류와 이름

0405 **가다귀** 불이 잘 옮겨 붙을 만한 잔가지로 된 땔나무.
 '가다귀'는 가는 줄기를 뜻하는 '가닥'에서 나온 말이다. 굵은 장작에는 쉽게 불이 붙지 않는다. 그래서 장작불을 지필 때는 가다귀에 불을 붙여 불쏘시개로 쓴다. 불이 잘 옮겨 붙는 것은 금방 타고 만다. 가다귀보다 더 불이 잘 붙는 것은 '갈비'다. 불쏘시개로 쓰는 마른 솔잎을 말한다. 이 밖에 땔감을 가리키는 우리말에는 '마들가리'(잔가지나 줄거리의 토막으로 된 땔나무)와 '물거리'(싸리 따위의 잡목의 잔가지로 된 땔나무) 등이 있다.
 :: 그 소문은 마른 가다귀에 불이 옮겨 붙듯 순식간에 사람들 사이로 퍼져 나갔다.

0406 **갈목** 갈대의 이삭.

흔히 갈대 줄기 위에 하얀 솜털이 달려 있는 부분을 갈대꽃 또는 줄여서 갈꽃이라 하는데 엄밀하게 따지면 갈대 이삭에 작은 꽃송이들이 달려 있는 것이다. '이삭'은 두 가지 뜻이 있다. 꽃이 피고 열매가 달리는 부분을 이삭이라 하고, 농작물을 거두고 난 뒤에 땅에 떨어진 지스러기도 이삭이라 한다. 갈목은 갈대꽃이 달린 이삭 부분을 말하는 것이다. 그것을 꺾어서 만든 빗자루를 '갈목비'라고 부른다.

:: 갈목을 한 움큼 꺾어 들고 저만치서 사뿐사뿐 걸어오고 있는 그녀의 자태는 눈이 부실 지경이었다.

0407 **강대**　가지와 뿌리를 잘라버린 밋밋한 낙엽송 따위의 나무. 선 채로 말라서 저절로 껍질이 벗겨져 있는 죽은 나무. '강다짐', '강술' 따위의 말처럼 '강대'에서 '강-'은 마땅히 곁들여져 있어야 할 것이 없는 상태를 나타낸다. 즉 나무에 달려 있어야 할 뿌리와 잎이 모두 제거되어 밑동과 줄기만 있는 나무를 말한다. 강대는 그 자체로 이미 죽은 나무다. 강대가 무더기로 서 있는 숲을 '강대밭'이라 한다.

:: 억새 무성한 잿마루를 지나 산봉우리 가까이 다다르자 엉성한 몸집을 비탈에 박고 있는 강대 몇 그루가 우리를 맞이한다.

0408 **남새**　들에 심어서 가꾸는 채소. '야채'를 대신하는 말.

'남새'는 '푸새'와 상대되는 말이다. 산과 들에 자생하는 푸성귀를 푸새라 하고, 무나 배추처럼 심어서 가꾼 채소를 남새라 한다. 따라서 채소를 심은 밭은 남새밭이 된다. 오늘날 '야채(野菜)'와 '채소(菜蔬)' 두 가지 한자말을 같이 쓰고 있어서 혼동을 겪고 있는데, 이 한자말을 '남새'로 갈음하여 쓰면 간단하다.

:: 저놈의 강아지는 툭하면 남새밭에 똥을 싸고 갓 자란 남새를 마구 짓이겨놓는 바람에 아버지의 눈 밖에 나고 말았다. 하지만 나는 우리 집 강아지가 불쌍했다.

0409 다복솔 가지가 다보록하게 퍼진 어린 소나무.

가지가 다보록하게 퍼진 어린 소나무를 '보득솔'이라 하였다. 이 '보득솔'과 비슷한 이름이 곧 '다복솔'이다. 보통 풀이나 작은 나무가 탐스럽고 소복하게 나 있는 모양을 '다보록하다'고 한다. 또한 풀이나 나무 같은 것이 여기저기 한데 뭉쳐 다보록하게 있는 모양을 '다복다복', 그리고 큰말로 '더북더북'이라 표현하는데, 특별히 그런 모양의 소나무에게만은 '다복솔'이라는 이름을 따로 붙였던 것이다. 소나무에게만 특별히 벼슬자리를 내렸던 것과 같은 이치이리라.

:: 보라바람이 휩쓸고 올 적마다 벼랑 끝에 버티고 선 다복솔이 바르르 몸을 떨었다.

:: 아랫도리 다복솔 깔린 산 너머 큰 산, 그 너멋 산 안 보이어……. (박두진, 향현香峴)

0410 도래솔 무덤가에 둘러선 소나무.

우리 땅 어디를 가든 소나무를 볼 수 있다. 우리 조상들은 바로 그 소나무를 베어 집을 지었으며, 소나무의 낙엽인 '갈비'를 긁어서 밥을 지어 먹고, 온돌에 불을 지펴 겨울을 났다. 그리고 동구 밖에 휘늘어진 노송은 한여름 농사에 지친 백성들에게 시원한 그늘을 드리워주기도 하였다. 또한 소나무는 무덤가에 둘러서서 죽은 자의 영혼에 벗이 되기도 하였다. 이처럼 무덤가에 둘러선 소나무를 '도래솔'이라 한다. '도래'는 둥근 물건의 주위나 둘레를 말한다. '도래방석', '도래상' 따위의 말에서 '도래'가 그런 뜻으로 쓰인 것이다.

:: 할아버지의 산소 주변에 둘러선 도래솔이, 빨갛게 물들기 시작한 잡목과 어우러져 한결 적막한 분위기를 자아내고 있었다.

0411 방울나무 플라타너스 나무.

플라타너스는 생명력이 강하여 잘 자라고, 넓은 이파리가 무성하여 여름철에 시원한 그늘을 드리워주기 때문에 운동장이나 공원 주변에 많이 심는다. 가을에는 탁구공만 한 갈색 열매가 방울처럼 맺힌다. 그래서 플라타너스를 '방울나무'라 부른다. 우리 주변에서 흔히 볼 수 있는 나무이므로 살려 쓸 만한 우리말 이름이다.

:: 운동장 구석에는 아직도 밑동이 굵은 방울나무 몇 그루가

가지 끝에 찢어진 만국기를 달고 묵묵히 서 있다.

0412 **삘기** 띠의 새로 돋아나는 순.

지역에 따라 '삐비' 라고 부르기도 한다. 삘기는 추억의 식물이다. 삘기를 뽑아서 씹으면 껌처럼 질겅질겅하게 씹히며 달착지근한 물이 나온다. 그래서 옛날에 껌 대용으로 어린아이들에게 사랑받았다.

:: 소녀는 뽑은 지 한참이나 되어 시들어가는 삘기를 손아귀에 한 움큼 쥐고 있었다.

0413 **새품** 억새의 꽃.

'새' 는 띠, 억새 따위의 포아(poa)풀과 식물을 통틀어 일컫는 말이다. 보통 '억새' 를 줄여서 '새' 라고 한다. 억새는 주로 언덕이나 산중턱 같은 메마른 땅에 뿌리를 내리는 풀인 만큼 '억세고' 질기다. 그 억새의 하얀 꽃을 '새품' 이라 한다. 참고로 억새와 갈대는 다르다. 억새는 언덕이나 산중턱에서 자라는 풀이고, 갈대는 물가에서 자라는 관목이다.

:: 새품을 한 아름 가득 꺾어 들고 뛰어오는 소녀의 등 뒤로 금빛 햇살이 가득 번지고 있었다.

0414 **섶나무** 잎나무, 풋나무, 물거리, 대나무 따위의 가느다란 나무.

땔감으로 쓰기에 적당한 나무 종류를 일컫는 말이다. 섶나무는 가느다랗기 때문에 불이 금방 붙는다. 이와 같은 섶나무의 잔가지를 '섶가리'라고 한다. 그리고 섶나무를 엮어서 만든 다리를 '섶다리'라고 하며, 풀숲에 바람이 불어 어긋버긋 비벼지는 것을 '섶비빔질'이라 한다. 한편 '섶을 지고 불로 들어가려 한다'는 속담이 있는데, 이는 화를 자청하는 행위를 빗댄 말이다.

:: 그는 우선 섶나무 줄기 따위를 모아 모닥불을 지핀 다음 젖은 옷을 말렸다.

0415 장다리꽃 무, 배추 따위의 줄기에 피는 꽃.

식물은 대개 꽃을 피우고 씨를 흩뿌린 다음 일생을 마감한다. 그런데 무, 배추 따위의 채소들은 꽃을 피워보지도 못하고 사람이나 짐승의 먹이가 된다. 그러므로 씨를 받기 위해 별도로 '장다리'를 가꾼다. 장다리는 무, 배추 따위의 꽃줄기를 말한다. 예컨대 씨를 받으려고 장다리꽃이 피도록 가꾼 무나 배추를 '장다리무', '장다리배추'라고 한다. 장다리무나 장다리배추는 꽃을 피우고 씨앗을 여물게 하는 데 모든 양분을 소모한다. 그러다 보면 뿌리에는 바람이 들고 잎사귀는 노랗게 시들어 죽는다. 자식에게 일생을 쏟아붓는 부모의 삶을 떠올리게 한다.

:: 이듬해, 터앝 모서리에 노란 장다리꽃 두어 봉우리가 벌어질 무렵에도 어머니의 밭은 기침 소리는 잦아들지 않았다. 언 땅에 몸을 묻고 긴 겨울을 버티느라 바람이 든 장다리무처럼, 어머니의 육신은 그렇게 사그랑이가 되어가고 있었던 것이다.

0416 **푸새**   산야(山野)에 자생하는 풀의 총칭.

채소처럼 사람이 재배하는 풀 종류가 아닌, 산과 들에 저절로 나고 자라는 풀 종류를 통틀어 '푸새'라고 한다. 잡초가 무성한 거친 땅을 '푸서리'라고 하는데, 이 말도 '푸새'에서 갈라진 것으로 보인다. 논밭에 난 잡풀을 뽑거나 베어내는 일은 '푸새다듬이'라 한다. 풀을 다듬어 제거한다는 뜻이다. 한편 옷감에 풀을 먹이는 것도 푸새라고 한다. 푸새에는 '지천에 흔하게 널려 있는 풀'이라는 느낌이 들어 있다.

:: 일부 지도층 인사들의 눈에는 숱한 민중이 한낱 지천에 널린 푸새로나 보이는 듯하다. 그들은 마치 푸새 다듬듯 민생에 관련된 정책을 마구잡이로 밀어붙이곤 하는 것이다.

● **여줄가리 올림말**

0417 **가라지**   밭에 난 강아지풀. 줄여서 '가랒'이라고 함.
0418 **개똥참외**   가꾸지 않았어도 저절로 나서 열린 참외.
0419 **곰솔**   해송(海松).
0420 **돌옷**   돌이나 바위 거죽의 축축한 부분에 난 이끼.

0421 보드기 크게 자라지 못하고 마디가 많은 어린 소나무.

0422 보득솔 작달막하고 딱바라지게 자란, 가지가 많은 어린 소나무.

0423 살사리꽃 코스모스.

0424 오디 뽕나무의 열매.

0425 오얏 자두.

0426 잔솔 어린 소나무.

0427 잠풀 미모사(mimosa).

0428 좀나무 떨기나무. 관목(灌木).

●● 식물의 생태

0429 **나무초리** 나뭇가지의 가느다란 끝부분.

'초리'는 '회초리', '눈초리'와 같이 길고 가느다란 것을 나타내는 말이다. 짐승의 꼬리나 새의 꽁지와 비슷한 뜻이다. 나무의 꼭대기 줄기를 '우듬지'라 하는데, 나무초리는 우듬지에서도 맨 끝, 꼬리처럼 뾰족한 부분을 말한다. '위초리'라고도 한다.

:: 하늘을 찌르는 나무초리들 위로 새들이 날개를 치며 포르르 날아오른다.

⁰⁴³⁰**너겁** 괴어 있는 물 위에 떠서 몰려 있는 잎사귀나 검불 같은 것.

한자말로 '부유물(浮游物)'에 해당하는 우리말이다. 한편 물가에 흙이 패어 드러난 풀이나 나무의 뿌리도 너겁이라 한다. 무더기비가 쓸고 간 뒤끝에, 군데군데 허물어진 방죽 둑이나 냇가에 벌거벗은 알몸처럼 드러난 나무뿌리 따위를 말하는 것이다. 그토록 세밀한 상황에까지도 별도의 이름을 붙였던 조상들의 섬세함에 놀라게 되는 말이다.

∷ 공동 우물 위에도 너겁이 뒤덮고 있는 것으로 보아, 사람 그림자가 사라진 지 오래된 마을이 틀림없었다.

⁰⁴³¹**보굿** 굵은 나무줄기의 두껍고 비늘같이 생긴 껍데기.

늙은 소나무 밑동을 보면 금이 쩍쩍 벌어져 있다. 갑옷의 미늘이나 물고기 비늘 모양의 굵은 껍데기가 조각조각 붙어 있어서 그렇게 보이는데, 힘을 주어 잡아떼면 그 껍데기가 한 조각씩 떨어져 나온다. 이때 떨어져 나오는 껍데기를 '보굿'이라 하고, 보굿 안쪽의 속껍질을 '보굿켜'라고 한다. 한편 고기잡이 그물에 매달아 그물이 뜨게 하는 가벼운 물건도 보굿이라 하는데, 물에 잘 뜨는 합성수지나 코르크 같은 재료를 사용한다. 옛날엔 나무에서 떼어낸 보굿을 그물에 달아서 썼던 것으로 보인다.

∷ 반백 년 만에 극적으로 만난 그들 이산가족들은, 험난했던 지난 세월에 보굿처럼 거칠어진 손을 서로 움켜쥔 채 뜨거운 눈물만 하염없이 흘리는 것이었다.

0432 **보늬** 밤이나 도토리같이 겉껍질이 있는 나무열매 속에 있
는 얇은 껍질.

한자말로 '내피(內皮)'에 해당한다. 잣이나 땅콩의 질기고 단
단한 겉껍질을 벗기고 나면 붉은 막 같은 속껍질이 나온다.
그 또한 보늬다.

∷ 군밤 하나를 꺼내 든 나는 타다 만 겉껍질과 검댕을 잘 털
어내고 그녀에게 주었다. 그녀는 힐끗 보더니 도로 건네주며
"보늬도 벗겨야지!" 한다.

0433 **섶** 무언가가 타고 올라가도록 만든 것.

덩굴지거나 줄기가 가냘픈 식물이 의지해 자라도록 옆에 꽂
아주는 막대기를 보통 '섶'이라 한다. 또한 누에가 올라가 고
치를 치도록 짚이나 잎나무 따위로 만든 잠사(蠶事)용 제구 또
한 섶이라고 하며, 물고기가 많이 모이도록 물 속에 쌓아놓은
나무도 섶이다. 일반적으로 섶은 무언가 타고 올라가도록
만든 것을 말한다.

∷ 타래를 치듯 섶을 휘감아 올라간 담쟁이 덩굴이 빛바랜 돌
담을 절반쯤 뒤덮고 있었다. 그 모양에서 퍽이나 고색창연한
분위기가 묻어 나왔다.

0434 **아람** 탐스러운 가을 햇살을 받아서 저절로 충분히 익어 벌
어진 과실.

늦가을에 단풍이 곱게 물들어가는 산을 오르다 보면 밤이나

상수리 같은 과실이 활짝 벌어진 채로 나뭇가지 끝에 매달려 있는 아름다운 풍경을 볼 수 있다. 이처럼 탐스러운 가을 햇살을 받아서 저절로 충분히 익어 벌어진 과실을 일컬어 '아람'이라 한다. 또한 아람이 활짝 벌어지는 것을 '아람 벌다'라고 하며, 아람이 나무에서 떨어지거나 곧 떨어질 상태에 있는 것을 '아람 불다'라고 한다. 그 매달려 있는 풍경만큼이나 아름다운 이름이다.

∷ 이번 가을 사진전에서는 아람 벌어진 밤나무를 소재로 한 작품이 많이 출품되었습니다.

0435 우듬지   나무의 맨 꼭대기 줄기. 우죽의 꼭대기 끝.

'나무초리'는 나무줄기의 뾰족한 끝을 가리키는 말인 데 비하여, '우듬지'는 나무초리를 포함한 부분을 한 덩어리로 나타내는 말이다. 세워져 있거나 쌓여 있는 물건, 사물의 꼭대기를 '우두머리'라고 하는데, 우듬지는 '나무의 우두머리'라고 할 수 있다. 한편 나무나 대의 우두머리에 있는 가지를 '우죽'이라고도 부른다. 큰 나무의 우두머리는 우듬지, 작은 나무의 우두머리는 우죽이라고 보면 된다.

∷ 강바람이 거세게 불어올 때마다 미루나무 우듬지에 퍄리 튼 까치집이 위태롭게 흔들리는 것이었다.

* **여줄가리 올림말**

0436 고주박   나무를 베고 남은 밑동이나 죽은 나뭇등걸. (=고주배기)

0437 꽃눈깨비   흰 눈같이 떨어지는 꽃잎.

0438 꽃다지   오이나 가지 따위의 맨 처음에 열린 열매.

0439 꽃보라   ①축하의 뜻으로 뿌리는, 잘게 자른 오색 종잇조각. ②떨어져서 바람에 날리는 많은 꽃잎.

0440 꽃손   꽃나무가 쓰러지지 않게 세워주는 지주.

0441 꽃자리   ①꽃이 달렸다가 떨어진 자리. ②꽃돗자리.

0442 넝쿨지다   ①넝쿨이 다른 것을 감으며 벋어 나가다. ②못마땅하여 비꼬다.

0443 늦잎   제철이 지나도록 지지 않은 잎.

0444 등걸   줄기를 잘라낸 나무 밑동. (=그루)

0445 땅자리   참외나 호박의 거죽이 땅에 닿아 빛이 변하고 거칠게 된 부분.

0446 떨켜   나뭇잎이 떨어질 자리에 생기는 특수한 세포층.

0447 똘기   채 익지 않은 과실.

0448 삭정이   산 나무에 붙어 있는 말라 죽은 가지.

0449 솔가리   땅에 떨어져 쌓인 마른 솔잎. 땔나무로 쓰려고 묶어 둔 소나무 가지.

0450 솔포기   가지가 소복하고 무성하게 퍼져 있는 작은 소나무 한 그루.

0451**솜털씨앗**　바람에 잘 날리도록 겉이 솜털로 싸여 있는 씨앗. 꽃가루와 다름.

0452**애채**　나무의 새로 돋은 가지.

0453**잎나무**　가지에 잎이 붙은 땔나무.

0454**잎파랑이**　엽록소.

0455**졸가리**　잎 진 나뭇가지. 군더더기를 없앤 사물의 골자.

0456**풀떨기**　풀이 우거져서 이룬 떨기.

0457**풋장**　가을에 잡풀이나 나뭇가지를 베어서 말린 땔감.

0458**화라지**　땔나무로 쓰이는, 옆으로 길게 뻗어 나간 나뭇가지.

0459**희나리**　덜 마른 생나무 상태의 장작.

 사물

사물의 이름

0460 가을부채 철이 지나 쓸모없게 된 물건.

'하로동선(夏爐冬扇)'이라는 한자성어가 있다. '여름철 난로와 겨울철 부채'라는 뜻인데, 즉 철에 맞지 않아서 쓸모없는 물건을 말한다. '가을부채'와 같은 말이다. 그런데 왜 '겨울부채'라고 하지 않고 가을부채라고 한 것일까? 겨울부채에 비하여 가을부채는 '한발 늦었다'는 표현처럼 아쉬움이 여백으로 남는다. 멋과 여유가 곁들인 은유적 표현이라 할 수 있다.

∷ 신고를 받은 지 두 시간 만에 경찰이 현장에 도착했을 때는 이미 사건이 끝나고 범인들은 종적을 감춘 뒤였습니다. 뒤늦은 경찰의 대응이 마치 가을부채를 연상케 합니다.

0461 거스러미 손톱이 박힌 자리 위에 살갗이 거슬려서 일어난 보풀 같은 것.

나무의 결 같은 것이 얇게 터져 일어나 가시처럼 된 부분 또한 거스러미라고 한다. 마루에 거스러미가 일어나면 발바닥에 박혀서 상처가 나기 쉽다. 어떤 일에서 사소한 부분에 말썽이 일어나는 경우도 거스러미라 할 수 있다.

:: 지난날 교실 마룻바닥을 유리병 굽으로 문지르거나 양초를 칠하고 걸레질을 했던 것은 바로 이 나무 거스러미를 방지하기 위해서였다.

0462 검불 마른 풀, 낙엽, 짚 부스러기 따위처럼 마구 헝클어진 것의 총칭.

검불은 주로 실속이 없고 정돈되지 않은 것들이지만 대부분 불에 잘 타는 것들이다. 검불은 흔히 하찮고 허접스러운 것처럼 여겨지는데, 검불 가운데서도 자잘한 짚 부스러기나 흩어진 낱알 같은 것을 '팃검불'이라 한다.

:: 이 세상의 온갖 희로애락이 팃검불에 지나지 않는다는 생각은 때로 사회적인 약자의 존재를 당연시하게 만든다.

0463 더껑이 걸쭉한 액체의 거죽에 엉기어 굳거나 말라서 생긴 꺼풀.

죽이나 풀을 쑤어서 한참 동안 가만히 놓아두면 표면에 엷은 막이 생긴다. 이처럼 걸쭉한 액체의 거죽에 엉기어 굳거나 말라서 생긴 꺼풀을 '더껑이'라 한다. 오래된 찌든 때를 가리키는 '더께'와 구별해서 써야 한다.

∷ 백숙을 쑤어놓고 남편이 오기를 기다렸는데, 너무 늦게 오는 바람에 죽에 더껑이가 생겨버렸지 뭐야.

0464 더께 몹시 찌든 물건에 앉은 거친 때.

더께는 비눗물로도 좀처럼 닦이지 않는 찌든 때를 말한다. 오래된 가구나 가전제품에 앉은 때가 바로 그렇다. 몹시 찌든 물체에 낀 속의 때는 '속더께'라고 한다. 또한 더께는 사람의 태도나 처지를 나타내기도 한다. 늙고 병들어 늘 방 안에만 있는 사람을 농으로 이를 때 '구들더께'라고 하며, 방 안에만 들어붙어 있고 바깥출입을 하지 않는 사람을 농으로 '구들직장'이라고 한다. '직장(直長)'은 조선 시대의 종7품 벼슬 이름이다. 한편 더께와 더껑이를 혼동하는 경우가 많은데, '더껑이'는 동짓날 쑤어 먹고 남긴 팥죽처럼, 걸쭉한 액체의 겉에 엉기어 덮인 것을 말한다.

∷ 그 두 사람 사이에는 십 년이 넘도록 쌓인 미움이 서로의 가슴에 더께처럼 앉아 있었다.

0465 맏물 그해에 맨 먼저 나온 과일이나 곡식, 해산물 따위.

공장에서 맨 먼저 만들어낸 물건도 맏물이라 할 수 있다. 한 집에서 맨 먼저 태어난 사람을 '맏이', 짐승의 첫 번째 새끼를 '맏배'라고 부르는 것과 같은 이치이다. 자주 쓰이는 '햇곡식', '햇과일'이라는 말보다는 범위가 넓은 말이라 할 수 있다. 맏물과 비슷한 말로 '첫물'이 있는데, 새로 지은 옷을 입고 빨 때까지의 동안을 뜻하기도 한다. 맏물의 반대말은 '끝물'이다.
∷ 우리 회사 사옥에는 회사 설립 당시 맏물로 나온 제품 몇 가지가 기념물로 전시되어 있다.

0466 **미늘** 낚싯바늘에 가시랭이 모양으로 된 갈고리.
미늘은 한번 걸리면 빠져나올 수 없게 된 이치를 뜻하기도 한다. 한편 기와나 갑옷덮개조각처럼 윗조각의 아랫부분이 아랫조각의 윗부분을 덮어 누르게 달려 있는 것을 '갑옷미늘'이라 한다. 이는 물고기의 비늘과 흡사한 것이다.
∷ 부모의 학력 수준이 자녀에게 세습되는 사회에서, 하류 서민들에게 교육은 대를 이어 족쇄를 채우는 미늘일 뿐이다.

0467 **반지기** 쌀 같은 곡식이나 어떤 물건에 다른 잡것이 섞여 순수하지 못한 상태의 것.
'반지기'는 제 홀로 쓰이지 않고 '뉘반지기', '흙반지기', '모래반지기' 따위처럼 다른 명사 뒤에 붙여서 쓴다. 섞여서는 안 되는 것이 많이 섞여 있음을 나타내는 말인데 조금 과장된 표현이라 할 수 있다. 한편 '뉘반지기'에서 '뉘'는 쌀 속에 섞인, 겨가 벗겨지지 않은 벼 알갱이를 뜻한다. 일반적으로 '쓸모없는 것이 끼어든 것'을 뜻하기도 한다.
∷ 보릿고개에 흙반지기, 뉘반지기 한 말을 빌려 먹은 게 길미

를 쳐서 가을에는 햅쌀 서 말을 갚아야 하니 이만저만한 횡포가 아니다.

0468 버력 광석이나 석탄 따위를 캘 때 쓸모없이 버려지는 돌멩이.

광석이나 석탄을 캘 때 광물이 섞여 있지 않은 돌은 버리게 마련인데 이것이 바로 '버력'이다. 또한 저수지를 파거나 바다에 방파제를 만들 때, 바닥에 기초를 만들기 위하여 물속 바닥에 넣는 잡다한 돌멩이 또한 버력이다. 별로 중요하지 않은 허접스러운 물건을 빗대기도 한다. 한편 만들어 사용하던 물건이나 도구가 못 쓰게 되어 버려지는 경우에는 이를 '버림치'라고 한다.

:: 아무리 창의력이 돋보이는 기획안이라 할지라도 현실성이 없으면 버력 취급을 받는 게 당연하다. 하지만 가끔씩은 희귀한 보석이 버력에 휩쓸려 버려지기도 한다.

0469 버캐 액체 속에 섞여 있던 염분이 엉기어 뭉쳐진 찌꺼기.

메주를 담근 간장독 속에는 간장 위로 허연 찌꺼기들이 떠 있다. 이것은 소금 성분이 엉겨서 뭉쳐진 것으로, 간장독뿐만 아니라 음식 찌꺼기가 쌓인 수채 부근에서도 볼 수 있다. 한편 오줌을 담아둔 그릇에 엉겨 붙은 허연 물질, 또는 가라앉은 찌끼는 '오줌버캐'라고 한다.

:: 서리꽃이 내려앉은 오지 뚜껑을 열면, 허연 버캐 덩어리와

함께 붉은 고추 서넛이 간장 위에 둥둥 떠 있다.

0470 보람   드러나 보이는 표적. 다른 물건과 구별해두는 표시나 표지.

'보람'은 오늘날 '어떤 일에 대한 좋은 결과'를 뜻하는 말로 그 쓰임이 축소되었다. 하지만 이 밖에도 '약간 드러나 보이는 표적' 또는 '물건에 붙여두는 어떤 표지나 표시'를 뜻하기도 한다. 예컨대 책의 쪽 사이를 구분하도록 달린 줄을 '보람줄'이라 하고, 옷가게에 진열된 옷에 가격, 크기, 옷감의 재질 등을 적어 달아놓은 표지를 '보람표'라고 한다. 한편 어떤 일을 잊지 않거나 다른 물건과 구별하기 위하여 표를 해두는 것을 '보람하다'라고 한다.

∷ 값을 치르고 영수증을 받아 든 그녀는 어리둥절한 표정을 지었다. 보람표에 적힌 것과 영수증의 옷값이 서로 다른 것이었다.

0471 뿌다구니   사물의 솟아난 부분. 빙산의 일각.

길을 걷다가 길 가운데 툭 튀어나온 돌멩이에 걸려 넘어지거나 넘어질 뻔한 경험을 해보지 않은 사람은 별로 없을 것이다. 이처럼 사물의 몸체는 어딘가에 묻혀 있고 한 부분만 뾰족히 솟아난 것을 '뿌다구니'라고 하는데, '빙산(氷山)의 일각(一角)'과 같은 뜻으로 쓸 수 있는 말이다. 또한 어떤 사건의 전모가 드러나지 않고 극히 일부의 사실만 밝혀진 경우에도 '뿌다구니에 지나지 않는다'고 말할 수 있다.

:: 한참 생각에 팔려 걷던 나는 땅 위로 불쑥 솟은 뿌다구니에 걸려 넘어지고 말았다.

:: 지금 검찰의 발표 내용은 그 사건의 뿌다구니에 지나지 않는다.

0472 **사개** 상자 따위의 네 모퉁이를 요철(凹凸)형으로 만들어, 서로 어긋물려 꽉 끼워지게 된 짜임새.

기둥머리에 도리나 장여를 박기 위하여 네 갈래로 오려낸 부분도 '사개'라 한다. 또한 기둥머리에 도리를 맞춰주는 자리는 '사개통'이라 한다. 따라서 '사개가 맞다'는 것은 말이나 사리의 앞뒤 관계가 빈틈없이 딱 들어맞는다는 뜻이다.

:: 사개는 하나의 질서다. 사개가 어긋나면 상자나 기둥이 허물어지는 것처럼 세상의 질서도 무너진다. 이것을 '사개가 어긋나다'라고 한다.

0473 **살피** 두 땅의 경계선을 나타낸 표. 물건과 물건의 사이를 구별 지은 표.

'갈피'라는 말은 '책갈피' 따위와 같이 일상적으로 쓰는 말이다. 갈피는 어떤 사물의 갈래가 구별되는 어름, 또는 겹친 물건의 사이를 뜻한다. 그리고 갈피를 알아보기 쉽도록 어떤 표를 해두거나, 그 표에 해당하는 물건을 바로 '살피'라고 한다. 즉 갈피는 추상적인 개념이고, 살피는 형태가 있는 구체적인 물건인 것이다. 예컨대 서점에서 책을 사면 책갈피에 꽂아 주는 물건이 있는데 이를 '살피'라 한다.

:: 안뜰의 실개천이 언제부터 살피 되어, 흰 옷 푸른 옷이 편갈리어 비취는고. (최남선, 압록강에서)

0474 **얼럭** 본 바탕에 여러 가지 빛깔이나 점이 섞여 있는 모양이나 자취.

'얼럭'은 '어우르다'에서 갈라진 말로 보인다. '얼럭얼럭'과 같이 겹말로 쓰여서 용언을 꾸며준다. 단순히 어떤 자국을 뜻하는 '얼룩'과는 뜻이 조금 다르다. 한편 여러 가지 잡곡을 섞어 지은 밥을 '얼럭밥'이라 하고, 한 집의 각 채를 여러 가지 다른 양식으로 지은 집을 '얼럭집'이라고 한다. 그리고 여러 사람이 밑천을 어울러서 함께 하는 장사는 '얼럭장사' 또는 '어리장사'라고 한다. 요즘말로 '동업(同業)'이다.

:: 안채 지붕은 대마루가 낮은 밋밋한 물매에 기와로 덮여 있고, 헛간을 겸한 행랑채 지붕은 붉은 색칠이 반쯤 벗겨진 슬레이트 지붕이니, 위에서 보면 영락없는 얼럭집이다.

0475 **여줄가리** 주된 물건의 줄기에 딸린 물건. 중요한 일에 딸린 중요하지 않은 일.

젊은이들이 많은 거리에는 수레 위에 머리띠, 머리핀, 리본, 귀고리, 팔찌, 반지 따위의 장신구를 파는 광경을 흔히 볼 수 있다. 그런 물건들을 흔히 '액세서리(accessory)'라고 부르는데, 이에 해당하는 순우리말이 바로 '여줄가리'다. 한편 여줄가리는 어떤 일을 하는 데 있어서 '중요한 일에 딸린, 그다지 중요하지 않은 일'을 뜻하기도 한다. 여줄가리에 반대되는 말은 '대줄가리'다. 대줄가리는 어떤 사실의 중요한 골자를 말한다.

:: 자네처럼 여줄가리나 붙들고 있다가는 정작 일의 핵심을 놓치고 말걸세. 여줄가리는 걷어내 버리고 일의 대줄가리를 잡도록 하게.

0476 오가리 무, 호박 따위의 살을 길게 썰어서 말린 것.

식물의 잎이 병이나 열로 시들어 오글쪼글하게 된 것을 뜻하기도 하는데 이를 줄여서 '오갈 들다'라고 한다. '오가리'는 '오그라든 것'이라는 말에서 갈라진 것으로 보인다. 한편 작은 뚝배기를 오가리라고 하는데 이것 또한 오그라든 모양이다.

:: 말린 오징어를 죽 찢어 한 조각을 난로 위에 던진다. 오징어 살 조각은 곧 오가리처럼 뒤틀리며 특유의 퀴퀴한 냄새를 풍긴다.

0477 자릿내 오래 묵혀둔 빨랫감에서 나는 냄새.

빨랫감을 그냥 넣어두기만 하고 그때그때 빨지 않으면 얼마 지나지 않아서 쉰내가 난다. 이같이 오래 묵혀둔 빨랫감에서 나는 냄새를 '자릿내'라고 한다. 빨랫감에서 자릿내가 날 정도가 되면 땟자국이 엉겨 붙어서 깨끗이 빨아지지 않게 된다. 사람들의 모둠살이에서도 자릿내가 나는 수가 있다. 우리 사회의 밑바탕에 더께처럼 엉겨 붙은 일제 시대의 찌꺼기나, 아직도 청산되지 못한 군사독재의 잔재에서 자릿내가 풍겨 나오고 있다. 거꾸로 흘러온 역사를 깨끗이 '세탁'하지 못한 결과이다.

∷ 오래된 권력은 필시 자릿내가 나기 마련이다. 정치권력이라는 것은 백성들의 뜻에 따라 적절히 교체되어야 한다. 권력이 특정 집단에 오랫동안 독점되어 자릿내가 나기 시작하면 백성들의 눈에서 눈물이 난다.

0478 **켯속** 두께가 얇고 모양이 일정한 물건을 포개놓은 층층의 갈피. 켜켜이 쌓인 것의 틈. 겉으로 드러나지 않은 어떤 일의 실상.

종이나 옷감, 판자 등 두께가 얇고 모양이 일정한 물건을 포개놓은 층을 '켜'라 한다. 그런 모양을 나타낼 때 '켜켜이'라는 부사어를 쓰기도 하는데, '켯속'은 바로 그런 '켜의 속'을 말한다. 따라서 켯속은 그 틈이 너무 비좁아서 펼쳐보지 않으면 속을 알 수가 없다. 한편으로 켯속은 '일의 갈피'를 뜻하기도 한다. '겉으로는 잘 드러나지 않아서 그 속내를 알기 힘든 일'을 말할 때 "내가 그 켯속을 어떻게 알겠느냐?"고 한다.

∷ 그 녀석은 제가 하는 일에 대해서는 좀처럼 말을 하지 않거든. 그래서 우리는 녀석이 하는 일의 켯속을 알 수가 없지.

0479 **함지방**   한번 들어가면 나올 수 없게 된 방.

'함지'는 네모지게 나무로 짜서 만든 그릇을 말한다. 광산에서 금을 채취할 때, 북새나 감흙을 물에 일구어서 금을 걸러내는 데 주로 쓰이던 것이다. 금 부스러기가 함지 밖으로 빠져나오지 못하는 것처럼, 함지방에 들어간 사람은 나올 수 없게 되는 것이다. '미로(迷路)' 또는 '미궁(迷宮)'이라는 한자말에 갈음하여 쓸 수 있는 말이다.

:: 매력은 있지만 성격이 여간 깐깐하지 않은 그녀의 마음속은 함지방 같네. 한번 빠져들면 헤어나기가 어려울 것이네. 조심하게.

0480 **해감**   물 속에서 흙과 유기물이 썩어서 생기는, 냄새나는 찌꺼기.

썩은 하천이나 시궁창에서 흔히 볼 수 있다. 바닥이 콘크리트로 덮인 도시 하수구에는 해감마저 잘 생기지 않는다. 화학세제의 무분별한 사용으로 오염된 물 속에서는 미생물이 살 수 없기 때문에 자연 분해가 이뤄지지 않는 것이다. 지방에 따라서는 '해캄', '해금'이라고도 한다. 해감에서 나는 냄새를 '해감내' 또는 '해금내'라고 한다.

:: 조갯국을 먹다가 조갯살 대신 시커먼 해감만 들어 있는 조개가 나오면 참 당황스럽다.

● **여줄가리 올림말**

0481**각단**　사물의 갈피와 실마리.

0482**갈피**　일의 갈래가 되는 어름.

0483**고갱이**　풀이나 나무의 줄기 한가운데에 있는 연한 심. 사물의 중심이 되는 부분.

0484**녹초**　물건이 오래되고 낡아 아주 결딴이 난 상태.

0485**두겁**　뚜껑과 구별되는, 가늘고 긴 물건 끝에 씌우는 물건. 또는 '붓두껍'의 준말.

0486**맞잡이**　서로 대등한 것으로 여겨지는 사람이나 사물. 서로 대등한 정도나 분량.

0487**밑감**　기초가 되는, 또는 주가 되는 재료. 밑거리, 원료.

0488**사그랑이**　다 삭아서 못 쓰게 된 물건.

0489**사북**　물건의 가장 중요한 부분. 부챗살이나 가위 다리의 교차된 곳에 꽂는 못.

0490**서덜**　강가의 돌. 생선의 살을 발라내고 난 뼈, 껍질, 대가리 등 버려진 것들.

0491**알짬**　여럿 가운데 가장 중요한 내용.

0492**어처구니**　상상 밖에 엄청나게 큰 사람이나 물건.

0493**얼거리**　일의 골자만을 대강 추려서 잡은 전체의 윤곽. 개요(概要), 요지(要旨).

0494**얼럭집**　한 집의 각 채를 여러 가지 다른 양식으로 지은 집.

0495**왜뚜리**　큰 물건.

0496왜배기 겉보기에 좋고 질적으로도 짭짤한 물건. 반대말은
'진상'.

0497이지가지 사물의 여러 가지.

0498잡살뱅이 여러 가지가 뒤섞인 하찮은 물건.

0499조막 작은 주먹, 또는 주먹보다 작은 물건의 덩이를 일컫는 말.

0500짜개 콩 따위를 둘로 쪼갠 것의 한쪽. 아주 작은 것을 다시 둘로 쪼갠 것.

0501철매 연기에 섞여 나오는 검은 가루, 또는 그 가루가 엉겨 붙은 그을음.

0502터무니 터를 잡은 자취. 정당하게 내세울 만한 근거나 이유.

0503해매 요악(妖惡)한 기운.

0504활죽 배의 돛이나 연, 창 따위에 대어져 팽팽하게 힘을 받게 하는 살.

0505흙감태기 온통 흙을 뒤집어쓴 물건, 또는 사람.

● 사물의 현상과 이치

0506곡두 눈앞에 없는 사람이나 물건의 모습이 있는 것처럼 보이다가 가뭇없이 사라져버리는 현상.

'곡두인생'이라는 말이 있다. 삶의 허무함을 극단적으로 표

현한 말이다. 『금강경(金剛經)』에 '곡도는 이 거슷 염이오[幻者是妄念]'라는 말이 나오는 것처럼, 곡두의 옛말은 '곡도'이다. 꼭두각시에서 '꼭두'의 원말이 곡도이다. '환영(幻影)', '신기루(蜃氣樓)' 따위 한자말에 갈음할 수 있는 우리말이다.

:: 거울은 무한히 깊은 평면의 세계. 그 속에 비친 나는 마치 곡두처럼 무한한 공간을 떠돌아 흐른다.

0507 곰비임비 물건이 거듭 쌓이거나 일이 계속 일어나는 모양.

정확한 어원이 밝혀진 말은 아니지만, 예부터 일상생활에서 널리 쓰인 말이다. 말의 느낌이 예뻐서 백성들의 입에 친밀하게 오르내린 것으로 보인다. 사물의 움직임이 지속적으로 일어나는 경우나 사람 사이에 어떤 일이 계속해서 일어나는 현상을 나타내는 말이다.

:: 착하기만 한 눈빛들이었다. 곰비임비 도착한 10여 대의 버스마다 가득 탔다. 버스에서 내려 시근시근 구덩이를 팠다. 의심은 했지만 설마 했다.

0508 김첨지감투 어떤 사물이 도깨비 장난같이 없어지기 잘하거나, 가뭇없이 사라져버린 것.

조선조 후기, 돈으로 관직이 매매되는 세태를 두고 백성들 사이에서는 '김첨지감투', 또는 '돈만 있으면 개도 멍첨지'라고 꼬집는 해학 섞인 말들이 생겨났다. '첨지(僉知)'란 원래 조선 시대 중추부의 정3품 벼슬을 이르는 말이었다. 하지만 돈으로 관직이 매매되면서 수많은 '거품' 관직이 생겨나게 된다. 이처럼 벼슬의 가치가 떨어지게 되자, 나중에는 나이 많은 사람이면 아무나 성씨 뒤에 '첨지'라는 관직명을 붙여서 부르게 된다. 그런 '첨지'에게 명칭은 있어도 감투는 없다. 따라서 '김첨지감투'란 실제로는 '없음'을 뜻하는 것이다.

:: 금방 여기 풀어두었던 내 손목시계가 어디로 갔을까? 이거야말로 김첨지감투로군.

0509 낙낙하다   크기, 수효, 무게가 조금 크거나 남음이 있다.

'낙낙하다'는 '넉넉하다'의 작은말이다. 요즘에는 주로 큰말인 '넉넉하다'만 쓰이지만, 나타내는 대상의 규모가 작을 때는 '낙낙하다'는 표현을 살려 써봄 직하다. 한편 비슷한 소리를 가진 '낙락(落落)하다'는 '축축 늘어지다', '남과 서로 어울리지 않다', '작은 일에 얽매이지 아니하다' 따위의 뜻을 가진 말이므로 구별해서 써야 한다.

:: 품이 낙낙해서 좋다. 바지저고리에 두루막을 입으면 그 푸근한 입성. (박목월, 한복韓服)

0510 달걀가리   달걀로 쌓은 가리. 곧 현실적으로 가능하지 않은 일.

'가리'는 볏단 따위를 쌓아 올리는 것을 말하는데, 달걀을 그것들끼리만 쌓아 올릴 수 있는가? 즉 현실적으로 가능하지 않은 일을 쓸데없이 상상하는 것을 말한다.

:: 현실에 대한 치열한 고민을 바탕으로 이상을 꿈꾸는 것을, 달걀가리 쌓는 것에 빗대어 허황한 꿈이라고 말하지 말라. 이상이 없으면 희망도 없다.

0511 더넘스럽다   정도 이상으로 크다.

'더넘'은 '더 넘는다'는 말이 줄어든 것이다. 그런데 '더넘'이 명사로 쓰일 때는 '넘겨 맡은 걱정거리'라는 뜻을 가진다. 공연히 어떤 일을 맡아서 걱정이 되는 경우에 '그 일은 내게 더넘스럽다'고 한다.

:: 그와 헤어지고 나서 곰곰이 생각해보니, 결국은 인사 청탁이라 할 수 있는 그의 부탁이 내게 너무 더넘스러워 돌아오는 발걸음이 무거웠다.

0512 마디다   잘 닳거나 없어지지 않고 오래 지탱하다.

짚신은 잘 닳는다. 그렇지만 고무신이나 운동화는 잘 닳지 않는다. 그래서 고무신은 마디다. '사람이 참 마디다'라고 하면 '헤프지 않다'는 뜻이다. '마디다'는 자라는 속도가 더딘 것을 표현하기도 한다. 쥐꼬리만 한 월급이라도 잘만 아껴 쓰면 마디다.

:: 잘고 마딘 잡초가 다시는 자라지 않도록 뿌리를 말려야 한다.

0513 말살에 쇠살   전혀 사리에 맞지 아니함을 일컫는 말.

푸줏간에 쇠고기를 사러 갔는데, 벌건 말고기를 쇠고기라고 내놓는다. 누가 보아도 가짜다. 그래서 따졌더니 주인은 쇠고기라고 벅벅 우긴다. 이처럼 합당하지 않은 말로 지껄이는 것을 '말살에 쇠살'이라고 한다. 번연히 사실이 아닌 것을 사실이라고 우기거나, 논리적으로 맞지 않은 말을 할 때 쓰는 말이다.

:: 법치주의의 신봉자들은 법이 대다수 민중의 삶보다 위에 있다고 한다. 이는 말살에 쇠살이다. 과연 누구를 위한 법인가.

0514 모지라지다 물건의 끝이 닳아서 없어지다.

연필을 오래 써서 모지라지면 '몽당연필'이 된다. 빗자루나 붓 따위를 오래 쓰다 보면 모지라져서 더 이상 쓰기 어렵게 된다. 이렇게 오래 써서 끝이 다 닳아진 물건을 '모지랑이'라고 한다.

:: 보라. 적중하고 있지 않은가? 재벌 개혁 서슬도 시나브로 모지라진다. 그뿐인가. 해고도 더 쉽게 한다.

0515 비각 두 물건이 서로 상극이 되어 용납되지 않는 일.

일의 앞뒤가 서로 맞지 않은 상태를 '모순(矛盾)'이라 한다. 서로 대립하기 때문에 양립할 수 없는 상태다. 물과 불, 삶과 죽음, 밤과 낮처럼 상극(相剋)하는 것들을 말하는 것이다. 이러한 '모순'에 해당하는 우리말이 바로 '비각'이다.

∷ 20세기 초반에 불거진, 자본주의와 사회주의라는 상반된 이념의 대립은 인류의 역사에서 가장 큰 비각이었으며, 필연적인 비극이었다.

0516 사춤 벌어지거나 갈라진 틈.

원래 담이나 벽의 갈라진 틈을 '사춤'이라 하고, 그러한 틈을 진흙으로 메우는 일을 '사춤 치다'라고 한다. 사춤은 사람과 사람의 관계에도 있다. 따라서 서먹한 사람과의 관계를 풀어주는 것도 사춤을 치는 일이라고 할 수 있다.

∷ 세상에서 내가 가장 사랑하는 두 사람, 어머니와 아내의 사춤에서 나는 때로 곤혹스럽다. 미묘한 틈새에 사춤을 치는 일은 남편이자 아들인 나에게 지워진 까다로운 의무이다.

0517 샐쭉하다 사물의 모양이 한쪽으로 갸름하게 샐그러져 있다.

흔히 사물의 모양이 우글쭈글하게 비뚤어진 것을 '일그러지다'라고 한다. 그러나 한쪽으로 갸름하게 비뚤어지거나 기울어진 것은 '샐그러지다'라고 한다. 특히 동그란 모양이 샐그러지면 타원형(橢圓形)이 된다. 그래서 타원형을 '샐쭉형'이라 한다. 한편 사람의 마음이 샐쭉한 것은 마음에 내키지 않아 싫어하는 태도가 있다는 뜻이다. '샐쭉하다'의 큰말은 '실쭉하다'이다.

∷ 면접시험에서 샐쭉한 표정을 짓고 나온 그는 다른 친구들에게 아무런 인사도 없이 종종걸음을 쳐서 대기실을 빠져나갔다.

∷ 럭비공은 그 모양이 샐쭉하여 땅에 부딪치면 어디로 튀어 오

를지 짐작하기가 어렵다. 마음이 샐쭉한 사람은 예측하지 못한 방향으로 튀는 행동을 한다.

0518 샘밑   샘이 솟는 근원. 영원한 창조의 근원.

사전에 오르지 않은 말이지만 매우 심오한 뜻을 가진 말이다. 최남선의 「혼자 앉아서」라는 시에 '이 샘밑 못 막을세라. 메우는 수 없고녀'라는 구절이 나온다. 샘은 물이 솟아나는 곳을 말한다. 그러한 '샘'의 '밑'에는 샘물이 솟아나게 하는 어떤 신비한 힘이 깃들어 있다. 그 샘을 막으면 다른 곳으로 물길이 옮겨져서 새로운 샘이 생긴다. 세상을 창조한 근원적인 힘이 맑은 샘물을 솟구치게 하기 때문이다.

:: 깨어난 민중의 요구를 억누르는 것은 샘밑을 억지로 틀어막으려 하는 것과 같다. 그것은 필시 자연의 질서를 거스르는 행위다.

0519 생게망게하다   생급스럽고 터무니없어 도무지 알 수가 없다.

'생급스럽다'는 것은 '하는 일이나 짓이 뜻밖이고 갑작스럽다'는 뜻이다. 하는 말이 엉뚱하거나 새삼스러운 것도 '생급스럽다'고 표현한다. 이처럼 하는 짓이나 말이 '생급스러움'보다 한 발 더 나아간 경우 '생게망게하다'고 한다. '세상의 사정에 어둡고 완고함'을 뜻하는 '생경(生硬)'이라는 한자말과 뜻이 대략 통하는 우리말이다. '생가망가하다'라고 쓰는 사람이 있는데 바른 말이 아니다.

∷ "미 제국주의자들이 이라크 침략에 날뛰고 있다." 의도적 표현이지만 결코 과격한 언사가 아니다. 있는 그대로다. 생게망게하다면 그만큼 수구 언론에 세뇌당했다는 증거다. 그 밖에도 생게망게한 일은 꼬리를 문다. 경제단체의 망발을 비판해야 마땅할 언론은 되레 부채질이다. (한겨레, 손석춘 칼럼)

0520 설핏하다　피륙 따위가 거칠고 성기다. 해가 져서 밝은 빛이 약하다.

무엇을 짜거나 엮은 것이 촘촘하지 않아 거칠고 성긴 것을 '설피다'라고 한다. '설핏하다'는 조금 설핀 것을 말한다. 한편 거칠고 성기게 짠 피륙을 '설피창이'라고 하며, '설핏설핏'은 '설피다'의 부사어 형태다. '설피다'의 작은말은 '살피다'가 된다. 그리고 '해가 설핏하다'고 하면 밝은 빛이 약한 것을 뜻한다.

∷ 설핏한 산 그림자가 산에 어린다. 두릅나무 순은 어디서 돋아나는가. 한줄기 빛에도 환하게 웃는 산. (박목월, 산)

0521 시나브로　모르는 사이에 조금씩. 다른 일을 하는 사이에 조금씩.

아주 느리게 일이 진행되는 것을 나타내는 말로, 동사 앞에 쓰여 그 움직임을 꾸며주는 역할을 한다. 이와 관계되는 말로 '시난고난'이 있는데, 병이 심하지는 않지만 오래가는 모양을 나타낸다.

:: 언론 노동자를 비롯해 상당수 노동자들이 시나브로 길들여지고 있다. (한겨레, 손석춘 칼럼)

0522 아람치 자기의 차지가 된 것.

두 팔을 벌려 껴안을 수 있는 둘레의 길이를 '아름'이라 한다. 또한 '한 아름'이라고 하면 두 팔로 껴안거나 보듬을 수 있는 양을 나타내고, '아름드리'라고 하면 '한 아름이 더 되는' 것을 뜻한다. '꽃다발을 한 아름 안겨주었다', '선물을 한 아름 받았다'처럼 '아름'은 보통 '많다'는 뜻으로 쓰이는 말이다. 한편 '아름차다'라고 하면 어떤 일을 한 아름으로 껴안기에는 벅차다는 것을 뜻한다. '아람치'는 이 '아름'이 변해서 된 말이다. '자기 품안에 있다'는 뜻의 '아람'과, 사람·사물 등을 가리키는 '-치'가 어울려 '자기 차지가 된 것'이라는 뜻을 형성하게 된 것이다. 곧 '소유(所有)'를 뜻하는 우리말이다.

:: 아람치로 기른 자식이라 하여도 일단 품안을 떠나면 부모의 뜻대로 할 수 없는 법이오.

:: 지금 저 친구가 기르고 있는 애완견은 전에 내 아람치였다네.

0523 어름 두 물건의 끝이 하나로 닿은 자리, 또는 물건과 물건 사이의 한가운데.

'어름'은 서로 어긋나지 않고 두 사물이 하나로 어우러지는 지점을 가리키는 말이다. 예를 들어 두 강물이 하나로 어우러지게 되면 맞닿는 끝을 어름이라 한다. 또한 학문의 여러 분야 중에서 중첩되는 부분을 어름이라는 말로 나타낼 수도 있다. 어름은 사람과 사람의 관계를 나타낼 때도 쓸 수 있다. 자녀는 아버지와 어머니의 어름에 존재한다. 또한 회사에서 중간관리자는 사장과 평직원의 어름에 존재한다. 그래서 늘 괴롭다. 한편 사람이 똑똑하지 못하여 말과 행동을 우물쭈물하는 것도 '어름거리다'라고 한다. 둘 중 하나를 선택해야 할 상황에서 '이쪽'으로도 '저쪽'으로도 분명히 결정을 내리지 못하고 그 어름에서 망설인다는 뜻이다. 사람들은 두 갈래 길의 어름에서 어름거리는 경우가 많다. 한편 어름을 소리 낼 때는 물이 얼어서 생긴 '얼음'과 구분하기 위해서 '어'를 길게 소리 내야 한다.

∷ 이 물길을 따라 내려가면 두 강이 하나로 어울리는 어름에 작은 동네가 하나 있는데, 거기가 바로 제 고향이지요.

∷ 문학은 글이라는 연모를 사용한다는 점에서 형식에서는 다른 예술 장르와 구별되지만 내용 면에서는 예술과 철학, 또는 예술과 역사의 어름에 존재한다.

0524 **어섯** 사물의 작은 부분. 완전하게 다 되지 못한 정도.

우리는 어섯만 보고 제대로 다 본 것으로 생각하기 쉽다. 어떤 일을 겨우 조금 짐작하게 된 것을 '어섯눈(을) 뜨다'라고 한다. 즉 지능이 생겨서 사물의 대강을 알게 되는 것을 이르는 말이다. '어스름눈 뜨다', '어슴눈 뜨다', '어수눈 뜨다'가 모두 비슷한 뜻의 말이다. '어섯'은 '뿌다구니'와 비슷한 뜻을 가지고 있지만 그 쓰임은 조금 다르다. '뿌다구니'는 사물 자체가 그 모습을 감춘 채 극히 일부분만 드러내고 있는 데 비하여, '어섯'은 사물을 보는 주체나 그 대상이 덜 여물었음을 내포하고 있는 말이다.

∷ 영희는 이미 어섯눈을 뜨기 시작하면서부터 공부에 열을 올렸다.

0525 옹글다 물건이 조각나거나 축나지 아니하고 본디 그대로 이다.

어떤 것이 가지고 있어야 할 내용에 조금도 모자람이 없는 상태를 말한다. '옹고집', '옹두리' 따위에서 쓰인 '옹'은 대체로 '작지만 단단하고 완고함'을 뜻한다. '옹글다'와 뜻이 비슷하면서 느낌이 더 강한 말은 '옹골차다'이다. 또한 '실속 있게 꽉 찬 상태'를 '옹골지다'라고 한다.

∷ 그랬다. 그 '봄 불'은 촛불이 아니었다. 횃불이었다. 옹근 110년 전이다. 1894년 봄, 갑오농민전쟁은 불붙었다. (오마이뉴스, 손석춘 칼럼)

0526 주저리 지저분한 물건이 너절하게 매달리거나 한데 묶여 진 상태를 나타내는 말.

이육사의 시 「청포도」에 '내 고향 칠월은 / 청포도가 익어가는 시절 / 이 마을 전설이 주저리주저리 열리고……' 라는 구절이 있다. 그런데 '주저리'라는 말은 지저분한 물건이 어지럽게 매달리거나 한데 묶여진 상태를 나타낸다. 원뜻을 생각하면 상큼하고 싱그러운 청포도의 분위기와 맞지 않다. 하지만 오늘날 많은 사람들은 '주저리'라는 말 속에서 아름답게 맺힌 청포도 송이를 연상하게 되었다. 시 한 편으로 말뜻이 미화된 것이다. 한편 '주절주절' 하면 쓸데없는 말을 늘어놓는 모양을 나타내며, '주저리'의 작은말은 '조자리'다.

:: 굴비 엮이듯 손이 묶인 포로들은 점령군의 총구가 지시하는 방향대로 주저리주저리 끌려가는 것이었다.

0527 터울 두 사물 사이에 차이가 지다.

한 어머니가 낳은 형제자매 간의 나이 차이를 뜻하는 말로 주로 쓰인다. '터울'은 원래 '한터에서의 울타리'라는 뜻이다. 어떤 경계를 말하는 것이다. 이것이 줄어서 '터울'이 되었고, 지금은 주로 나이 차이를 나타내는 말로 쓰이고 있는 것이다.

:: 남의 집에 세 들어 살다 보니 이태만 지나면 이사하기를 십수 번 되풀이하였으니 이것도 이 년 터울이다.

0528 한풀 한창 올라서 좋은 활개나 기세.

오늘날 주로 '한풀 꺾이다'라는 형태로 많이 쓰인다. '한풀'은 '더위가 한풀이다'나 '추위가 한풀이다'처럼 기후의 상태가 절정에 이른 것을 말한다. 또한 '슬픔이 한풀 꺾이다'처럼 사람의 감정 상태를 나타내기도 한다. 농사나 고기잡이에서 수확물이 풍성한 시기를 말할 때는 '한물'이라고 하듯, 날씨나 기후, 사람의 감정 따위의 기세는 '한풀'이라고 한다.

∷ 장마도 끝나고 무더위가 한풀이라, 휴가를 맞아 산이나 바다로 떠나는 사람들의 기분도 한풀이다.

● **여줄가리 올림말**

0529 **가리새** 일의 갈피와 조리. 원뜻은 베틀에서 날실의 오르내림을 조절하는 막대기.

0530 **꽃등** 맨 처음, 또는 어떤 긍정적이고 감동적인 일의 절정.

0531 **다슬다** 물건의 표면이 매끈하게 닳아지다.

0532 **돋되기/졸되기** 진화(進化)/퇴화(退化).

0533 **두동지다** 앞뒤가 모순되어 서로 맞지 않다. 앞뒤의 이가 맞지 않다.

0534 **마디다** 쓰던 물건이 잘 닳거나 없어지지 않다.

0535 **모지랑이** 오래 써서 끝이 닳아 떨어진 물건. *모지랑붓, 모지랑비.

0536 **물계** 어떤 현상의 처지나 속내.

0537 **미립** 경험에서 얻은 묘한 이치나 요령.

0538 **시새우다** 황급히 서두르다. 앞을 다투듯 서두르다.

0539 **오돌지다** 생김새나 성질이 단단하고 여무지다.

0540 **우렁잇속** 내용이 얼기설기 얽혀 헤아리기 어려운 일.

0541 **을모지다** 책상이나 상자와 같은 물건의 귀처럼 세모진 모. 을(乙)자 모양의 모.

0542 **호둣속** 복잡하고 뒤숭숭한 일. 미로(迷路).

● 물, 불, 광물

0543 **개숫물** 그릇을 씻은 물, 또는 생활폐수.

개숫물은 원래 음식 그릇을 씻은 물을 뜻하는 말이었다. 그러나 오늘날에는 그릇 씻은 물뿐만 아니라 일반 가정에서 버리는 생활폐수를 모두 일컫는 말이라 할 수 있다. 옛날에는 개숫물이 강으로 흘러가는 동안 자연적으로 정화가 되었지만, 오늘날 우리가 버리는 개숫물은 화학성분까지 잔뜩 머금고 있어서 강물과 바닷물을 죽이고 있다. 그러므로 우리는 되도록이면 개숫물의 양을 줄여서 수질 오염을 막는 데 최선을 다해야 한다. 개숫물을 버릴 때마다 환경을 생각하는 습관을 가져야 할 것이다.

:: 강물과 바닷물의 오염은 개숫물 처리만 잘해도 상당히 줄일 수 있다. 우선 개숫물의 양을 적게 하고, 또 천연 세제를 사용하여 유기적인 분해가 잘 일어나도록 해야 한다.

0544 **겻불** 겨를 태운 불.

'양반은 얼어 죽어도 겻불은 안 쬔다'는 속담이 있는 것을 보면, 옛날에는 불에도 계급이 있었던 모양이다. 옛날에 가난한 서민들은 벼를 찧고 난 왕겨 등을 더러 땔감으로 썼는데, 이런 불을 '겻불'이라 하였다. 사실 겨를 태우는 불은 그 기운이 신통치 않다. 양반집 화로 속에 든 참나무 숯불에 비할 바가 못 되는 것이다. 하지만 숯불이든 겻불이든 불은 불이다.

:: 보리밥 한 덩어리로 요기를 하고, 타다가 남은 겻불이라도 잠시 쬘 수만 있다면, 이 엄동설한에 움막에서 떠는 것보다야 백번 나으련만.

0545 고장물 이미 사용해 더러워진 물. 고름이 빠진 뒤 헌 부위에서 흘러나오는 진물.

'고장물'은 '구정물'의 작은말이다. '고지랑물'('구지렁물'의 작은말)과 같은 말로, 더러운 것이 섞여 깨끗하지 못하거나 썩은 물을 말한다. 빨래나 설거지를 하여 더러워진 개숫물도 고장물의 하나다.

:: 복찻다리 아래로 흐르는 물은 썩은 냄새가 풀풀 나는 고장물이다. 어린 나이의 우리는 학교에서 돌아오는 길에 땀에 전 얼굴을 그 고장물에 씻으며 물장난을 치곤 하였다.

0546 군물 끼니 때 이외에 마시는 물.

'군물', '군불', '군붓' 따위에 쓰인 접두어 '군-'은 '쓸데없는'이란 뜻이다. 꼭 필요한 것은 아니지만 부수적으로 따르게 되는 것, 즉 '군더더기'를 뜻한다. 한편 뜨거운 물에 타는 맹물, 풀이나 죽 따위의 위에 따로 떠도는 물 등도 모두 '군물'이다. 보통 음식과 함께 섞이지 아니하고 물기가 위에 따로

도는 것을 '군물이 돌다'라고 한다.

∷ 한의사들은 다이어트나 체중감량을 위해서는 공복에 군물을 자주 마시라고 권한다.

0547 군불　방을 덥게 하려고 때는 불.

우리나라 전통가옥의 아궁이는 취사와 난방을 동시에 해결하는 구조다. 즉 아궁이 위에 걸린 솥을 이용하여 취사를 하는 동시에, 고래구멍에 열을 공급함으로써 구들장을 덥히는 것이다. 그런데 이 난방 체계의 단점은, 여름에는 별 쓸모가 없고 겨울에는 밥 짓는 불만으로는 난방이 충분치 않다는 것이다. 그래서 날이 추운 겨울에는 늦은 밤에 아궁이에 불을 지펴 구들장을 한 번 더 덥혀주어야 했다. 이것이 곧 '군불'이다.

∷ 엄동설한에 밤늦도록 글공부하는 자식을 위하여, 애써 소리를 감추며 군불을 지펴주시던 어머니의 정을 생각하니 더욱 눈물이 나는 것이었다.

0548 꽃불　이글이글 타오르는 불.

'꽃'이 다른 사물과 덧붙으면 최고 상황을 나타내는 경우가 많다. 곰국을 끓일 때 가장 진한 국물을 '꽃물'이라 하고, 요즘말로 미남 중의 미남을 '꽃미남'이라 하듯이, '꽃불'은 불기운이 최고조에 이른 상태다. 즉 불길이 거세게 일고 불땀이 가장 좋은 상태의 불길을 말한다.

∷ 유난히도 뜨거웠던 그해 여름, 민중의 함성이 마치 꽃불처럼

타올랐다. 그리고 한번 타오른 불길은 걷잡을 수 없이 번져갔다.

0549 **나비물** 가로로 쫙 퍼지게 끼얹는 물.

'나비'가 덧붙어 쓰이는 말은 대체로 나비의 사뿐한 날갯짓과 얇게 펼쳐진 모양을 연상케 한다. '나비물'은 먼지가 풀풀 날리는 마당이나 대문 앞 골목길에 먼지를 재우기 위하여 끼얹는 물의 모양을 말한다. 보통 세수를 하고 난 물이나 걸레를 빨고 난 허드렛물을 나비 날개 모양으로 가로로 쫙 퍼지게 끼얹는다.

∷ 마당 가에 피는 꽃들은 아침이면 식구들이 차례로 끼얹어 주는 나비물을 맞으며 하루를 시작한다.

0550 **동돌** 무거워서 한두 개씩밖에는 져 나를 수 없는 큰 버력.

'동돌'은 무거워서 쉽게 옮기거나 들어낼 수 없는 돌을 말한다. 광맥을 캐 들어가는 중에 갑자기 만난 굳은 모암(母巖)을 가리키기도 한다. 이 경우 동돌은 '못동'과 비슷한 뜻이 된다. 무거운 버력이든 땅속에 든 모암이든 두 가지 모두 쉽게 어찌해볼 수 없는 것들이다.

∷ 그의 마음속에는 쉽게 꺼낼 수도 없고 깨뜨릴 수도 없는 단단한 동돌 하나가 들어 있다.

0551 **목물** 사람의 목까지 찰 정도의 깊은 물. 여름철 등과 목에

만 물을 끼얹는 목욕.

'목물'은 물의 깊이를 가리키는 말이기도 하지만, 허리 위에서 목까지만 물로 씻는 일을 가리키는 말로 더 많이 쓰인다. 땀을 많이 흘린 여름날 윗옷을 벗고 바닥에 손을 짚고 엎드리면 누군가 바가지로 물을 퍼서 몸에 쏟아 부어준다. 그러면 물은 등을 타고 뒷목 쪽으로 흘러내린다. 샤워 시설이 없던 시절에 행하던 '간이 샤워' 법이라 할 수 있다.

∷ 들일을 마치고 돌아온 여름철에는 목물 한 바가지로 더위를 씻어낸 뒤 농주 한 사발을 들이키면 참으로 꿀맛이다.

0552 **벌물** 논이나 그릇에 물을 넣을 때 다른 곳으로 흘러 나가는 물.

'벌물'은 본디 흘러가야 할 제 방향이 아닌 다른 곳으로 갈라져 나가는 물이다. 즉 쓸모없이 새어 나가거나 버려지는 물을 말한다. 저수지의 둑이 터져서 한꺼번에 많은 물이 넓은 지역에 넘쳐흐르는 물도 벌물이라 한다.

∷ 가뭄이 계속되어 벼 포기들이 말라가고 있었다. 근처 웅덩이에 고인 물을 양수기로 뿜어 올려보지만, 부실한 수로를 지나며 절반은 벌물로 사라져 논바닥을 적시기에는 턱없이 모자라다.

0553 **벌불** 등잔불이나 촛불의 심지 옆으로 뻗쳐 퍼지는 불.

벌불이 생기는 것은 심지가 갈라져 있기 때문이다. 방 안의 등잔불이나 촛불은 곧게 타올라야 주위를 밝힐 수 있다. 벌불이 생기면 벽에 어룽어룽한 그림자가 드리우게 된다.

:: 그가 가슴에 품었던, 변화에 대한 불꽃같은 열정에도 언제부턴가 벌불이 일기 시작하였다. 그의 마음속 심지가 어느새 갈라지고 있다는 증거다.

0554 **벌창** 물이 너무 많아서 넘쳐흐름. 물건이 매우 넓게 퍼져 있음.

'벌창'에서 '벌'은 '벌이다'에서 온 말이다. 물건이나 사물이 넘쳐흐르거나 넓게 퍼져 있는 것은 '벌창하다'라고 하고, 도적 떼 같은 나쁜 세력이나 질병이 벌창하여 기승을 부리고 해를 끼치는 것은 '창궐하다'라고 한다. '창궐(猖獗)'이라는 한자말은 두 글자 모두 '미쳐 날뛰다'의 뜻을 갖고 있다. '개울이 벌창하다', '우리 회사 제품이 벌창하다', '외제 자동차가 벌창하다', '에이즈가 창궐하다', '침략군이 창궐하다'처럼 구분해서 쓸 수 있다. 한편 '벌창'은 '범람(汎濫)'에 갈음하여 쓸 수 있다.

:: 지난 장마로 동네 앞을 흐르는 개천이 벌창하여 이 일대 논밭이 완전히 폐허가 되고 말았습니다.

0555 **불땀머리** 나무가 자랄 때 남쪽으로 면하여 햇볕을 많이 받아 불땀이 좋은 부분.

'불땀'이란 땔나무에 있어서 불기운이 세고 약한 정도를 말한다. 잘 마른 땔나무는 불땀이 좋다. 나무에서 그런 부분을

'불땀머리'라고 한다. 나무의 남쪽으로 향한 부분은 가지나 이파리가 무성하여 당연히 불땀이 좋다. 그래서 불땀머리다.

∷ 잔가지 무성한 불땀머리가 다 잘려 나간 나무들이 앙상한 몰골을 하고 눈발 속에 떨고 서 있었다.

0556 **불어리**   불티가 바람에 날리지 않도록 등잔, 화로 따위에 들씌우는 기구.

등불에 바람을 막기 위해 대오리로 테를 하고 종이를 발라서 만든 것으로, 위에는 바람이 통하도록 구멍이 뚫려 있다. 지방에 따라서는 '불우리'라고 부르기도 한다. 요즘에는 전통찻집이나 민속주점 같은 데서 전구를 불어리로 감싸 실내 장식을 해놓은 것을 종종 볼 수 있다. 또 바람 부는 날 야외에서 취사를 할 때 화로의 불길이 날리지 않도록 병풍처럼 둘러치게 한 도구가 있는데 이것 또한 불어리라고 할 수 있다.

∷ 솔가리를 모아놓고 불을 지폈으나 몰아치는 바람에 타래져 날리는 불길을 걷잡을 수 없었다. 돌멩이를 주워 모아 동그랗게 불어리를 만든 다음에야 불보라는 조금 잦아들었다.

0557 **불잉걸**   활짝 피어 이글이글한 숯불.

벌겋게 달아오른 숯불이나 장작개비의 불덩어리를 말한다. 숯이나 나무가 불에 탈 때 가장 높은 온도를 유지하는 대목이라 할 수 있다. 불잉걸을 '잉걸불'이라고도 하며 줄여서 '잉걸'이라고도 부르는데, 이는 활활 타오르는 불꽃보다 훨씬 더 뜨거운 상태다. 뜨거움의 극치를 나타내는 말이다.

:: 설마 하다가 나라를 일본 제국주의자들에게 빼앗겼듯이, 21세기 석기 시대가 겨레의 묘지일 순 없다. 가슴에 불잉걸을 보듬어야 할 절박한 까닭이다.

0558 **사위다** 불이 다 타고 사그라져 재가 되다.

불을 붙이는 것을 '사르다'라고 한다. '사위다'는 문학 작품에서 사람의 애틋한 마음을 표현할 때 자주 쓰이는데, 애가 끓고 속이 타는 심정을 표현할 때 '사위어가다'라고 한다.

:: 희디희게 사위어가며 사랑을 할 것이다. (박두진, 새들의 사랑)

0559 **추깃물** 송장이 썩어서 흐르는 물.

신라의 유명한 승려인 원효대사가 당나라로 가던 길에 날이 저물어 굴속에서 자던 중 '맛있게' 마셨다던 물이 바로 '추깃물'이었다. 사람의 몸에 들어 있던 수분이 썩어서 흐르는 물이다. 줄여서 '추기'라고 하며, '시쳇국'이라고도 한다. 한자로는 '시수(屍水)', '시즙(屍汁)'이라 쓴다.

:: 사람은 살아생전에 늘 깨끗한 물을 골라서 마시지만, 죽은 몸에서 마지막으로 흘러나오는 것은 한두 바가지의 추깃물일 뿐이다.

● 여줄가리 올림말

0560 **기스락물** 낙숫물, 처마물.

0561 **냉과리** 덜 구워져서 불을 붙이면 연기와 냄새가 나는 숯.

0562 **누렁물** 빛이 누른 물. 썩은 흙에서 나오거나 흙이 섞여 빛깔이 누렇고 더러운 물.

0563 **덧물** 얼음 위에 괸 물.

0564 **된불** 바로 급소를 맞히는 총알. 호된 타격.

0565 **머리등** 자동차나 자전거 따위의 앞부분에 달린 등. 전조등, 헤드라이트.

0566 **묵재** 불이 꺼지고 남은 재.

0567 **방울꽃** 떨어지는 물방울을 꽃에 빗대어 부르는 말.

0568 **불갈기** 타래져서 흩날리는 불길.

0569 **불깃** 산불이 번지지 않도록 산의 언저리에 불을 놓아 미리 태워버리는 일.

0570 **불꾸러미** 불씨를 옮기려고 짚이나 잎나무를 작게 묶은 뭉치에 당긴 불.

0571 **불당그래** 아궁이의 불을 밀어 넣거나 끌어내는 데 쓰는 작은 고무래.

0572 **불더미** 불이 타고 있는 큰 덩어리.

0573 **불돌** 화로의 불이 쉬 삭지 않도록 눌러놓는 조그만 돌.

0574 **불땀** 땔나무의 화력이 세고 약한 정도.

0575 **불망울** 작고 둥근 모양의 불똥.

0576불머리   불길의 윗부분.

0577불보라   흩날리는 불꽃.

0578산불   이글이글 잘 타는 불. '죽은 불'에 상대되는 말.

0579서벅돌   단단하지 않고 잘 부스러지는 돌.

0580손숫물   손을 씻는 물.

0581숯등걸   숯이 타다 남은 덩어리.

0582암물   보얀 빛을 띤 샘물.

0583여물   짠맛이 조금 있어서 직접 먹지는 못하고 허드렛물로 쓰는 우물물.

0584오독도기   화약을 재어 점화하면 터지는 소리를 자꾸 내면서 떨어지게 만든 불꽃.

0585한데우물   집의 울 밖에 있는 우물. 공동우물.

0586햇물   '햇무리'의 줄임말. 또는 장마 뒤에 한동안 괴다가 없어지는 샘물.

ive # 3부 • 사람과 사회

# 사람의 몸과 생리현상

● 사람의 몸

0587 가선 눈시울에 쌍꺼풀진 금이나 주름.

'가선'은 두 가지 뜻을 가지고 있다. 하나는 옷 가장자리 끝을 다른 헝겊으로 감아 돌린 선을 말하는 것이고, 다른 하나는 눈시울에 쌍꺼풀진 금이나 주름을 말한다. 그렇게 주름이 지는 것을 '가선 지다'라고 한다. 많은 돈을 들여 가선을 없애는 수술을 하는 사람도 있지만, 나이가 들면서 자연스럽게 형성된 가선은 연륜(年輪)과 인생의 깊이를 나타내는 그윽한 상징이다.

:: 누이의 가선 진 얼굴을 보는 순간 나는 세월의 무상함을 느꼈다.

0588 대살 단단하고 야무지게 찐 살.

곧고 꿋꿋하며 세찬 성격을 '대차다'고 하는 것처럼 '대살'에서

'대-'는 단단하고 세찬 상태를 뜻한다. 푸석푸석한 '푸석살'이나 물렁물렁한 '무살'과는 반대되는 의미다. 한편 몸이 강파르면서도 강기가 있는 사람을 보고 '대살지다'고 한다.
:: 그의 굵은 팔뚝과 허벅지는 운동으로 잘 다져진 대살로 꽉 차 있어서 단단하고 강렬한 느낌이 든다. 한편 그의 형은 매우 대살진 사람이다. 몸집은 강파르지만 성격 하나는 강직하다.

0589 **메밀눈** 작고 모질게 생긴 눈.

눈은 마음의 창이라는 말이 있다. 눈은 얼굴 전체의 인상을 결정짓는다. 그래서인지 그 생김새의 미묘한 차이에 따라 눈을 부르는 이름이 다양하다. '메밀눈'은 뾰족하게 모가 난 메밀에 눈의 모양을 빗댄 말이다. 별로 좋지 않은 느낌을 주는 눈이다. 이 밖에도 우묵하게 생긴 눈은 '움펑눈'이라 하고, 위로 치째진 눈은 '갈고리눈', 화가 나서 눈시울의 모가 험상스러운 눈은 '갈퀴눈' 또는 '낚시눈'이라 한다. 모두 매섭게 생겨 인상이 좋지 않은 눈의 모양을 나타내는 말들이다.
:: 강파른 몸집에 살갗은 까맣고, 왠지 모를 독기가 어린 듯한 메밀눈을 가진 한 사내가 그를 쏘아보고 있었다.

0590 **미주알** 똥구멍에 닿아 있는 창자의 끝부분.

말하지 않아도 좋을 사소한 것까지 속속들이 말하거나 캐묻는 행위에 '미주알고주알'이라는 말을 쓴다. '미주알'은 신체의 은밀한 곳에 감추어져 있는 살덩어리다. 그 미주알을 꺼내듯 알리고 싶지 않은 일까지 캐물으면, 대답하는 사람은 미주알이 빠져나온 것처럼 곤혹스럽고 고통스럽다는 뜻이다. 한편 미주알을 '밑살'이라고도 하는데, 이는 여자의 음부 살이나 소의 볼깃살을 뜻하기도 한다. 이들의 세포 조직이 흡사하다는 공통점 때문인 것으로 보인다.

:: 밤새 경계를 서는 동안 김 병장은 박 일병에게 미주알고주알 개인적인 질문을 해댔다. 애인은 있느냐는 둥 성관계는 해봤냐는 둥, 차마 대답하기 곤혹스러운 질문에 억지로 답변을 하느라고 미주알이 빠지는 것 같은 수치심을 느꼈다.

0591 민낯   여자의 화장하지 않은 맨얼굴.

오늘날 여자가 얼굴에 화장을 하는 것은 마치 끼니 때마다 밥을 먹는 것처럼 일상적인 일 중 하나가 되어버렸다. 그래서 잠을 자거나 아침에 막 깨어났을 때가 아니면 여자의 화장하지 않은 맨얼굴을 보기가 어렵다. 바로 이럴 때 '화장하지 않은 여자의 맨얼굴'을 '민낯'이라 한다. '민낯'에서 '민-'은 '꾸밈새나 덧붙어 딸린 것이 없음'을 나타내는 접두어다. '민머리', '민다래끼', '민날' 따위의 '민-'이 모두 그런 뜻으로 쓰였다. 한편 접두어 '민-'은 '닳아서 모지라지거나 우둘투둘하던 것이 평평하게 됨'을 뜻하기도 한다.

:: 나는 그녀의 민낯을 보고 깜짝 놀랐다. 화장했을 때와 너무

나 딴판이었던 것이다.

0592 밸 창자의 속어.

'밸'은 '배알'의 준말이다. 작은창자는 '가는 밸'이고, 큰창자는 '큰 밸'이다. 밸은 창자를 속되게 이르는 말이지만, 구겨지고 꼬인 마음의 상태를 나타내기도 한다. 그래서 창자가 꼬인 것처럼 마음이 꼬이는 것을 '밸이 꼬이다'라고 한다. 구불구불하게 꼬여 있는 창자의 모양을 마음에 빗댄 말이다.

:: 나라의 장래를 위하고 국민을 이롭게 하는 데에 애를 쓰는 정치 집단을 향하여 국민들이 공연히 밸이 꼬여 딴죽을 건다고 생각하면 오산이다.

0593 삭신 몸의 힘살과 뼈마디.

사전에는 '삭신'을 '몸의 힘살과 뼈마디'라고 풀이하고 있지만, 이런 풀이만으로는 이 말의 느낌을 제대로 살릴 수 없다. 병약한 노인들이 "아이구, 삭신이야!" 하면서 몸의 이곳저곳을 마구 두드리는 것을 보면, 각기 다른 신체 부위를 두드리면서도 한결같이 삭신이 아프다고 한다. 노인들의 입에서 '삭신'이라는 말이 자주 나오는 것은 신경통, 류머티즘, 관절염 등 삭신과 관련된 질병들이 주로 노인들에게서 나타나기 때문이다. 삭신이 쑤시기 시작하는 것은 인생의 황혼을 알리는 신호이다.

:: 찬바람이 불면 바람 든 뼈마디가 신음을 한다. 찬바람머리

에는 삭신이 먼저 알고 계절을 알리는 것이다.

0594 살품   옷과 가슴 사이의 빈틈.

바짓부리나 소맷부리도 옷과 몸 사이에 틈이 생기지만 이를 '살품'이라 부르지 않는다. 다만 굴곡이 진 여자의 젖가슴 부위와 옷 사이에 생기는 틈을 '살품'이라 한다. 흔히 목둘레가 헐렁한 옷을 입고서 약간 엎드리는 자세를 취할 때 살품이 크게 생기는데, 어느 정도 성적(性的)인 느낌을 담고 있는 말이다.

∷ 그 남자는 후루룩후루룩 국밥을 먹으며 주막집 아낙의 살품에 흘낏흘낏 눈길을 보냈다.

0595 열끼   눈동자에 드러난 정신의 당찬 기운.

눈은 마음의 창이라 하였다. 그래서 눈동자에 드러난 기운에 따라 그 사람의 인상이 달라져 보이기 마련이다. 눈에 또렷한 기운이 도는 사람은 어떤 의욕으로 불타고 있는 것처럼 보이는데, 이처럼 '눈동자에 드러난 정신의 당찬 기운'을 '열끼'라고 한다. '열끼'는 한자말인 '열기(熱氣)'에서 비롯된 것으로 보인다. '열기'는 뜨거운 기운, 높은 체온, 또는 분노에 흥분한 기운 등을 뜻하는데, 사람의 눈에서 느끼는 '열기'를 특별히 구분하여 쓰다가 굳어져서 바로 '열끼'가 된 것이다.

∷ 그의 눈에서 뿜어져 나오는 열끼를 보면 보통 사람이 아니야. 뭔가 큰일을 이뤄낼 것 같아.

0596 염통　'심장'의 순우리말.

'손톱 밑에 가시 드는 줄은 알아도 염통 밑에 쉬 스는 줄은 모른다'는 속담이 있다. 당장 눈앞에 보이는 작은 일에는 민감하게 반응하면서도 정작 보이지 않는 큰일이나 손해는 깨닫지 못한다는 뜻이다. 우리 몸의 중요한 기관인 '심장(心臟)'을 순우리말로 '염통'이라고 한다. 체조에도 '염통운동'이라는 것이 있었다.

:: 사람은 단지 염통이 멈추었다고 해서 죽었다고는 볼 수 없다. 염통이 멈추었어도 뇌세포가 살아 있다면 아직 죽었다고 단정할 수 없다.

0597 우멍거지　포경.

보통 성인 남자의 성기는 평상시에는 표피에 덮여 있다가 발기가 되면 껍질이 뒤로 밀려 귀두가 드러남으로써 성관계를 할 수 있게 되는데, 백 명 가운데 한두 명 정도는 표피가 자연적으로 벗겨지지 않는다. 이런 경우를 '포경(包莖)', 우리말로 '우멍거지'라고 한다. 백 명에 한두 명인 우멍거지를 위해 '인공포경수술'이 행해지게 되었는데, 오늘날 우리나라 남자들은 우멍거지가 아닌 경우에도 마구잡이로 인공포경수술을 한다. 남자라면 당연히 인공포경수술을 해야 한다고 알고 있는 것인데 이는 잘못된 상식이다.

:: 우멍거지도 아니면서 너나 할 것 없이 인공포경수술을 받는 것은 성에 대한 잘못된 상식 때문이다.

0598 채발 볼이 좁고 맵시 있게 생긴 발.

'채발'은 모양이 나는 발이다. 조금 긴 듯 갸름하여 신발을 신으면 맵시가 난다. 반대로 볼이 넓고 바닥이 평평하게 생긴 발은 '마당발'이라 한다. 마당발은 활동 범위나 대인관계가 넓은 사람을 가리키는 말로 요즘에도 많이 쓰인다. 같은 이치로 활동 범위가 좁고 대인관계가 단출한 사람을 채발이라고 할 수 있다.

:: 주인댁 아씨를 연모하는 마음이 사무친 돌쇠는 꽃신 속에 들어 있는 그네의 채발이라도 부여안은 채 쓰다듬고 싶은 마음 간절했다.

0599 탑삭나룻 입과 턱 주위에 터부룩하게 난 수염.

수염이 난 모양은 크게 두 가지로 나눌 수 있는데, 귀밑에서 턱까지 얼굴 주위로 빙 둘러 난 수염을 '구레나룻'이라 하고, 입과 턱 주위에 터부룩하게 난 수염을 '탑삭나룻'이라 하였다. 그리고 탑삭나룻이 난 사람을 일컬어 '탑삭부리' 또는 '텁석부리'라 불렀다.

요즘에는 이런 탑삭나룻을 구경하기가 힘들다. 설령 수염을 기르는 사람들이 있더라도 기왕이면 멋을 살려서 구레나룻으로 기르기 때문이다. 굳이 탑삭나룻의 예를 찾으려면 중국의 역사소설 『삼국지』에 등장하는 용감한 장수 '장비'를 떠올리면 된다.

:: 마치 잡초 덤불처럼 탑삭나룻이 얼굴에 제멋대로 자라 있는

것을 보면, 그 남자는 지난 한 주일 동안 면도는커녕 세면도 하지 않은 모양이었다.

0600 **푸석살** 무르고 푸석푸석한 살.

조금만 앓고 나도 살이 축나게 쭉 빠지는 체질을 가진 사람의 살이 바로 '푸석살'이다. 물렁물렁하게 많이 찐 살을 뜻하는 '무살'과 비슷하지만, 무살보다 살갗이 더 거칠고 쇠해 보인다. 오랜 풍화작용으로 푸석푸석해진 '푸석돌'처럼, '푸석살'은 험난한 세상의 풍상(風霜)에 시달린 듯한 느낌을 주는 말이다. 푸석살과 반대되는 말은 '참살'과 '대살'이다.

:: 공안기관의 모진 고문으로 만신창이가 된 그의 몸은 대꼬챙이를 엮은 틀에 얇은 푸석살을 덮어놓은 것처럼 강파르고 위태로워 보였다.

0601 **활개** 사람의 활짝 편 두 팔과 다리.

의기양양한 태도로 휘젓고 다니는 것을 '활개를 치다'라고 한다. 요즘에도 흔히 쓰는 말인데, 여기서 '활개'는 원래 퍼덕거리는 새의 두 날개나, 사람의 활짝 편 두 팔과 다리를 일컫는 말이다. '활개'가 들어가는 말은 '힘차고 의기양양한' 태도를 나타낸다. 뒷간에서 힘차게 내지르는 묽은 똥은 '활개똥'이라 하고, 걸을 때 앞뒤로 팔을 흔들어 움직이는 것은 '활갯짓'이라고 한다. 한편 '이불 속에서 활개 치다'라는 말이 있는데, 평소 남이 보지 않는 곳에서는 큰소리를 잘 치고 잘

난 체하다가도 정작 어려운 일을 당하면 해결하지 못하고 쩔쩔매는 사람을 이르는 말이다. 이와 비슷한 속담으로 '다리 부러진 장수가 성 안에서 호령한다'는 말이 있다. 이 밖에 '활개'는 건축용어로도 쓰인다. 한옥 지붕에 양쪽으로 비스듬히 놓여 들도리를 받는 재목이 있는데 이를 '활개'라 한다. 또 아래는 양쪽으로 벌어졌는데 윗부분은 오므라들거나 모이는 모양, 또는 그런 물건을 '활개'라 한다. 예컨대 프랑스 파리의 명물인 에펠탑처럼 Y자를 거꾸로 엎어놓은 모양이 바로 '활개'라 할 수 있다.

∷ 공공에 대한 헌신과 봉사보다 자신의 출세욕에 집착하는 이들은 선거 때만 되면 쓸개라도 내어줄 듯 아첨을 하다가도 정작 자신의 이해에 거스르는 일을 당하면 슬그머니 뒤로 숨거나 딴죽을 건다. 이불 속에서 활개 치는 격이다.

0602 회목 손목이나 발목의 잘록한 곳.

'목'은 어떤 것이 갑자기 잘록해진 부분을 말한다. 몸통과 머리를 연결하는 목의 생김도 그렇다. 이와 구별하기 위해 손과 팔, 발과 다리 사이의 잘록한 부분은 '회목'이라 한다. 우리 전통놀이 중에 '회목잡이'라는 것이 있다. 손목을 잡고 겨루는 놀이다. 오늘날 힘의 차이가 크게 나는 사람끼리 팔씨름을 할 때, 강한 쪽이 약한 쪽의 손목을 잡고 하는 경우가 더러 있다. 이 또한 '회목잡이'라 할 수 있다.

∷ 그의 회목에는 노끈으로 묶였던 자국이 선명하게 찍혀 있었

다. 올무에서 벗어나기 위해 몸부림친 흔적이 역력했다.

● 여줄가리 올림말

0603**가는베 낳겠다** 손의 결이 매우 곱다.
0604**개발코** 개발처럼 너부죽하고 뭉툭하게 생긴 코.
0605**거적눈** 윗시울이 축 늘어진 눈.
0606**걸때** 몸피의 크기.
0607**군턱** 살이 쪄서 턱 아래로 축 처진 살.
0608**군기름** 지방(脂肪).
0609**나룻** 수염을 예스럽게 이르는 말.
0610**낯꽃 피다** 얼굴에 밝은 빛이 돌다.
0611**노랑꽃** 제대로 먹지 못하여 살가죽이 붓고 들뜨며 누렇게 보이는 기운.
0612**누에머리손톱** 너비에 비해 길이가 퍽 짧은 엄지손가락의 손톱.
0613**대접젖** 아래로 처지지 않은, 대접같이 생긴 여자의 젖통.
0614**떡니** 앞니 가운데에 있는, 위아래 두 개씩의 넓적한 이. 대문(大門)니.
0615**막창자** 맹장(盲腸).
0616**만경되다** 눈에 정기가 없어지다.
0617**메주볼** 얼굴에 살이 쪄서 축 늘어진 양쪽 볼.
0618**몸바탕** 사람의 체질.

0619 **몸씨**　몸의 맵시. 몸매.

0620 **몸주체**　몸을 거두거나 가누는 일.

0621 **몸틀**　마네킹. 인형.

0622 **몸피**　몸의 둘레.

0623 **밤볼**　밤을 문 것처럼 살이 불룩하게 찐 볼.

0624 **밥풀눈**　눈 위꺼풀에 밥풀 같은 군살이 붙은 눈.

0625 **벌렁코**　넓적하게 벌어진 코.

0626 **벽장코**　콧등이 넓적하고 그 가가 우묵하게 된 코, 또는 그런 코를 가진 사람.

0627 **본치**　남의 눈에 띄는 태도나 외모.

0628 **손티**　얼굴에 있는, 약간 얽은 마마 자국.

0629 **안개눈썹**　숱이 많지 않고 빛깔이 엷은 눈썹.

0630 **엄장**　풍채가 있는 커다란 덩치.

0631 **옴**　젖먹이를 가진 여자의 젖꼭지 가장자리에 오돌토돌 돋아 있는 것.

0632 **울대뼈**　앞목에 두드러져 나온 뼈.

0633 **자개미**　겨드랑이나 오금, 불두덩 옆 아랫배와 허벅다리 사이에 오목하게 팬 부분.

0634 **자라눈**　젖먹이의 엉덩이 양쪽에 오목하게 들어간 자리.

0635 **참살**　건강해서 단단하고 포동포동하게 찐 살.

0636 **청승살**　팔자 센 늙은이가 몸에 어울리지 않게, 청승스럽게 찐 살.

0637 **핏본**　혈액형.

0638 하느라지   입 안의 천장을 이룬 부분. 북한말.

● 생로병사

0639 감정아이   월경을 하지 않고 밴 아이.

월경도 하지 않는 여자가 아이를 가질 수 있을까? 사춘기 소녀가 맨 첫 배란기에 남자와 관계를 하였다면 그럴 수도 있을 것이다. 그리고 혼인 연령이 낮았던 옛날에는 그런 일이 종종 있었던 모양인데, 그렇게 태어난 아이를 '감정아이'라 하였다. 요즘에는 대체로 결혼 연령이 높아져서 정식으로 혼인한 여성이 감정아이를 가질 일은 거의 없지만, 조혼 풍습이 있던 시대에는 감정아이가 종종 태어났던 모양이다. 그리고 당시에는 감정아이를 낳는 일도 그다지 부끄러운 일도 아니었을 것이다.

:: 경찰 관계자의 말에 따르면 요즘 청소년의 탈선이 심각한 지경에 이르렀다고 한다. 그리하여 십대 소녀가 감정아이를 임신하는 일까지 벌어졌다고 한다.

0640 개구멍받이   남이 개구멍으로 밀어 넣은 것을 받아 기른 아이.

옛날 집의 울타리나 대문짝 밑에는 개가 드나들 수 있도록 구명을 내놓았는데 이를 '개구멍'이라 한다. 있어서는 아니 될 일이지만, 옛날에는 아이를 낳고도 극심한 가난 때문에 키울 수가 없을 때, 형편이 조금 나은 집 개구멍에 갓난아이를 밀어 넣는 일이 종종 있었던 모양이다. 요즘에는 도시는 물론이고 시골마을에서도 그런 개구멍을 보기는 어렵지만, 어쨌든 버려진 아이를 데려다 기르면 '개구멍받이'라 할 수 있다. 한편 밑을 터서 대소변을 보게 한 어린아이의 바지도 '개구멍바지'라고 한다. 구별해서 써야 한다.

:: 아랫집 영호 놈이 결혼을 한다네. 개구멍받이를 주워 기른 것이 엊그제 같은데 벌써 장가갈 때가 되었다고 이렇게 청첩장을 보냈지 뭔가.

0641 궂기다
상사(喪事)가 나다. '죽다'의 존댓말. 일에 헤살이 들어 잘 되지 아니하다.

누군가 죽은 사실을 여러 사람에게 알리는 것을 '부고(訃告)' 또는 '부음(訃音)'이라 하는데 이를 '궂긴 소식'이라 한다. '궂기다'는 '궂다'에서 갈라진 말이다. 우리가 흔히 알고 있듯이 '궂다'는 원래 날씨가 좋지 않거나 일이 잘 안 되어 언짢고 나쁜 상태를 말한다. 그런데 '궂다'가 '눈이 멀다'는 뜻으로 쓰이는 경우도 있다. 눈이 멀면 세상의 햇빛을 더 이상 볼 수 없다. 그래서 사람의 죽음을 '눈을 감다'라고 하는 것처럼, 사람이 죽는 것을 '궂기다'라고 하는 것이다. 한편 '궂기다'가 '사람을 죽게 하다'는 뜻의 타동사로 쓰이게 되면 '궂히다'가 된다.

:: 음주 운전은 자칫 자신을 궂기고 남을 궂히어, 사랑하는 가족에게 궂긴 소식을 던져주는 행위입니다.

0642 꽃무덤 아까운 나이에 죽은 젊은이의 무덤.

'꽃'과 '무덤'은 그 느낌이 극단적으로 상반되는 말이다. 하지만 두 말이 합쳐짐으로써 가슴 아련한 정서적인 느낌을 불러일으킨다. '꽃무덤'은 절절한 사랑을 못 이루고 떠난 슬픈 영혼, 또는 불의에 항거하다가 비명에 쓰러져 간 의로운 영혼들을 떠올리게 하는 말이다.

:: 외할머니 산소로 올라가는 오솔길 옆에는 다복솔 우거진 틈 사이로 꽃무덤 하나가 외롭게 놓여 있다.

0643 등걸음치다 시체를 옮기다. 죽어서 나가다.

운반되는 시신의 등이 땅 쪽을 향하고 있는 데서 비롯된 말이다. 죽어서 이승을 떠나 저승으로 가는 것을 은유적으로 표현한 말로 다소 해학적인 느낌이 들기도 한다. 한편 어떤 잘못을 저지른 사람이 등덜미를 잡혀 휘몰려 가는 것도 '등걸음치다'라고 한다. 죽어서건 살아서건 등걸음치는 것은 썩 좋은 일이 아닌 것 같다.

:: 그 난리 통에 남정네란 남정네는 죄다 시구문(屍口門)으로 등걸음쳐 나가고, 젊고 반반한 처자들은 다 어디론가 숨어버려서, 남은 것들은 이렇게 쪼그라든 노인네와 아이들뿐이라오.

0644 **땅보탬** 사람이 죽은 뒤에 땅에 묻히는 것을 일컫는 말.

죽음에 대한 가장 자연스러운 '은유'라고 할 수 있다. 요즘에는 화장(火葬)이 일반화되어 땅에 직접 묻히는 일이 많이 줄어들긴 하였지만, '땅'을 거대한 자연 전체로 본다면 화장을 하여 재로 변하는 것도 모두 '땅보탬'이라 할 수 있다.

:: 그가 이십 년 넘게 객지를 떠돌다가 가까스로 고향으로 돌아왔을 때, 늙고 병들어 사시랑이가 된 그의 어머니는 땅보탬하는 날만 기다리고 있었다.

0645 **먼가래** 객사한 송장을 임시로 그곳에 묻는 일.

'먼가래'에서 '가래'는 원래 흙을 파헤치거나 떠서 던지는 도구를 말하는데, 무덤을 파서 송장을 묻는 일을 빗대는 말로 쓰였다. 예전에는 시신을 보관하거나 옮기는 방법이 마땅치 않아서 객사한 송장은 대부분 먼가래를 하였으며, 객사한 송장을 곧바로 선산에 묻지 못하게 하는 풍습이 있었다. 한편 가래로 떠낸 흙을 '가랫밥'이라고 한다. 또 가랫밥을 멀리 가게 하는 가래질은 '먼가래질'이라 한다.

:: 어느 겨울날 아침, 외삼촌은 도회지 주변의 개울가에서 싸늘한 주검으로 발견되었다. 동네 어른들 몇 분이 먼가래를 하러 떠난 사이, 외할머니는 실신을 하여 근처 병원으로 실려 가셨다.

0646 **모래집물** 아이를 낳을 때 먼저 산도에서 쏟아져 나오는 물. 양수.

'양수(羊水)'란 태아를 감싸고 있는 양막(羊膜)안에 있던 물이다. 임신 기간에는 태아를 보호하고 있다가 출산할 때 흘러나와 분만을 쉽게 해주는 신비한 물이다. '양수'에서 한자 '양(羊)'은 보통 짐승의 한 가지인 양을 뜻하지만, '상서롭다', '배회하다'는 뜻으로도 쓰인다. 여기서는 '상서롭다'는 뜻이다. 따라서 '양수'는 '상서로운 물'인데 이를 우리말로 '모래집물' 또는 '머리받이물'이라 한다.

∷ 만삭의 몸으로 들에 나간 어머니는 밭에서 김을 매다가 모래집물이 터지는 바람에 그만 밭두렁에 나를 떨어뜨리고 말았던 게지.

0647 **몸풀이** 해산하다. 아이를 낳고 몸조리하는 상태.

몸은 생명을 지닌 육신을 말한다. 따라서 '몸을 푼다'는 것은 뱃속의 생명이 세상에 나오는 것을 뜻한다. 더불어 '몸풀이'는 아이를 낳는 순간부터 산후 조리를 하는 단계를 두루 뜻하는 말이다. 즉 모래집물(양수)이 터져서 태아가 나오고 탯줄을 자른 뒤 산모가 몸조리를 하는 모든 과정을 말한다.

∷ 그 암담한 시절에 나를 낳은 어머니는 몸풀이한 지 사흘 만에 호미를 들고 들로 나가야 했다.

0648 **삼** 태아를 싸고 있는 막(膜)과 태반(胎盤).

출산 때 태아와 함께 나오는 탯줄, 태반 등의 부산물을 뜻하는 말이다. 또한 해산한 뒤에 태를 자르는 것을 '삼(을) 가르다'라고 하며, 그렇게 자른 태를 사르는 불을 '삼불'이라 한다. 또 어린아이의 살갗에 열기로 인하여 생기는 불긋불긋한 점을 한방 용어로 '삼꽃'이라 부른다.

∷ 도망친 노비의 신분으로 쫓기다가 인적도 없는 어느 숲 속에서 홀로 몸을 풀고 스스로 삼을 갈랐을 그 여인네의 처지를 생각하면 딱하기 짝이 없다.

0649 쉰둥이 부모의 나이가 쉰 줄에 들어서 태어난 아이.

부모가 사십대 정도에 아이를 낳게 되면 보통 '늦둥이'라고 부른다. 그런데 오십대의 여성이 아이를 낳는 경우는 거의 없을 것이다. 따라서 쉰둥이는 아버지의 입장에서 쉰 줄에 가진 아이를 말한다.

∷ 오십 평생을 홀앗이로 보내다가 나이 쉰이 넘어서야 간신히 여자를 만나 쉰둥이 하나를 보았지. 바로 저 아이일세.

0650 시난고난 병이 심하지는 않지만 오래 끄는 모양.

병문안을 가서 인사치레로 "차도(差度)가 있습니까?"라고 묻는 경우가 있다. 병세에 차이가 나는지, 또는 나은 정도가 어떠한지를 묻는 말이다. 어쩌다가 이 말이 '병이 나은 정도'를 뜻하는 말로 버젓이 사전에 오르게 되었는지 모르겠지만, 뜻이 분명치 않은 억지 한자말이다. 그냥 "좀 나아지셨습니까?" 하고 물으면 된다. 이때 병세가 나아진 바 없을 때 "시난고난합니다"라고 대답할 수 있다. '시난고난'은 병세가 조금씩, 시나브로 더해 가거나, 특별히 호전되지도 않고 갑자기 악화되지도 않은, 그저 그런 상태를 말한다. 한편 몹시 걱정되도록 심하게 앓는 것은 '된시름하다'라고 한다.

∷ 할머니는 내리 삼 년을 시난고난 앓다가, 산천에 진달래꽃이 흐드러진 어느 봄날 너울너울 흔들리는 꽃상여를 타고 먼 길을 가셨다.

● **여줄가리 올림말**

0651 **개암들다** 해산을 한 뒤에 후더침이 생기다.

0652 **날송장** ①죽은 지 얼마 안 되는 송장. ②염습(殮襲)을 하지 않은 송장.

0653 **막달** 해산달.

0654 **말머리아이** 혼인한 뒤에 곧 임신해서 낳은 아이.

0655 **발덧** 길을 많이 걸어서 생기는 발병.

0656 **북돌** 무덤 앞의 상돌을 괴는 북 모양의 둥근 돌.

0657 **비접** 앓는 사람이 딴 데로 옮겨 조용히 요양함.

0658 **손모둠** 출상 전날 빈 상여를 메고 마을을 돌아다니는 일.

0659 **쇤기침** 오래도록 낫지 않아서 쇤 기침.

0660 **쥐통** 콜레라(cholera).

0661 **헛무덤** 시신이 없이 쓰는 무덤. 가묘(假墓).

●● 생리현상

0662 군입 아무것도 먹지 않은 맨입.

때도 없이 군음식으로 입을 다시는 것을 '군입정'이라 하고 그런 짓을 '군입정질', 줄여서 '군입질'이라 한다. 오늘날의 '군것질'과 비슷한 말이다. 그런데 보통 군것질은 정상적인 끼니 외에 먹는 것을 말하는 데 비하여, '군입질'은 말 그대로 끼니를 제대로 못 먹어서 굶주린 입을 무언가 간단한 음식으로 대체하는 것을 말한다. 먹고 싶어도 먹을 것이 없어서 굶주리던 시대의 군입은 그래서 서글프다. 지방에 따라서는 자질구레한 이야기를 퍼뜨리고 다니는 말질을 '군입질'이라고 하기도 한다.

:: 산에서 길을 잃어 온종일 헤매느라고 아무것도 먹지 못한 터라 군입에서는 풀풀 단내가 났다.

0663 몸엣것 여자의 달거리로 나온 피.

여자의 달거리(월경)로 나온 피를 '몸엣것'이라 한다. 그리고 달거리를 하는 것을 '몸이 있다'라고 하였다. 그리고 그러한 때를 '몸때'라고 한다. 사람의 몸은 신성하고 소중한 것이다. 그러니 몸엣것 또한 모성을 상징하는 신성한 것이다. 옛말에서 '몸'은 사람 또는 생명을 이르기도 한다. 그래서 '몸 가지다'라고 하면 '아이를 배다'라는 뜻으로 쓰였다.

:: 어렸을 때 나는, 몸엣것에 흠뻑 적셔진 개짐을 빨고 있는 어

머니를 보고는 깜짝 놀라서 누가 다쳤냐고 물었다. 그랬더니 어머니는 당황해하며 서둘러 나를 밖으로 쫓아내는 것이었다.

0664 **백태** 몸 안에 생긴 때를 점잖게 이르는 말.

우리나라에는 전통적인 목욕문화가 없다. 서민들은 한여름에 개울가나 우물가에서 간단한 목물로 땀을 씻어내는 게 목욕이라면 목욕이었다. 함부로 맨몸을 드러내놓지 않는 게 미덕이라고 생각한 양반들은 그나마도 목욕을 거의 하지 않았다. 다만 따사한 날 바지를 벗어 그 안의 때를 털어내는 일이 고작이었다 이를 '백태 털기'라고 하였다. 백태는 '하얀 때'를 말한다. 즉 '마른 때'다. 간혹 '백때'라고 부르기도 하는데 '백태'로 써야 한다.

:: 김 첨지는 겨우내 묵은 백태를 털어내고 문지방을 나섰다. 그러고는 짐짓 아무 일도 없었다는 듯 예의 그 근엄한 얼굴로 허위적 허위적 팔자걸음을 옮긴다.

0665 **보깨다** 소화가 안 되어 뱃속이 거북하고 더부룩하다.

'볶이다'에서 비롯된 말이다. 몇십 년 전만 하더라도 먹을 것이 없어서 굶주림이 가장 무서운 일이었지만 지금은 너무 많이 먹어서 탈이다. 많이 먹고 운동으로 소화를 시켜야 하는데 그러지 못하니 소화가 안 되어 뱃속이 거북하고 더부룩하다. 이것을 '보깨다'라고 한다. 한편 '보깨다'는 '일이 뜻대로 되지 않아 마음이 번거롭게 자꾸 쓰이다' 는 뜻으로도 쓰인다.
∷ 어제 먹은 음식이 상했나 봐. 밤새 속이 보깨어 한숨도 자지 못했거든.
∷ 인생이란 그렇게 보깨다가 어느새 늙어버린 자신을 보는 것이다. 그러나 뒷날, 내가 헛되게 살지 않았다고 말할 수 있다면 그 늙음이 결코 추하지 않으리라고 믿는다.

0666 **생목**   먹은 지 얼마 안 되어 다시 입으로 올라오는, 삭지 않은 음식물이나 시큼한 위액.

보통 음식을 급히 먹거나 국물 없이 강다짐(마른 밥)을 먹었을 때 일어나는 생리현상이다. 흔히 '생목 오르다' 라고 한다. 위 속에 들어간 음식물이 위액과 섞이지 못하고 역류하는 것으로, 체한 것과는 다른 생리현상이다.
∷ 허기진 김에 삶은 고무마를 다섯 개나 거푸 먹었더니 생목이 올라서 못 견디겠다.

0667 **소마**   오줌을 점잖게 이르는 말.

대변(大便), 즉 똥을 누는 행위를 점잖게 일러 '뒤를 보다' 라고 한다. 똥구멍의 위치가 엉덩이 뒤쪽에 있기 때문이다. 그런데 오줌을 누는 것을 '앞을 보다' 라고 하지는 않는다. 한자말로 소변(小便), 즉 오줌을 이르는 토박이말은 '소마' 다. 지방에 따라서는 '소매' 또는 '소피' 라고도 한다. 하지만 '소마' 가 바른 말이다. 한편 거름 따위로 쓰기 위하여 오줌을 받아 모아두는 그릇으로, 구유보다 조금 길이가 짧고 더 높은 용기를 '소매구시'라고 하는데, '소마의 구유'라는 말이 변천한 것으로 보인다. 또 '소마'는 똥과 오줌의 합성물인 '분지'를 뜻하기도 하는데, 일부 지방에서는 이를 퍼내는 바가지를 '소마쪽박'이라고 부른다.

:: 내 급한 김에 눈에 띄는 대로 공중변소에 들어가 허리춤을 풀고 소마를 보고 있는데, 옆에서 일을 보던 작자가 힐끗힐끗 내 거시기를 넘겨보는 게 아닌가.

0668 시르죽다   기운을 못 차리다. 기를 못 펴다.

'시르다'의 어원은 분명치 않다. '실개천', '실낱' 따위처럼 가늘고 작은 것을 뜻하는 '실'에서 비롯되었거나, '시들다' 또는 '시름'과 관련된 것으로 보인다. 어떤 말에서 유래되었든 모두 '나약함'이나 '연약함'을 뜻한다. '시르죽다'는 '나약(懦弱)하다'는 한자말에 갈음하여 쓸 수 있는 말이다.

:: 전쟁의 비극으로 '이해'하자는 말은 이제 접어두자. 그 시르죽은 소리는 학살의 만행을 저지른 자들이 반세기 동안 우리를 세뇌한 결과에 지나지 않는다.

0669 알땀   예쁜 여자의 이마 따위에 송알송알 맺히는 땀.

사람이 흘리는 땀에도 여러 가지가 있다. 보통 사람들이 흘리는 땀방울에 견주어 예쁜 여자가 흘리는 땀방울은 '알땀'이라 한다. 예쁜 여자는 땀방울도 다른가 보다. 무척 힘이 들 때 몹시 쏟아지는 땀은 '비지땀'이라 한다. 보기에도 안쓰러운 땀이다. 또한 구슬처럼 방울방울 맺히는 땀은 '구슬땀'이라 한다. 알땀은 여성적인 느낌이, 구슬땀은 남성적인 느낌이 든다.

∷ 해받이로 그늘을 만들고 있었지만 그녀의 이마에는 송알송알 알땀이 맺혀 있다.

0670 **잔입**   아침에 일어나서 아직 아무것도 먹지 않은 입. 마른입.

'잔입'은 '자고 일어난 입'이다. 양치질도 하지 않고 밤새 침이 고여서 하품을 하면 그다지 유쾌하지 못한 냄새가 나는 그런 입이 바로 잔입이다. 잔입에는 무엇을 먹어도 입맛이 돌지 않는다. 그럴 때 옛날 양반들은 잔입에 식욕을 돋우기 위해서 죽조반을 먹었다. 한편 입을 작게 벌리고 입맛을 다시거나 쩝쩝거리는 짓을 '잔입질'이라고 한다.

∷ 늘 그렇지만, 술을 마신 다음날 아침에는 잔입에 더욱이 입맛이 없다. 나는 대충 씻는 둥 마는 둥 하고 아침도 거른 채 출근길을 서둘렀다.

0671 **주럽**   피곤하고 고단한 증세.

극도로 피곤하고 고단한 증세가 몰려오는 것을 '주럽들다'라고 한다. 또 주럽이 든 고단한 몸을 쉬게 하여 피로를 푸는 것은 '주럽떨다'라고 한다. 주럽을 떨쳐낸다는 뜻이다. 한편 주럽은 주로 사람의 몸 상태에 대해서만 쓰는 말이다. 따라서 식물이 병들어 말라 들어가는 상태를 나타내는 '주접'과는 구별해서 써야 한다.

:: 하루 꼬박 뙤약볕 아래서 고된 노동을 하고 돌아온 그날 밤 나는 주럽이 들어 밤새 끙끙 앓는 소리를 냈다.

0672 주접 여러 가지 이유로 생물체가 쇠해지는 상태.

'주접'은 '주럽'과는 뜻이 다르다. 식물이나 작물 따위의 생물체가 잔병이 많아서 잘 자라지 못하거나 기를 펴지 못하고 시들어가는 것을 '주접들다'라고 한다. 작은말은 '조잡'이다. 그런데 '주접'은 오늘날 대부분 사람의 행위와 관련되어 쓰인다. 예컨대 음식에 대하여 추잡하게 욕심을 부리는 태도가 있는 사람을 '주접스럽다'고 한다. 또 그런 언행을 하는 사람을 일러 '주접떨다'라고 한다. 뜻이 별로 좋지 않은 말이다. 사람을 극도로 비하할 때 쓰는 말이다.

:: 친환경 농업을 하는 농민들은 가꾸는 작물이 주접이 들어도 농약을 치지 못한다. 소비자와의 마음의 약속 때문이다.

● **여줄가리 올림말**

0673 **강똥** 몹시 된 똥. *활개똥 – 굵고 힘차게 나오는 똥.
0674 **개피똥** 배앓이로 인하여 코 같은 것이 조금씩 섞여 나와 진득하게 엉겨 붙은 똥.
0675 **내리기** 부모의 체질이 자식에게 옮는 성질. '유전(遺傳)'과 같은 말이다.

0676 **내림바탕** 유전자(遺傳子). *내림-유전형질.

0677 **물찌똥** 설사할 때 나오는 물기가 많은 묽은 똥.

0678 **배내똥** 갓난아이가 난 뒤에 먹은 것 없이 처음 눈 똥. 죽을 때 싸는 똥.

0679 **배냇냄새** 갓난아이의 몸에서 풍기는 냄새.

0680 **뱃덧** 먹은 것이 소화가 잘 안 되어 체하거나 음식을 잘 받지 않는 증세. 뱃덧나다.

0681 **분지** 똥과 오줌을 통틀어 일컫는 말.

0682 **산똥** 배탈로 인해 먹은 것이 제대로 소화되지 못하고 나오는 똥.

0683 **선똥** 너무 많이 먹어서 덜 삭은 채 나오는 똥.

0684 **어릿보기** 난시(亂視).

0685 **졸보기** 근시(近視). (=바투보기)

0686 **지개미** 술을 지나치게 마시거나 열이 있을 때 눈가에 끼는 눈곱.

 사람에 대한 별칭

●● 생김새나 처지에 따른 변말

0687 가지기 과부로서 다른 남자와 동거하는 여자.

'가지기'는 '가직(家直)'이라는 한자말에서 유래한 말이다. '가직'은 '(혼례를 치르지 않고) 집으로 직행한다'는 뜻이다. 여자의 재혼이 금지된 옛 사회에서 이미 혼인 경험이 있는 과부는 다시 혼인할 수 없으며 죽은 남편의 혼령을 붙들고 평생을 살아야 하였다. 그러나 자식도 없는 청상과부가 홀로 늙어간다는 것은 너무도 가혹한 일이었다. 그래서 다른 사내와 눈이 맞는 청상과부도 더러 있었던 모양인데, 이럴 경우 이들은 정식으로 혼인을 치를 수 없으므로 혼인절차 없이 곧바로 남자의 집으로 가서 살림을 차리는 수밖에 없었다. 이들은 사실상 부부가 되었지만 혼례를 거치지 않았으므로 일종의 '동거' 형태를 취할 수밖에 없었던 것이다.

:: 옆집에 사는 사람들은 신혼부부가 아니래요. 결혼식을 올리지 않았나 봐요. 그러니까 그 색시가 '가지기'인가 봐요.

0688 **구들더께** 늙고 병들어 늘 방 안에만 붙어 있는 사람을 농으로 이르는 말.

본래 '구들'은 온돌로 된 방바닥을 말한다. 그리고 '더께'는 몹시 찌든 물건에 앉은 거친 때를 말한다. 그러므로 '구들더께'는 마치 구들 위에 내려앉은 찌든 때처럼, 오랫동안 나들이를 하지 못하고 방 안에 누워 있는 사람을 말한다. 부유한 사람들이야 병이 들면 시설 좋은 병원에 입원하여 의료 혜택을 받는다지만, 요즘에도 빈곤한 사람들은 오랜 지병에 대한 치료비를 감당하지 못하여 구들장 위에서 시난고난하며 생명이 꺼져가기를 기다리는 수밖에 없다. 아무리 뛰어난 첨단 의료기술 앞에서도 돈이 없으면 무용지물인 것이다. 구들더께는 바로 빈곤과 질병이 결부됐을 때 연출되는, 비참하기 이를 데 없는 상황에 처한 사람을 말한다.

:: 치매에 걸린 팔순 노모와, 파킨슨씨병으로 역시 운신을 못하는 형, 그리고 뇌성마비로 정상적인 생활이 불가능한 조카…… 구들더께만 득시글대는 집 안이 그에게는 마치 무덤처럼 느껴졌을 법도 하다.

0689 **깍짓동** 마른 콩깍지나 팥깍지가 붙은 줄기를 모아 묶은 단, 또는 뚱뚱한 사람의 몸집을 비유하는 말.

'깍짓동'이란 본래 마른 콩깍지가 붙은 콩나무 줄기를 많이 모아 크게 묶은 단을 말한다. 그 생김새가 비슷하다 하여 몹시 뚱뚱한 몸집을 이것에 비유하기도 한다. 요즘 뚱뚱한 여자를 속된 말로 '드럼통'이라고 하는데, 왜 하필이면 이런 데까지 외국어를 쓰는가? 굳이 변말(은어)을 붙이고 싶다면 차라리 '깍짓동'이라고 하자. 기름 냄새 나는 '드럼통'보다는 훨씬 부드럽고 정겨운 우리말이다.

:: 우리 마누라는 결혼하여 아이를 낳은 뒤로 몸이 깍짓동처럼 불었지 뭔가. 그래도 나는 내 마누라가 여자 중에 으뜸이라고 생각해.

0690 눈딱부리

유달리 툭 비어져 나온 큰 눈, 또는 그런 눈을 가진 사람.

눈방울이 크고 눈에 열기가 있는 강렬한 사람의 인상을 말할 때 '부리부리하다'고 한다. '눈딱부리'는 바로 그런 눈을 가진 사람을 이르는 말이다. 줄여서 '딱부리'라고도 하며, 그렇게 생긴 눈을 '딱부리눈'이라 부르기도 한다. 어떤 사람의 겉모습에서 가장 먼저 눈에 띄는 특징에 따라 흔히 별칭을 붙이는데, 눈딱부리는 다른 신체 부위에 비하여 눈에 강한 특징을 가진 사람이다.

:: 간밤에 화적떼가 쳐들어와서 곳간이란 곳간은 다 뒤져 갔는데 그 중에 탑삭나룻에 눈딱부리 사내가 우두머리임에 틀림없는 듯하옵니다.

0691 늦깎이 나이가 들어서 중이 된 사람.

오늘날 '늦깎이'는 나이가 들어서 어떤 전문적인 분야에 나아간 사람을 일컫는 말로 흔히 쓰인다. 특히 늦은 나이에 학교에 들어간 사람을 '늦깎이 학생'이라 부르는 것이 예사다. '늦깎이'는 원래 나이가 들어서 중이 되기 위하여 머리를 깎은 사람을 이르는 말이다. 즉 머리를 '늦게 깎았다'는 것이다. 늦게 불가에 들어서다 보니 당연히 사리를 깨닫는 것도 남보다 늦다. 한편 늦게 익은 과일이나 채소도 '늦깎이'라 한다.

∷ 그가 불혹의 나이에 늦깎이로 학문의 길에 들어선 것을 결코 치기어린 행동이라고 깎아내리지 말라.

0692 되모시 결혼한 적이 있는 여자가 처녀로 가장한 것, 또는 그런 여자.

우리 속담에 '되모시가 처녀냐, 숫처녀가 처녀지'라는 말이 있는데, 여기서 '되모시'란 '결혼한 경험이 있는 여자가 처녀로 가장한 것, 또는 그런 여자'를 이르는 말이다. 요즘으로 치면 이른바 (이혼을 하고) '돌아온 처녀'다. 사실상 되모시는 이혼한 여자에 대한 사회적인 편견 때문에 생겨난 말이다.

∷ "동창생 중 한 녀석이 얼마 전에 이혼을 하였는데, 그 이유인즉 여자가 되모시였다는 게야." "되모시라니? 그게 무슨 말인가?" "옛말에, 한번 결혼했다가 실패하고 다시 처녀 행세를 하는 여자를 되모시라고 하였다네."

0693 따라지   키와 몸이 매우 작아 풍채가 보잘것없는 사람.

'따라지'는 단지 사람의 겉모습만을 두고 하는 말이 아니다. 키와 몸집이 작더라도 정신세계가 드높고 당당한 사람은 실제보다 훨씬 크게 보인다. 마음이나 몸이나 모두 왜소하여 볼품없는 사람을 일러 '따라지'라고 한다. 따라지는 원래 노름판에서 한 끗(좋지 않은 패)을 잡아, 일찌감치 돈을 따는 것을 포기해야 하는 처지를 말한다. 예를 들어 화투판에서 3과 8을 잡으면 더해서 끗수가 가장 낮다. 당연히 투전을 포기하고 남의 패나 구경해야 한다. 이처럼 따분한 처지에 놓인 사람을 일컫는 말이기도 하다.

:: 가진 재산도 없고, 머릿속에 든 지식도 없으며, 게다가 생김새마저 비쩍 말라 볼품이 없으니, 나를 일러 따라지 인생이라 아니 할 수 없을 것이오.

0694 민머리   정수리까지 벗어진 대머리.

정수리까지 시원하게 벗어진 대머리를 옛말로는 '민머리'라 하였다. 그러나 사실상 이 말은 신체적인 대머리보다는 '벼슬하지 못한 사람[白頭]'들이 자조적으로 자신의 신세를 빗대어 쓰는 경우가 더 많았다. 한편 '여자의 쪽지지 않은 머리'도 민머리라고 하는데, '민-'이 접두어로 쓰일 때는 일반적으로 '꾸밈새나 덧붙어 딸린 것이 없음'을 뜻한다. 화장하지 않은 얼굴을 '민낯'이라 하는 것과 같은 이치다. 대머리보다는 한결 어감이 부드러운 '민머리'라는 말로 바꾸어 쓰는 것이 좋을 것이다.

∷ 밀고 당기며 실랑이를 하던 중 그의 머리를 덮고 있던 가발이 훌렁 날아가 버렸다. 그러자 이마는 말할 것도 없고 꼭뒤까지 벗어진 민머리가 번질번질 빛을 발하고 있는 것이었다.

0695 알나리 나이가 어리고 키가 작은 사람이 벼슬을 했을 때 놀리는 말.

'얼레리꼴레리 오줌 쌌다네~.' 흔히 어린아이들이 여럿이서 음률에 맞춰 다른 한 아이를 놀릴 때 하는 말이다. 그런데 여기서 '얼레리꼴레리'는 '알나리깔나리'가 바뀐 말이다. '알나리'는 성숙하지 못함을 뜻하는 '알'과 벼슬을 나타내는 '나리'가 붙어서 이뤄진 말이다. 벼슬이 무엇인지도 모르는 어린아이나, 지나치게 체구가 작아서 전혀 위엄을 풍기지 않는 사람이 벼슬을 했을 때 이를 놀리는 말이다.

∷ 요즘에도 툭하면 이불에 오줌을 싸대는 알나리도 상전이라고 모시다 보니, 그의 여물지 못한 기침 소리라도 들릴라치면 하던 일 멈추고 알나리 거동을 살피게 되더이다.

0696 앙가발이 짧고 옥은 다리를 가진 사람, 또는 남에게 잘 달라붙는 사람.

예나 지금이나 사람의 신체 특징을 왈가왈부하는 습성은 마찬가지였던 것 같다. 우리 옛말 중에도 신체적인 장애가 있는 사람을 지칭하는 말이 상당히 발달되어 있음을 볼 수 있기 때문이다. '앙가발이'도 그런 말 중 하나다. 이것은 사람의 짧고 옥은(안쪽으로 조금 오그라진) 다리, 또는 그런 다리를 가진 사람을 홀하게 이르는 말로, 줄여서 '앙발이'라고도 하였다. 오늘날 쓰는 속어인 '숏다리'가 바로 '앙가발이'라 할 수 있는데, 남에게 잘 달라붙는 사람을 홀하게 이르는 말로도 쓰인다.

:: 겉으로만 보면 딱 달라붙은 자라목에다 툭 튀어나온 아랫배, 게다가 앙가발이인 그는 어디 한구석 봐줄 만한 데가 없는 사람이다. 하지만 그의 내면을 들여다보면 누구나 금방 그에게 매료된다.

0697 연생이 잔약하고 보잘것없는 사람이나 물건.

조선 시대 의녀의 이야기를 다룬, 한 방송국의 역사극에 등장한 인물 가운데 '연생이'라는 이름을 가진 궁녀가 있었다. 우연한 계기에 승은(承恩)을 입어 첩지를 받게 되는 연생이라는 이름은 사실상 남존여비 사상이 지배하던 조선 시대에 흔하디흔한 이름이었다. 여자 아이들을 하찮게 여겨 이런 이름을 많이 붙였던 것이다. '개똥이', '분례' 등도 봉건 시대에 여성을 홀대하여 붙인 이름들이다.

:: 줄줄이 계집아이 연생이들 말고 떡두꺼비 같은 아들 하나 점지해달라고 손바닥이 닳도록 빌었건만 결국 딸부자 신세를 못 벗어나고 말았다오. 그새 서방은 씨받이를 본다고 밖으로 돌다가 객사하고 말았지.

0698 **텡쇠** 겉으로는 튼튼해 보이지만 속으로는 허약한 사람.

'-쇠'는 사람을 홀하게 이르거나 일반적으로 신분이 낮은 사람을 일컫는 접사인데 '돌쇠', '마당쇠' 등이 그와 같은 예이다. 그런데 고대에서 이 '-쇠'는 왕의 이름으로 쓰일 정도로 지체 높은 사람에게 쓰이는 말이었다. 그러다가 조선 시대에 와서 '개똥쇠', '무적쇠'처럼 주로 하인을 부르는 이름으로 쓰이게 되었고, 근래에 이르러서는 천한 사람의 이름으로 아예 굳어져 버린 것이다. 이처럼 '-쇠'의 쓰임이 크게 변한 것은 조선조 이후 우리말을 경시해온 사대주의 풍조 때문이었다. 한편 '텡'은 비어 있는 모양을 나타내는 말이다. '텅 비어 있다'에서 '텅'과 같은 뜻의 말인데, 두 말이 합쳐져서 '속이 텅 빈 사람'이라는 뜻으로 쓰인 것이다. '텡쇠'와 비슷한 뜻을 지닌 말로는 '텡보'가 있다.

:: 허우대로 보아서 그는 생전 병을 앓지 않을 사람처럼 보였는데 그렇게 중병에 걸린 것을 보니까 텡쇠였던 셈이군.

0699 **틀박이** 생전 고향을 떠나지 않는 사람. 먹어도 몸무게가 늘거나 줄지 않는 몸바탕.

일정한 테두리에 묶여 변동이 없는 것을 말한다. 키나 몸이 붇지 않는 사람, 또는 일정한 틀에 박혀 있는 물건 따위를 가리키는 말이다. 특히 먹어도 살이 찌지 않아서 몸무게가 늘거나 줄지 않는 틀박이 체질을 가진 사람들은 요즈음 이른바 '살 빼기 전쟁'에 나서는 사람들에게 부러움의 대상이다.

:: 그 아이는 틀박이여서 밤이고 낮이고 아무리 먹어도 살도 찌지 않고 몸이 붇지도 않는데. 정말 부러워.

0700 핫어미/핫아비   남편이 있는 여자/아내가 있는 남자.

남편이 있는 여자를 '유부녀'라고 한다. 그런데 본디 '유부녀'에 대한 우리말은 '핫어미'이며, 같은 이치로 '핫아비'는 오늘날의 '유부남'을 가리키는 우리말이다. 그러니까 '홀어미', '홀아비'에 대한 반대말이라 할 수 있다. '핫'이라는 말은 결혼한 상태를 나타내기도 하고, 옷에 솜을 두어 짓는 것을 말하기도 한다. 예컨대 '핫바지'라고 하면 홑겹의 바지가 아니라 안에 솜을 두어 지은 바지를 말하는 것이다. 일반적으로 '핫'이라는 말은 '홑' 또는 '홀'이 아닌 상태를 나타내는 것이다. 참고로 '핫것'은 솜을 두어서 지은 옷이나 이불 따위를 통틀어 일컫는 말이다. '핫두루마기', '핫반', '핫옷', '핫이불', '핫저고리' 따위가 바로 그런 말이다. 또한 '핫퉁이'라고 하면 솜을 많이 두어서 지은 두툼한 옷, 또는 그런 옷을 입은 사람을 놀려 부르는 말이다. 철이 지난 뒤에 두툼한 솜옷을 입은 사람들이 그런 놀림을 받았다. 한편 '핫것'과 반대되는 것을 '차렵'이라 하였는데, 이는 초겨울에 사용하도록 옷이나 이불 따위에 솜을 얇게 두는 방식을 말하는 것이다. '차렵것', '차렵두루마기', '차렵바지', '차렵이불', '차렵저고리' 따위가 그런 것들이다.

:: 핫어미, 핫아비들이 뒤섞여 돌아 세상이 어지럽다고 탓하

지 말라. 그들에게 굴레를 씌운 것은 수백 년간 굴절된 통치 이데올로기의 한 자락이었는지도 모른다. 핫어미, 핫아비, 홀어미, 홀아비가 너나없이 건강하게 어우러지는 세상을 꿈꾸는 것은 순진한 이상에 지나지 않은 것인가.

● **여줄가리 올림말**

0701 **거위영장** 몸은 여위어 가냘프고 목이 길며 키가 큰 사람.

0702 **노랑감투** 상제(喪制)로서 건(巾)을 쓴 사람을 농으로 이르는 말.

0703 **돌림쟁이** 남에게 따돌림을 받는 사람을 홀하게 이르는 말. 요즘의 속된 말로 '왕따'.

0704 **둥글개첩** 늙은이가 데리고 있는 젊은 첩.

0705 **떨거지** 일가친척붙이에 딸린 무리나 한속으로 지내는 사람들.

0706 **떨꺼둥이** 재산을 모조리 털어먹거나 의지하던 곳에서 맨손으로 쫓겨난 사람.

0707 **마늘각시** 마늘처럼 하얗고 반반하게 생긴 각시.

0708 **봉충다리** 사람이나 물건의, 한쪽이 약간 짧은 다리. 봉충걸음.

0709 **사시랑이** 가냘픈 사람이나 물건.

0710 **새내기** 갓 시집간 여자, 새색시.

0711 **솔봉이** 나이 어리고 촌티가 나는 사람.

●● 행위와 성격에 따른 변말

0712 갈개발 권세 있는 사람에 붙어서 덩달아 세도 부리는 사람.

'갈개발'은 본디 연 아래 양 귀퉁이에 붙이는 긴 종잇조각을 말한다. 즉 연의 날개로, 양쪽의 균형을 잡아주는 구실을 한다. 뜻 그대로라면 지도자의 옆에서 도움을 주는 '참모'라 할 수 있다. 그러나 '갈개발'은 그처럼 긍정적인 뜻으로 쓰이는 말이 아니다. 권세 있는 사람에 붙어서 덩달아 세도 부리는 사람을 조롱할 때 '갈개발'이라 한다.

:: 그 주위에 들러붙어 나라의 미래는 생각지 않고 오직 제 바라는 쪽으로만 호들갑을 떨어대는 갈개발들이 정작 문제다.

0713 거통 별 능력도 발휘하지 못하면서 큰소리치며 거들먹거리는 사람.

'거통'은 본디 '당당한 생김새'를 이르는 말이나, 좋지 않은 뜻으로 더 많이 쓰였다. 그래서 '건방진 태도'를 '거통'이라 하고, 또 '지위는 높으나 아무런 실권이 없는 처지'를 일러 '거통'이라 하였다. '거통'과 비슷하게 쓰이는 말 중에 '똥항아리'라는 것이 있다. 지위만 높고 아무런 능력도 없이 허송하는 사람을 가리키는 말이다. 또한 지위의 높고 낮음에 관계없이, 먹기만 하고 아무 일도 하지 않는 사람을 일컫기도 한다.
:: 이번에 취임한 사장은 영 거통이야. 그래서 직원들의 반발이 만만치 않다네.

0714 검정새치 같은 편인 체하면서 남의 염탐꾼 노릇을 하는 사람.

새치는 하얗다. 따라서 '검정새치'라는 말은 모순이다. 사실은 새치이면서도 겉으로는 검은 머리카락 속에 숨어서, 또는 검은 머리카락인 척하면서 염탐꾼 노릇을 하는 사람을 예리하게 꼬집는 말이다. 색깔만 검을 뿐 사실은 솎아내야 할 새치라는 뜻이다. 우리말의 묘미가 살아 있는, 고도의 역설이요 은유다.
:: 입으로는 개혁과 변화를 외치면서 정작 출세욕에 불타는 자신의 욕망을 제어하지 못한다면 결국 그는 민주정치의 검정새치에 다름없을 것이다.

0715 고드름장아찌 언행이 싱거운 사람을 농으로 일컫는 말.

장아찌는 간장에 절이거나 담근 반찬을 말한다. 그러므로 당연히 짭짤한 맛이 생명이다. 그런데 고드름을 간장에 절이면 어떻게 될까? 고드름은 다 녹아서 싱거운 물이 되고 말 터이다. 고드름과 장아찌, 이 두 가지 상반된 성질이 해학적으로 합성된 말이다. 즉 '고드름장아찌'는 맹물 같은 사람을 빗댄 말이다.
:: 허여멀겋게 생긴 것하며, 그저 배운 대로만 하는 행동이 영락없이 고드름장아찌다.

0716 **대못박이** 대못도 들어가지 않는 물건. 융통성 없는 사람.

대못이 물건을 뚫지 못하는 것처럼, 아주 어리석고 둔하여 가르쳐도 깨닫지 못하는 사람을 빗댄 말이다. 말귀를 알아듣지 못하거나 남의 말을 좀처럼 듣지 않는 사람을 일러 "귀에 못 박았냐?"라고 하는 경우가 있다. '대못박이'는 고정관념이 강하여 새로운 것을 잘 받아들이지 않거나, 남의 말에 귀를 기울이지 않아서 융통성이 없는 사람 따위를 말한다.

:: 정의를 추구하고 사회적 약자의 편에서 헌신적으로 싸워온 사람이, 권세를 잡게 되자 국민의 소리에 귀를 닫아버리는 대못박이가 되고 마는 것은 도대체 무슨 조화란 말인가?

0717 **두절개** 두 절 사이를 오가는 개. 두 가지 일을 한꺼번에 하는 사람.

절간이라는 곳은 승려가 수도를 하는 곳이므로 먹을 것이 풍족하지 않다. 그나마 승려들은 대궁밥(밥그릇 안에 남은 밥)을 남기기는커녕 바리에 남은 밥풀떼기 한 알이라도 물로 헹구어 마셔버리고 만다. 그래서 절간의 개는 얻어먹을 게 별로 없다. 두 절 사이를 오가는 개는 더욱 딱하다. 사람들이 서로 미루게 되니, 두절개는 어디서도 얻어먹지 못하고 이곳저곳 눈치만 보는 천덕꾸러기가 되고 만다. 사람 역시 두 가지 일을 한꺼번에 하다가는 한 가지도 제대로 이루지 못하는 법이다. '두 마리 토끼를 쫓지 마라' 또는 '한 우물을 파라'는 교훈을 함축한 말이다. 우리 속담에 '주인 많은 개 밥 굶는다'고 하였다.

:: 내가 '두절개'가 무슨 뜻이냐고 여쭈었더니 선생님께서는 "왼손으로는 삼각형을, 그리고 동시에 오른손으로는 동그라미를 그려보세요"라고 하셨다. 선생님의 말씀에 따라 우리는 모두 그렇게 해보았으나 한 사람도 성공하지 못하였다. 우리는 비로소 고개를 끄덕였다.

0718 들때밑   세력 있는 집안의 고약한 하인.

'들때밑'을 흔히 '하수인(下手人)'이라 한다. 지배의 역사에서 소수의 무리가 다수를 지배할 수 있었던 것은 바로 이들 들때밑이 악역을 충실히 담당해주었기 때문이다. 일제 식민지 기간에 친일행각을 벌인 앞잡이들이 바로 그런 예다. 제국주의 침략자를 대신하여 자기 동포에게 학대를 가한 자들도 들때밑이다. 지체 높은 사람들은 체면 때문에 험한 일을 직접 하지 않는다. 아랫사람에게 악역을 대신하게 하고, 그 자신은 선량한 척하는 것이다. 지난날 군부독재 권력을 유지해주는 데 앞장서며 수많은 양심수에게 고문을 가하는 등 고약한 짓을 골라 하던 이른바 '공안' 기관은 사실상 들때밑 집단이었다.

:: 한 줌도 안 되는 소수의 지배자가 다수의 민중을 지배해왔던 것은, 그 지배자 밑에서 고약한 일을 도맡아 하는 들때밑이 있었기 때문이다.

0719 멍첨지   돈으로 벼슬을 산 사람.

'돈만 있으면 개도 멍첨지'라는 속담에서 나온 말이다. '첨지(僉知)'란 원래 조선 시대 중추부의 정3품 벼슬을 이르는 말이었다. 하지만 돈으로 관직이 매매되면서 수많은 '거품' 관직이 생겨나게 된다. 이러한 세태를 꼬집는, 민중들의 해학이 번뜩이는 말이다. 오늘날에도 돈과 권력은 밀접한 관련이 있다. 오히려 오늘날에는 선거라는 합법적 수단을 통하여 수많은 멍첨지들이 등장한다.

:: 한 손에 돈, 다른 손에 '똥'을 든 저 멍첨지들 앞에서, 인내는 결코 미덕이 아니다. (한겨레, 손석춘 칼럼)

0720 **목대잡이** 여러 사람을 거느리고 지휘하는 사람.

여러 사람을 거느리고 지휘하여 일을 시키는 것을 '목대 잡는다'고 하며, '목대를 잡는 사람'을 '목대잡이'라 한다. '목대'는 멍에의 양쪽 끝 구멍에 꿰어, 소의 목 양쪽에 대는 가는 나무를 말한다. 짐을 가득 실은 수레를 소가 끌 때, 온전히 소의 힘만으로 끄는 것이 아니다. 예컨대 내리막길을 가는데 소의 고삐를 단단히 죄면서 뒤로 버텨주지 않으면 수레에 가속도가 붙어서 사고가 나기 쉽다. 바로 그럴 때 목대잡이가 필요한 것이다. 외국말인 '리더(leader)'에 갈음하여 쓸 수 있는 말이다.

:: 미래에는 숭고한 도덕성과 뛰어난 상상력을 두루 겸비한 사람을 사회의 목대잡이로 내세워야 한다.

0721 보리동지(-同知) 곡식을 바치고 벼슬을 얻은 사람을 조롱하는 말.

뇌물수수 따위의 부정한 방법으로 관직을 얻은 사람을 일러 '보리동지'라고 할 수 있다. 한편 곡물, 포백(베와 비단), 은, 돈 등으로 공명장을 사서 얻은 벼슬을 '빠꿈벼슬'이라 하고, 자격 없는 사람이 갑자기 얻어 하게 된 관직이나 직책을 조롱조로 일러 '벼락감투'라 한다. 벼슬을 시키는 사람의 처지에서는, 돈을 빼앗아 들이기 위하여 억지로 씌우는 감투를 뜻하기도 한다.

∷ 거대 정당의 살림살이와 선거에는 막대한 비용이 들어간다. 수많은 보리동지들이 정당 공천을 받아 의원으로 진출하게 되는 것은 어쩌면 정해진 이치다. 그것이 바로 정경유착의 고리다.

0722 불땔꾼 심사가 비뚤어져 하는 짓이 험상하고 남의 일에 훼살을 잘 놓는 사람.

'아니 땐 굴뚝에 연기 날까'라는 격언처럼, 세상살이에서 불을 땐다는 것은 어떤 일에 원인을 제공한다는 뜻이다. 주로 나쁜 일을 일으켜서 남에게 피해를 입히는 사람을 빗대는 말이다. '불땔꾼'에서 '불'은 사람들의 '화'를 상징한다. 그런즉 불땔꾼은 다른 사람의 화를 돋우는 사람을 말한다.

∷ 변화와 개혁이란 지금까지 우리를 덮씌우고 있던 미개한 사회질서의 굴레를 한번 벗어보자는 것인데도, 사사건건 물고 늘어지는 불땔꾼들이 곳곳에 도사리고 있다.

0723 **용고뚜리**   담배를 썩 많이 피우는 사람.

담배가 우리나라에 들어온 것은 1618년경이다. 그러니까 '용고뚜리'라는 말이 생겨난 것도 그 이후라 할 수 있다. 담배의 원산지는 남미 고원지대였는데, 16세기 중반 스페인 왕 필립 2세가 관상용·약용으로 재배하면서 유럽에 전파되었다가, 현재는 거의 전 세계적으로 재배되면서 세계인의 기호품이 되었다. 담배를 많이 피우는 사람을 '용고뚜리'라고 하는 데 반하여, 담배를 연달아서 피우는 사람은 '철록어미'라 한다. 그러니까 '용고뚜리'는 요즘 쓰는 속어로 '골초'에 해당하며, '철록어미'는 '줄담배' 피우는 사람을 일컫는 말이다.

∷ 이제 회사 내 모든 공간이 완전히 금연 장소가 되어버렸으니, 용고뚜리 조 과장은 꽤나 괴롭겠군. 아마 담배를 끊는 게 좋을걸.

0724 **윤똑똑이**   저 혼자만 잘나고 영악한 체하는 사람을 홀하게 이르는 말.

'윤(閏)'은 음력의 '윤달'을 이르는 말이다. 윤달이란 실제의 달이 아니라 음력의 오차를 해결하기 위하여 가짜로 만들어 놓은 달이다. 또한 한자말 '윤(閏)'은 정통이 아닌 임금을 나타내는 말이기도 하다. 두 가지 모두 현실에 존재하기는 하지만 '가짜'에 가깝다. '윤똑똑이'의 '윤'도 이 한자말에서 유래되어 변한 것으로 보인다. 따라서 윤똑똑이는 가짜로 똑똑한 사람을 가리킨다.

:: 반미(反美)나 미군 철수 문제 등을 두루 자유롭게 논쟁할 수 있어야 민주사회. 윤똑똑이들의 이른바 '용미(用美)'도 반미 운동 없이는 우스개일 뿐이다.

0725 허릅숭이 일을 실답게 하지 못하는 사람을 얕잡아 이르는 말.

사람의 바보스러운 정도를 나타내는 우리말은 매우 많다. 저만 잘나고 영리한 체하는 사람, 또는 지나치게 영리한 사람을 '윤똑똑이'라고 한다. 윤똑똑이는 바보스러운 게 아니라 실제로 똑똑한데, 심성에 문제가 있어서 사람들의 눈살을 찌푸리게 한다. 그 다음으로는 '겉똑똑이'를 들 수 있다. 겉으로는 똑똑해 보이는데 실상은 별볼일이 없다. '허릅숭이'는 중간 정도 되는 바보라고 할 수 있다. 그냥 봐서는 어엿해 보이지만 막상 일을 시켜보면 결과가 신통치 않은 사람이다. 허릅숭이보다 조금 더 어리석은 사람은 '어림쟁이'다. 일정한 주견이 없는 어리석은 사람을 가리키는 말이다. 그보다 더 어리석어서 겉으로 보기에도 얼뜨고 투미한 사람은 '어리보기'라고 한다.

:: 냉철히 톺아보자. 기실 어떤 이가 자신에게 이로운 사람보다 해로운 사람을 좋아할 때 우리는 그를 일러 무엇이라 부르는가. 바보라 하지 않는가. 허릅숭이는 결국 이용당하기 일쑤 아니던가.

※ 여줄가리 올림말

0726 **가납사니** 되잖은 소리로 자꾸 지껄이는 수다스런 사람.

0727 **계명워리** 행실이 단정하지 못한 여자를 욕으로 이르는 말.

0728 **고바우** 인색한 사람.

0729 **곤쇠** 나이는 많아도 행동이 실없고 쓸모없는 사람.

0730 **곰손이** 곰과 같이 순하고 듬직한 사람.

0731 **논다니** 웃음과 몸을 파는 여자. 함부로 노는 계집.

0732 **늿보** 사람됨이 천하고 더러운 사람.

0733 **도꼭지** 어떤 분야에서 으뜸가는 사람을 홀하게 이르는 말.

0734 **막서리** 남의 집에서 막일을 해주며 살아가는 사람.

0735 **만무방** 예의나 염치가 없는 잡놈의 무리. 제멋대로 되어먹은 사람.

0736 **망석중** 꼭두각시. 괴뢰(傀儡).

0737 **맥장꾼** 일없이 장터에 나온 장꾼. 윈도쇼핑하는 사람.

0738 **발김쟁이** 못된 짓을 마구 하며 돌아다니는 사람.

0739 **발탄강아지** 막 걸음을 걷기 시작한 강아지. 할일 없이 짤짤거리고 쏘다니는 사람.

0740 **벗바리** 뒷배를 봐주는 사람. 곁에서 도와주는 사람. 후원자. 스폰서.

0741 **사복개천** 거리낌없이 상말을 마구 하는 입이 더러운 사람.

0742 **어리보기** 언동이 얼뜨거나 정신이 투미하여 어리석은 사람.

0743 **엇절이** 소금에 약간 절인 것. 겉으로 잘난 체하지만 실제로

는 머저리 같은 사람.

0744 **철록어미** 담배를 연달아서 피우는 사람.

0745 **청기와장수** 무슨 비밀이나 비법을 혼자만 알고 있으면서 그 이익을 차지하는 사람.

0746 **치마양반** 출신이 천한 남자가 지체 높은 집안과 혼인하여 덩달아 행세하는 사람.

0747 **풋뜸** 경험이 없어서 서투른 사람, 또는 그런 것. 풋내기.

0748 **한팔접이** 씨름 따위에서 힘과 기술이 부족한 사람. 하수(下手).

0749 **해가림** 세력 있는 사람의 주위에서 총기를 어지럽히는 일, 또는 그런 사람.

0750 **햇내기** 아직 어리고 모든 일에 익숙하지 못한 사람. 초보자(初步者).

# 사람의 행위와 성정

사람의 행위

0751 가리 틀다 잘 되어가는 일을 방해하여 틀다.

'사촌이 논을 사도 배 아프다'는 말이 있다. 남이 잘되는 꼴을 못 보는 사람을 빗대는 말이다. 그런데 남이 잘되는 꼴을 보고 단지 배 아파 하는 것은 시기하는 마음의 소극적인 표현이다. 그런 마음이 더 적극적으로 드러난 것이 바로 '가리를 트는' 것이다. '가리 틀다'는 '가리다'와 '틀다'가 붙어서 된 말로, '남의 횡재에 대하여 무리하게 한몫을 청하다'는 뜻도 가지고 있다. 한편 '가리가 들다'는 방해물이 끼어든다는 뜻이므로 구별해서 써야 한다.

:: 단결이 생명인 노동자들이 대기업과 중소기업, 정규직과 비정규직으로 어긋버긋 갈라진다. 심지어 국내 최대 재벌은 당근과 채찍으로 노조 결성 자체를 가리 튼다. (한겨레, 손석춘

칼럼)

0752 가살 말씨나 하는 짓이 얄망궂고 되바라짐.

'얄망궂다'는 사람의 성정이 요망하여 까다롭고 얄미운 것을 뜻한다. 요즘에는 줄여서 '얄궂다'라고 쓴다. 그런 사람의 성질을 '가살'이라고 하며, 그런 성질을 가진 사람을 '가살꾼', '가살쟁이'라고 부른다. '가살 부리다', '가살 떨다', '가살 피우다'의 형태로 주로 쓰인다. 또한 가살 부리는 태도가 있는 사람의 행위를 '가살지다'라고 한다.

:: 공산당이 의석을 갖고 집권도 하는 사회에서 미국과 자연스레 교역하며 이윤을 좇는 유럽의 기업들을, 전경련과 경총도 배워야 한다. 더 이상 가살 피우지 말라.

:: 그럼에도 부자 신문들은 지금이 '노조 시대'란다. 노조 때문에 '망국 위기'라고 가살 피운다. 여론 조작이다. (한겨레, 손석춘 칼럼)

0753 강다짐 까닭 없이 남을 억누르고 꾸짖는 것.

억지로 남을 무리하게 굴복시키는 것을 '우격다짐'이라고 한다. '강다짐'은 이 '우격다짐'과 비슷한 뜻을 포함하고 있으면서도 보다 여러 가지 뜻으로 쓰인다. '까닭 없이 남을 억누르고 꾸짖는 것'을 '강다짐하다'라고 하며, '보수를 주지 않고 억지로 남을 부리는 일' 또한 '강다짐'이라 한다. 그리고 이와는 조금 다르게 '억지로 맨밥만 먹다'는 뜻도 가지고 있다. 이럴 경우 십중팔구 먹은 것이 체해서 고생한다. 우리는 주변에서 이런 강다짐을 흔히 볼 수 있다. 그러나 강다짐보다는 납득할 만한 논리로 이해를 시킴으로써 뜻하는 바를 이룰 수 있을 것이다.

∷ 그렇게 강다짐하여 아이를 주눅 들게 하면 결국 반발심만 불러일으키게 될 것입니다. 비록 어린아이라도 강다짐보다는 차분한 대화를 통하여 이해시키는 것이 바람직한 교육방법입니다.

0754 강울음 _ 눈물을 흘리지 않고 건성으로 우는 울음.

'밤새도록 울다가 어느 초상이냐고 묻는다'는 속담이 있다. 초상집 분위기 때문에 밤새워 거짓 울음을 울었다는 이야기다. '강울음'과 '건울음'이 바로 그런 것이다. '강울음'은 억지로 힘들여 우는 것, 또는 부자유스런 울음 등이 이에 속한다. '건울음'은 건성으로 우는 것이다. '강-'이 접두어로 쓰일 때 '억지', '호된', '부자유스런', '메마른' 등의 뜻이 있다. 또는 '그것만으로 이루어진'이라는 뜻도 있다. '강울음', '강다짐' 등의 '강-'은 '억지'의 뜻이 있고, '강추위'의 '강-'은 '호된'의 뜻이 있다. 안주 없이 마시는 술을 '강술'이라고 하는데 여기에서의 '강-'은 '그것만으로'의 뜻이다. '강보리밥'의 '강-'도 같은 뜻이다.

∷ 그 집 며느리는 시어머니가 돌아가시자 영전 앞에서 목을 놓아 울더군. 알고 보니 그게 강울음이었어.

0755 건사하다 자신에게 딸린 것을 잘 돌보아 거두다. 잘 간수하여 지키다.

제게 딸린 사람, 제 소유의 물건 따위를 잘 간수하고 거두는 것을 말한다. 집 안, 화초 따위를 잘 손질해 가꾸는 것, 마음속의 꿈을 소중하게 가꾸어 나가거나 몸을 건강하게 잘 유지하는 것 모두가 건사하는 것이다. 또한 아랫사람이나 고용자에게 일을 시킬 때 막연히 지시하는 것이 아니라 구체적인 일거리를 챙겨 주는 것도 '건사하다'라고 한다.

∷ 열다섯 살 소녀 가장인 영심이는 학교 공부만으로도 벅차지만, 그렇다고 동생들을 건사하는 일도 게을리 하지 않는다. 제 몸 하나 건사하는 것조차 어려워하는 또래 아이들과는 사뭇 다르다.

0756 까치발 키를 높이기 위하여 발뒤꿈치를 드는 일.

키가 작은 사람이 커 보이게 하는 몸짓으로는 두 가지가 있는데, 첫째는 목을 빼는 것이요, 둘째는 발뒤꿈치를 한껏 드는 일이다. 목이야 빼봤자 키를 키우는 데 별 도움에 되지 않지만, 까치발은 잘하면 발의 길이만큼 키를 키울 수 있다. 한편 한쪽 발을 들고 다른 쪽 발로만 서 있거나 뛰는 것은 속어로 '깨금발'이라 하며, 어린아이들이 두 발을 모아서 종종 뛰는 것은 '까치걸음'이라 한다. '까치발'과는 구별해야 한다.

∷ 이미 역사의 죄인으로 심판받은 과거 군사독재 정권의 후예들이 상생이니 화합이니 언죽번죽 떠드는 소리는 좀 듣그럽다.

남의 물건을 훔친 죄로 회초리를 맞은 아이가 다시 까치발을 하고서 시렁 위의 곶감에 손을 대는 것처럼, 차라리 안쓰럽기까지 하다.

0757 **꼴뚜기질** 가운뎃손가락만을 세워서 남의 앞에 내밀어 욕하는 짓.

대부분의 욕이 성(性)과 관련이 있듯이 꼴뚜기질의 가운뎃손가락이 가리키는 것은 물론 남성의 성기다. 이러한 짓을 굳이 '꼴뚜기질'이라 이름 붙인 것은, 남자 성기의 머리 부분이 낙지나 꼴뚜기의 머리 모양과 비슷한 데서 비롯된 것으로 보인다. 한편 서양 사람들은 꼴뚜기질을 하면서 흔히 "뻑-큐(Puck you)!"라고 외치는데 우리나라에서는 "꼴뚜기!" 하고 외치지는 않았던 것으로 보인다.

:: 점령당한 나라의 포로들을 발가벗겨놓고 그들에게 꼴뚜기질을 하고 있는 미군 병사의 가운뎃손가락 끝이 향할 곳은, 침략을 자행한 저 백악관의 매파들일 것이다.

0758 **네굽질** 무릎이나 팔꿈치 및 어깨로 문을 밀어젖히는 짓.

손이 아닌 무릎이나 팔꿈치, 어깨 등을 짐승의 네 발굽에 빗댄 말이다. 예의가 없이 함부로 행동하는 사람이나 매우 게으른 사람을 비아냥거리는 말로 쓰인다. 네굽질은 거동이 불편한 환자나 장애인에게는 쓰지 말아야 할 말이다.

:: 그들은 손기척을 할 겨를도 없이 네굽질로 문을 밀어젖히

고 성큼성큼 앞장서서 들어갔다.

0759 노놓치다 죄인을 잡았다가 슬그머니 놓아주다.

일부러 놓아주고 놓친 척하는 것을 가리키는 말이다. '노놓치다'는 '노'와 '놓치다'가 붙어서 된 말이다. 뱃사람이 노를 놓아버리면 배는 물결 흐르는 대로, 저 가고 싶은 대로 흘러가기 마련이다. 감옥을 지키는 사람이 모르는 척하고 감옥의 문을 열어놓으면, 소크라테스 같은 '준법주의자'가 아닌 다음에야 도망가기 마련 아닌가?

:: 검찰이 거물급 정치인이나 재벌 기업가들의 범법 행위를 알면서도 노놓치는 것은, 과거에 검찰 스스로도 거대한 권력형 범죄의 사슬에서 자유롭지 못했다는 반증이 아닌가?

0760 되술래잡다 잘못을 빌어야 할 사람이 도리어 남을 나무라다.

우리의 전통놀이 가운데 하나인 '술래잡기'는 '순라(巡邏)'가 도둑을 잡는 데서 유래된 놀이다. 그런데 도리어 도둑이 술래를 잡아버린다면, 이미 그것은 놀이가 아니다. 최악의 반칙이다. 이처럼 아이들도 당연하게 지키는 이 놀이의 규칙을 거꾸로 돌려버리는 경우를 '되술래잡다'라고 한다. 도둑이 매를 든다는 뜻의 '적반하장(賊反荷杖)'에 갈음하여 쓸 수 있는 우리말이다.

:: 미국에 용춤 추며 언제나 통일 세력을 되술래잡는 수구 언론에 서릿발로 책임을 물어야 한다.

0761 **든버릇**　고치기 어려운 고질적인 버릇이나 습관.

'든버릇'은 몸속에 들어와 자리를 잡고 앉은 버릇이라고 할 수 있다. 사람은 누구나 저마다의 버릇이나 습관이 있기 마련이다. 좋은 버릇은 끊임없이 힘을 들여야 만들어지지만 나쁜 버릇은 저절로 찾아와서 든버릇이 되고 만다. 든버릇은 좋지 않은 버릇이다. 흔히 쓰는 한자말 '고질병(痼疾病)'에 갈음하여 쓸 수 있는 말이다. 한편 '든버릇'은 있어도 '난버릇'이라는 말은 없다.

:: 사건만 생기면 되도록 선정적이고 자극적으로 보도하는 것이 자본주의 언론의 든버릇이다.

0762 **든보기**　듣고 보는 것. 시청(視聽).

"지금 이 방송을 시청하시는 시청자 여러분, 안녕하십니까?" 방송 진행자가 흔히 하는 말이다. 그런데 '시청하시는 시청자 여러분'은 반복적 표현이라 거슬린다. 그래서 어떤 방송 진행자는 '시청하시는'을 '보고 계시는'으로 바꾼다. 그러나 텔레비전을 듣지는 않고 보기만 하는가? 이럴 때 '듣보기하시는'으로 써보는 것도 손색이 없을 것이다.

:: 지금 이 방송을 듣보기하시는 시청자 여러분, 안녕하십니까? 어제 저희 프로그램을 듣보기하신 시청자 여러분께서 보내주신 사연을 먼저 읽어드리겠습니다.

0763 **뜬금없다**　갑작스럽고 엉뚱하다.

금(金)은 돈이다. 그러므로 '뜬금'은 시중에 '떠 있는 돈'이다. 곧 시세의 변동에 따라 정해지는 값이다. 시장의 가격은 수요와 공급의 법칙에 따라 오르락내리락하기 마련이다. 그런데 어떤 장사꾼이 제멋대로 정한 터무니없는 가격으로 손님들을 불러모은다면, 그의 행위는 뜬금없다. 뜬금없는 행위가 다 나쁜 것은 아니다. 불의한 경우를 보고도 많은 사람들이 숨죽이고 있을 때 용감하게 나서는 시민의 행위는, 얼추 뜬금없다고 할 수 있지만 결국은 손뼉을 칠 일이다.

∷ 어둠의 땅이다. 쾌락과 즐거움이 텔레비전에 넘치는데 뜬금없다고 꾸짖지 말기 바란다. (한겨레, 손석춘 칼럼)

0764 바르집다   덮어두어야 할 다른 사람의 비밀을 여러 사람이 있는 자리에서 끄집어내어 이야기하다.

'바르집다'는 원래 '오그라진 것을 벌려 펴다'는 뜻이다. 그러나 사람의 행위와 관련지어 '지나간 일 또는 비밀을 들추어내거나, 사소한 일을 크게 떠벌리다'는 뜻으로 많이 쓰인다. 말의 형태에서 짐작할 수 있듯이 '바르집다'는 '바르다'와 '집어내다'의 두 가지 말이 합성된 것이다. 고기 뼈에 붙어 있는 살을 거두어내는 것을 이를 때 '살을 바르다'라고 하며, 밤송이나 콩깍지 따위의 껍질을 벗기고 속 알맹이를 집어낼 때도 '밤(콩)알을 바르다'라고 한다. 이럴 때 쓰는 '바르다'와 '집어내다'가 붙어서 '바르집다'는 말이 생성된 것이다. 입이 가벼운 사람들은 되새겨봄 직한 말이다. 큰말은 '버르집다'이다.

∷ 그는 분을 못 이긴 나머지 큰 소리로 아내의 지난 실수를 바르집었다. 그러자 아내는 왜 지난 일을 바르집느냐며 눈물을 글썽거렸다.

0765 볼만장만 보기만 하고 간섭하지 아니하는 모양.

우리가 흔히 쓰는 '가관(可觀)이다' 라는 말을 우리말로 풀어 쓰면 '볼만하다' 는 뜻이다. 그런데 이 말은 '볼만한 가치가 있다' 기보다는 그 반대의 뜻으로, 눈앞에서 펼쳐진 일이 봐줄만하지 않다는 뜻이다. 반어법이다. 그런데 '볼만장만' 은 눈앞에서 급한 일이 벌어지는데도 그것을 보고 있는 사람이 시비를 가리거나 참견하지 않는 경우에 쓰는 말이다. '강 건너 불 구경' 을 말한다. 즉 냉소적이고 소극적인 태도를 꼬집는 말이다.

∷ 60여 나라에서 천만 명이 미국의 이라크 침략을 반대하는 시위를 벌였다. 서울은 이천 명 남짓이었다. 볼만장만해선 안될 곳이 정작 이 땅임에도 그랬다. 미국은 평양에 핵 공격 태세까지 갖추고 있다.

0766 사품 어떤 동작이나 일이 진행되는 바람이나 기회.

북한말에서 '사품' 은 여울목 같은 데서 세차게 흐르는 물살을 뜻한다. 또한 물이 소용돌이치는 것을 '사품질' 이라 하고, 그런 움직임을 '사품치다' 라고 한다. 사람의 마음속에서 어떤 생각이나 느낌이 세차게 요동치는 것도 '사품치다' 는 말로 나타낸다. 또한 '사품'은 '비좁게 붐비는 사이나 틈'을 뜻하기도 한다. 이처럼 '사품'은 여러 가지 뜻으로 폭넓게 쓰이는 말이지만 일상생활에서는 '어떤 일이 일어나는 바람이나 그 기회'라는 뜻으로 쓰인다.

∷ 일 원짜리 한 장을 꺼내어 중대가리 앞에 집어던졌다. 그 사품에 몇 푼 은전이 잘그랑하며 떨어진다. (현진건, 운수 좋은 날)

0767 선바람 지금 차린 그대로의 차림새.

'선-'은 접두어로서 '격에 맞지 아니하여 서투른', '익숙하지 못한', '덜 된' 등의 뜻으로 쓰인다. '선무당', '선잠' 따위가 그런 경우다. '선바람'은 '격에 맞지 아니한 차림'을 말한다. 어떤 행동을 하거나 움직임에 있어, 그에 대한 별도의 준비를 전혀 하지 않는다는 뜻이다. 지금의 차림새 그대로 대번에 어떤 일이나 행동을 옮기는 것을 말한다.

∷ "시간도 없는데 뭘 그리 꾸물대니? 선바람으로 그냥 나가지." "그래도 중요한 자린데 선바람으로 나갈 수야 있나요?"

0768 선웃음 우습지도 않은데 꾸며 웃는 거짓 웃음.

간혹 '선웃음'을 선한 표정으로 웃는 웃음이라고 알고, 그렇게 쓰는 사람들이 있다. 그러나 '선웃음'은 엉너리치는 웃음이다. 우습지도 않은데 남의 마음을 사고자 능청을 떨며 억지로 웃는 것을 말한다. 방송의 우스개 극에서 시청자의 웃음을 끌어내기 위해 음향으로 들려주는 웃음소리도 선웃음의 하나다. 실제의 웃음이 아니라 제작진이 억지로 만들어서 들려주는 웃음인 것이다. '선웃음'에서 '선'은 으뜸꼴이 '설다'인데, '익지 못하다' 또는 '서투르다'는 뜻이다.

:: 이슥한 때라 손님도 없건만 주점의 여주인은 계산대에서 공연히 바쁘게 손을 놀리며 우리 일행을 보고 슬쩍 선웃음을 친다.

0769 손갓
햇살의 눈부심을 막고 멀리 보기 위하여 손을 이맛전에 붙이는 짓.

우리가 일상적으로 하는 행동임에도 그것을 나타내는 적당한 말이 없거나, 있어도 모르고 잘 쓰지 않는 경우가 더러 있다. '손갓'도 그런 말 가운데 하나다. 소설 따위의 문학 작품에서 사람의 행동을 그려내기에 알맞은 말이다. 예컨대 "그는 햇살에 눈이 부시어 손을 이맛전에 붙이고 먼 산을 바라보았다"라는 표현보다는, "그는 햇살에 눈이 부시어 손갓을 하고 먼 산을 바라보았다"라고 쓰면 훨씬 간결하면서도 글맛이 살아난다.

:: 손바닥만 한 창문도 없는, 무덤 속 같은 그 취조실에서 사흘 밤낮을 시달리다가 풀려난 그는 강렬한 햇빛에 도저히 눈을 뜰 수가 없다. 그는 손갓을 하고 천천히 주위를 살핀다.

0770 손기척
노크(knock).

우리나라의 전통적인 노크 방법은 '에헴' 하는 헛기침이다.

집의 구조를 보면 알 수 있듯이, 일상의 삶의 공간이 열려 있었던 전통사회에서는 굳이 손기척이 필요 없었다. 신분에 따라서 "에헴" 하고 헛기침을 하거나, 그럴 만한 지위가 못 되면 공손하게 말로 아뢰면 되는 것이다. 그러나 생활의 공간이 꽁꽁 닫혀 있는 오늘날의 일상생활에서는 헛기침이 통하지 않는다. 이제 닫힌 문 앞에서는 손기척을 하는 것이 일상의 예절이다.

∷ 저 인간은 든버릇처럼 손기척도 없이 내 방문을 벌컥 열어젖힌다. 나는 번번이 그에게 나비눈을 흘기지만 손기척에 인색한 그의 버릇은 여전하다.

0771 **애면글면** 약한 힘으로 무엇인가를 이루려고 온갖 힘을 다하는 모양.

누군가의 수고를 위로할 때 '애썼다'고 한다. '애'는 근심에 싸인 초조한 마음속을 말한다. 또는 몸과 마음의 수고로움을 뜻하기도 한다. '애면글면'은 그처럼 근심스럽고 초조한 가운데서도 온갖 힘을 다하여 '애쓰는' 모양을 나타내는 말이다. 비록 가진 힘은 약하지만 반드시 무언가를 이루어내려는 의지로 젖 먹은 힘까지 발휘하는 것이다.

∷ 애면글면 유족들과 시민사회단체의 노력으로 '민간인 희생자 진상 규명법' 제정 운동이 불붙은 까닭도 여기에 있다. 하지만 그 법안을 16대 국회는 끝내 모르쇠했다.

0772 **어루꾀다** 남을 얼렁거리어서 꾀다. 남을 속이다.

'어루꼬이다'의 준말이다. 어린아이나 짐승 따위를 달래어 기쁘게 해준다는 뜻의 '어르다'와 '꼬이다'가 붙어서 된 말이다. '어르다'는 긍정적인 뜻을 가진 말이고, '꼬이다'는 남을 속이는 짓을 가리키는 부정적인 말이다. 두 말이 더해져서 '어루꾀다'가 되면 '남을 꾀고 속이다'는 뜻으로 쓰인다. 반대말은 '훌닦다'이다. 흔히 말을 다루는 데에 '당근과 채찍'이라는 말을 쓴다. 이때 '당근'은 어루꾀는 것이요, '채찍'은 훌닦는 것이다.

:: 그렇다. 똥 대신 돈으로 겉만 바뀌었을 뿐이다. 노동자에게 더 많은 돈을 먹이고 '복리후생'으로 어루꾄다. 반면 고분고분하지 않은 노동자에겐 똥보다 더 비열한 '정리해고'로 훌닦는다. (한겨레, 손석춘 칼럼)

0773 **언죽번죽** 조금도 부끄러워하는 기색이 없고 뻔뻔한 모양.
지탄받아야 할 사람이 부끄러워하기는커녕 오히려 뻔뻔하게 말과 행동을 하는 것을 두고 한자말로 '철면피(鐵面皮)'라고 한다. 얼굴에 '철판을 깔았다'는 뜻이다. 그런 사람의 말과 행동을 한마디로 '언죽번죽'이라는 말로 나타낸다. 말 자체가 부사어로 쓰이므로 '언죽번죽하다'처럼 쓰지는 않는다.

:: '차떼기 정당'의 윤기 흐르는 원내총무는 당직자 회의에서 언죽번죽 말했다. "바보 국민이 대통령을 정말 잘못 뽑았다"고. 또한 내로라하는 기업가들과 경제 관료들은 또렷한 진실조차 언죽번죽 뒤집는다. 사회적 약자는 노조가 아니라 기

업이란다. 소가 웃을 일이다.

0774 이르집다   여러 겹으로 된 물건을 켜켜이 뜯어내다.

'털어서 먼지 안 나는 사람이 없다'는 말이 있다. 사람은 누구나 크고 작은 허물을 가지고 있다는 뜻이다. 그 허물의 동기와 중한 정도를 따져서, 책임을 물을 것은 물어야 하고 그렇지 않은 것은 스스로 반성하게 하고 덮어주는 것이 도리다. 그런데도 오래된 일을 들추어내거나, 없는 일까지 만들어서 말썽을 일으키는 경우, 이를 '이르집다'라고 한다.

:: 정작 친일행각이나 군사 쿠데타 같은 반역사적인 범죄에 대해서는 모르쇠하던 그들이 한 시민운동가의 사소한 말실수를 이르집고 물고 늘어지는 것을 언론의 객관성이라고 말할 수 있는가.

0775 일떠서다   기운차게 썩 일어나다.

'일어서다'에 비하여 '일떠서다'는 어딘지 모르게 결기가 서려 있는 듯하다. 단순히 앉아 있다가 몸을 일으켜 세우는 것이 아니라, 결연한 의지를 가지고, 주먹을 불끈 쥐고 기운차게 일어나는 것을 말한다. 즉 가슴에 품은 열정을 드러내기 위하여 분연히 떨쳐 일어나는 것이다. 일본 제국주의에 항거한 독립투사들이나 군부독재의 탄압에 맞서 싸운 민주화운동가들 모두 역사의 부름에 일떠선 이들이다.

:: 흩어진 군중은 아무런 힘이 없다. 그들은 독점 재벌의 의도

대로 움직여주는 착한 소비자들일 뿐이다. 하지만 그들 하나 하나가 연대하여 일떠섰을 때, 아무도 그들의 요구를 막지 못한다.

0776 톺아보다 샅샅이 더듬어 뒤지면서 찾아보다.

'톺아보다'는 '톺다'에서 갈린 말이다. '톺다'는 원래 삼을 삼을 적에 쨀 삼의 끝을 가늘고 부드럽게 하려고 '톱'으로 훑어내는 것을 말한다. 삼의 껍질 따위의 거친 부분을 날이 작고 고른 '톱'으로 쭉쭉 훑어내어, 가늘고 고른 섬유질만 남게 하는 것이다. '톱+하다'에서 어간의 받침 'ㅂ'에 '하다'의 'ㅎ'이 더해져서 'ㅍ'받침이 만들어졌다고 볼 수 있다. 다시 말하면 '톱(질)하다'가 '톺다'로 변한 것으로 보인다.

:: 진실 규명을 거부한 ○○○당의 오만을 냉철히 톺아볼 필요가 있다. 저들이 대변하는 사람들이 영남의 민중이 아니라 수구세력임을 스스로 폭로하고 있지 않은가?

0777 허발 몹시 주리거나 궁하여 체면 없이 마구 먹거나 덤빔.

걸신(乞神)이 들린 듯, 음식이나 재물에 마구 덤비는 사람의 행위를 나타내는 형용사다. 보통 '허발하다' 또는 '허발 들리다'의 형태로 쓰인다. 허발한 사람이나 허발 들린 사람을 일러 '허발장이'라고 한다. '걸신장이'와 같은 말이다. 걸신이 들려서 기본적인 윤리의식마저 마비되어버린 사람들의 행태를 가리키는 말이다.

∷ 돈과 권력에 허발 들린 그들의 눈에 전쟁은 한밑천 거머쥐기 쉬운 사업이며, 자국민의 그릇된 애국심을 선동할 수 있는 교묘한 선거 전략이다.

0778 헤살   남의 일을 짓궂게 방해하는 짓.

'헤살'은 함부로 짓궂게 훼방을 놓는 일이다. 그런 일을 자주 하는 사람을 '헤살꾼'이라 하고, 그런 행동을 하는 것을 '헤살 놓다', '헤살 짓다' 또는 '헤살 부리다'라고 한다. 한편 일을 하는 데 마음에 썩 내키지 아니하여 이것저것 물건만 집적거리는 등, 일에 집중을 하지 아니하고 딴 짓을 하는 것을 '해찰 부리다' 또는 '해찰하다'고 하는데, '헤살'과 구별해서 써야 한다. '해찰'에 비하여 '헤살'은 남에게 직접 피해를 입힌다는 점에서 더욱 부정적인 행위다.

∷ 합리적인 사회에서 정치권력이란 선거 한판으로 뒤집어질 수 있는 시한부 목숨과 같다. 대다수 국민이 정치적 색채에 따라 책임을 공방하고 있을 때, 정작 민생의 헤살꾼은 은밀한 곳에서 웃고 있다.

0779 휘장걸음   두 사람이 양쪽에서 한 사람의 허리와 팔을 움켜잡고 휘몰아 걷는 걸음.

'휘장(揮帳)'이란 피륙을 여러 폭으로 이어서 둘러 붙인 장막을 말한다. 텔레비전의 뉴스 따위에서 가끔씩 형사 사건의 피의자를 경찰 두 사람이 양쪽에서 허리와 어깻죽지를 움켜잡고 휘몰아 걷는 것을 볼 수 있다. 피의자가 도주할 우려가 있기 때문에 옆에서 꼭 붙들고 걷는 것인데, 이처럼 '휘장을 두르듯이 하여 걷는 걸음'을 '휘장걸음'이라 한다. 한편 노인이나 몸이 불편한 환자를 두 사람이 양쪽에서 부축하여 걷는 것도 휘장걸음이라고 할 수 있다.

∷ 드디어 연쇄살인범이 잡혔대. 오늘 조간신문을 보니까 경찰이 살인범을 휘장걸음 시키는 사진이 실렸더군.

● 여줄가리 올림말

0780 **가동질** 어린아이의 겨드랑이를 치켜들고 올렸다 내렸다 하며 어를 때, 아이가 다리를 오그렸다 폈다 하는 짓.

0781 **가무리다** 가뭇없이 후무리거나 먹어버리다. 몰래 혼자서 차지하다.

0782 **갈개다** 남의 일을 훼방하다. 마구 사납게 행동하다. 날씨가 몹시 사납게 굴다.

0783 **갈마쥐다** 한 손에 쥔 것을 다른 손으로 바꾸어 쥐다. 쥐고 있던 것을 놓고 다른 것으로 바꾸어 쥐다.

0784 **갈붙이다** 남을 힐뜯어 이간 붙이다.

0785 **거탈** 실상이 아닌, 다만 겉으로 나타내 보이는 태도.

0786 **건다짐** 속뜻 없이 겉으로만 하는 다짐. (=건말질)

0787 **게정** 불평스럽게 떠드는 말과 짓. (~거리다, ~피우다, ~부리다, ~스럽다)

0788 **까치걸음** 아이들이 기쁠 때 두 발을 모아 뛰면서 조촘거리는 종종걸음.

0789 **나비눈** 못마땅해서 사르르 눈을 굴려 못 본 체하는 눈짓.

0790 **낚시걸이** 무엇을 남에게 먼저 조금 주고 그 대신 나중에 많은 이익을 얻으려고 꾀하는 짓.

0791 **넉장거리하다** 네 활개를 쫙 벌리고 뒤로 벌떡 자빠지다. 작은 말은 '낙장거리하다'.

0792 **달구치다** 꼼짝 못하게 몰아치다. 다그치다. '달구'는 땅을 다질 때 쓰는 굵은 장대.

0793 **달램수** 달래서 꾀는 것. 회유책(懷柔策).

0794 **덧게비치다** 다른 것 위에 불필요하게 덧엎어 대다.

0795 **뒷배** 겉으로 나서지는 않고 남의 뒤에서 보살펴주는 일. 후원(後援). (~를 보다)

0796 **드레질** ①인격의 무겁고 가벼움을 떠보는 짓. ②물건의 무게를 헤아리는 짓.

0797 **몸태질** 악에 받치거나 감정이 격해져서, 기를 쓰며 몸을 부딪치거나 내던지는 짓.

0798 **받자하다** 남이 끼치는 괴로움이나 요구를 너그럽게 받아주다.

0799 **발거리** 간사한 꾀로 남을 속여 해롭게 하는 짓.

0800 **보갚음** 남에게 해를 입었을 때 해를 돌려주는 일. 앙갚음. 복수.

0801 **봉창하다** 물건을 몰래 모아서 감춰두다. 손해 본 것을 벌충하다.

0802분대질 수선스러운 짓으로 분란을 일으켜 남을 괴롭히는 일.

0803산소리 어려운 가운데서도 속이 살아서 남에게 굽죄이지 않으려고 하는 큰소리.

0804소드락질 남의 재물을 마구 빼앗는 짓.

0805속지르다 남의 속을 까닭 없이 태우다.

0806쏘개질 있는 일 없는 일을 얽어서 몰래 일러바쳐 남을 방해하는 일.

0807안동 사람이나 물건을 따르게 하거나 지니고 감.

0808애만지다 사랑하고 소중하게 여겨 어루만지다.

0809에돌다 곧장 가지 않고 멀리 돌아서 가다. 이리저리 빙빙 돌며 슬슬 피하다.

0810연사질 교묘한 말로 남을 꾀어 속마음을 떠보는 짓.

0811진대 남에게 기대어 떼를 쓰다시피 괴롭게 구는 짓. 스토킹.

0812하늘바라기 우두커니 하늘을 바라보는 일.

0813하리놀다 남을 헐뜯어 윗사람에게 일러바치다. 참소(讒訴)하다.

0814하리들다 되어가는 일이 중간에 방해가 생기다.

0815해쪼이 햇볕을 쪼이는 일. 일광욕(日光浴). 선탠.

0816행감치다 책상다리와 비슷하게 하고 앉다.

0817행짜 심술을 부려 남을 해롭게 하는 짓. (~내다, ~부리다)

0818회술레 사람을 함부로 끌고 다니면서 우세(비웃음)를 주는 일.

0819 흑책질 교활한 수단을 부려 남의 일을 방해하는 짓.

●● 사람의 성정

0820 **가리사니** 사물을 판단할 수 있는 힘이나 능력, 또는 판단의 기초가 되는 실마리.

 '가리다'라는 동사는 여러 가지 뜻이 있는데 그 가운데는 '둘 이상의 대상 중에서 바람직한 것을 구분하여 골라내다'는 뜻이 있다. 또한 '똥오줌을 가리다'라고 할 때는 '뒷일을 보아도 좋을 자리를 구별하는 지각이 있다'는 것을 뜻한다. 이처럼 '가리사니'는 '가리다'에서 나온 말로, 사물을 판단할 수 있는 지각(知覺), 사물을 판단하는 데 기초가 되는 실마리를 일컫는 말이다. 사람과 더불어 쓰이면 '사물을 판단하는 힘이나 능력'을 나타낸다. '가리사니를 잡을 수 없다'고 하면 '일의 갈피를 잡을 수 없다'는 뜻이다. 이때는 '가리사니' 대신 '가리새'라고 쓰기도 한다.
 :: 그는 가리사니가 없는 사람이니 복잡한 일을 맡겨서는 아니 되지.

0821 **강샘** 연인이나 배우자에 대한 질투나 시새움.

 자기보다 나은 이를 미워하고 샘하는 것을 '시새우다' 또는 '시샘하다'라고 한다. 이런 시새움의 대상에는 공부 잘하는 친구, 직장에서 능력을 인정받는 동료 등 여러 부류가 있다. 특히 다른 이성에게 마음이 기우는 연인이나 배우자에 대한 질투 또는 시새움은 그 정도가 아주 심하여 앞뒤를 가리지 않고 거친 말과 행동으로 나아가는 경우가 있다. 이를 속된 표현으로 '강짜부린다'고 한다. 여기서 '강짜'에 해당하는 원말이 바로 '강샘'이다. '의부증'이니 '의처증'이니 하는 말들이 있는데 이는 모두 강샘에서 비롯된 것이다.

∷ 옆집 부부는 어제도 한바탕 전쟁을 치르더군. 남편의 강샘이 도를 넘어서 이젠 폭력까지 휘두르는 모양이야.

0822 결기

몹시 급한 성미. 결 바르고 결단성 있게 행동하는 성질.

'겨울'을 줄여서 '결'이라 하였다. 그러한 기운, 즉 '겨울 같은 기운'을 '결기(-氣)'라 한다. 의롭지 아니한 것을 보고 참지 못하여 그것을 바로잡으려고 결연한 의지를 가지는 것, 그것이 곧 '결기'다. 한편 '결기가 일어나는 것'을 '결이 나다'라고 하며, '성미가 곧고 바른 사람'을 일컬어 '결이 바르다'고 한다. 또한 '몹시 곧고 대바른 성격'을 '결결하다'고 한다. 결결한 성미를 주체할 수 없어서 끙끙 앓다 보면 병이 들기 십상이다. 이런 병증을 '결증(-症)'이라 하는데, 몹시 급한 성미로 말미암아 생기는, 일종의 '화병'이다.

∷ 그를 뽑은 민의를 받들어 나라와 겨레의 새 설계에 몸 던

지겠다는 결기가 서리서리 묻어나야 한다.

0823 깜냥   지니고 있는 힘의 정도.

일을 해낼 만한 능력을 말한다. '깜'의 원말은 '감'으로, '사윗감', '반장감'처럼 어떤 자격에 알맞은 사람을 가리키는 말이다. 부사형은 '깜냥깜냥이'다. '저마다의 깜냥대로'라는 뜻이다.

∷ 부자들과 부자 신문의 북 치고 장구 치는 풍경은 역겨움을 넘어 분노를 자아낸다. 돈으로 무엇이든 할 수 있다는 '멍첨지'의 깜냥이 뚝뚝 묻어난다. (한겨레, 손석춘 칼럼)

∷ 그들은 신입사원들임에도 깜냥깜냥이 제법 일을 잘해낸다.

0824 낫낫하다   사물의 감촉이 몹시 연하고 부드러움. 사람의 말과 글이 감칠맛이 있고, 친절하고 부드러운 태도로 사람을 대함.

사람을 대하는 태도가 친절하고 부드러울 때 '나긋나긋하다'고 한다. '낫낫하다'는 바로 '나긋나긋하다'와 비슷한 뜻을 가진 말로, 사람의 태도나 됨됨이를 나타낼 때 주로 쓴다. 요즘에도 나이 드신 분들 사이에서 더러 쓰이는 말이다.

∷ 김 양의 신랑감을 보니 사람이 아주 낫낫하여 호감이 가더군. 그래, 결혼 날짜는 받았나?

0825 듣그럽다   떠드는 소리가 듣기 싫다.

잔소리 듣기 좋아하는 사람은 별로 없다. 그래서 부부나 연인처럼 가깝고 친한 사람끼리도 잔소리 때문에 다투는 경우가 허다하다. 누군가의 잔소리를 그만두게 하고 싶은데 딱 잘라서 "듣기 싫다"고 말하면 상대가 너무 무안해할 것 같은 상황에서 "좀 듣그럽습니다"라고 말해보라. 같은 의미라도 "시끄러워!" 하고 소리치는 것보다는 훨씬 부드러울 것이다. '듣그럽다'는 '듣기에 좀 그렇다'는 말로 풀어 쓸 수 있다.

:: 하여 듣그럽지만 듣기 바란다. '눈 덮인 들녘'에 길을 내는 각오로 걷지 않는다면 옹근 5년 뒤 민중의 실망과 분노는 두 김씨를 압도할 터이다. (한겨레, 손석춘 칼럼)

0826 몽니   음흉하고 심술궂게 욕심 부리는 성질.

상대방이 그다지 잘못한 일도 없는데 공연히 트집을 잡아서 심술을 부리는 등 괴롭히려 드는 사람들이 있다. 이처럼 고약한 성질을 '몽니'라고 하며, 그런 성질을 부리는 것을 '몽니 부리다'라고 한다. 그리고 몽니를 자주 부리는 사람을 '몽니쟁이' 또는 '몽짜'라고 하는데, 이렇게 '몽니 궂은' 사람과는 부딪쳐봐야 얻을 게 없다. 한편 '몽짜'가 '치다'와 결합하여 쓰이면 뜻이 조금 달라지는데, '몽짜 치다'는 '겉으로는 어리석은 체하면서 속으로는 자기 할 일을 다 하다'는 뜻이다.

:: 지난 반세기 동안 성장의 결실을 독차지한 세력들은 이제 노동자의 땀방울을 이용한 부의 축적이 더디게 되자 공연히 생트집을 잡으며 진보 진영에 몽니 부리는 징후들이 곳곳에

드러난다.

0827 살천스럽다 쌀쌀하고 매섭다.

혜성(彗星)의 꼬리 빛이 세찬 것을 '살차다'고 한다. 붙임성이 없어 차고 매서운 사람의 성격 또한 '살차다'고 한다. '살'은 우주와 천체에서 내뿜는 불길한 기운이다. '살천스럽다'는 것은 이와 같이 '살차다'에서 유래된 말로, 살이 꽉 찬 것처럼 쌀쌀하고 매서움을 뜻한다.

∷ 그 경찰은 젊은 여성 노동자의 속옷에 똥을 집어넣는 야만이 벌어질 때 무엇을 했을까? 옆에 있었다. "도와달라"고 울부짖자 살천스레 내뱉었다. 육두문자 욕설이었다. (한겨레, 손석춘 칼럼)

0828 알심 겉보기와는 달리 속에 든 야무진 힘. 속으로 은근히 동정하는 마음이나 정성.

'알'은 여러 가지 뜻을 가진 말이지만 '알갱이', '알몸', '알곡' 따위처럼 접두어로 쓰일 때 흔히 '껍데기를 다 벗어버린 상태'를 말한다. '알심'에서 '알'은 '속'이나 '핵심'을 뜻한다. '알심'은 겉치레로 드러내는 동정심이나 생색내기 따위와 반대되는 뜻이다. 이때 '심'은 마음[心] 또는 힘[力]을 나타낸다. 겉으로 보기에는 약골처럼 보이지만 실상 힘을 쓰는 것을 보면 다부지고 야무진 사람이 있다. 그런 사람을 '알심이 있다'고 한다. 알심은 '알씸'으로 소리내야 한다.

∷ 환경미화원 김씨는 겉으로는 무뚝뚝하지만, 거리에서 주운

동전을 모아 가난한 집 아이들에게 학용품을 사주는 등 진정으로 알심이 있는 사람이다.
:: 저 선수는 몸집은 작아 보여도 알심이 만만치 않습니다. 두고 보십시오.

0829 **애오라지** 마음에 부족하나마. 그저 그런대로. 넉넉하지는 못하지만 좀.

한 청년이 인적이 드문 공원 한켠에서 나란히 걷던 여자에게 한껏 분위기를 잡고 말한다. "애오라지 당신을 사랑합니다"라고. 그러자 여자는 얼굴을 붉히며 아주 행복한 표정을 짓는다. 청년의 말을 다시 풀어보면 '당신을 그저 그런대로 사랑한다'는 뜻이 된다. 세상에 '그저 그런대로' 사랑받고도 행복해하는 여자가 있을까? 이는 물론 '애오라지'를 '오로지'나 '오직'과 같은 뜻으로 썼기 때문이다. '애오라지'는 아주 흡족하지도 않고 그렇다고 너무 미흡하지도 않은, 그야말로 '적당한' 정도를 나타내는 말이다.

:: 빵과 우유로 애오라지 허기를 달랜 뒤, 우리는 다시 산비탈을 오르기 시작하였다.

0830 **야바윗속** 속임수로 협잡을 꾸미는 속내.

'야바위'란 교묘한 속임수로 물주가 돈을 따는 노름의 하나다. 그 뜻을 넓혀보면 비단 놀음뿐만 아니라 협잡의 수단으로 그럴듯하게 꾸미는 일을 모두 이르는 말이다. 흔히 이런 놀음이나 일을 하는 사람을 '야바위꾼' 또는 '설레꾼'이라고 한다. '야바윗속'은 바로 야바위꾼의 교묘한 속마음을 일컫는 말이다.

:: 색깔 공세에 주눅 든다면 저들의 야바윗속에 번번이 놀아나기 십상이다.

어리눅다 잘났으면서도 짐짓 못난 체하는 것.

우리 전통사회는 겸양을 미덕으로 삼았기 때문에 스스로 잘난 척하고 으스대는 사람이 오히려 바보 취급 당하기 일쑤였다. 사실은 미인이면서도 짐짓 못생긴 체하거나, 또는 잘난 사람이면서도 못난 체하는 경우가 있다. 이런 것을 '어리눅다'라고 한다. 제 잘난 맛에 사는 세상이라고 하지만, 스스로 자기가 잘났다고 으스대는 것처럼 어리석어 보이는 것도 없다. 사람은 때에 따라서는 어리눅게 행동할 필요가 있다. 그렇다고 늘 어리눅게 행동하다가는 진짜로 어리석은 사람 취급을 당할 수도 있으므로 유념할 일이다.

:: 그는 사실 대단히 똑똑하고 능력 있는 사람인데 예의상 어리눅은 듯이 행동하는 것뿐이라오.

여탐 웃어른의 뜻을 미리 더듬거나 정중히 여쭈는 일.

'여탐'은 '예탐(豫探)'이라는 한자말에서 비롯되어 우리말로 굳어진 것이다. 옛날에는 '여탐굿'이라는 것이 있었다. 집안에 경사가 있을 때 먼저 조상에게 아뢰기 위하여 하는 굿을 '여탐굿'

또는 '예탐굿'이라고 부르기도 하였다. 옛날 우리나라의 가부장제 사회에서는 집안의 모든 일을 처리함에 있어서 그 집안의 가장인 웃어른의 뜻에 따라야 했다. 그래서 젊은 사람들은 무슨 일이 있을 때마다 웃어른의 뜻을 미리 더듬거나 정중히 여쭈었는데, 이런 행동을 '여탐'이라고 하였다. 이는 웃어른들의 경륜과 지혜를 빌리기 위함이다. 고도의 산업사회인 오늘날에도 '여탐'해야 할 일이 많다. 집단화되고 조직화된 사회일수록 윗사람의 뜻을 여탐하지 않고서는 실수를 범하기 십상이다. 그러나 여탐하는 일이 지나치다 보면 윗사람 눈치나 보는 기회주의자가 될 수도 있을 터이니 정도를 잘 지켜야 할 것이다.

:: 보고서를 작성하기 전에 사장님의 마음을 여탐하는 게 급한 일이야. 그렇지만 여탐만 하다 보면 사원들의 창의력이 제약을 받을 수도 있을 거야.

0833 **옥생각** 순탄하게 펴서 생각하지 않고 옹졸하게 하는 생각. 두름성 없는 생각.

'사촌이 논을 사면 배가 아프다'는 말이 있다. 남 잘되는 것은 물론이요, 가까운 친지인 사촌이 논을 사도 배가 아프다는 것이다. 이와 뜻이 비슷한 한자말로 '자곡지심(自曲之心)'이라는 말이 있다. 허물이 있는 사람이 스스로 고깝게 생각하는 마음을 이르는 말인데, 이런 것이 모두 '옥생각'의 한 표현들이다. '옥생각'은 공연히 자기를 해롭게 하는 비뚤어진 생각일

뿐이다. 한편 '옥생각'에서 '옥-'은 '안으로 오그라진 것'을 뜻하는 접두사다. 안으로 오그라든 치아를 '옥니'라 하고, 잘못 구워서 안으로 오그라든 기와를 '옥새'라 하며, 계산을 잘못하여 자기에게 불리하게 된 것을 '옥셈'이라고 하는데, 모두 접두사 '옥-'과 결합하여 이뤄진 말이다.

∷ 이 대리는 입사 동기인 박 대리가 먼저 과장으로 승진하게 되자 옥생각으로 박 대리를 비난하는 말을 공공연하게 하고 다닌다.

0834 우렁잇속 내용이 복잡하여 헤아리기 어려운 일이나, 사람이 속으로 품은 생각.

우렁이를 삶아 먹으려다 보면 배배 틀린 모양 때문에 속살을 파먹는 일이 여간 까다롭지 않다. '우렁잇속'은 보통 사람의 간각(이해력)으로 이해하기 어려운 일이나, 어떤 사람이 의뭉스러운 속마음을 품었으면서도 이를 털어놓지 않을 때 쓰는 말이다.

∷ 국민의 알 권리보다는 저희들끼리 짬짜미로 감싸고도는 그들의 우렁잇속을 어떻게 헤아릴 것인가.

0835 조부비다 초조하다. 조급하다.

'조를 부(비)비다'에서 유래된 말이다. 조를 비벼서 좁쌀을 만들어야 하는데, 조라는 것이 원래 잘 비벼지지 않는 곡식이다. 그래서 조를 비비다 보면 마음만 조급하고 초조해진다.

∷ 그에게서 소식이 오기를 기다리며 며칠을 조부비다가, 막상

그를 만나고 보니 시들하기 그지없었다.

0836**한시름** 큰 걱정.

오늘날에는 주로 '한시름 놓다' 또는 '한시름 덜다' 라는 관용구 형태로 쓰인다. '한시름이다' 고 하면 '걱정이 태산이다' 는 말과 같은 뜻이다. 그러므로 '한시름 놓다(덜다)' 는 큰 걱정에서는 일단 벗어났다는 뜻이다. 여기서 '한' 은 '하나' 가 아니라 '크다' 는 뜻이다.

∷ 집주인은 전세금을 올려달라고 은근히 성화를 부리는데, 돈을 마련할 길은 없고 정말 한시름이다.

● 여줄가리 올림말

0837**간각** 이해하는 힘. 이해력.

0838**갈마들다** 어떤 생각이나 감정이 엇갈려 일어나다. 서로 번갈아들다. 교대하다.

0839**꺽지다** 억세고 꿋꿋하며 용감하다. 과단성이 있다.

0840**냅뜰성** 부끄러워하거나 망설이지 않고 활발하며 시원한 성질.

0841**다솜** '사랑'의 옛말.

0842**데시근하다** 언행이 조리에 닿지 아니하고 미적지근하다. 매우 못마땅해하다.

0843**덴가슴** 몹쓸 재난을 겪고 잊혀지지 않아 항상 놀라는 심정.

⁰⁸⁴⁴**드레지다**　사람됨이 무게가 있고 진중하다. 물건이 보기보다 무게가 있다.

⁰⁸⁴⁵**마뜩찮다**　마음에 썩 들지 않다.

⁰⁸⁴⁶**마음고름**　마음속을 드러내지 않으려고 단단히 해둔 다짐.

⁰⁸⁴⁷**마음씨갈**　마음을 쓰는 태도나 바탕.

⁰⁸⁴⁸**마음자리**　마음의 본바탕.

⁰⁸⁴⁹**맏뜻**　처음 먹은 마음. 초지(初志).

⁰⁸⁵⁰**몬존하다**　성질이 차분하다. 위풍이 없이 초라하다.

⁰⁸⁵¹**몽짜**　음흉하게 몽니를 부리는 짓. 또는 그런 사람.

⁰⁸⁵²**미쁘다**　미덥다, 믿음직하다. 진실하다.

⁰⁸⁵³**발만스럽다**　두려워하거나 삼가는 태도가 없이 꽤 버릇없다.

⁰⁸⁵⁴**배알티**　반항심.

⁰⁸⁵⁵**보짱**　꿋꿋하게 가지는 속마음. 마음속으로 품은 요량.

⁰⁸⁵⁶**보추**　진취성 또는 냅뜰성. '보추 없다'와 같이 흔히 부정의 뜻으로 쓰임.

⁰⁸⁵⁷**본데**　보아서 배운 솜씨나 지식, 또는 예의범절.

⁰⁸⁵⁸**생청**　생판으로 쓰는 억지나 떼. 모순되는 말. (~스럽다, ~을 붙이다)

⁰⁸⁵⁹**선걸음**　이미 내디뎌 걷고 있는 그대로의 걸음. 나선 걸음. (=선길)

⁰⁸⁶⁰**속종**　마음속으로 정한 의견.

⁰⁸⁶¹**애잔하다**　썩 잔약하다. 애틋하고 애처롭다.

⁰⁸⁶²**야살**　되바라지고 앙증맞은 언동. (~궂다, ~떨다)

0863 어림생각   가상(假像).

0864 엄두   감히 무엇을 하려는 마음.

0865 여김/지움   긍정(肯定)/부정(否定).

0866 음전하다   말이나 행동이 곱고 점잖다. '얌전하다'의 큰말.

0867 의뭉하다   겉으로는 어리석은 듯 보이나 속은 엉큼하다.

0868 이악하다   일을 어떻게든 끝내려고 기를 쓰고 달라붙는 기세가 굳세고 끈덕지다.

0869 자발없다   행동이 가볍고 참을성이 없다.

0870 주니를 내다   몹시 지루함을 느끼다. 싫증을 내다.

0871 찾을모   쓸모 있어 남이 찾을 만한 점. 장점.

0872 틀수하다   성질이 너그럽고 깊다. 침착(沈着)하다.

0873 해감하다   일의 갈피를 잡을 수 없어서 아득하다. 지나치게 서둘러서 어리벙벙하다.

사람의 관계와 모둠살이

● 사람의 관계

0874 가시버시 '부부'를 낮추어 이르는 말.

 '부부(夫婦)'를 낮추어 이를 때 '가시버시'라 한다. '가시'는 '계집', '마누라' 등과 함께 아내를 가리키는 옛말인데, 오늘날에 이르러 '처(妻)'의 뜻을 나타내는 '각시'라는 형태로 쓰이고 있다. 또 일부 남부 지방에서는 시집가지 않은 여자를 가리킬 때 '가시내'라고 한다. 이것은 '가시'가 '아내' 뿐만 아니라 일반적인 여성을 낮추어 부르는 데도 쓰임을 보여주는 것이다. 손윗사람이나 여러 사람 앞에서 겸손하게 자기 부부를 낮추어서 일컬을 때, "저희 부부는……"보다 "저희 가시버시는……"이라고 부르는 것도 멋진 일일 것이다.

∷ 오늘 혼인한 저희 가시버시는 살아가면서 어떤 어려운 일을 당하더라도 한마음 한뜻으로 꿋꿋이 헤쳐 나가겠습니다.

0875 결찌 이러저러하게 연분이 닿는 먼 친척.

우리나라에서는 혈연관계를 나타내는 말이 무척 세분화되어 있다. 그래서 호칭도 다양하고, 그 가까운 정도를 '촌(寸)'이라는 단위를 써서 상세하게 구분한다. 우리나라의 민법에서는 '나'를 중심으로 배우자, 직계 혈족 및 그 배우자, 8촌 이내의 방계 혈족 및 그 배우자, 그리고 4촌 이내의 인족(姻族)을 일컬어 '친족'이라 규정하고 있다. 그러나 친족의 범위에 들지 않는 먼 친척도 있다. 이를 '결찌'라고 한다. 요즘에는 흔히 '친지(親知)'라는 한자말을 많이 쓰는데, 이는 혈족 관계가 아닌 친구나 이웃까지도 포괄하는 말이므로 '결찌'보다는 큰 개념이다. 한편 '결찌'를 '곁붙이'라고도 한다.

∷ 어제 거래처 사람과 사소한 문제를 가지고 심하게 다투었지. 그런데 알고 보니 서로 결찌 사이더라고. 외가 쪽으로 먼 친척이었다는 말이네.

0876 곁사돈 직접 사돈 간이 아닌 방계 간의 사돈.

'사돈'은 자녀가 혼인을 하였을 때 그 배우자의 부모를 말한다. 그런데 자녀의 배우자 부모가 아닌 형제자매 등도 보통 사돈이라고 부르는데, 엄밀히 말하면 이는 '곁사돈'이다. 즉 방계 간에 있는 사돈을 '곁사돈'이라고 한다. '방계(傍系)'란 '직계(直系)'에 상대되는 말로, 같은 조상에서 갈라진 수평적인 계통을 말한다. 형제자매나 4촌, 6촌 등의 관계에 있는, 같은 항렬의 친족이 곧 '방계'다. 한편 겹혼인으로 맺어진 사돈

관계는 '겹사돈'이라 한다. '곁사돈'과 '겹사돈'은 다르다.

∷ 나와는 풋낯이나 다름없는 곁사돈 간이지만, 타향에서 오래 생활하다 보니 한 치 건너 이웃도 반가운 터라, 나는 그들 내외를 융숭하게 맞았다.

0877 **남진** 여자의 입장에서 사내 또는 남편을 뜻하는 옛말.

'남진'은 '계집'의 상대말이다. 『월인석보(月印釋譜)』에는 '男子는 남지니라'고 적혀 있다. 송강 정철의 시조에도 '제 남진 제 계집 아니어든 일흠 뭇디 마오려'라는 구절이 있다. 자기 남편, 자기 아내가 아니면 이름을 묻지 말라는 뜻이다. '계집'은 '아내' 또는 '여자(女子)'에 해당하는 우리말이다. 또 '계집'은 오랜 역사에서 여성에 대한 억압이 농축된 말이다. 오랜 가부장제 아래서 '계집'은 그냥 '계집'으로 남아 오늘날까지 전해오지만, '남진'은 사라지고 '남정(男丁)' 또는 '남편' 같은 말만 남아서 오늘날까지 이어진 것이다. 오랜 세월 동안 '계집'이라는 말의 억압 아래서 살아온 여성들은, 비록 늦었지만 남성을 지칭하는 예삿말 하나를 더 익혀둘 일이다. 그리하여 여자를 '계집'이라고 칭하는 남자가 있으면 그에 맞서 '남진'이라고 불러보자.

∷ 아니, 아직도 여자를 '계집'이라고 부르는 '남진'이 있단 말이에요?

0878 **너나들이** 서로 '너', '나' 하고 부르며 터놓고 허물없이 지내는 사이.

우리말은 높임말이 다양하게 발달되어 있어서 웬만한 친구가 아니면, 설령 아랫사람이라 할지라도 함부로 '너'라는 호칭을 쓰지 않는다. 그런 의미에서 본다면, 서로 반말을 하여도 불쾌한 생각이 들지 않는 사이야말로 가장 허물없는 사이다. 이런 사이를 '너나들이'라고 한다. 너나들이하는 사이에서는 형식적인 예의를 갖추지 않아도 되기 때문에 서로 속마음을 털어놓고 지낼 수 있다. 물론 그런 관계라 하여 예의를 무시한다는 것은 아니다. 다만 형식적인 예의보다는 서로에 대한 신뢰가 두툼한 친구 사이라고나 할까.

∷ 너나들이하는 사이일수록 말을 함부로 해서는 아니 되네. 마음속으로부터 예의를 지켜야 할 것이네.

0879 넛할아버지/넛할머니   아버지의 외숙/외숙모.

접두사 '넛-'이 붙으면 아버지의 외숙(외숙모)과 자기와의 관계를 나타내게 된다. 좀 복잡한 관계 같지만 간단하게 말해서 '나'의 할머니의 남자 형제를 말한다. 한편 '넛손자'는 누이의 손자를 뜻하며, '넛할아버지'와 상대되는 말이다.

∷ 할머니는 요즘 넛할아버지 댁에 가시는 일이 부쩍 잦아졌다. 넛할아버지와 넛할머니도 우리 할머니가 오시는 것을 좋아하신다. 연세가 드실수록 남매의 정이 새로워지시나 보다.

0880 뜨게부부   정식으로 결혼을 하지 않고 우연히 만나서 어울려 사는 남녀.

오늘날 정식으로 결혼을 하지 않고 어울려 사는 남녀를 일러 흔히 '동거부부'라고 한다. 이와 같은 동거부부를 옛말로는 '뜨게부부'라고 하였다. '뜨다'라는 말은 여러 가지 뜻으로 쓰이는데 '흉내 내어 그와 똑같게 하다'는 뜻도 있다. '옷감을 잘라 본을 뜨다'의 '뜨다'가 그런 뜻이다. '뜨게'는 '뜨다'에서 갈래 친 말인데, 거기에 '부부'라는 말이 붙어서 '흉내 낸 부부'라는 뜻으로 쓰였다. 요즘에는 얼마 뒤에 정식으로 결혼할 것을 약속하고 미리 함께 사는 경우가 많다. 이런 경우 '예비부부'라는 표현이 적절하다. 하지만 결혼을 전제로 하지 않으면서 한 살림을 차렸다면 이는 예비부부라기보다는 오히려 '흉내 낸 부부'에 가까우며, '뜨게부부'라 할 수 있을 것이다.

:: 사실 결혼이라는 게 호화로운 예식과 값비싼 혼수로 서로를 '팔아넘기고' 가부장제의 모순이 언죽번죽 뒤섞인 대열에 합류하는 행위가 아니던가. 그럴 바에야 차라리 뜨게부부로 살아, 남녀가 함께 산다는 것의 쓴물을 잔뜩 마셔보는 것도 의미 있는 일이 아닌가.

0881 삼이웃   이쪽저쪽의 가까운 이웃.

'이웃끼리는 황소 가지고도 다투지 않는다'는 속담이 있다. 손익을 떠나서 이웃과는 화목하게 지내야 한다는 것을 강조한 말이다. 이처럼 우리 겨레는 이웃을 소중히 생각하였다. '삼이웃'은 우리가 자주 쓰는 '이웃'이라는 말보다는 한결 결속력이 느껴지는 말이다. '이웃사촌'이라는 말과 서로 통한다. '삼'은 한자말 '三'에서 온 말이므로, 이를 풀어보면 '세 이웃'이 된다. 그러니까 어느 특정한 이웃집이 아니라 가까이 있는 여러 이웃을 통틀어 일컫는 말이다. 오늘날 주된 주거 형태인 아파트의 경우 한 건물 안에서 '이쪽'과 '저쪽'으로 다른 세대가 '이웃'하고 있다. 이들 이웃을 합쳐서 '삼이웃'이라 할 수 있다. 한편 '삼이웃'은 '삼니웃'이라고 소리내야 한다. 두 개의 말이 어울려 합성명사를 이룰 때, 뒤의 말이 모음 'ㅣ'로 시작되면 'ㄴ'이 겹쳐 소리 나는 사잇소리 현상 때문이다.

:: 부실공사 문제로 온 나라가 떠들썩한 가운데 우리 아파트에서도 삼이웃이 모여 앉아 안전대책을 강구하였다.

0882 시앗 남편의 첩.

남편의 첩을 본처의 입장에서 부르는 말이다. 또 그렇게 된 상황을 '시앗 보다'라고 한다. '시앗 싸움에 요강장수'라는 말이 있다. 본처와 첩 사이의 싸움에서 요강이 깨지면 요강장수만 덕을 본다는 것이다. 두 사람의 싸움에 전혀 다른 사람이 이익을 본다는 것을 꼬집는 말인데, 한자성어인 '어부지리(漁夫之利)'에 해당한다. 일부일처제를 법으로 정하고 있는 현대의 법치사회에서는 남자가 아내에게 시앗을 보게 하는 것은 불법이다. 하지만 드러나지 않는 이러저러한 외도가 시앗 보는 일을 갈음하고 있다.

:: 돈 한 푼 못 벌어오는 주제에 심심하면 제 아내에게 손찌검이나 해대는 위인이 급기야는 시앗까지 보게 하더이다.

0883 **알음**　사람끼리 서로 아는 일, 또는 알고 있는 일.

'알다'의 명사형이 관용적으로 굳어진 말로, '사람끼리 서로 아는 일' 또는 '알고 있는 일'을 뜻한다. 그러므로 '안면'이 있는 관계를 '알음하다'라고 한다. 그리고 어떤 경로를 통하든 어찌어찌하여 개인끼리 서로 알게 된 관계나, 그렇게 하여 친분이 생긴 관계를 말할 때 '알음알음'이라고 하며, 이렇게 알게 되어 가까이 하는 사람을 일컬을 때 '알음알이'라고 한다. 이 밖에도 '알음'에는 '신의 보호, 또는 신이 보호해준 보람'이라는 뜻이 있다. "당신에게 늘 '알음'이 함께하길 바랍니다"라고 인사한다면 이는 '당신에게 늘 신의 보호가 함께하기를 바란다'는 뜻이 된다. 한편 '알음장하다'라고 하면 눈치로 뭔가를 알려주는 짓을 뜻한다.

:: 그분과 나는 서로 알음이 있다. 학교 다닐 적에 내가 알음알음으로 알게 되어 지금까지 알음알이로 지내고 있다.

0884 **여의다**　죽어서 이별하다. 멀리 떠나보내다. 딸을 시집보내다.

'여의다'는 부모, 자식, 사랑하는 임 등 가족이나 가족 비슷하게 가까운 사람과의 이별을 뜻하는 말이다. '부모를 여의다'라고 하면 부모가 돌아가신 것을 뜻한다. '임을 여의다'는 사랑하는 임을 떠나보냈다는 것이고, '딸을 여의다'는 딸을 시집보낸다는 뜻이다. 반면 아들 장가보내는 것을 '여의다'라고 하지는 않는다. 아들은 결혼을 해도 부모의 곁을 떠나지 않았기 때문이다. 하지만 요즘에는 아들도 결혼해서 떠나가는 세상이니 '여의다' 라고 해야 하지 않을까. 어떤 경우든 '여의다' 는 이별의 슬픔이 묻어 있는 말이다.

:: 심청이는 어려서 어머니를 여의고 홀아버지 심 봉사의 손에 자랐다.

0885 **움딸** 시집간 딸이 죽은 뒤에 다시 장가든 사위의 후처.

혼인은 신랑, 신부 당사자끼리의 관계로 말미암아 두 가족이 '사돈' 이라는 관계를 맺게 되는 독특한 인연이다. 그런데 불행히도 시집간 딸이 죽어버리고 사위가 새장가를 든다면 그 관계는 어떻게 될 것인가? 이런 경우에는 새 아내가 전처의 부모에 대하여 딸 노릇을 하였다. '사위의 아내' 이므로 딸은 딸이되 진짜 딸이 아니니 이를 '움딸' 이라 하였다. 같은 이치로 죽은 누이 뒤로 매부에게 시집온 여자는 '움누이' 라 하였다.

:: 김 영감네 외동딸 순임이가 죽은 지도 십 년이 지났건만 그 사위와 움딸이 기특하게도 매번 저렇게 들러서 안부를 살피고 간다네.

0886 **이녘** '하오' 할 상대를 마주 대하고 이야기할 때, 상대를 조금 낮추어서 부르는 말.

우리말은 높임말이 워낙 잘 발달되어 있어서 위, 아래로 예의를 갖추는 법이 아주 다양하다. 하지만 이것이 지나치면 호칭에 혼란을 가져오기도 한다. 특히 인칭대명사를 쓰는 데 있어서 상대를 지칭하는 2인칭을 쓰기가 가장 곤란하다. 2인칭인 '이녁'은 지금도 할아버지나 할머니들 사이에서 더러 쓰이는 경우가 있는데, 그 어감이 매우 친근하고 정겹게 느껴진다. 하지만 어떤 이유에서인지 지금은 거의 쓰지 않는 말이 되어버렸다. 그러나 자신과 비슷한 상대이면서도 '너'라고 부르기에는 조금 예의를 갖추어야 할 때 적절하게 쓸 수 있는 말이 바로 '이녁'이다. 연인이나 부부 간에 쓰기에 적합한 말이다.

∷ 내가 언제 이녁을 무시했다고 그러오? 그건 이녁이 잘못 생각한 것 같구려.

0887 자치동갑

나이차가 조금 나지만 서로 친구처럼 지내는 사이. 같은 해에 입학한 학교 친구나 비슷한 시기에 입사한 직장의 동기 동료들 중에서 나이가 한두 살 차이 나는 수가 있다. 이럴 때 서로에 대한 호칭 문제로 조금 곤란해지기도 하지만, 보통 한두 살 정도의 차이는 그냥 무시하고 동갑내기 친구처럼 대하게 된다. 이렇듯 '나이차가 조금 나지만 친구처럼 지내는 것'을 일러 '자치동갑'이라고 한다. 다른 말로 '어깨동갑'이라고도 한다. 그러나 흔히 쓰는 '띠동갑'이라는 말과는 다르므로 구별해서 써야 한다. '띠동갑'이란 12년 단위로 반복되는 같은 띠의 해에 태어난 것을 말하는 것이다. 그러므로 띠동갑은 실제 나이 차이가 12년, 24년 등과 같이 12배수의 차이가 난다.

∷ 자네 아버님은 나보다 나이가 한 살 적지만 서로 자치동갑인

셈이지. 어려서부터 죽마고우로 함께 자랐거든.

0888 풋낯 서로 겨우 낯을 아는 정도의 사이.

사람과 사람의 관계는 복잡하기 그지없다. 그중에서도 서로 겨우 낯을 아는 정도여서, 마주치면 인사를 나누자니 좀 쑥스럽고 그렇다고 모른 척 그냥 지나치기에는 조금 미안한 마음이 드는 관계도 있다. 그런 사이를 '풋낯'이라 한다. 그러니까 '풋낯'은 완전히 초면(初面)도 아니고 구면(舊面)도 아닌 사이를 말하는 것이다. 이처럼 풋낯인 사람을 만났을 때 쭈뼛거리며 그냥 지나치는 것보다는 먼저 가볍게 목례를 하는 편이 자연스럽다. 그런 인사를 '풋인사'라고 한다. '풋인사'라도 미소를 섞어 정겹게 나누다 보면 서로 친근감을 느끼게 되고 '풋낯'이 '익은 낯'으로 변하게 될 것이다.

:: 어제 우리 옆 사무실에 근무하는 사람을 우연히 길에서 마주쳤는데 풋낯이라서 슬쩍 눈인사만 하고 그냥 지나치고 말았지.

● **여줄가리 올림말**

0889 곁붙이 촌수가 먼 일가붙이.
0890 곁쪽 가까운 일가친척.
0891 난질 여자가 바람나서 정을 통한 남자와 도망하는 일. (~가다, ~꾼)

0892 남진아비   아내를 가진 사내. 유부남(有婦男). 반대는 '남진어미'.

0893 누이바꿈   두 남자가 각기 상대방의 누이와 결혼하는 일.

0894 다슴어미   의붓어미.

0895 덤받이   여자가 전남편에게서 배거나 낳아서 데리고 들어온 자식.

0896 띠앗머리   형제자매 사이의 우애와 정의(情誼).

0897 발그림자   사람의 관계에서 찾아오거나 찾아가거나 하는 발걸음.

0898 버슷하다   두 사람 사이가 서로 버스러져 잘 어울리지 않다.

0899 설면하다   자주 못 만나서 낯이 좀 설다.

0900 아음   '친척(親戚)'의 옛말.

0901 옴살   마치 한 몸같이 친밀하고 가까운 사이.

0902 의초   동기 간의 우애. 부부 사이의 정. (~롭다)

0903 푸네기   가까운 제 살붙이.

0904 한속   같은 뜻이나 마음. 같은 셈속. (~이 되다, ~같다)

0905 한올지다   사람의 관계가 마치 한 올의 실처럼 매우 가깝고 친밀하다.

살림살이와 모둠살이

0906 **동아리** 목적이 같은 사람들이 한패를 이룬 무리.

예전에 대학가에서 '서클(circle)'은 낭만적인 대학생활의 상징처럼 인식되기도 하였다. 그래서 고등학생들 사이에서도 이를 흉내 낸 별의별 '서클'이 등장하였고, 그중에는 이른바 '불량 서클'도 상당수 포함되었다. 다행히도 요즘의 대학생들은 '서클'이라는 말 대신에 '동아리'라는 말을 쓴다. 외국어를 쫓아내고 우리말을 되찾은 바람직한 경우라 할 수 있다. '불량 서클'이라는 말은 있어도 '불량 동아리'라는 말은 아직 생겨나지 않은 것을 보면 말글살이는 사람의 정서에 대단한 영향을 미친다는 것을 알 수 있다. 한편 동아리는 '나무 아랫동아리'처럼 긴 물건의 한 부분을 말하기도 한다.

:: 이번에 우리 동아리에서는 대학생들이 자주 쓰는 외래어를 수집하여 이를 바꾸어 쓸 우리말을 널리 알리는 활동을 펼칠 계획이다.

0907 **두럭** 놀이를 하기 위하여 여러 사람이 모인 떼. 여러 집이 한데 모인 집단.

'두르다'에 뿌리를 둔 말임을 알 수 있다. 전통적인 농촌사회에서는 정기적으로 공동체 행사를 치른다. 한 마을 또는 인접한 몇 개의 마을 주민들이 모여서 이른바 '대동놀이'를 할 때

편을 가르게 되는데, 이때 임의로 가른 한 편의 집단을 '두럭'이라고 한다. 또는 큰 마을을 몇 개의 구역으로 다시 나누었을 때 한 구역을 이르는 단위이기도 하다. 오늘날 운동회 따위를 할 때 보통 두 개 이상의 편으로 나누어서 하는데, 이때 한 편 또는 한 집단을 가리킬 때 쓸 수 있는 말이다.

∷ 다음 주에 열리는 회사 운동회에서는 우리 부서와 자재부가 한 두럭이 되기로 하였습니다.

0908 **두레** 농촌에서 농사의 공동작업을 위해 마을이나 몇 개의 두럭 단위로 만든 조직.

우리 전통 농경사회의 공동체 정신이 가장 잘 드러나는 생활양식이다. '두레'는 말 그대로 작업 공동체. 그런데 단지 공동작업만 하는 것이 아니다. '두레'는 여러 가지 뜻을 가지는 말이다. 예컨대 집단으로 하는 농악(農樂)도 '두레'라 하고, 농군들이 여럿이 음식을 장만하여 모여서 노는 것도 '두레'라 한다. 또 둥근 밥상을 '두레상(-床)'이라 하는데, 이 두레상을 펴놓고 여럿이 둘러앉아 음식을 먹는 것을 '두레 먹다'라고 한다.

∷ 우리 전통사회는 두레 문화라고 할 수 있습니다. 두레는 일과 놀이를 아우르는 뿌리 깊은 공동체 정신이 구현된 것입니다.

0909 **모꼬지** 놀이나 잔치로 여러 사람이 모임.

어떤 단체의 회원들이 단합을 위해 '수련회'를 하는 것을 흔히 '엠티(MT)'라고 하였다. 이는 '멤버십 트레이닝(membership training)'을 줄인 말로, 단체 활동에 적응하기 위한, 일종의 훈련 성격을 띤 야유회 같은 것이었다. 그런데 지금은 '엠티' 대신 '모꼬지'라는 말이 널리 쓰인다. '모꼬지'는 흔히 산이나 강, 바다 같은 야외로 나가서 한다. 이 때문에 '모꼬지 간다'는 표현을 쓰는 사람들이 더러 있으나 엄밀히 따지면 이는 정확하지 않다. '모꼬지' 자체가 '여러 사람이 모여 놀이판을 여는 것'을 뜻하는 말이므로 '모꼬지한다' 또는 '모꼬지하러 간다'고 표현해야 옳다.

∷ 며칠 전에 국문학과 학생들이 북한강 근처로 모꼬지하러 갔는데 날씨가 너무 추워서 고생했다더라.

0910 물보낌   여러 사람을 모조리 때림. 단체 체벌.

군사문화나 폭력문화가 지배하는 사회에서는 이른바 '연대책임'이 강조된다. 어느 집단에서 한 사람이 잘못을 저지르게 되면 그 당사자뿐만 아니라 같은 집단에 속한 모든 구성원들이 연대해서 책임을 지고 체벌을 당하는 것이다. 이는 소수가 다수를 획일적으로 통제하기 위한 손쉬운 방법이다. '물보낌'이 바로 그것이다. '물보낌'의 '물'은 '여럿이 모두'를 뜻하는 '뭇'이 변한 말이다. '보낌'은 '들볶임'이나 시달림을 말한다. 여러 사람이 한 사람을 뭇매 놓는 '싸다듬이'에 반대되는 말이다. '싸다듬이'든 '물보낌'이든 모두 사라져야 할 문화다.

∷ 새내기 이등병이 경계근무 수칙을 어기는 바람에 우리 소

대원 모두는 그날 저녁 내내 물보끔을 당하였다. 그러나 혹독한 물보끔을 당하는 순간에도 나는 그 이등병을 탓하지 않았다.

0911 반보기
양가의 부녀자들끼리 만날 때 두 집 사이의 반쯤 되는 장소에서 만나는 것.

옛날에 양가의 부녀자들은 마음 놓고 밖으로 나다닐 수가 없었다. 그저 온종일 집 안에 갇혀서 집안일을 돌보는 것이 미덕이었다. 그래서 시집간 부녀자들끼리 소식을 주고받을 일이 있을 때는 아랫사람을 시켜 기별을 전하는 것이 고작이었다. 그러나 굳이 직접 만나야 하는 경우도 있었을 것이다. 그럴 때는 미리 사람을 시켜 두 집 사이 거리의 반쯤 되는 지점에 약속 장소를 정한 다음 공평하게 반씩 나가서 만나는 게 관례였다. 이를 '반(半)보기'한다고 하였다. 가장 짧은 시간에 가장 짧은 거리에서 만날 수 있는 방법이다. 반보기는 매우 공평하고 합리적인 만남 방법이다. 반보기는 중부 이남 지방의 농촌 풍속으로, 특히 사정이 있어 친정 식구들과 드러내놓고 친하게 지내지 못하는 경우에 행한 만남의 방법이었다.

:: 이번에도 반보기로 하지. 지난번에 만났던 그 찻집에서 정오에 보는 게 어때?

0912 북새
뭇 사람이 법석대는 상태.

여러 사람이 들끓어 북적북적한 상태를 나타낸 말이다. 그렇게 북적대다 보면 차분하게 어떤 일을 할 수가 없다. 여러 사람이 모여 잔치를 벌이거나 뜻을 모으는 것과는 다른 현상이다. 예컨대 전쟁 같은 난리 통을 '북새통'이라고 한다. 그리고 여럿이서 어떤 일을 방해하는 것을 '북새질치다', '북새놓다'고 하며, 그런 판이 벌어진 곳을 '북새판'이라 한다.

:: 전염병이 돌아서 하루에도 수십 구의 시체들이 부산하게 등걸음치는 그 북새통에 한가로이 누대에 앉아 글귀만 읊조릴 수는 없었던 것이다.

0913 셈평 펴이다 계산속, 이해타산적인 내용이나 생각, 또는 그렇게 품고 있는 마음.

'셈평'은 생활의 형편을 말한다. 원래는 계산속이나 이해타산적인 생각을 뜻하는데, 매우 가난할 때는 그런 셈평을 가질 여유조차 없다. '셈평(이) 펴이다'라고 하면 '생활이 좀 넉넉해져서 별로 부족하지 않게 되다'는 뜻이다. 셈을 할 수 있게 된다는 것은 곧 어느 정도 재산이 있다는 것을 뜻한다.

:: 그 무렵에는 웬만큼 셈평이 펴여서 더부살이도 면할 수 있게 되었고, 난생 처음 아버지의 이름 석 자가 버젓이 매달린 '우리 집'에서 식구들만의 아늑한 살림이 시작되었다.

0914 손겪이 손님을 대접하는 일.

모둠살이를 하다 보면 손님을 겪을 일이 종종 생긴다. 전통적인 관혼상제와 관련된 일에서부터, 새집으로 이사를 하였을 때 집들이 잔치를 하거나 자녀의 돌잔치 따위를 치르는 일까지 손님을 겪을 일이 많다. '손겪이'는 이런 모든 종류의 손님 대접을 일컫는 말이다. 한편 손겪이 중에서도 크게 한판을 벌여 손님을 치르는 것을 '일결하다'라고 한다.

∷ 저희 집은 종가라서 손겪이할 일이 많답니다. 지난 주말에도 문중 어른들을 수십 분이나 모시고 제사를 올리느라 일결했답니다.

⁰⁹¹⁵**싸다듬이** 매나 몽둥이로 사정없이 마구 때리는 짓. 옷감 같은 것이 상하지 않도록 다른 천으로 싸서 하는 다듬이질.

옛날 농촌 공동체 사회에서는 마을 공동체의 질서를 심하게 무너뜨리는 짓을 한 사람에 대하여, 주민들이 한꺼번에 나서서 체벌을 하는 경우가 있었다. 이때 '죄인'을 멍석 따위로 둘둘 감아놓고 여러 사람이 몽둥이로 때리는 것이다. 이를 '멍석몰이'라 하는데, 오늘날과 같은 법치주의 사회에서는 상상도 할 수 없는 일이다. 물론 사법체계가 갖추어지지 않은 봉건사회에서는 모둠살이의 기강을 잡기 위해 어쩔 수 없이 행해진 풍속일 터이다.

∷ 동네 사람들에게 수차례 싸다듬이를 당하여 혼쭐이 났음에도, 든버릇이 되어버린 그의 괴벽은 도무지 시르죽지를 않았다.

⁰⁹¹⁶**안갚음** 어버이의 은혜를 갚는 것.

까마귀 새끼는 자란 뒤에 늙은 어미에게 먹이를 물어다 준다고 한다. 이를 '반포지효(反哺之孝)'라 하여 효의 귀감으로 삼고 있다. 미물인 까마귀도 그러할진대, 하물며 만물의 영장인 사람이 어버이의 은혜를 갚지 못한대서야 말이 되겠느냐는 것이다. 이렇듯이 '어버이의 은혜를 갚는 것'을 '안갚음'이라고 한다. 또한 '안갚음'을 받는 것을 '안받음'이라고 한다. 자식 쪽에서 보면 '안갚음'이 되고, 은혜를 베푼 부모 쪽에서 보면 '안받음'이 되는 것이다. 그런데 부모와 자식 간에 서로 갚고 받고 하는 '안'은 무엇일까. 옛날에 '안'은 마음속이나 가슴속을 뜻하는 말이었다. '져 믈도 내 안 굿도다. 우러 밤길 녜놋다'라는 옛시조가 있다. 이를 현대적으로 풀어 쓰면 '저 물도 내 마음 같아서 울며 밤길을 가노라'가 된다. 가슴속으로 울고 있는 사람의 귀에는 물 흐르는 소리도 울음소리로 들리는가 보다. '안'은 '마음'이다. 따라서 '안갚음'은 마음으로 하는 것이다. 마음이 없이 부모에게 부귀영화를 누리게 한들 이를 '안갚음'이라 할 수 없다. '효'는 마음에서 우러나오는 것이어야 하며, 또한 부모의 마음을 살피는 것이며, 마음으로 주고받는 것이다. 그래야만 '안갚음'이 되고, '안받음'이 되는 것이다.

:: 멀리 고향에 계신 부모님께 자주 문안전화를 드리는 것도 안갚음의 하나라고 할 수 있을 것이다.

0917 **애옥살이**   가난에 쪼들려 고생하며 사는 살림살이.

'애옥살이'는 '애옥살림'이라고도 하며, 살림이 매우 구차한 모습을 가리킨다. 형용사형은 '애옥하다'라고 한다. '애옥하다'는 '옥다'와 관련이 있는 말로 보인다. '벋다'와 반대되는 말이다. 살림이 벋어나가 번창하지 못하고 안으로 '오그라든' 상태를 말한다. 또한 '옥생각', '옥셈' 따위의 말처럼 사람의 생각이 열려 있지 못하고 그릇되게 꽉 닫혀 있는 것을 말하기도 한다.

:: 애옥살이에 마을을 떠난 정든 이웃들. (정연길, 어느 하늘 아랜들)

0918 집알이 갓 이사한 집이나 신혼집을 인사 겸 구경삼아 찾아보는 일.

요즈음에도 흔히 볼 수 있는 우리 풍속 가운데 하나가 바로 '집들이'다. 갓 혼인한 신혼부부가 친지들을 불러 신혼집을 공개하는 집들이도 있고, 새집으로 이사했을 때 하는 집들이도 있다. 그런데 이들의 초대를 받고 가는 것을 보통 '집들이 간다'고 한다. 그러나 엄밀하게 말하면 '집들이' 초대를 받아서 '집알이' 하러 가는 것이다. '집들이'는 이사하여 새로운 집으로 옮겨 들어가는 것, 또는 이사한 뒤에 이웃과 친지를 청하여 음식을 대접하는 일을 뜻한다. 따라서 '집들이'하는 집에 찾아가는 손님 쪽에서 보면 '집알이 간다'고 해야 바른 표현이다. 한편 집들이를 할 때 음식을 장만하여 손님을 대접하는 것을 '들턱'이라고 한다. '집들이하면서 내는 턱'이라는 뜻이다.

:: 내 아내를 처음 만난 건 몇 해 전 직장 동료의 집알이를 갔을

때였어. 거기서 내 첫눈에 들었던 게지.

0919 **짬짜미** 남모르게 몇몇이서 자기들끼리만 짜고 하는 약속.
'편을 짜다', '팀을 짜다'와 같이 어떤 목적을 위하여 사람들을 조직한다는 의미의 '짜다'에 뿌리를 둔 말이다. 역사 속에서 짬짜미하는 예가 종종 있다. 지난 1979년 10·26 사태가 발생하자 '하나회'라는 신군부 사조직 세력은 다른 동료 군인들 모르게 '짬짜미'로 반란을 획책하여, 무력으로 정권을 장악하였다. 정치권에서도 특정 지역에 기반을 둔 정치인들이 파벌을 만들고 자기들끼리 짬짜미하여 나라 살림을 좌지우지하는 유치한 '짬짜미 정치'가 계속 이어져왔다.

∷ 지난번 조합 총회에서는 등산반 조합원들이 짬짜미하는 바람에 다수의 조합원들은 영문도 모른 채 몇 사람의 결정에 따르고 말았다.

0920 **한터** 내 땅도 아니고 네 땅도 아닌 마을의 넓은 공터.
마을의 공동작업을 하거나, 꼭 공동의 일이 아니더라도 마을 사람 누구나 쓸 수 있도록 열려 있는 터를 말한다. '하나의 터', '한가로운 터', '넓은 터'를 뜻한다. 도시의 광장, 공원, 공터 따위를 두루 나타낼 수 있는 말이다.

∷ 마을 어귀의 한터에 가끔씩 엿장수나 튀밥장수가 자리를 잡고 앉기라도 하면, 그날은 동네 아이들 잔칫날이 되었다.

⁰⁹²¹**홀앗이** 모든 살림살이를 혼자서 맡아서 처리하는 처지.

'홀앗이살림'을 한다는 뜻에서 비롯된 말이다. '홀앗이', '품앗이' 따위에서 '-앗이'는 그 말 자체로 살림이나 일을 꾸려 나가는 것을 뜻하는 접미어다. '홀앗이'는 독신자 또는 1인 가족을 말한다. 사별이나 이혼으로 배우자를 여읜 홀아비나 홀어미, 피붙이가 모두 떠나고 홀로 남은 농촌의 '독거노인', 집을 떠나 유학생활을 하는 학생 등 홀로 사는 사람은 다 '홀앗이'다. 그러나 대체로 혼기가 지났음에도 배우자 없이 혼자 사는 사람을 말한다.

∷ 십 년 넘은 홀앗이살림이 이젠 지겹기도 하지만, 그렇다고 새로 사람을 만나는 데에도 녹녹한 성격이 아니라서 그만 생각을 접고 말지요.

● 여줄가리 올림말

⁰⁹²²**가년스럽다** 몹시 궁상(窮狀)스러워 보이다.

⁰⁹²³**남우세** 남에게서 받는 비웃음이나 놀림. 줄여서 '남세'라고 함. (~스럽다)

⁰⁹²⁴**덕석몰이** '멍석말이'의 전라도 방언. 죄인을 덕석 따위로 둘둘 감아놓고 여러 사람이 몽둥이로 때리는 것.

⁰⁹²⁵**들놀이** 야유회. 들에 나가서 하는 모임. 들 모임. '모꼬지'와 비슷한 말.

⁰⁹²⁶**들턱** 새집에 이사를 한 뒤 한턱내는 일.

0927**따로나다** 가족의 일부가 딴살림을 벌여 나가다. 분가하다.
*따로내다-분가시키다.

0928**모둠** 어떤 모임이나 단체를 다시 작게 나눈 집단. 조(組).

0929**모람** 모인 사람. 구성원, 회원, 주민.

0930**무릎맞춤** 대질(對質).

0931**밥내다** 죄인에게 형벌을 가하여 그 죄상을 고백하게 하다. 문초(問招)하다.

0932**사람멀미** 사람이 많이 모인 곳에서 느끼는 멀미.

0933**살기다툼** 생존경쟁.

0934**앞잔치** 전야제(前夜祭). 리허설.

0935**추레하다** 옷차림이나 겉모양이 허술하고 궁색하다. 생생한 기운이 없다.

0936**트리** 어떤 나쁜 일을 여러 사람과 함께 모의하는 일. 공모(共謀).

0937**포실하다** 살림살이가 오붓하여 어렵지 않다. 넉넉하다.

0938**한골** 썩 좋고 귀한 지체나 문벌(門閥).

0939**한바닥** 번화한 곳의 중심이 되는 땅. 번화가(繁華街).

0940**해포이웃** 오랫동안 희로애락(喜怒哀樂)을 함께 나눈 이웃.

0941**흔전하다** 사람의 생활이 모자람이 없이 아주 넉넉하다. 풍족(豊足)하다.

0942**흔줄** 사십 줄 나이.

4부 • 경제활동

 생업과 노동

● 농경과 어로

⁰⁹⁴³**가다루다** 논밭을 갈아서 다루다.

'가다루다'는 '경작(耕作)하다'는 뜻이다. '갈다'와 '다루다'가 합쳐진 말이다. 농부는 논밭을 가다루고, 기술자는 기계를 가다룬다. 또 글노동하는 사람은 글을 가다룬다. 선생님은 학생들을 가다루며, 지도자는 사회를 가다룬다. 산업 현장에서 일꾼들은 각자 자신이 맡은 대상을 가다루는 것이다.

:: 땅을 사랑하지 않는 자 논밭을 가다루어 아니 되는 것처럼, 백성에 대한 사랑이 없는 자들에게 더 이상 나라를 가다루게 할 수는 없다.

⁰⁹⁴⁴**가다리** 한 마지기에 얼마씩 삯을 받고 모낼 논을 갈고 써레질해주는 일.

농사 때 바빠서 한꺼번에 논갈이를 다 하지 못했을 때, 삯을 주고 노동력을 사는 일을 말한다. 농사일이 아니라도 시각을 다투는 어떤 일을 하는 데 급히 손을 빌려와야 하는 경우에도 쓸 수 있는 말이다. 요즘의 임시직이나 시간제 아르바이트와 통하는 데가 있는 말이다.

:: 우리 팀원으로는 이번 주 안에 일을 끝내기 어려울 것 같으니, 프리랜서 몇 명 불러서 가다리시키는 게 좋을 것 같습니다.

0945 강모 물 없는 논에 호미나 꼬챙이로 억지로 땅을 파면서 심는 모.

'강바람', '강다짐' 따위의 말에 쓰인 접두어 '강-'은 습기나 물기가 없이 메마른 상태를 나타낸다. 꼭 있어야 하는데 없는 상태다. '강모'는 단순히 모를 심는 방법의 한 가지를 나타내는 말이 아니다. 비가 오지 않아서 강모를 심는 농부의 심정은 애가 탄다. 강모를 심어놓은 이후에도 한동안 비가 오지 않으면 심어놓은 모도 말라죽고 만다. 꼬챙이로 논바닥에 구멍을 내며 모를 심는다는 뜻으로 '꼬창모'라고도 하며, 호미로 긁어서 심으므로 '호미모'라고도 한다. 이 밖에도 '말뚝모', '작대기모' 등 강모를 나타내는 말은 여러 가지가 있다.

:: 그해에는 봄가뭄이 예사롭지가 않았다. 목비를 기다리다 못한 농군들은 더 이상은 때를 놓칠 수 없어서 강모를 심기 시작하였다. 그러면서 벙벙하게 차오른 논물을 첨벙첨벙 차

고 다니며 모를 내던 때를 그리워하였다.

0946 개자리 쟁기로 논을 갈 때, 갈리지 않고 남은 구석의 땅.

어떤 일이든 개자리가 생길 수 있다. 정치가 아무리 훌륭해도 개자리가 남는다. 이처럼 '개자리'는 미처 손길이 미치지 못하여 남아 있는 자리를 말한다. 즉 별도로 손이 가야 하는 일인 것이다. 이 밖에 '개자리'가 다른 뜻으로 쓰이는 경우도 있다. 전통가옥의 온돌에서 불기를 빨아들이고 연기를 머무르게 하여 열효율을 높이기 위해 방구들 윗목에 깊숙이 판 고랑도 '개자리'라고 한다. 강이나 냇물 바닥이 갑자기 푹 패어 깊어진 곳도 '개자리'다.

:: 먹을 것이 넘치는 시대다. 살빼기가 대다수의 관심사가 되고 있다. 그러나 한편에서는 끼니를 거르는 아이들이 존재한다. 우리 사회의 개자리다.

0947 걸기질 논바닥에 물이 골고루 퍼지지 않을 때 높은 데의 흙을 낮은 데로 끌어내려 고르는 일.

농경이나 건축 일에서는 땅을 편편하게 골라주어야 할 일이 자주 있다. 논바닥을 고르는 것을 '바닥걸기질'이라 하는데 이를 줄여서 '걸기질'이라 한다. 또 가을에 마당질을 하기 위하여, 여름내 장마로 패이고 울퉁불퉁하게 된 마당을 흙을 이겨서 고르게 바르는 일은 '마당맥질'이라고 한다. '맥질'은 '매흙질'의 준말로, 벽 거죽에 결이 고운 매흙을 바르는 일을 말한다. 걸기질은 논바닥에만 필요한 것이 아니다. 사람들의 모둠살이도 때때로 걸기질해주지 않으면 힘과 재물이 한곳으로 쏠리게 된다. 그리고 바로 그곳에서 부패가 시작된다. 무릇 평등주의 이념이란 간혹 세상을 걸기질하는 것과 같다.

∷ 걸기질이 안 된 논바닥에서 모가 잘 자랄 수 없듯이, 빈부 격차가 극심한 사회에서는 사람들의 꿈과 행복이 자라나기 어렵다. 복지정책이 필요한 이유가 바로 여기에 있다.

0948 **겉갈이** 잡초나 해충을 없애려고 추수 뒤에 논밭을 갈아엎는 일.

'겉갈이'는 땅 속의 해충이나 유충을 햇볕에 드러나게 하여 제거하는 방법이다. 대규모 조직사회에서 일정 주기마다 한 번씩 인사이동을 시키는 것도 일종의 겉갈이라고 할 수 있다. 직무권한을 가진 사람이 한 자리에 오래 머물다 보면 아무래도 그 자리가 '부패'하기 쉽기 때문이다.

∷ 추수가 끝난 들판으로 소담스런 햇볕이 쏟아지고 있었다. 겉갈이하는 농부는 그리 바쁠 것도 없으면서 쟁기를 끄는 황소의 옆구리에 자꾸만 고삐를 후려친다.

0949 **고지** 삯을 미리 받고 남의 논을 대신 경작해주는 일, 또는 그렇게 받는 삯.

논 한 마지기당 일정한 삯을 정해, 모내기부터 마지막 김매기나 수확까지의 일을 해주기로 하고 미리 받아 쓰는 삯, 또는 그 일을 뜻하는 말이다. 땅주인 쪽에서는 '고지를 주다'라고 하며, 일하는 쪽에서는 '고지 먹다'라고 한다. 삯을 먼저 받았으니 고지 먹는 쪽에서는 품을 빚진 셈이다. 이를 '고지자리품' 또는 줄여서 '자리품'이라 한다. 한편 고지를 먹는 쪽이 아쉬운 터라 품삯이 변변치 못하였을 것임은 자명한 일이다.

∷ 보릿고개에 쌀 두 섬을 고지 먹고, 그해 봄부터 가을까지 내내 자리품을 갚느라고 허리가 펴일 날이 없었다.

∷ 천하의 무쇠라고 소문이 자자하던 김 영감도 이제 기운이 떨어져서 고래실 몇 마지기만 남기고 나머지는 모두 고지 주는 모양이다.

0950 그루   한 해에 같은 땅에 농사짓는 횟수.

나무나 곡식 등의 줄기의 아랫부분을 '그루'라 하고, 나무를 베어낸 뒤 남은 밑동을 '그루터기'라고 한다. 또한 나무를 세는 단위로도 자주 쓰는 말이다. 그런데 '그루'가 농사와 관련된 말로 쓰일 때는, 한 땅에 농작물을 심는 횟수를 말한다. 즉 한 땅에 한 번만 농사를 지으면 '한그루'라 한다. 그런데 한 땅에 두 번 이상 농사짓는 것, 즉 '이모작(二毛作)'은 '두그루'가 아니라 '그루갈이'라 부른다. 원래 그루갈이는 그루터기를 뒤엎기 위하여 땅을 가는 것을 말하는데, 그루터기를 갈아엎어야만 다음 곡식을 심을 수 있기 때문에 그렇게 부르는 것이다. 한편 일정한 경작지에 한 가지 작물만 심는 일은 '홑그루'라고 하고, 지난겨울에 곡식을 심었던 땅은 '흰그루'라고 한다. 반대로 지난

겨울에 아무것도 심지 않고 묵혀두었던 밭은 '검은그루'라 한다. 이 밖에도 '그루'와 관련된 익은말(관용어)은 무척 다양하다. 예컨대 한 논밭에 같은 곡식을 연거푸 심어서 그 곡식이 잘되지 아니한 경우를 '그루를 타다'라고 하며, 그루를 뒤엎고 새로운 곡식을 심는 것은 '그루를 들이다'라고 한다. 또 벼나 보리의 이삭이 고르게 패어 가지런한 것을 '그루 갖추다'라고 한다. 땅을 갈아 그루를 뒤엎는 것을 '그루를 뒤다'라고 표현하기도 한다. 여기서 '뒤다'는 '뒤엎다'를 줄인 말이다.

∷ 밤나무 골 아래 깊드리 논은 몇 해째 홑그루 농사만 했더니 그루를 타더군. 올가을에는 그루갈이를 하여 겨울보리라도 그루를 들여야겠어.

0951 두렁   논과 논 사이의 작은 둑.

두렁은 논농사의 출발선이다. 두렁에 쪼그리고 앉아 새참도 먹고, 더러는 두렁에서 이웃 논의 주인과 물 때문에 싸움을 벌이기도 한다. 이처럼 두렁에는 농경사회의 애환이 서린다. 두렁은 본디 논과 논의 경계이면서 통로 역할을 한다. 또한 노동에 지친 몸을 잠시 뉘일 수 있는 간이 쉼터 구실도 한다. 그래서 편하고 팔자 좋은 사람을 '두렁에 누운 소'라고 부른다.

∷ 해거름이 되어서야 불콰한 얼굴로 나타난 이 서방은 논에는 들어갈 생각도 하지 않고 두렁에 퍼질러 눕더니 이내 코를

골기 시작한다.

0952 **묵정밭** 묵혀둔 밭. 곡식을 갈지 않고 오래 버려두어 거칠어진 밭.

세상에는 묵혀두어야 할 것과 묵혀두어서는 아니 되는 것들이 있다. 자연의 콩팥 구실을 하는 갯벌이나 울창한 숲, 물고기들이 노니는 강 따위는 되도록 있는 그대로 묵혀두어야 할 것들이다. 하지만 사람이 일구어놓은 논밭이나 우리가 살고 있는 집과 같은 것들은 부지런히 손길을 주지 않으면 묵정밭처럼 흉하게 변하고 만다. 사람의 마음도 그러할 터이다. '묵정밭'을 줄여서 '묵밭'이라고도 한다.

∷ 사랑하는 사람이든 소외된 이웃이든, 우리가 애써 마음과 손길을 주지 않으면 그 마음이 묵정밭이 되어 거칠어지게 마련이다.

0953 **부대** 화전(火田). 땅 없는 농민이 산속에 들어가 풀이나 나무를 불사르고 그 자리를 일구어 농사를 짓는 일.

'부'는 '불'에서 'ㄹ'이 떨어져 나간 말이고, '대(帶)'는 '자리'를 뜻한다. 따라서 '부대'는 '불 지른 자리'라고 말할 수 있다. 바다에서 조수를 '무대'라고 부르는 것과 대비되는 말이다. 불을 질러서 일군 밭은 '부대밭'이라 한다.

∷ 산속에 들어가 부대밭이라도 일구어 가다루면 콩이며 옥수수 몇 말쯤은 거둘 수 있으리라는 셈속에 그들은 마침내 동네를

떠나기로 하였다.

0954 **부룩** 작물을 심은 밭의 빈틈에 다른 곡식이나 채소 따위를 듬성듬성 더 심는 일.

채마밭이나 보리밭 두둑 사이에 팥이나 콩 같은 잡곡을 심는 것도 '부룩'이다. 농경지가 절대적으로 부족한 옛날에 손바닥만 한 빈 땅이라도 놀리지 않으려던 농군의 알뜰한 마음이 깃들어 있는 말이다. 부룩으로 곡식이나 채소를 심는 것을 '부룩을 박다'라고 한다. 한편 '부룩'을 '사이짓기', '간작(間作)', '대우'라고도 한다.

∷ 밭일을 하다가 잠깐 허리를 편 아낙은, 부룩으로 박은 호박넝쿨에 노란 꽃 몇 송아리가 핀 것을 보고는 흐뭇한 표정을 짓는다.

0955 **비바리** 바다에서 바닷말, 조개 따위를 채취하는 처녀.

'비바리'는 갯마을의 건강한 처녀를 말한다. 보통 물질은 하지 않고 바닷가 갯벌 같은 데서 채취를 하는 것이 '해녀'와는 조금 다르다. '해녀'는 바닷물 속에 들어가 물질을 하는 여성을 말하는데 우리말로는 '보자기'라 한다. 한편 '비바리'는 여성용 샴푸의 상품명으로 쓰이기도 하였다. 푸른 물결이 넘실대는 바다를 배경으로 갯가에 선 건강미 넘치는 처녀의 인상을 상품의 이름에 활용한 사례다.

∷ 황금햇살이 백사장에 부서진다. 비바리 서넛이 해당화 가

지를 머리에 꽂은 채로 노래를 부르며 갯벌로 나간다.

0956 사둘 손잡이가 길고 국자처럼 생긴, 고기 잡는 그물.

'사둘'은 긴 대나무 자루가 달려 있어서 사람이 직접 물속으로 들어가지 않고 얕은 연못이나 개천가에서 민물고기를 잡을 때 주로 쓰는 도구이다. 두 끝에 긴 막대기를 댄 그물을 '반두'라 하는데, 사둘은 반두에 손잡이를 좀 길게 한 것이라 할 수 있다. 경기도 평택의 한 농촌마을에는 '사둘배미'라는 논배미 이름이 있다. 사둘의 모양을 닮았다고 해서 그렇게 붙은 이름이다.

:: 어린아이는 반두를 들고 아버지인 듯한 사내는 어깨에 사둘을 둘러맨 채로 그들은 냇가에 난 둑길을 따라 걷고 있다.

0957 사래 묘지기나 마름이 일한 대가로 부쳐 먹는 논밭.

사래로 부쳐 먹는 논은 '사래논', 밭은 '사래밭'이라 한다. 또 마름이나 묘지기에게 보수로 주는 쌀은 '사래쌀'이라 한다. 이를 한자말로는 '사경(私耕)'이라 하는데, '사경'이 나중에 '새경'으로 변해서 '머슴에게 주는 보수'를 뜻하는 말이 되었다. 한편 '사래질'이라는 말이 있는데 이는 곡식을 키 따위에 담고 까불러서 굵고 무거운 것과 잘고 가벼운 것을 따로 가려내는 일을 뜻한다. 여기서의 '사래'는 '손사래'처럼 뭔가를 흔들어대는 동작을 뜻하는 말이다. 구별해서 써야 한다.

:: 사래논 두 마지기로 다섯 목구멍을 거두어 먹였으니 살림살이가 오죽했겠는가.

0958 **쓰레그물**   저인망(底引網).

'쓰레'는 '쓸다'에서 갈래 친 말이다. 쓸어 담아야 할 것을 '쓰레기'라고 부르는 것과 비슷한 이치다. '쓰레그물'은 밑바닥까지 쓸게 된 그물을 말한다. 그런데 예로부터 어부는 작은 새끼 물고기를 잡으면 놓아주거나 아예 잡지 않는 법이다. 그것이 고기잡이의 기본이다. 오늘날 여러 나라에서는 쓰레그물 사용 자체를 법으로 금하고 있다. 따라서 쓰레그물을 고기잡이에 쓰는 것은 불법이다.

∷ 우리 해역을 침범한 중국 어선 두 척이 쓰레그물을 이용하여 고기잡이하는 것을 우리 해양경찰이 발견하여 법적인 조치를 취했다고 합니다.

0959 **질땅**   여러 해 동안 농사를 짓던 땅.

오랫동안 땀 흘려 농사를 지어서 '질이 났다'는 뜻과, 앞으로도 농사를 '지어야 할' 땅이라는 느낌이 겹쳐 드는 말이다. 비단 농사지을 땅뿐만 아니라 수십 년 동안 살아온 집터도 질땅의 한 가지다. 우리 사회는 개발이라는 이름으로 그런 질땅을 빼앗는 일이 허다하다.

∷ 이 논은 십수 년 동안 애지중지하며 피땀 흘려 일궈놓은 내 질땅이오.

0960 **찰배미논**   물 걱정 없이 기름지고 소출이 많은 상등답(上等畓).

찹쌀로 밥을 지어놓으면 눈에 보기에도 밥에 윤기가 돈다. 또한 먹어보면 기름지고 끈기가 있다. '찰'은 '차지다'에서 온 말로, 기름진 것, 뭔가 꽉 차 있어서 실속이 있는 것을 뜻한다. 찰떡, 찰벼, 찰복숭아, 찰밥, 찰흙 따위의 '찰'이 모두 그런 뜻이다.
∷ 저 농경 시대의 찰배미논같이 속이 실하고 탄탄한 중소기업이 건재할 때, 비로소 우리 경제에 생기가 돌게 될 것이다.

0961 천둥지기 산골짜기 같은 데에 있어서 물길이 닿지 않아, 비가 와야만 농사를 지을 수 있는 논.

평평하고 기름진 찰배미논은 대지주들이 차지한 경우가 많았고, 가난한 농부들은 소작을 부쳐 먹거나 물길이 닿지 않는 '높드리', '다락논' 몇 배미를 경작해 끼니를 이어간 경우가 많았다. 이처럼 물길이 닿지 않는 논을 부치다 보면, 비가 오지 않아서 제때에 모내기를 못하는 일이 많다. 그런 때는 천둥이 치기만을 기다려야 한다. 그래서 '천둥지기'다. 또한 우두커니 하늘만 바라봐야 한다는 뜻에서 '하늘지기', '하늘바라기'라고도 한다. 한자말로는 '천수답(天水畓)'이다.
∷ 손바닥만 한 천둥지기 두어 배미로 일곱 식구가 끼니를 이어가는 처지에 학교는 무슨 얼어 죽을 학교냐며, 아버지는 사립짝을 발로 툭 차고는 휑하니 나가버렸다.

0962 허튼모 못줄을 쓰지 않고 손짐작으로 이리저리 심는 모.

모 심는 법에는 '허튼모'와 '줄모'가 있다. '허튼모'는 산골짜기에 있는 다락논처럼 논두렁이 구불구불하게 된 작은 논에서 못줄을 잡기가 번거로워서 그냥 심는 모를 말한다. 반대로 '줄모'는 모 심을 논을 가로질러 못줄을 드리우고 반듯하게 심어나가는 모를 말한다.

:: 흔히 백년대계라고 하는 교육은 아이들의 긴 미래를 내다보는 치밀한 계획이 꼭 필요하다. 그러므로 허튼모 심듯이 마구잡이로 정책을 세워서는 아니 될 터이다.

0963 **흙갈이** 흙주접을 막기 위해서 다른 데 있는 영양분이 많은 흙이나 토질이 다른 흙을 파서 논밭에 옮겨 깔아주는 일.

한 가지 작물을 오래 짓다 보면 특정한 영양분만 작물이 흡수하여 땅심이 떨어지고 메마르게 된다. 이를 '흙주접'이라 한다. 흙주접을 막기 위해서 다른 데 있는 흙을 파서 논밭에 옮겨 깔아주는 것을 '흙갈이'라고 하는데 이는 친환경적인 유기농법이다.

:: 오늘날에는 흙갈이 대신 화학비료를 사용하여 땅을 더욱 척박하게 만든다.

●● **여줄가리 올림말**

0964 **겨리**(질) 소 두 마리가 끄는 쟁기질. 한 마리가 끄는 쟁기질은 '호리(질)'.

0965 **고래실** 바닥이 깊고 물길이 좋아 기름진 논. 구레논. 구렛들. 옥답(沃畓).

0966 **그루벼** 보리를 거두어낸 논에 그루갈이(이모작)로 심은 벼. 또는 가을에 베어낸 그루에서 움이 자란 벼, 즉 움벼.

0967 **기음** 논밭에 난 잡초. 줄여서 '김'이라고 함.

0968 **깊드리** 바닥이 깊은 논.

0969 **꼬창모** 가물 때 꼬챙이로 논바닥에 구멍을 뚫으면서 심는 모. (=강모, 작대기모)

0970 **나비질** 알곡에 섞인 쭉정이 따위를 날리려고, 나비가 날개 치듯 키를 부쳐 바람을 일으키는 일.

0971 **날사리** 연안에서 알을 낳은 조기 떼가 난바다로 나가는 일, 또는 그때.

0972 **내걸** 냇가에 일군 기다란 논.

0973 **논배미** 논둑이나 논두렁으로 둘러싸인, 논의 구획. 줄여서 '배미'라고 함.

0974 **높드리** 메마르고 높은 곳에 있어 물기가 적은 논밭. (=천둥지기, 하늘지기)

0975 **누비다** 씨앗을 뿌리거나 모종을 낸 뒤에 싹이 나지 않았거나 뿌리가 내리지 않았을 때, 빈 자리를 따라가며 씨앗을 다시 뿌리거나 모를 내다. (=깁다)

0976 **늦사리** 철 늦게 농작물을 거두는 일, 또는 그 농작물. 반대말은 '오사리'.

0977 **다락갈이** 비탈진 땅에 층층으로 논밭을 만들어 갈아 부치는

일.

0978 **두렁서리** 논두렁 위에 난 잡초 따위를 낫으로 베어서 없애는 일.

0979 **띠짐** 처음으로 논밭을 일구는 일. 개간(開墾).

0980 **마냥모** 늦게 심는 모.

0981 **마당질** 곡식의 이삭을 털어 알곡을 거두는 일. 타작(打作) 또는 탈곡(脫穀).

0982 **마바리** 한 마지기에 두 섬 곡식이 나는 것을 이르는 말.

0983 **만도리** 벼농사에서 그해 끝막음으로 하는 김매기. (=만물)

0984 **말묷** 마당질 후 지주와 소작인이 곡식을 나눌 때, 마당에 처져서 소작인의 차지가 되는 곡식.

0985 **메밀곶이** 척박해서 메밀밖에 심지 못하는 땅.

0986 **몸흙** 인삼을 가꾸는 데 쓰는, 거름을 섞은 흙. 또는 나무나 꽃 따위의 식물을 옮겨 심을 때 떠 옮기는 식물의 뿌리에 붙어 있는 흙.

0987 **물알** 덜 여물어 물기가 많고 말랑한 곡식알갱이.

0988 **뭇갈림** 볏단을 지주와 소작인이 반씩 나누어 가지는 일.

0989 **발바심** 보리나 콩깍지 등 곡식의 이삭을 발로 밟아서 알곡을 떨어내는 일.

0990 **배메기** 지주와 소작인이 소출을 똑같이 나눠 갖는 제도. 반타작(半打作).

0991 **볏** 보습 위에 비스듬히 대어 흙이 한쪽으로 떨어지게 한 쇳조각.

0992 **보름사리** 음력으로 매달 보름날의 조수, 또는 음력으로 보름날 무렵에 잡힌 조기.

0993 **봇줄** 마소에 써레나 쟁기를 매는 줄.

0994 **부검지** 짚의 잔 부스러기.

0995 **북데기** 낟알을 털고 난 볏짚이나 마른 풀 따위가 마구 얼크러진 뭉텅이.

0996 **사름** 심은 모가 사나흘 뒤에 뿌리를 잘 내려 새파란 빛을 띠게 된 상태. (~하다)

0997 **사춤** 품삯으로 농군에게 떼어주는 논이나 밭.

0998 **삭갈다** 논을 미리 갈지 못하고 모낼 때 비로소 한 번 갈다.

0999 **살거름** 씨를 뿌릴 때, 씨와 섞어서 쓰는 거름.

1000 **삿갓들이** 무논에 듬성듬성 심은 모.

1001 **수멍** 논에 물을 대거나 빼기 위하여 둑이나 방죽의 밑으로 뚫어놓은 구멍.

1002 **아우거리** 흙덩이를 모조리 파 넘기며 김을 매는 일.

1003 **얼갈이** 논밭을 겨울에 대강 갈아엎어 놓는 일, 또는 겨울에 심은 푸성귀.

1004 **우케** 찧기 위해 말리는 벼.

1005 **이듬** 논밭을 두 번째로 갈거나 매는 일.

1006 **이어갈이** 한 땅에 같은 작물을 해마다 이어서 심음. 반대말은 '돌려짓기'.

1007 **장구배미** 장구와 같이 가운데가 잘록하게 생긴 논배미.

1008 **조바심** 조의 이삭을 떨어서 좁쌀을 일구는 일.

1009 줄가리 벼를 말리기 위해 볏단의 이삭 쪽은 위로 하여 서로 맞대고 뿌리 쪽은 떼어서 줄지어 세우는 가리.

1010 진갈이 잡아놓은 물이 괴어 있을 동안에 논밭을 가는 일.

1011 첫사리 그해에 처음으로 잡힌 고기, 또는 그해에 처음으로 난 것.

1012 초련 일찍 익은 곡식이나 풋바심으로 추수까지 양식을 대어 먹는 일. (~을 먹다)

1013 호락질 남의 힘을 빌리지 않고 혼자 또는 가족의 힘으로만 농사를 짓는 일.

1014 호리(질) 소 한 마리가 끄는 쟁기질. 두 마리가 끄는 쟁기질은 '겨리(질)'.

•• 일, 노동

1015 가대기 무거운 짐의 위쪽을 갈고리로 찍어 당겨 어깨에 메고 나르는 일.

곡식의 섬 같은 것을 메고 나르는 일을 가리키는 말이다. 더불어 그런 일을 하는 사람을 '가대기꾼'이라 한다. 그런데 전라도 일부 지방에서는 이 말이, 벼나 보리 등을 섬째로 훔쳐 내는 것을 이르는 속어로 쓰이기도 한다.

:: 정미소 뒷마당에서는 가대기질이 한창이었다. 이윽고 또

다른 가대기꾼들이 한 무더기 몰려왔다.

1016 건잠머리   일을 시킬 때 대강을 가르쳐주고 또 필요한 기구를 준비해주는 일.

부하직원에게 일을 시킬 때 무작정 지시만 하는 상사가 있다. 부하직원의 재량을 믿고 그렇게 하는 경우도 있겠지만, 그 일을 지시하는 것마저 귀찮아서 그럴 때도 있을 것이다. 반대로 일을 시켜놓고도 못미더워 시시각각 꼼꼼하게 점검하려는 상사도 있을 것이다. 두 가지 유형 모두 별로 바람직하지 않다. 일을 시킬 때는 먼저 '건잠머리' 한 다음에 믿고 맡겨야 할 것이다.

∷ 과장님이 어떤 분인데 나몰라라 하겠어? 이것저것 꼼꼼히 건잠머리를 해주시더라고.

1017 난든집   손에 익은 재주.

손에 익은 재주를 '난든집'이라 한다. 또한 '난든집이 생겨서 손에 익숙하게 된 것'을 '난든집 나다'라고 한다. 예컨대 전통 있는 식당의 주방에서 오랫동안 일한 요리사가 칼질하는 광경을 보면, 그것은 이미 위험한 칼 장난이 아니라 정교한 타악기 연주처럼 예술적인 행위로 보이기도 한다. 오랜 기간 칼을 다루어서 '난든집'이 난 것이다.

∷ 평생 한 가지로 일을 갈고 닦아서 난든집이 난 숙련 노동자가 대접받는 사회가 되어야 할 터이다. 하지만 현실은 그러한가. 난든집이 나기도 전에 정리해고의 차가운 칼바람이 휘몰아

치지 않는가.

1018 날일 날삯을 받고 하는 일.

일을 하고 삯을 받는 방법은 여러 가지가 있다. 흔히 '월급'이라는 것은 달마다 품삯을 주고받는 것이고, '주급'은 일주일 단위로 품삯을 계산하는 것이다. 하루 단위로 셈한 품삯을 '날삯'이라 하는데, 이렇게 날삯을 받고 하는 일을 '날일'이라 한다. 요즘 쓰는 말로 '일당제(日當制)'라 할 수 있다. 날일은 고용관계를 불안정하게 한다. 정규 직원을 채용해서 해야 할 일을, 인건비를 아끼기 위해 날일로 처리하는 것은 노동시장을 불안정하게 하는 것이므로 지양되어야 한다.

:: 지난번 노사분규로 인하여 조합원을 무더기로 해고한 뒤 그 자리에 임시직 사원을 채용하여 날일을 시키는 회사측의 행태를 보니 분노가 치밀어 오릅니다.

1019 느루 한 번에 몰아치지 않고 시간을 길게 늦추어 잡아서.

식량이 귀했던 옛날 사람들은 보릿고개에 이르러 적은 양의 곡식으로 새 보리가 날 때까지 연명해야 했다. 이때 양식을 조금씩 소비하면서 다른 때보다 더 오래 먹어야 하는데, 그것을 '느루먹다'라고 하였다. 보릿고개에는 다른 잡곡 따위를 많이 넣어서 밥을 지어 먹음으로써 쌀을 '느루' 먹었던 것이다. 또한 '느루잡다'라고 하면 '손에 쥔 것을 느슨하게 잡다' 또는 '날짜나 시일을 충분하게 여유를 두고 느직하게 잡다'

는 뜻으로도 쓰인다. 이처럼 '느루'는 '한 번에 몰아치지 않고 시간을 길게 늦추어 잡아서 뭔가 하는 것'을 나타내는 부사어이다. 그래서 일반적으로 '느루~(하)다'와 같은 꼴로 용언과 붙어서 쓰인다. 한편 '느루-'와 붙어 쓰이는 말로 '느루배기'라는 것이 있는데, 이는 '어린애를 낳은 다음달부터 계속 월경이 있는 현상, 또는 그러한 여자'를 가리키는 말이므로 구별해서 써야 한다.

∷ 그런 일은 한꺼번에 몰아쳐서 하면 필시 문제가 생길 것이니, 느루 잡아 찬찬히 해야 할 것이오.

1020 늑줄 주다
군대나 직장에서 아랫사람에게 엄한 감독을 늦추어 조금 자유롭게 풀어주는 일.

서열과 체계를 중요시하고 규율이 엄격한 군대나 직장에서, 윗사람이 아랫사람에게 까다롭게 굴다가 얼마간 시간이 지난 뒤에 풀어주는 것을 흔히 볼 수 있는데 이를 '늑줄 주다'라고 한다. 군인을 양성하는 신병훈련소, 회사나 기관의 연수원 같은 데서 엄격한 통제를 받다가, 그 과정을 마치고 나면 휴가를 주는 등 잠시나마 긴장을 풀게 해주는 것을 말한다. 반대말은 '다잡이'다.

∷ 사흘째 유격훈련을 마치고 교관들이 잠시 늑줄을 준 틈을 타서 나는 김 일병과 비로소 안부를 나누었다. 그러나 곧 다잡이 하는 바람에 많은 이야기를 나누지는 못하였다.

1021 **뒤쓰레질** 일을 마친 뒤 그 자리에 생긴 쓰레기를 쓸어내는 일.

세상에는 숱하게 많은 종류의 동물이 생태계를 이루고 살고 있지만, 그중에서 자연적으로 처리되지 않는 고약한 쓰레기를 만들어내는 동물은 오로지 인간뿐이다. 그래서 많은 사람들이 모이거나 지나간 자리에는 쓰레기가 남기 마련이다. 하지만 인간은 자신이 버린 쓰레기를 치울 줄도 안다. 다만 대량의 쓰레기를 유발하는 사람이 있는가 하면, 그것을 힘들여 치우는 사람이 따로 있다는 사실이 문제다. 어떤 일을 마친 뒤 그 자리에 생긴 쓰레기를 쓸어내는 일을 '뒤쓰레질'이라 한다. 자신이 머무른 자리는 스스로 뒤쓰레질해야 한다.

:: 개발 독재와 군사 권력이 수십 년 머물다 간 자리를 뒤쓰레질하는 일이 그렇게 쉽겠는가?

1022 **든손** 일을 시작한 손. 일하는 김에.

'손을 쓰다', '손 보다', '착수(着手)하다' 처럼 '손'은 일을 하는 것과 관련된 말로 많이 쓰인다. '든손'도 이런 맥락에서 이해할 수 있다. 즉 일을 하려고 '손을 든' 상태를 말하는 것으로 '일을 시작한 손, 일하는 김에' 라는 뜻이다. 대체로 인간은 같은 일을 오래 하다 보면 지치고 싫증이 나기 쉽다. 그럴 때는 든손에 일을 끝내야 한다. 한편 '든손'은 명사로 쓰일 때는 '-에' 따위의 조사가 붙는다. 그러나 '나는 든손 삽자루를 쥐고 땅을 파기 시작하였다' 처럼 부사로 쓰일 때도 있다. 이

때는 '망설이지 않고 곧, 얼른'이라는 뜻이므로 조사가 붙지 않는다.

:: 김 대리는 과장의 지시가 떨어지자마자 든손 거래처에 전화를 걸어 판매현황을 확인하였다.

:: 지난 국회에서 여러 개혁 법안이 처리되지 않은 것은, 정치 개혁이라는 것도 든손에 처리하지 않으면 창고 속에 파묻히기 십상이라는 것을 우리에게 일깨워주었다.

1023 등태
짐을 져서 나르거나 지게를 질 때 등이 배기지 않도록 짚으로 엮어 등에 걸치는 물건.

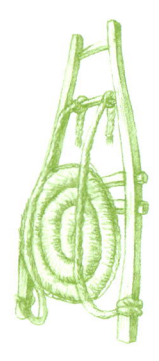

무더운 여름날 땀을 뻘뻘 흘리면서 지게질이나 등짐을 하다 보면 어깻죽지 부근이 벌겋게 벗겨져서 쓰라리게 되어 무척 고통스럽다. 겪어보지 않은 사람은 상상도 하기 어려울 정도다. 그래서 '등태'를 둘러 지게의 딱딱한 부분이 직접 등에 닿지 않도록 하는 것이다. 오늘날 노동현장에서는 짚으로 만든 등태 대신 부드러운 면수건이나 천 조각으로 등태를 만들어 걸친다.

:: 지게질도 하던 사람이 해야지, 철수 같은 풋내기들은 곱절로 힘이 드는 법이다. 온몸에서 땀은 비 오듯 쏟아지고 등태는 자꾸 흘러내리는 바람에, 철수는 몇 걸음 못 가서 지게를 내려놓고 만다.

¹⁰²⁴**매나니** 일할 때 도구가 없이 맨손임을 나타내는 말.

'매나니'는 '맨손'이라는 말로 바꾸어도 그 뜻에 별 차이가 없다. 하지만 오늘날 '맨손'이라고 하면 '도구가 없다'는 뜻보다는 '가진 돈이나 재산이 없는 빈손'이라는 뜻에 더 힘이 실린다. '매나니'는 본디 '반찬 없는 맨밥'을 뜻하는 말이었다가 '도구 없는 맨손'을 가리키는 말로 그 뜻이 넓어졌다. '맨손'과 '맨밥'을 다 포함하는 뜻으로 쓰이게 된 것이다. 무릇 시대가 바뀌면 그 시대의 사회상을 반영하여 말의 뜻도 바뀌게 된다. 한편 '매나니'는 '매나니로'와 같이 부사어 형태로 쓰인다.

:: 조선 시대 청백리였던 맹사성의 집에 어느 날 손님이 왔는데, 맹사성의 부인은 매나니로 손님을 대접할 수 없었으므로 이웃집에서 햅쌀과 찬거리를 얻어 와서 밥상을 차렸다. 그러나 그 사실을 안 맹사성이 노발대발하면서 상을 물리게 하자 부인은 다시 매나니로 밥상을 차렸다.

:: 남북통일에는 물적 토대 역시 중요하다. 매나니로 통일을 논하는 것은 관념의 유희나 감상적 충동에 다름 아닐 것이다.

¹⁰²⁵**메지** 일의 한 가지 한 가지가 끝나는 마디.

메지는 일의 한 가지가 끝나는 단락, 또는 일의 한 매듭을 이르는 말이다. 그래서 한 가지 일을 끝내어 해치우는 것을 '메지대다'라고 한다. 또한 '일의 끝을 단단히 맺어 단속하는 일'을 '메조지'라고 한다. 일은 처음 시작도 중요하지만 '메조지'하는 것이 더 중요하다. 한편, 건축 용어 가운데 '메지'라는 말이 있다. 건축물에서 석재 따위가 이어 닿는 부분을 가리키는 말인데, 모새(가는 모래)에 시멘트를 많이 섞어 접착력이 좋게 한 '모르타르'를 바른다. 이 말은 언뜻, 일본말에 심하게 오염되어 있는 건축이나 건설 현장에서 꿋꿋하게 자존심을 지키며 살아남은 토종 우리말 같은 느낌이 든다. 하지만 이것 역시 '目地'라는 일본말이다. 일본말로 '눈금(目)의 재료(地)를 뜻하는 것이다.

∷ 나는 지금 이 일만 메지대고 곧 퇴근할 건데, 자네는 그 일을 언제까지 메조지할 터인가?

1026 목도
돌덩어리 같은 무거운 짐이나 물건을 밧줄로 얽어 어깨에 메고 옮기는 일.

큰 돌덩어리 같은 물건을 옮길 때 먼저 물건을 밧줄로 얽어맨 다음 밧줄과 물건 틈으로 굵고 긴 막대기를 꽂아 넣고, 두 사람이 막대기 양 끝을 각각 어깨 위에 걸치고 나르는 것이 바로 '목도'다. 막대기가 두 개일 때는 네 사람이 필요한데, 이런 일을 하는 사람을 '목도꾼'이라고 한다.

∷ 우리가 문화재라고 칭송하는 많은 축조물에는 부역에 끌려나와 목도하다가 다쳐 죽고 깔려 죽은 수많은 목도꾼들의 비명이 얼룩져 있다.

1027 바치
어떤 물건을 만드는 것을 업으로 삼는 사람.

'바치'는 한자말로 '장인(匠人)'에 해당하는 순우리말이다. 흔히 '-장이'와 비슷한 말처럼 생각되기도 하지만 '-장이'가 '대장장이', '땜장이'처럼 직접 물건을 만들지 않고 수리를 업으로 삼는 사람들에게도 붙이는 말인 데 비하여 '-바치'는 제조업자를 주로 지칭하는 말이다. 예를 들어 '갖바치'라고 하면 가죽신을 만들어서 파는 사람이고, '성냥바치'는 단지 성냥을 파는 사람이 아니라 성냥을 '만들어' 파는 사람이다.

∷ 우리 할아버지는 젊었을 때 직업이 갖바치였다네. '갖바치'는 당시로는 낮은 신분에 속하는 직업이었지만 할아버지는 그 일을 자랑스럽게 생각하셨다네.

1028 **벗장이** 일에 익숙하지 못한 바치(장인), 또는 뭔가 배우다 그만둔 사람.

'벗장이'에서 '벗-'이라는 말은 일정한 테두리 밖으로 '벗어나는' 것을 의미하는 접두사다. '벗장이'라고 하면 '장인'의 테두리 밖으로 벗어나는 것을 뜻하므로 결국 '장인'이 되지 못하였음을 일컫는 말이다. 그래서 '목수벗장이'라고 하면 어설픈 목수이거나 목수가 되려다 그만둔 사람을 뜻하며, '활량벗장이'라고 하면 활쏘기를 어설프게 익혔거나 그것이 되다 만 사람을 이르는 것이다. '벗장이'를 '반거들충이'라고도 한다. 또한 비슷한 옛말로 '쥐대기'라는 말이 있는데, 이는 '전문가가 아니어서 재주가 없는 서투른 장인'을 뜻한다.

∷ 그는 경력이 3년이나 되면서도 아직 용접벗장이야. 언제

쯤에나 장인이 될는지.

1029 신들메 먼 길을 걸을 때 신발이 벗겨지지 않도록 동여매는 일, 또는 동여매는 끈.

짚신 신고 먼 길을 걸어다니던 시절, 사람들은 신들메에 퍽이나 신경이 쓰였을 것이다. 짚신이라는 것이 오늘날의 운동화 같은 신발처럼 그렇게 발에 착 달라붙는 물건이 아니었기 때문이다. 그러니 먼 길을 떠나기 전에 신들메를 잘 동여매야 함은 물론이고, 걷는 도중에도 매번 허리를 굽혀 풀어진 신들메를 고쳐 매곤 하였을 터이다. 신들메는 어떤 일을 시작하기 위해서 각오와 준비를 빈틈없이 하는 것을 뜻하기도 한다.

∷ 이제 다시 신들메를 고쳐 매고 개혁과 변화의 길을 떠나야 할 때이다.

1030 아퀴를 짓다 어수선한 일을 갈피 잡아 끝매듭을 짓다.

'일의 끝을 마무르다'는 뜻 외에 '일의 가부를 결정하다'는 뜻도 가지고 있다. 일을 그저 벌이기만 하고 수습을 잘 못하는 사람이 있는가 하면, 한번 시작한 일은 반드시 아퀴를 지은 다음에야 다른 일로 넘어가는 사람도 있다. 당연히 일을 벌이기만 좋아하는 사람보다는 아퀴를 잘 짓는 사람이 실속이 있고, 다른 사람들에게 믿음을 줄 수 있을 것이다.

∷ 그들이 다시 국민을 우롱하는 것은, 그들의 언죽번죽한 행태만을 탓할 일은 아니다. 지역주의를 아퀴 짓지 못한 유권자들

스스로의 책임 또한 큰 것이다.

1031**해찰** 일에 애착이 없어 온갖 물건을 부질없이 마구 집적여 해치는 짓.

마음에 썩 내키지 아니하여 일에 집중하지 못하고 쓸데없이 다른 짓을 하는 것을 말한다. 주로 '해찰부리다'와 같이 쓰이는데, '해찰스럽다', '해찰하다', '해찰궂다'의 형태로 쓰이기도 한다. 또한 해찰을 부리는 버릇이 있는 사람을 일러 '해찰궂다'고 한다. 공부를 하는 중에 공연히 책상 서랍의 물건을 뒤적이는 것도 해찰의 한 가지다.

:: 그들이 언제 한번 해찰부리지 않고 진지하게 개혁 법안에 매달린 적이 있는가? 혹시라도 자신들의 잇속에 금이 갈까 두려워 이런저런 핑계를 대며 해찰로 일관하지 않았던가?

● **여줄가리 올림말**

1032**가락 나다** 솜씨, 조건, 분위기 따위로 말미암아 진행 상태가 좋아 능률이 오르다.

1033**가락 떼다** 신나는 일에 첫 동작을 시작하다. 착수하다.

1034**갈무리** 저장. 자신에게 닥친 일을 처리함.

1035**겨끔내기** 서로 번갈아 하기. 교대(交代).

1036**길속** 전문적으로 솜씨가 익숙해진 일의 속내. 여기서 '길'은 방법, 요령을 말함.

1037 끝갈망 일의 뒤끝을 수습하는 일. (=끝마감)

1038 다잡이 풀어주었던 것을 바싹 잡아 죄는 일. (~하다)

1039 무거리 곡식 따위를 빻아서 가루를 내고 남은 찌끼. 일의 자취나 부수적인 결과.

1040 바심 재목을 깎거나 파서 다듬는 일. 굵은 것을 잘게 만드는 일. '풋바심'의 줄임말.

1041 밟다듬이 종이나 피륙을 밟아서 구김살을 펴는 일.

1042 살손 정성들여 힘껏 일하는 손. 연장을 쓰지 않고 일을 하는 맨손. (~을 붙이다)

1043 서리치기 나무 베는 곳을 마련하기 위하여 벨 나무의 둘레에 있는 잔 나무를 베어 없애는 일. 정지(整地) 작업.

1044 세나절 잠깐이면 할 수 있는 일을 일부러 느리게 하여 늦어지는 동안을 조롱이로 이르는 말.

1045 신떨음 신이 나는 대로 실컷 해버림. 신명 떨음.

1046 억짓손 무리하게 해내는 솜씨.

1047 염접 종이나 피륙, 떡 따위의 가장자리를 접거나 베어 가지런하게 함. (~하다)

1048 온품 하루 동안 일한 품이나 품삯. 일당(日當). 한나절의 품이나 품삯은 '반품'.

1049 울력 여러 사람이 힘을 합해 하거나 이루는 일, 또는 그 힘. *울력꾼.

1050 이새 바느질, 청소 따위의 여러 가지 집안일. 가사노동.

1051 일쑤 가장 좋은 수. 최선책.

1052잔재비 자질구레하고 공교로운 일을 잘하는 손재주, 또는 큰 일이 벌어진 판에서 잔손이 자주 가는 일.

1053잡도리 잘못되지 않도록 엄하게 단단히 단속하는 일. 어떤 일에 대해서 미리 충분한 준비나 대책을 갖추는 일.

1054잡을손 일을 잡고 다잡아 해내는 솜씨.

1055잡힐손 무슨 일에든 쓸모가 있는 재간. 물건을 사서 가지거나 맡을 임자.

1056처서판 막벌이 노동을 하는 험한 일판.

1057풀땜질 근본적인 대책은 세우지 않고 임시로 수습해 넘어가는 것. 미봉책(彌縫策).

1058한소끔 한번 부르르 끓어오르는 모양. 일정한 정도로 한 차례 진행되는 모양.

1059해전치기 해가 지기 전까지 일을 끝마치는 것.

●● 장사와 그 밖의 생업

1060거덜 임금이나 높은 사람을 모시고 뒤에서 따라가며 잡인의 통행을 통제하고 권마성(勸馬聲)을 외치던 하인.

조선 시대 '거덜'의 역사는 오늘날에도 종로 뒷골목 '피맛골'에 그 흔적이 남아 있다. 지체 높은 지배자의 곁에서 "쉬~ 물렀거라" 하고 권마성을 외치는 거덜은, 단지 권마성을 외치는 데서 멈추지 않고 길거리에서 온갖 악행을 다 저질렀다고 한다. 그래서 조선 시대 수도의 주요 통로였던 종로 주변의 백성들은 고통이 이만저만이 아니었다. 높은 관리들이 지나갈 때마다 고개를 굽히며 예를 갖춰야 했기 때문인데, 이처럼 일일이 예를 갖추다 보면 도무지 제 갈 길을 갈 수가 없었다. 하지만 예를 갖추지 않았다가는 현장에서 바로 거덜의 발길질에 치도곤을 당하기 십상이었다. 그래서 생겨난 것이 '피맛길'이다. 이른바 '아랫것'들은 아예 구불구불한 뒷골목으로 다니는 것이 차라리 마음 편했던 것이다. '피맛길'은 높은 사람의 말[馬]을 피(避)한다는 데서 온 말인데, 사실은 그 말 옆에 따르는 거덜을 피하는 것이다. 거덜은 원래 사복시에서 말을 맡아 거두던 하인을 일컫는데, 이들이 권세를 앞세워 길을 지나던 일반 백성들에게 갖은 횡포를 부렸음 직하다. 그들의 횡포가 오죽하였으면 '모든 것을 몽땅 털어먹다'는 뜻의 '거덜나다'라는 말이 여기서 생겨났겠는가?

:: 지난 시절 독재를 찬양하며 그 뒤 그늘에서 권력의 부스러기에 맛을 들인 사람들은 지금도 마치 권마성을 외치던 지난날의 거덜처럼 거드름을 피운다.

1061 군치리   개장국을 안주로 하여 술을 파는 선술집.

개고기를 북한에서는 '단고기'라고 한다. 그 단고기를 넣고 끓인 국을 '개장국'이라 하는데, 이 개장국을 안주로 하여 술을 파는 선술집을 '군치리'라고 한다. 요즘의 '보신탕집'에 해당한다. 개고기는 옛날 가난한 백성들에게 아주 중요한 영양원이었다고 한다. 요즘에도 여름철 무더위가 시작되는 복(伏)날을 전후하여 '개고기 애호가'들끼리 '군치리'로 몰려가는 광경을 심심찮게 볼 수 있다. 물론 이에 대하여 '동물애호가'들의 반대 의견 또한 만만치 않다. 그래서 같은 직장이나 가족 안에서도 '개고기 애호가'들은 이들 반대론자들의 눈치를 살펴야 할 상황이 종종 벌어진다. 이럴 때 "보신탕 먹으러 가자"라든지 "개고기 먹으러 가자"는 말보다는 "군치리 가서 한잔하자"고 하면 역겨움이 훨씬 덜하지 않을까. '군치리' 단골들은 한 번쯤 생각해볼 일이다.

:: 김 과장, 오늘이 초복(初伏)이라는군. 이따가 퇴근하고 군치리에서 한잔하는 게 어때?

1062 꼭짓집 빨래를 해주고 그 꼭지 수효대로 삯을 받는 집.

옛날에도 세탁소가 있었을까? 빨래를 해주고 그 꼭지 수효대로 삯을 받는 집이 옛날에도 있었는데, 이를 '꼭짓집'이라 하였다. 그러니까 오늘날의 세탁소와 같은 곳이다. 더러는 '빨래방'이라고 부르는데, '노래방'이나 '만화방'은 방 안에서 장사를 하므로 '-방'이라는 말이 전혀 엉터리는 아닐 터이지만, '빨래방'은 적절치 않은 듯하다. '꼭짓집'이라는 예쁜 명칭이 이미 있으므로 살려 쓰는 것이 좋겠다.

:: 퇴근하는 길에 네거리 모퉁이에 있는 꼭짓집에 들러서 어제 맡긴 양복 좀 찾아오렴.

1063 다림방 푸줏간. 요즘의 정육점.

조선 시대에는 돼지고기나 쇠고기 따위를 전문으로 팔던 가게를 '다림방'이라 하였다. 다림방을 '푸줏간'이라고도 하였는데, 지금의 '정육점(精肉店)'이 바로 그것이다. 요즘 정육점을 다림방이라 부르는 일은 거의 없지만 그 대신 '노래방', '빨래방', '놀이방' 등의 신조어가 생겨나서 일상적으로 그리 어색하지 않게 쓰이고 있다. 이는 다림방과 같은 맥락이다.

∷ 우리 집에 들어오는 골목 어귀에 다림방이 하나 새로 생겼는데, 그 집에서 파는 쇠고기가 진짜 한우고기라고 합니다.

1064 드팀전 여러 가지 옷감을 파는 가게, 곧 포목점.

이효석의 소설 「메밀꽃 필 무렵」의 한 구절에 '드팀전'이라는 말이 나온다. 드팀전은 여러 가지 옷감을 파는 가게를 뜻하는데 오늘날에는 한자말인 '포목점(布木店)'으로 통한다. 그런데 이 '포목(布木)'은 '베'와 '무명'을 뜻하는 말이어서, 모든 옷감을 통칭하는 말로는 뭔가 빈약한 느낌을 준다. 쌀 파는 가게를 '싸전'이라 하고 생선 가게를 '어물전'이라고 하듯이 옷감 파는 가게는 '드팀전'이라 한다. '전(廛)'은 가게를 나타내는 한자말이지만, 접미사로 쓰일 때는 굳이 한자로 표기하지 않아도 뜻이 통하는 우리말이다.

∷ 춥춥스럽게 날아드는 파리 떼도 장난꾼 각다귀들도 귀찮다. 얼금뱅이요, 왼손잡이인 드팀전의 허생원은 기어코 동업의 조선달에게 나꾸어보았다. (이효석, 메밀꽃 필 무렵)

1065 들보기장사
한 곳에 터를 잡지 않고 뜨내기로 시세를 보아가며 요행수를 바라고 하는 장사.

일종의 '투기꾼'을 말한다. '들보기장사 애 말라 죽는다'는 속담도 있다. 그만큼 정당하게 장사를 하지 않으면 마음이 불편하다는 것을 꼬집는 말이다. 요즘 외국에서 밀수품을 들여다가 국내에서 많은 차액을 남기고 팔아먹는 일도 들보기장사의 한 형태라고 할 수 있다. 오늘날의 '투기상(投機商)'과 같다. '들보기'는 어떤 조건에 알맞은 무엇을 찾으려고 듣기도 하고 보기도 하면서 알아보는 것을 말하며, 그렇게 하는 것을 '들보다'라고 한다. 예컨대 '좋은 신랑감을 들보다'라고 하면 원하는 신랑감을 찾기 위하여 두루 듣고 보는 것을 말한다.

:: 우리 옆집 박씨는 들보기장사로 십 년을 보낸 사람이지만 돈도 못 벌고 세월만 헛되이 보낸 사람이다.

1066 빈지
가게의 앞쪽에 대는 널문. 오늘날의 '셔터'와 같은 구실을 함.

'널빈지'의 준말이다. 지금부터 몇십 년 전으로 거슬러 올라가면 마을 정류장에는 대개 잡화를 파는 가게가 있었다. 평상시에는 주로 나무틀에 유리가 끼워진 미세기문을 여닫게 되어 있는데, 가게 문을 닫는 시간에는 겉에 몇 쪽으로 된 빈지를 대어 막았다. '빈지'는 주로 나무틀에 함석판을 붙인 것으로, 모양은 다르지만 요즘의 '셔터'와 같은 구실을 하였다. 어떤 가게나 집은 빈지만으로 문을 삼는 경우도 있었다. 이를

'빈지문'이라 한다. 빈지는 보통 여러 짝으로 되어 있는데 네 귀퉁이의 사개가 맞지 않으면 문설주 안에 들어가지 않는다. 즉 순서대로 끼워야 하는 것이다. 그래서 빈지 하나하나에 지워지지 않는 색료로 1, 2, 3…… 따위로 번호를 매겨놓은 것을 볼 수 있었다. '셔터'에 갈음하여 쓸 수 있는 정겨운 우리말이다.

:: 그가 약방 안에 흩어진 물건들에 주섬주섬 제자리를 찾아준 다음, 밖으로 나와 빈지문을 덧대고 있을 무렵이었다.

1067 세벌이 맞벌이 부부 가운데 어느 한쪽이 틈을 내어 또 다른 일로 돈을 버는 일.

가장이 벌이를 하여 온 가족을 먹여 살리는 '일반적'인 가족생계 형태에서, 부부가 함께 버는 맞벌이가 늘어나더니, 이제는 다시 한 사람이 두 가지 벌이를 하는 이른바 '투-잡(two job)' 형태까지 나타났다. 맞벌이하는 부부 가운데 한쪽이 '투-잡'을 갖게 된다면 모두 합하여 '쓰리-잡(three job)'이 된다. 이를 우리말로 '세벌이'라고 한다. 둘이서 세 몫을 할 정도로 살림에 적극적이고 부지런하다는 뜻인데, 부부 모두 '투-잡'을 가지게 되는 이른바 '네벌이' 하는 가족도 없으라는 법은 없다.

:: 옆집 부부는 세벌이를 하느라고 휴일에도 쉬는 걸 못 봤어. 지난날 진 빚 때문에 어쩔 수가 없나 봐.

1068 실살 겉으로 드러나지 않은 실상의 이익.

장사를 할 때 매매 차익금을 영어로 '마진(margin)'이라 하고, 한자말로는 '이문(利文)', '이윤(利潤)'이라는 말을 흔히 쓴다. 이런 뜻으로 쓸 수 있는 우리말이 바로 '실살'이다. '실살스럽다'고 하면 '겉으로 드러남이 없이 내용이 충실하다'는 뜻이다. 겉으로는 허술해 보이지만 재무구조가 탄탄하여 이문을 많이 남기는 기업이나 장사를 '실살스럽다'고 할 수 있다. 한편 실살은 '실쌀'로 소리 내야 한다.

:: 그때 예서제서 헛가게를 벌여 실살로 남긴 것이 천만 원이었고 이참에도 한판을 벌이면 나도 셈평이 좀 펴일 것 같아.

1069 얼럭장사　여러 사람이 밑천을 어울러서 함께 하는 장사.

'얼럭장사'는 '동업(同業)'을 말한다. '얼럭'이란 '어우르다'에서 갈라진 말로 추정되는데, 여러 가지가 섞여 있는 상태를 가리키는 말이다. 그래서 여러 가지 잡곡을 섞어서 지은 밥을 '얼럭밥'이라 하고, 한 집의 각 채를 여러 가지 다른 양식으로 지은 집을 '얼럭집'이라 부른다. 한편 얼럭장사를 '어리장사'라고도 한다.

:: 손에 든 밑돈이 실하지 않아서 그 친구와 얼럭장사를 시작하였지만 이태를 넘기지 못하고 말았지. 친구끼리 얼럭장사 하지 말라는 게 옳은 말이야.

1070 에누리　할인. 물건값을 깎는 일.

요즘에는 '에누리'를 '값을 깎아서 사는 것'을 가리키는 말로 쓰고 있지만, 원래는 '제값보다 높여 부르는 값'을 뜻하는 말이다. 정확하게 말하면 장사꾼의 입장에서는 에누리를 붙이는 것이고, 손님은 에누리를 하는 것이 아니라 에누리를 떼는 것이다. 당연히 깎아서 팔 것을 전제로 제값을 높여서 불렀으니 깎아서 사지 않으면 이른바 '바가지'를 쓴 셈이 된다. 그래서 이 에누리를 두고 흥정이 벌어진다. 물건을 사는 사람이 '에누리 합시다'라고 하면 값을 깎아달라는 것이고, 파는 사람이 '에누리 없소!'라고 하면 제값에 보태어 부른 게 없다는 말이 된다.
∷ "거, 에누리 떼어버리고 두 냥에 주소" 하자, 갓바치는 "요즘 세상에 에누리가 어디 있다오?" 하며 너스레를 떤다.

1071 여리꾼
상점 앞에서 손님을 끌어들여 물건을 사게 하고 주인으로부터 얼마간의 보수를 받는 사람.

밤이 이슥한 때에 도회지 유흥가를 지나다 보면 공연히 다가와서 팔을 잡아끄는 사람들이 있다. 속된 말로 그들을 '삐끼'라고 한다. 우물쭈물하다가 그들을 따라간 순진한 취객들은 자칫 바가지 쓰기 일쑤다. 그들이 손님을 끌고 들어가는 곳은 대부분 불법 영업을 하는 유흥업소이기 때문이다. 옛날에도 이와 비슷한 일을 하는 사람들이 있었다. 상점 앞에서 손님을 끌어들여 물건을 사게 하고는 주인으로부터 얼마간의 보수를 받는 사람이 있었는데, 이들을 '여리꾼'이라 하였다. 물론 손님을 끌어들이는 곳이 불법 유흥업소가 아니라 일반 상점이고, 또 유흥이 아니라 물건을 사게 한다는 점에서는 오늘날의 '삐끼'와 옛날의 '여리꾼'은 다르다. 하지만 거리에 나가 손님을 끌어들이는 일이나, 그런 일로 주인으로부터 보수를 받는다는 점에서 '삐끼'와 '여리꾼'은 비슷한 직업이라 할 수 있을 것이다. 한편 여리꾼이 손님을 불러 물건을 사게 하는 것을 '여립켜다'라고 한다. 이것은 본디 '열립(列立)'이라는 말에서 유래된 것으로 보이는데, '열립'은 여럿이 죽 벌이어 늘어선 것을 나타내는 말이다. 군대에서 사열을 받기 위해 줄을 맞춰 죽 늘어선 군인들을 '열립군'이라고 한다.

∷ 내가 일하는 사무실은 하필 유흥가 뒤편에 자리하고 있어서 밤늦게 퇴근할 때면 어김없이 여리꾼들이 다가와 한잔하지 않겠느냐며 여립켜는 바람에 귀찮기 짝이 없다.

1072 여마리꾼
누군가의 의뢰를 받아 몰래 사정을 염탐하여 정보를 제공하는 일을 하는 사람. 스파이(spy).

'007시리즈' 따위의 영화를 통해서 멋지게 묘사되는 '스파이'라는 직업은 사실상 냉전의 산물이다. 나라끼리의 전쟁, 또는 다국적 기업 간의 무한경쟁 등 비합리적인 갈등 사회의 산물인 것이다. 검은 양복에 시커먼 색안경을 끼고, 네모난 서류가방을 들고, 겨드랑이에는 권총을 품은 채 누군가를 염탐하는 모습을 보고 '멋지다'는 생각이 드는 사람은 이미 할리우드 영화에 중독된 사람이다. '스파이'를 우리말로는 '여마리꾼'이라 한다.

∷ 그는 마치 여마리꾼이라도 되는 양 우리 가게에 와서 죽치고 앉아, 오는 손님 하나하나의 면면을 뚫어지게 관찰하는 것

이었다.

1073 장사웃덮기 겉으로만 허울 좋게 꾸미는 일.

오늘날 공장에서 규격대로 찍어내는 물건들이야 모두 똑같은 것이어서 굳이 '장사웃덮기'를 할 필요가 없겠지만, 과일이나 채소 같은 농작물이나 고기 따위는 사실상 좋은 물건을 손님 눈에 잘 띄도록 진열한다. 또한 원래 손님에게 주어야 할 몫인데도 따로 얹어주는 척하면서 인심을 끌려고 하는 것도 '장사웃덮기'라 할 수 있다. 장사치가 손님을 끌려고 노력하는 것이야 탓할 일이 아니지만, 나라의 정책이나 공공 부문에서 일하는 사람들이 장사웃덮기 식으로, 이른바 전시행정(展示行政)에만 치중하는 것은 심각한 직무태만이다.

:: 진정으로 나라에 해를 끼친 세력이 누구인가. 장사웃덮기 식으로 헌법을 논하고, 나라의 정체성을 논하지 말라.

1074 정짜 물건을 꼭 사 가는 단골손님. '진상'의 반대말.

'정짜'는 '진상'의 반대말이다. 원래 '진상'은 임금이나 높은 관리에게 올리던 토산품을 가리키는 말이다. 또는 그런 토산품을 올리는 행위를 말하기도 한다. 그런데 항간에서는 허름하고 나쁜 물건이나 사람을 '진상'이라 이른다. 진상품은 본디 질이 가장 좋은 물품을 말하는 것이지만, 암팡스런 부라퀴 같은 봉건 관료의 탐학에 이골이 난 민중들 가운데는 더러 가장 질이 떨어지는 물건을 슬쩍 진상하는 일도 있었을 터이다. 그런 관습이 이어져 오늘날에는 까다롭게 굴다가 물건은 사지 않고 그냥 가는 손님을 '진상'이라 부르게 된 것인데, 바로 그 진상의 반대가 '정짜'다. 정짜와 비슷한 말로는 '왜배기'가 있는데, 왜배기는 주로 과일이나 농작물 따위에 쓰이는 말이다.

:: 명품 가게의 점원은 내 행색을 살피더니 본체만체한다. 그 때 색안경을 머리에 얹은 늘씬한 여자가 가게로 들어오자 점원은 비로소 정짜를 만난 양 호들갑스런 몸짓을 한다.

1075 제시중
누군가에게 시키지 않고 직접 행함. 셀프 서비스. 어떤 식당에 가면 '물은 셀프입니다'라고 써붙여 놓은 것을 더러 볼 수 있다. 그러나 이 말은 법에 맞지 않다. '물은 스스로입니다'라는 뜻이기 때문이다. 한두 사람이 보는 안내 표지도 아닌 바에야 쓰려거든 '셀프 서비스'라고 써야 한다. 그런데 이를 순우리말로 쓰면 '제시중'이 된다. '시중'은 '수종(隨從)'이라는 한자말에서 나온 말이지만 지금은 고유한 우리말로 굳어졌다.

:: 그는 수천 명의 직원을 거느린 큰 기업의 대표이고 비서실 직원도 여럿 있지만 차를 마시더라도 제시중으로 한다. 비서는 사장의 심부름꾼이 아니라 고유 업무를 맡은 직원이기 때문이다.

1076 주릅
흥정을 붙여주고 구문을 받는 것을 업으로 하는 사람. 거간(居間).

'에이전트(agent)'라는 말은 프로의 냄새가 물씬 나는 멋진 직업을 연상케 한다. 이 에이전트와 똑같은 뜻을 가진 우리말이 바로 '주릅'이다. 다른 말로 '재여리'라고도 한다. 자주 쓰는 한자말로는 거간(居間)꾼, 즉 '사이에 있는 사람'이라는 뜻이다.

:: 그는 연기학원을 운영하며 미모가 돋보이는 수강생을 방송계에 연결시켜주는 주릅 노릇도 같이 한다.

1077 헛가게
수시로 벌였다 걷었다 하는 가게. 노점(露店)이나 좌판(坐板)과 같은 가게.

'노점'의 한자를 보면 '노(露)'는 길거리가 아니라 이슬을 뜻한다. 즉 지붕이 없는 가게라는 뜻이니, 깐깐하게 보자면 이른바 포장마차나 지붕이 있는 가판대 따위는 노점(露店)이 아니라 노점(路店)이라고 해야 바르다. 헛가게는 우리 주변에서 흔히 볼 수 있다. 정체되는 길에서 음료수나 과자 따위를 파는 것이나, 특별한 행사가 있는 동안에만 그 주변에서 물건을 파는 가게를 통틀어 헛가게라고 할 수 있다.

:: 벌써 몇 해째, 대형 할인점 입구 모퉁이에서 철마다 다른 산나물 보따리를 펼쳐 헛가게를 열던 그 할머니가 이번 봄에는 보이지 않는다.

● **여줄가리 올림말**

1078 가게내기   미리 만들어놓고 파는 물건. 기성품.

1079갈아주다 장사치의 상품을 사다.

1080낱뜨기 낱으로 파는 물건. 소매.

1081낱흥정 한데 합쳐서 하지 않고 낱개로 값을 치는 흥정.

1082놀금 팔지 않으면 그만둘 셈으로 아주 적게 부른 값. 최소의 가격.

1083덜미꾼 꼭두각시 놀음을 업으로 하는 사람.

1084동산바치 원예사(園藝師).

1085들머리판 있는 대로 다 들어먹고 끝장나는 판. 줄여서 '들판'.

1086땅주릅 땅의 매매 따위를 거간하여 주는 사람. 부동산 소개업자.

1087마수걸다 처음으로 물건을 팔다. 개시(開市)하다.

1088마전 장터에서 곡식을 마질해주고 삯을 받던 곳. 피륙을 삶아서 바래는 일, 즉 표백(漂白). *마질—곡식을 말로 되는 일.

1089모가비 색시를 두고 영업을 하는 업주. 포주. 탈놀이패의 우두머리.

1090몸밑천 가진 것이라고는 몸뿐이고 무일푼이라 몸을 밑천으로 함.

1091무잡이 잠수부.

1092무질 잠수.

1093물집 염색을 업으로 삼는 집.

1094바잡이 줄을 잡아당기는 사람. 수레에 짐을 싣거나 고깃배의 그물을 당기거나 하는 일을 하는 사람.

1095받자　관아에서 환곡이나 조세를 받아들이는 일. *받자빗-그런 일을 하는 사람.

1096밤물잡이　밤에 물고기나 새우 따위를 잡는 일.

1097밭쟁이　채소 농사를 생업으로 하는 사람.

1098밭팔다　여자가 정조를 팔아서 살아가다. 매춘(賣春).

1099벗장이　무엇을 배우다가 만 사람. 서투른 장인.

1100보자기　바다에 들어가 해물을 채취하는 사람. 해녀.

1101보잡이　쟁기질을 하는 사람. 농부.

1102봉창고지　삯만 받고 자기 음식을 먹고 일하는 고지.

1103삯대기　농촌에서 끼니는 먹지 않고 품삯만 받고 하는 일.

1104삯팔이　삯을 받고 막일을 해주는 품팔이.

1105샌전　제기, 향, 향로, 병풍, 제상 따위의 제사도구를 파는 가게.

1106설레꾼　직업적 노름꾼. 야바위꾼.

1107손보기　여자가 정조를 파는 것을 업으로 함.

1108안저지　어린아이를 안아 돌보는 일을 맡은 여자. (=업저지)

1109안침술집　주인과 손님이 서로 대면하지 않고 술을 파는 집. 주로 몰락한 양반의 후예들이 경영을 하였음.

1110올풀이　작은 규모의 장사치가 상품을 낱개로 파는 일.

1111잡살전(-廛)　여러 가지 씨앗을 파는 가게.

1112재여리　중개인, 중매장이의 옛말.

1113저잣거리　가게들이 죽 늘어서 있는 거리. 상가(商街).

1114죽치　날림으로 여러 죽씩 만들어 내다 파는 물건. 죽갓, 죽신 따위.

¹¹¹⁵짐방 곡물 도매상에서 곡식 짐을 운반해주는 일을 업으로 삼는 사람.

¹¹¹⁶집주름 집의 매매를 거간하는 사람. *집주름방-복덕방. 오늘날에는 '공인중개사'.

¹¹¹⁷차집 보통의 계집종보다 높은 찬모(饌母).

¹¹¹⁸코머리 고을 관아에 속했던 우두머리 기생.

¹¹¹⁹파당 소를 사고파는 장. 우(牛)시장.

¹¹²⁰판수 점치는 일을 업으로 하는 소경.

¹¹²¹편수 공장의 두목, 즉 '공장장'을 가리키는 말.

¹¹²²푸주질 푸줏간에서 소나 돼지 따위의 짐승을 잡는 일.

¹¹²³흰고무래 '백정(白丁)'의 순우리말.

 도구와 단위

● 연모와 기구

¹¹²⁴**거멀**   나무그릇 등의 금간 데나 벌어질 염려가 있는 곳에 걸쳐 박는 못이나 꺽쇠.

세간이나 나무그릇의 모퉁이에 걸쳐 대는 쇳조각을 '거멀장'이라고 하는데 이와 비슷하게 생긴 못이 바로 '거멀못'이다. 그리고 '거멀장하다'라고 하면 '물건 사이를 연결시켜 벌어지지 못하게 하다'는 뜻이다. '거멀장'이든 '거멀못'이든 '물건 사이를 연결시켜 벌어지지 않게 하는 데' 쓰이는 것이다. '거멀'은 '거머쥐다', '거머안다', '거머잡다' 따위의 접두어 '거머-'에서 비롯된 말이다. 따라서 '거멀못'은 '두 곳을 단단히 거머쥐는 구실을 하는 못'이다. 사람들의 모둠살이에서도 거멀못 구실을 하는 사람이 있다. 다투고 헤어진 두 친구를 다시 결합시키거나 갈라진 나라를 통일시키기 위해 애쓰는 사람들이 바로 사회의

'거멀못'이라 할 수 있을 것이다.

:: 그는 조국 통일을 위해서 일생을 바쳤지. 우리 민족의 '거멀못'이라 할 수 있는 사람이야.

1125 거미발 장신구 따위에 보석이나 진주 따위의 알을 고정시키기 위하여 물리게 된 삐죽삐죽한 부분.

우리의 일상에서 자주 접하는 물건이면서도 적절한 이름이 없는 것들이 많다. 그런데 사실은 이름이 있으면서도 알려지지 않은 경우가 많다. '거미발'도 그런 말 가운데 하나다. '거미발'은 그 모양이 거미의 발을 닮았다고 빗대어 부르는 이름이다. 어떤 것을 꽉 움켜잡아 고정시켜주는 것을 빗대는 말로 두루 쓸 수 있다.

:: 보석 알맹이는 쏙 빠져버리고 앙상한 거미발만 남은 가락지를 어루만지며, 그녀는 마치 제 신세를 보는 듯한 상념에 잠긴다.

1126 날붙이 칼, 낫, 톱, 도끼 따위의 날이 서 있는 연장의 통칭.

날붙이는 양면성을 지닌 물건들이다. 유용하면서도 위험하다. 세상에는 그런 것들이 참 많다. 비단 날붙이뿐만 아니라 세상의 많은 연모들은, 잘 쓰면 편리하고 쓸모가 있지만 잘못 다루면 사람에게 해를 입힐 수도 있다. 날붙이가 날을 그대로 드러내고 있는 것을 '민날'이라고 하며, 날붙이에서 특히 날카로워 섬뜩한 느낌이 들게 하는 부분을 '서슬'이라 한다.

:: 똑같은 쇠를 가지고도 어떤 사람은 악기를 만들고, 어떤 사람은 날붙이를 만들어 사람을 해치게 한다.

1127 **너럭배** 자동차 같은 무거운 물건과 함께 사람을 건네어주는 뜰힘(부력)이 좋은 짐배.

배 밑을 넓적하게 하여 뜰힘을 많이 받도록 만든 배를 말한다. 배가 뜰힘이 크면 무거운 짐을 안전하게 실을 수 있지만, 대신 속도는 빠르지 못하다. 이를 영어로 '바지(barge)'라 하는데, 우리나라에서는 '바지선'이라 부르는 경우가 많다. 가까운 바닷길이나 호수, 강을 건너는 데 주로 쓰이는 배다.

:: 섬사람들이 잡은 고기를 육지로 실어 나르고, 대신 육지에서 온갖 살림붙이와 곡식 따위를 매번 날라주던 그 너럭배는, 이제 갯벌 한구석에 처박혀 붉게 녹슬고 있다.

1128 **마름쇠** 끝이 날카롭고 서너 갈래가 진, 무쇠로 만든 물건.

'마름'은 바늘꽃과의 한해살이풀로 연못이나 늪에 나는 식물이다. 흙 속에서 싹이 난 긴 줄기가 물 위까지 뻗는데 여름에 흰 꽃을 피우며 마름모꼴의 뾰족한 열매를 맺는다. '마름쇠'는 바

로 이 마름의 모양을 본떠 만든 물건이다. 흔히 철조망의 철사 중간에 얽어놓은 뾰족한 철사도막도 일종의 마름쇠라 할 수 있다. 옛날에는 밟으면 발바닥에 찔리도록 돼

있는 마름쇠를 만들어 도둑이나 적군의 침입을 저지하기 위해 그들이 오는 길목에 깔았다. 오늘날의 지뢰와 같은 역할을 한 것이다. 한자말로는 '능철(菱鐵)'이라 한다.

∷ 성문 앞에 깔린 마름쇠에 발바닥을 찔린 병사들은 벌써부터 겁에 질린 표정으로 달아날 곳만 찾는다.

1129 **민날** 날카롭게 드러난 칼날이나 창날.

'민날', '민낯', '민머리' 따위에서 '민-'은 덧씌워진 뭔가가 없는 상태를 말한다. 꼭 필요한 때가 아니면 칼날은 칼집 속에 들어 있어야 안전하다. 칼을 민날인 채로 간수하다 보면 드러난 칼날에 상처를 입을 수 있다. 날카로운 칼날의 위험을 되새기게 하는 말이다.

∷ 사람의 성품도 그렇다. 분노나 결기를 품은 사람이 그것을 늘 민날로 드러내면, 제 스스로에게도, 주변 사람에게도 위험하다.

1130 **서슬** 도끼, 낫, 칼 따위의 쇠붙이로 된 연장이나 유리조각 등의 날카로운 부분.

'서슬이 푸르다'는 말이 있다. 원래 뜻은 칼날 같은 날붙이가 날카롭게 빛나는 것을 말한다. 이 말이 사람에게 쓰일 때는 권세나 기세 따위가 대단하다는 뜻이다. 사람의 눈빛에 날이 서 있는 것이나 언행의 날카로운 기세, 또는 짐승의 으르대는 날카로운 기세를 '서슬'이라 표현하기도 한다. 그렇게 날카로운 기운이 일어나거나 더해지는 것을 '서슬이 오르다' 라고 한다.

∷ 그는 서슬이 오른 눈빛으로 상대를 쳐다본다. 얼마나 오랜 세월 마음속에서 날을 갈며 서슬을 세워왔던가.

1131 연모 물건을 만드는 데 쓰는 도구와 재료.

무릇 어떤 물건을 만들기 위해서는 도구와 재료가 있어야 한다. 예컨대 목수가 책상을 만들기 위해서는 목재나 못 따위의 '재료' 와 함께 대패, 톱, 망치 따위의 '연장' 이 있어야 한다. 이러한 연장과 재료를 한꺼번에 일컫는 우리말이 바로 '연모' 이다. '연모' 에서 '-모' 라는 말의 뿌리를 찾아보자. 볍씨를 쳐서 기른 어린 싹을 '모' 라고 한다. 또한 수(數)를 세는 단위 중에서 '할·푼·리·모' 따위의 단위를 쓰는데, 1만분의 1을 '터럭같이 적다' 는 뜻으로 '모(毛)' 라고 한다. 이같이 '모' 는 '형태가 완성되기 이전 단계에 있는 어떤 것' 또는 '아주 적은 어떤 것' 을 지칭하는 말인데, 그 뜻이 넓어져서 '물건이 만들어지기 이전 단계의 것' , 다시 말해서 물질이나 재료를, 또 그것을 가공하는 도구를 일컫는 말로 쓰인 것이다. 컴퓨터가 일반에게 처음 보급될 무렵에 '굳은모(하드웨어)' 니 '무른모(소프트웨어)' 니 하는 말들을 쓰는 사람들이 있었다. 여기서 '-모' 가 바로 '연모' 를 뜻하는 말이다. 이 밖에 '연모' 라는 말이 정신노동과 관련되어 쓰이는 경우도 있다. 학자들이 무엇을 연구할 때는 연구의 '대상' 과 '방법' 을 필요로 한다. 이럴 때 대상과 방법을 통틀어서 '연모'

라고 할 수도 있을 것이다.

:: 그는 자신의 저서에서 권력자의 '승리 이데올로기'와 언론의 '상업주의', 지식인의 '탐욕'을 분석의 연모로 사용하여 우리 사회와 정치의 질곡을 해부하였다.

1132 줏대   수레바퀴 끝의 휘갑쇠.

'휘갑쇠'는 물건의 가장자리나 끝부분을 보강하기 위하여 휘갑쳐 싼 쇠를 말한다. 주로 나무막대 같은, 틈이 벌어지기 쉬운 것의 끝부분을 휘갑치는 것이다. 그런 휘갑쇠 중에서 수레바퀴 끝을 두른 휘갑쇠를 '줏대'라고 한다. 한편 사람의 성정과 행동이 곧지 않아서 이리저리 흔들리는 것을 '줏대 없다'고 한다. 이때의 줏대는 한자말 '주(主)'에서 비롯된 말이다. 그러므로 수레바퀴 끝의 휘갑쇠를 뜻하는 줏대와는 소리는 같지만 형성법이 다른 말이다.

:: 수레바퀴에 줏대가 없으면 똑바로 가지 못하는 것처럼, 사람의 마음에도 줏대가 없으면 가는 길이 흔들리기 마련이다.

1133 쫏개   끝이 뾰족하고 꼬부라진 쇠로 만든 도구.

'찍는 물건'이라는 뜻의 '찍개'에서 비롯된 말로 보인다. 볏가마니 따위를 찍어서 끌어당기는 데 쓴다. 보통 갈고리의 모양과 비슷하지만, 쫏개에는 자루가 달려 있다. 재래시장의 어물전에서 생선을 찍어 당기는 도구 또한 쫏개라 할 수 있다. 또 평지에서 썰매를 탈 때, 땅을 찍어서 당겨 썰매가 나아가도록 하는 자루는 '썰매쯧개'라고 한다. 지방에 따라서는 '까꾸리'라 부르는 곳도 있는데, 이는 '갈고리'의 사투리라 할 수 있다.

:: 생선장수는 냉동상자 안에서 뻣뻣하게 굳은 채 얼음 속에 파묻힌 동태 한 마리를 쯧개로 찍어 올린다. 그 바람에 얼음조각이 튀어오른다.

11.34 **타래송곳** 병마개를 빼는 데 쓰는 송곳. 또는 줏대가 배배 틀린, 둥근 구멍을 뚫는 데 쓰는 송곳.

배배 꼬인 실뭉치를 '실타래'라 하는 것처럼 '타래'는 배배 틀린 모양을 말한다. '타래송곳'은 두 가지 종류로 나눌 수 있다. 첫째는 줏대 자체가 배배 틀린 송곳으로, 이는 샴페인이나 포도주 병 따위의 코르크 마개를 딸 때 쓰는 송곳이다. 또 다른 하나는 조금 굵은 줏대에 타래 모양으로 골이 패어 있는 송곳이다. 이는 구멍을 뚫는 데 쓰는 도구로 '드릴(drill)'을 가리킨다. 한편 태엽같이 둥글게 서린 가는 쇠고리로 작은 문고리를 거는 데 쓰는 물건은 '타래쇠'라고 하는데, 타래송곳이나 타래쇠나 모두 배배 틀린 타래 모양에서 비롯된 이름이다.

:: 그녀는 타래송곳을 몇 바퀴 돌려서 샴페인 병의 코르크 마개를 반쯤 뽑아 올린다. 생일잔치에 모인 사람들 모두 다음 순간 벌어질 일을 생각하며 아우성을 친다.

11.35 **탕개** 물건의 동인 줄을 죄는 기구.

갑작스런 사고를 당하여 팔이나 다리가 부러진 사람이 있다면 얼른 병원으로 데려가야 하겠지만, 병원까지 가는 데 시간이 많이 걸리는 경우는 우선 응급처치를 해야 한다. 이럴 때는 부러진 부위를 곧게 펴서 뼈를 맞춘 다음, 널판지나 곧은 나뭇가지 등 주변에서 구할 수 있는 재료로 부목을 대고 끈으로 동여매야 한다. 그런데 이때 부목을 단단히 고정시키기가 쉽지 않다. 그래서 부목에 끈을 감고 그 끈을 막대기 따위로 '비녀장'을 질러서 힘껏 죈 뒤에 묶어야 하는데, 이처럼 물건의 동인 줄을 죄는 기구가 '탕개'다. 그리고 탕개로 죈 줄이 풀리지 않도록 빗장을 질러놓기도 하는데, 그런 것을 '탕개목'이라고 한다. 단단하고 기다란 막대기 같은 물건은 무엇이든 탕개로 사용할 수 있으며, 탕개를 동여맨 줄의 중간에 비녀장을 질러 비비 틀면 줄이 죄어들게 된다. 그리고 동인 줄을 탕개로 팽팽하게 하는 것을 '탕개 틀다' 또는 '탕개 치다'라고 한다.

:: 건축 기술자인 그는 안전수칙을 철저히 지키는 사람이어서 비계를 지지하는 쇠파이프가 연결된 부위에는 굵은 철사를 칭칭 감은 뒤 반드시 여러 번 탕개를 쳐야만 안심을 한다.

1136 토리 둥글게 감은 실뭉치.

옛사람들에게는 실을 감는 일이 중요한 일과 중의 하나였다. 입성(옷)이 그리 흔하지 않았기 때문에 실을 구해다가 뜨개질을 하여 옷을 만들고 해진 옷을 꿰매어 입는 등 일상생활에서

실을 쓸 일이 무척이나 많았다. 그런데 장에서 파는 실은 꽈배기 모양의 타래로 감아져 있었으므로 이것을 쓰기 쉽도록 집에서 일일이 다시 감았던 것이다. 이때 막대를 끼우고 너부죽한 럭비공 모양으로 감아서 쓰기도 하고, 막대 없이 손가락 끝을 이용하여 둥글게 공 모양으로 감기도 하였는데, 이렇게 '둥글게 감은 실뭉치'를 '토리'라고 한다. 또한 '토리'는 '한 토리', '두 토리' 식으로 실뭉치를 세는 단위로도 쓰였고, '테를 짓지 않고서 그냥 둥글게 감은 실'을 '토리실'이라 하였다.

∷ 나는 어머니가 장에서 사온 실타래를 두 손에 끼고 있었고, 어머니는 그 실을 부지런히 감아서 토리를 만들었다. 그렇게 감은 토리가 세 토리나 되도록 나는 그 자리에서 움직일 수가 없었다.

113. 틀톱 두 사람이 밀고 당기면서 켜는 큰 톱.

흥부가 큰 박을 타기 위해 형 놀부 집에서 빌려온 물건이 바로 '틀톱'이다.

틀톱은 양쪽에 손잡이가 달려 있으며 두 사람이 밀고 당기도록 되어 있다. 오늘날에는 전기톱이 나와서 틀톱을 쓸 일이 거의 없지만, 예전에는 굵고 큰 나무를 베거나 통나무 따위를 썰 때 요긴하게 쓰던 연모다.

∷ 흥부는 형님 놀부 집에서 빌려온 틀톱으로 박을 타기 시작한

다. '시르렁시르렁 톱질이야' 하는 노랫소리가 낮은 울타리를 넘어 동네 안길까지 흘러나온다.

1138**헛돌이**   바퀴나 엔진 따위가 헛도는 일.

멈추어 있는 자동차에 시동이 걸려 있거나, 어떤 기계가 필요 없이 돌아가는 것을 '공회전(空回轉)'이라고 한다. '헛돌이'는 '공회전'에 갈음하여 쓸 수 있는 우리말이다. 헛돌이는 대기 오염을 일으키므로 근래에는 일정 시간 이상 헛돌이하는 것을 법으로 금지하고 있다. 쓸모없이 버려지는 연료도 절감하고 대기오염도 조금이나마 줄여보자는 취지에서다.

:: 공원 주차장에는 헛돌이하면서 소음과 매연을 내뿜는 자동차가 자주 눈에 띕니다.

● **여줄가리 올림말**

1139**거룻배**   돛이 없는 작은 배. 줄여서 '거루'라고 부른다.

1140**건지**   돌을 매달아 물의 깊이를 재는 데 쓰는 줄.

1141**고물**   배의 뒤쪽, 즉 '선미(船尾)'를 대신하는 말. '선수(船首)'는 '이물'.

1142**굴레미**   나무로 만든 수레바퀴.

1143**내릴톱**   나무를 세로로 켜는 데 쓰는 톱. 반대는 '동가리톱'.

1144**당도리**   바다로 다니는 큰 나무배.

1145**덩**   공주나 옹주가 타던 큰 가마.

1146 **등대기톱**　톱몸이 아주 얇으며 이가 잘고 날어김도 아주 작은 톱.

1147 **모탕**　나무를 패거나 곡식 또는 궤짝을 쌓을 때, 밑에 괴거나 받치는 나무.

1148 **무른모**　소프트웨어(software). *굳은모-하드웨어(hardware).

1149 **박다위**　짐짝을 걸어서 메는 데 쓰는 멜빵.

1150 **배척**　쇠로 만든 지레의 한 끝이 노루발장도리의 끝처럼 되어 굵고 큰 못을 뽑을 때 쓰는 연장.

1151 **벌낫**　벌판에 무성한 갈대 같은 것을 베는 데 쓰는, 크고 자루가 긴 낫.

1152 **부손**　화로에 꽂아두고 쓰는 작은 부삽.

1153 **소도리**　매우 작은 장도리.

1154 **슴베**　호미나 칼의 자루 속에 들어박히는 부분.

1155 **시우쇠**　무쇠를 불려 만든 쇠붙이. 무쇠. 선철. 쇠 중에서도 아주 단단한 쇠.

1156 **애끌**　큰 끌.

1157 **야거리**　돛대가 하나만 달린 작은 배.

1158 **양냥이줄**　자전거의 앞뒤 기어를 연결시키는 쇠줄. 체인.

1159 **어깨저울**　천칭(天秤).

1160 **올무**　새나 짐승을 잡는 데 쓰는 올가미.

1161 **용총줄**　돛을 올리거나 내리기 위해 돛대에 매어놓은 줄.

1162 **자릿쇠**　볼트를 죌 때 너트 밑에 받치는, 구멍 뚫린 얇은 쇳조각.

1163 **조새** 굴, 조개를 따는 데 쓰는 쇠로 만든 갈고리.

1164 **튀개** 출렁쇠. 스프링.

1165 **훗대** 질그릇을 만들 때 형태를 만드는 데 쓰는 나무쪽. 도공들의 연모.

● 수량과 단위

1166 **가락** 기다란 물건의 도막을 세는 단위.

원래는 물레로 실을 자을 때 실이 감기는 쇠꼬챙이를 뜻하는 말이다. 이를 '가락꼬치'라고도 하는데, 그 쇠꼬챙이가 가느다랗고 길게 생겨서 비슷한 모양의 물건을 세는 단위로 쓰이게 된 것이다. 즉 기름하게 토막진 어떤 물건의 낱개를 '한 가락'이라고 한다. '손가락', '발가락', '엿가락' 등 올(오라기)보다 굵은 것의 도막을 '가락'이라 한다.

:: 집 안에서 쓰는 멀쩡한 쇠붙이를 집어다가 엿 몇 가락에 바꾸어 먹을 정도로 그는 천성이 좀 둔하다.

1167 **가웃** 한 되, 한 말, 한 자 등의 절반에 해당하는 양.

옛날 우리 조상들에게 일상의 삶 속에서 가장 중요한 것은 뭐니뭐니해도 끼니를 이을 식량과 몸에 입을 옷이었다. 이처럼 중요한 생활물자를 팔고 사기 위해서는 그 양과 길이의 단위를 통일할 필요가 있었다. 그래서 쌀, 보리 등 곡식의 양을 헤아리는 데는 '되'와 '말'을, 그리고 옷감의 길이를 잴 때는 '자[尺]'를 주로 사용하였다. 그런데 곡식이나 옷감이 '몇 되'나 '몇 자'로 똑 떨어지지 않았다. 그럴 때는 눈대중으로 기본 단위의 2분의 1에 해당하는 단위까지 주로 사용하였는데, 이때 한 되, 한 말, 한 자의 절반에 해당하는 분량을 '가웃'이라 하였다. '되가웃'이라 하면 1되 반(半)에 해당하는 양을 나타내는 것이고, '석 자 가웃'이라 하면 3자 반의 길이를 뜻하는 것이다. 한편 '가웃'이라는 말 속에는 어떤 여유로움이 스며 있다. 어떤 단위에서 조금 남거나 조금 모자라면 '가웃'으로 치고 흔쾌히 값을 치름으로써 물건을 파는 사람이나 사는 사람이나 모두 넉넉한 마음으로 흥정을 마치는 것이다.

∷ 남은 쌀이 다섯 되가 조금 못 되니 넉 되 가웃으로 치고 오백 원만 내시오.

1168 **꼭지**   빨래나 미역 따위를 모숨을 지어 잡아맨, 물건을 세는 단위.

빨래든 미역이든 모숨(한 줌)을 지어 잡아매 놓게 되면 낱개의 여러 끝이 한 꼭지로 모이게 된다. 그래서 그 꼭지를 단위로 쓰게 된 것이다. 요즘에 신문이나 잡지의 기사를 작성할 때 하나의 기획이나 주제를 '꼭지'라는 단위로 표현하기도 한다. 적절한 말이다. 이 밖에도 '꼭지'는 여러 가지 뜻으로 두루 쓰이는 말이다. 식물의 가지나 줄기에 열매가 달려 있게 하는 것도 꼭지라 하며, 그릇 뚜껑의 손잡이도 꼭지라 한다. 한편 '꼭지를 따다' 라고 하면 '어떤 일을 처음으로 시작하다', '개시(開始)하다' 라는 뜻이다.

:: 다섯 가닥씩 한 꼭지를 지은 미역다발을 산더미처럼 쌓아 놓고 손님을 기다려보지만 한나절 내내 허탕이다.

:: 동료 기자가 휴가를 받은 바람에 나는 혼자서 무려 여섯 꼭지나 되는 기사를 써내느라고 눈코 뜰 새가 없었다.

1169 **모숨** 모나 푸성귀처럼 길고 가는 것의, 한 손아귀 안에 들어오는 분량.

우리말에는 사람의 몸을 기준으로 하는 셈의 단위가 많이 있는데, 특히 손을 기준으로 한 셈 단위가 많이 쓰인다. 주먹으로 쥘 수 있는 분량을 말하는 '한 줌', 손바닥을 펼쳤을 때 엄지손가락 끝에서 약지손가락 끝까지의 거리를 이르는 '한 뼘' 따위가 그런 것들이다. 사실상 이런 단위들은 오늘날에도 일상생활에서 종종 쓰인다. 그런데 손을 기준으로 하면서도 오늘날 잘 쓰이지 않는 셈 단위가 하나 있다. '모숨' 이 바로 그것이다. 모나 푸성귀처럼 길고 가는 것의 한 줌쯤 되는 분량을 '모숨' 이라 하는데 '담배 한 모숨', '푸성귀 한 모숨' 처럼 쓸 수 있는 말이다. 언뜻 '한 줌' 과 비슷한 것처럼 보이지만 쓰임은 조금 다르다. 사람에 따라서 몸의 크기가 서로 다르므로 이런 셈 단위들을 정확한 것이라고 할 수는 없을 것이다. 그러나 우리들의 일상에서 언제나 정확한 수치가 필요한 것은 아니므로 이런 셈 단위 또한 편리하게 쓸 수 있는 말이다.
∷ 시장에서 김장거리 배추를 사면서 쪽파 한 모숨만 달라고 했더니 이렇게 듬뿍 집어주지 뭐냐. 요즘 세상에 그렇게 인심이 후한 사람도 있다니.

1170 반자치   피륙 따위의 쓰다 남은 부분.

피륙을 세는 단위는 보통 '자[尺]'를 사용하였는데, 자 단위로 팔거나 쓰고 난 뒤 한 자가 못 되게 남은 부분을 말한다. '반자치'는 제값 받고 팔기에는 적은 양이지만 버리기에는 아까운 정도의 분량을 말한다. 조금 양이 많은 '자투리'라고 할 수 있다. 자 단위로 끊어서 물건을 팔거나 자풀이로 삯을 받는 일에서 보통 덤으로 거래되는 정도의 양이라 할 수 있다.
∷ 반자치 남은 양은 그냥 덤으로 드리겠습니다. 대신 자주 들러주십시오.

1171 보지락   농촌에서 비가 내린 분량을 헤아리는 단위.

빗물이 땅속에 스며든 깊이가 보습이 들어갈 정도를 말한다. 보습이 땅을 갈아엎는 깊이는 대략 한 뼘 정도다. 그 정도로 땅을 적시기 위해서는 꽤나 많은 비가 내려야 한다. 따라서 '보지락'은 한바탕 충분히 내린 비의 양을 말한다.
∷ 어째서 이번 비는 먼지잼하다가 말 것 같네. 한 보지락은 족히 내려주어야 할 터인데.

1172 **세뚜리** 셋이 한 상에서 밥을 먹는 일, 또는 새우젓 따위를 삼등분(三等分)하는 일.

한 상에서 세 사람이 함께 식사를 하는 것, 또는 새우젓 한 독을 세 몫으로 가르는 일, 또 그렇게 가른 몫을 말한다. 똑같은 이치로 한 상에 네 사람이 함께 식사를 하거나, 새우젓 따위를 네 몫으로 나누는 것을 '네뚜리'라고 한다. '세뚜리', '네뚜리'는 쓰이지만 '두뚜리'나 '다섯뚜리'라는 말은 쓰지 않는다.

:: 오늘 장사해서 남은 돈이 십만 원이니 세뚜리해서 삼만 원씩 나누고, 남은 만 원은 불우이웃돕기 성금으로 내는 것이 어떨까?

1173 **소수** 몇 말, 몇 되, 몇 냥, 몇 달 등 어떤 단위보다 조금 넘음을 나타내는 말.

'소수나다'고 하면 그 땅에서 소출이 늘거나 분량이 조금 남아도는 것을 말한다. 일반적으로 '소수'는 말, 되, 냥, 달과 같은 시간이나 분량, 수치의 단위에 붙어서 그보다 조금 넘음을 나타내는 말로 쓰인다. '말소수'는 한 말 남짓한 곡식의 양이며, '달소수'는 한 달 남짓한 기간을 말한다.

:: 벼농사가 작년보다 소수나서 올해엔 형편이 좀 나아지겠는걸!

1174 **자풀이** 자질을 해서 숫자로 나타내는 일. 어떤 물건이나

거리의 길이를 재는 일.

일상에서 자를 많이 사용하는 곳이라 할 수 있는 드팀전(피륙가게)에서 많이 쓰던 말이다. 즉 피륙 한 자의 값이 얼마인가를 셈해보는 일을 말한다. 또는 피륙을 몇 자씩 끊어서 파는 일을 뜻하기도 한다. 이 밖에도 방의 간(間) 수나 건물의 높이, 폭 등을 계산하는 일도 '자풀이'라 한다. 일반적으로 자질을 해서 숫자로 나타내는 짓은 모두 자풀이라 할 수 있다. 한자로는 '척량(尺量)'이라 한다.

:: 이사를 며칠 앞둔 휴일 오후에 우리 부부는 새집에 가서 방바닥이며 벽 따위를 하루 종일 자풀이를 한 다음, 바닥재와 벽지의 필요한 양을 주문하였다.

1175 푼치 길이를 재는 단위인 '푼'과 '치' 사이.

얼마 되지 않은 차이를 말한다. '푼'은 비율의 단위인 할, 푼, 리의 하나로 100분의 1을 말한다. 현대식 계량법으로는 1퍼센트(%)와 같은 비율로, 비교적 적은 오차를 말하는 것이다. '치'는 길이를 재는 단위로서 한 자[尺]의 10분의 1에 해당한다. 서양식 단위인 인치(inch)보다 조금 길다. 약 3.3센티미터 정도이다. '세치 혓바닥'에서 쓰인 것처럼 '치'는 길이가 매우 짧음을 뜻한다.

:: 네거리 포목점의 이씨는 여간 깐깐한 성격이 아니어서 푼치도 그냥 넘어가는 법이 없다.

● **여줄가리 올림말**

1176갈비   앞 추녀 끝에서 뒤 추녀 끝까지의 지붕의 너비.

1177갓   비웃(청어)이나 굴비 등 건어물 열 마리, 고사리 등의 열 모숨을 한 줄로 엮은 것을 세는 단위.

1178강다리   쪼갠 장작 100개비를 세는 단위.

1179거리   오이나 가지 같은 길쭉한 작물을 50개씩 묶어서 세는 단위.

1180거웃   논밭을 쟁기로 갈아 넘긴 골을 세는 단위.

1181걸음나비   보폭(步幅). 걸음쇠. 컴퍼스(compass).

1182고팽이   새끼줄 따위를 사려놓은 한 돌림, 또는 일정한 거리를 한 번 왕복하는 것.

1183담불   벼 백 섬을 세는 단위, 또는 곡식이나 나무를 쌓은 무더기.

1184돈   옛날 엽전의 열 푼. 한 냥의 10분의 1인 단위.

1185되사   '말'을 단위로 하여 셀 때에 남는 한 되가량.

1186됫밑   곡식을 되로 되고 남는, 한 되에 차지 못하는 분량.

1187두럭   놀이나 노름을 위해 여럿이 모인 떼, 또는 여러 집이 한 군데 모인 떼.

1188두레   둥근 켜로 된 시루떡 덩이, 또는 그것을 세는 단위.

1189두름   조기나 청어 같은 물고기를 두 줄로 열 마리씩 엮은 것, 또는 고사리 따위 산나물을 열 모숨가량 엮은 것.

1190두매한짝   다섯 손가락을 가리키는 말.

1191뜸   한 마을 안에서 몇 집씩 따로 한 군데 모여 사는 구역.

1192마까질   물건의 무게를 달아보는 짓. 계량(計量).

1193마리   시의 편수를 세는 단위. 수(首).

1194마속   '말'이나 '되'로 된 용량.

1195마장   오 리나 십 리가 못 되는 거리를 말할 때 '리(里)' 대신 쓰는 단위.

1196마투리   한 가마니나 한 섬에 차지 못하고 남는 양.

1197말밑   곡식을 마질(말질)한 후 한 말이 차지 못하고 남은 것.

1198말소수   한 말 남짓한 곡식의 양.

1199맞줄임   약분(約分).

1200모춤   볏모를 보통 서너 움큼씩 묶어놓은 단.

1201모태   안반(떡판)에 얹어놓고 한 번에 쳐낼 수 있는 떡의 분량. 반죽의 한 덩어리.

1202무지   곡식이 완전히 한 섬이 못 되는 것. 원뜻은 무더기로 쌓인 더미를 세는 단위.

1203뭇   짚단 한 묶음. 생선 열 마리. 미역 열 가닥. 열 뭇은 한 짐.

1204뭇가름   묶음으로 된 물건을 그 수효를 늘리려고 더 작게 갈라 묶는 일.

1205바람   실이나 새끼 따위의 한 발쯤 되는 길이.

1206보   웅담을 세는 단위.

1207부릇   무더기로 놓인 물건의 부피.

1208부엉이셈   어리석어 이해타산이 분명하지 못한 셈.

1209뼘치   길이가 한 뼘쯤 되는 물건이나 물고기.

1210송아리 꽃이나 열매 따위가 여럿이 잘게 모여 달린 한 덩어리.

1211옴큼 물건을 한 손으로 움켜쥔 분량. '움큼'의 작은말.

1212우리 기와를 세는 단위. 한 우리는 2천 장.

1213자밤 양념이나 나물 따위를 손가락 끝으로 집을 만한 정도의 분량.

1214조짐 쪼갠 장작더미를 세는 단위.

1215채 인삼 백 근을 세는 단위.

1216하릅 마소나 개의 한 살. '한습'이라고도 함. 하릅(한습), 두습(이듭), 사릅(세습), 나릅, 다습, 여습, 이롭, 여듭, 아습(구릅), 담불(열릅).

1217휘 옛날 곡식을 되던 그릇. 20말 또는 15말들이.

 재물과 거래

● 돈과 거래

¹²¹⁸**각다귀판** 인정머리 없이 남의 것을 뜯어먹으려고 덤비는 판. 본디 '각다귀'란 모기와 비슷하게 생긴 곤충으로 사람의 피를 빨아먹을 뿐만 아니라 병균을 옮기기도 한다. 이 각다귀한테 한 번 물리면 가려워서 미칠 지경이 된다. 이렇게 사람을 괴롭히는 곤충이다 보니 남의 것을 빼앗거나 빨아먹는 악한을 일러 각다귀라 하기도 한다. 그리고 인정머리 없이 서로 남의 것을 뜯어먹으려고 덤비는 판을 '각다귀판'이라고 한다.
:: 흔히 노름판이라고 하는 곳은 각다귀판과 같이 서로 돈을 뜯어먹으려고 환장을 하는 곳이다.

¹²¹⁹**걸태질** 염치를 돌보지 않고 재물을 마구 긁어 들이는 사람. 자본주의 사회에서는 자신의 능력과 노력에 따라서 재산을 모

으는 일이 합법적으로 보장된다. 그러면 평범한 사람보다 백 배의 재산을 모은 사람은 다른 사람보다 능력이 백 배 이상 뛰어나거나 백 배 이상의 노력을 했던 것일까? 재물을 모으는 과정에서는 다른 사람의 몫을 빼앗지 말아야 하며, 재물을 모은 다음에는 그것을 어느 정도 사회에 환원할 줄도 알아야 한다. 하지만 염치를 돌보지 않고 재물을 마구 긁어 들이는 사람도 있다. 그런 짓을 가리켜서 '걸태질'이라고 한다. 그 어감만큼이나 걸태질은 추하게 보인다. 한편 '걸터들이다'라고 하면 '이것저것 휘몰아 들이다'는 뜻이며, '걸터듬다'는 되는 대로 더듬어 찾는다는 뜻으로 쓰인다. 그리고 '걸터먹다'는 이것저것 휘몰아서 먹는 것을 나타내는 말이다. 한편 지방관리나 토호들이 백성의 재물을 긁어 들이는 짓을 '글겅이질'이라고 한다.

:: 그렇게 걸태질로 돈을 모아서 어디에 다 쓰려고 그러는가. 결국 자네에게 필요한 것은 두어 평 남짓한 무덤뿐일 걸세.

1220 길미

빚돈에 대하여 일정한 기간 동안에 얼마씩 덧붙여 주는 돈.

'길미'는 '이자(利子)'에 해당하는 우리말이다. '길-'의 기본형 '길다'는 오늘날 '짧지 않다'는 뜻의 형용사로 쓰이지만 옛날에는 '크다', '자라나다'는 뜻의 동사로도 쓰였다. 길미의 '길-'은 바로 그런 뜻에서 비롯되어, '원금에서 자라난 돈'의 뜻으로 쓰인 것이다. 급한 돈이 필요할 때 아무래도 가까운 친지나 친구에게 먼저 부탁을 하게 된다. 그럴 때 돈을 빌리는 쪽이나 빌려주는 쪽이나 '이자'라는 말을 자유롭게 쓰기가 곤란한 경우가 있다. 그런 경우엔 왠지 야박한 느낌이 드는 '이자'라는 말 대신 '길미'라는 말을 써보자.

:: "도와줘서 고맙네. 길미는 섭섭잖게 쳐서 갚겠네." "이 사람아, 우리 사이에 길미는 무슨 길미인가. 형편 닿는 대로 원금이나 천천히 갚게."

1221 **꾹돈** 은밀한 목적을 위하여 남몰래 '꾹' 찔러주는 돈.

'촌지(寸志)'라는 것이 있다. 이것은 '마음속에 지닌 자그마한 뜻'을 말하는 것으로 '촌심(寸心)'이라고도 한다. 그런데 오늘날 '촌지'는 뇌물성 돈봉투를 가리키는 말로 변하고 말았다. 자그마한 뜻을 서로 주고받는다는 뜻의 촌지가 사회적인 문제가 되고 있는 것이다. '촌지'는 어감만큼이나 의미가 좋은 말이다. 하지만 촌지를 무엇으로 주고받느냐가 문제가 된다. 학부모가 선생님에게 자기 자식을 잘 봐달라는 뜻으로, 또는 약점을 들킨 취재원이 취재기자에게 눈감아 달라는 뜻으로 돈봉투를 꾹 찔러준다면 그것은 이미 '마음속의 자그마한 뜻'이 아니라 음흉한 모략이요, 뇌물이 되고 만다. 이처럼 남에게 뇌물로 주는 돈을 '꾹돈'이라 한다. 옳지 않은 목적을 위하여 남몰래 '꾹 찔러주는 돈'을 일컫는 것이다. 이와 같은 '검은 돈'을 '촌지'라는 점잖은 말로 표현하는 것은 말과 글에 대한 모독일 것이다. '뇌물로 주고받는 돈'을 이를 때는 '촌지'가 아니라 '꾹돈'이라 하는 것이 어떨까?

:: 어느 학부형께서 내게 두툼한 봉투를 건네주더군. 알고 보니 꾹돈이었어. 이사를 앞두고 때마침 돈이 필요할 때라서 꾹돈이라도 챙기고 싶더군. 하지만 돈 쓸 데 없는 사람이 어디 있겠나. 그래서 당장 되돌려 주고 말았지.

1222**드림셈** 물건값을 여러 번으로 나누어 하는 셈.

봉급생활자들은 목돈을 구하기가 쉽지 않기 때문에, 값나가는 물건을 구입하거나 큰돈을 들일 일이 있을 때 '할부(割賦)'로 셈하는 경우가 많다. 신용카드 같은 새로운 형태의 지불 수단이 나오면서부터 '할부'로 물건을 구입하는 일이 더욱 흔해졌고, 이제는 많은 현금을 들고 다니는 게 오히려 이상할 정도로 지불 방법이 바뀌고 있다. 그런데 이 '할부'라는 말은 '할증(割增)' 따위의 말처럼 일본식 한자표기를 빌려다 쓴 것이다. 옛날에도 물건값을 여러 번 나누어 셈하는 일이 있었는데 이를 '드림셈'이라 하였다. 또한 드림셈을 몇 번으로 나누어 언제까지 갚을 것인가를 흥정하는 일을 '드림흥정'이라 하였다. 언제부턴가 드림셈이 '할부'라는 말로 바뀌고 말았지만 이제라도 우리말 '드림셈'을 되살려 써야 할 것이다.

:: 지금은 가진 돈이 얼마 되지 않으니 10개월 드림셈으로 합시다.

1223**들머리판** 있는 것을 모조리 들어먹고 끝장이 나는 판.

재물이나 밑천을 헛되이 다 없앤다는 뜻의 '들어먹다'에서 나온 말이다. 들머리판이 된 상태를 '들통'이라 한다. '들어먹다'는 남의 것을 자기 차지로 만들어버린다는 뜻도 있는데, 남에게 일을 시키고 그 급여를 들어먹는 기업주도 있고, 국민의 세금을 들어먹는 정치인도 있다. 자기 재산을 털어먹든 남의 것을 훔쳐먹든 간에, 들머리판을 내서 밑천을 '들어먹는' 일은 있어서는 안 될 일이다. 들머리판을 줄여서 '들판'이라고 하는데 주로 '들판(을) 내다' 처럼 쓴다.

∷ 50여 년간 이 땅에서 민주주의를 들판 낸 수구 정당과 토호 세력은 '차떼기' 규모의 뒷돈 거래도 모자라서, 급기야 사소한 이유로 현직 대통령의 직무를 정지시키고 나라를 들머리판으로 만들려는 것이다.

1224 맞돈   물건을 살 때 외상이 아니라 현금으로 지급하는 돈.

요즘에는 외상의 상대되는 말로 현금 또는 현찰이라는 말을 주로 쓴다. 하지만 '현금'이란 수표나 어음, 현물 따위의 상대되는 말로 쓰인다. 외상의 상대되는 말은 '맞돈'이다. 다른 말로 '뇐돈'이라고도 한다, 현금(現金)이나 현찰(現札)보다는 '맞돈'이라는 말로 쓰는 게 더 타당하다. 다만 은행에 가서 수표 따위를 바꾸는 것은 현금 또는 현찰로 바꾼다고 하지 맞돈으로 바꾼다고 하지 않는다. 맞돈은 외상에 상대되는 말이다. 요즘에는 카드결제에 상대되는 말로도 쓸 수 있겠다.

∷ 저희 가게에서는 외상을 해드리지 않습니다. 맞돈으로 주십

시오.

1225 맞발기
매매하는 양측이 함께 간수해두는 문서, 계약서.

어떤 이유로 개인이나 법인이 서로 계약을 맺게 되면 흔히 '계약서'를 작성하게 되는데, 이때 같은 내용의 계약서를 2부 작성하여 쌍방이 다 같이 간수해두어야 한다. 그래야 어느 한쪽에서 계약 내용을 변조할 수 없기 때문이다. 이처럼 매매 쌍방이 다 같이 간수해두는 문서를 '맞발기'라고 한다. 여기서 '발기(-記)'는 사람이나 물건의 이름을 죽 적은 글발을 뜻하는데, '맞-'이라는 접두어와 함께 쓰여서 낱장이 아니고 두 장임을 나타내게 된다. 맞발기는 법적인 효력을 가지는 것이므로 신중하게 써서 잘 간수하여야 한다.

∷ 물론 김 선생과 나는 잘 아는 사이여서 문제가 생길 리야 없겠지만 그래도 맞발기를 작성해두는 것이 서로 개운하지 않겠소?

1226 벼슬덤
직책 덕분에 사사롭게 얻는 특별한 수입이나 이득.

명절이나 특별히 기념해야 할 날을 맞아 아는 이들에게 인사치레로 건네주는 적은 액수의 돈을 '떡값'이라 한다. 마땅한 선물거리가 떠오르지 않을 때 편의상 그에 상당하는 돈을 주어 마음의 표시를 하는 것이 바로 떡값이라 할 수 있으며, 이는 우리 민족이 전통으로 이어온 미풍양속이다. 그런데 오늘날 상류층으로 올라가면 이러한 떡값의 규모가 수천만 원에서 수억 원에 이르기도 한다. 떡값은 말 그대로 떡 한 번 해먹을 수 있는 정도여야 한다. 또한 떡값은 대체로 윗사람이 아랫사람에게 주는 마음의 표현이다. 그런데 수억, 수십억 재산을 가진 벼슬아치들이 떡 해먹을 돈이 없어서 떡값이 오고 가는가. 아니면 지체 높은 사람들은 한 덩어리에 수천만 원 하는 떡을 먹고 사는가. 고위직에 있는 사람이 그 직책 덕분에 사사롭게 얻는 특별한 수입이나 이득은 떡값이라기보다는 '벼슬덤'이다. 벼슬자리 때문에 덤으로 생긴 수입이라는 것이다. 뇌물이나 뒷거래에 해당하는 벼슬덤을 취하는 것은 범죄 행위다.

∷ 그 정치인의 재산공개 내용을 보니까 벼슬덤을 무던히도 챙겼더군. 나라에서 받는 급여만으로는 상상도 할 수 없을 정도로 재산이 많다더군.

1227 살돈

장사나 투전을 하여 밑졌을 때, 본디 그 밑천이 된 돈. 장사나 투전을 하였는데 밑지고 말았을 때, 본디 그 밑천이 되었던 액수에 해당하는 돈을 '살돈'이라고 한다. 피땀 흘려 한푼 두푼 모은 돈을 한순간에 날려버렸을 때의 참담한 마음은 아마도 살[肉]을 베어낸 것과 같을 것이다. 그래서 '살돈'이라고 하며, 살돈을 잃을 정도로 손해를 보는 것을 '살닿다'라고 한다. '돈 놓고 돈 먹는' 각다귀판에서는 '살돈'이 넉넉지 않으면 괄시를 당하거나 잃은 돈을 회복하기가 어렵다. 그래서 도박꾼들은 '살닿게' 되면 '살돈'을 급히 구하기 위하여 이자율이 매우 높은 사채를 쓰거나 심지어 '검은돈'에도 손을 뻗치게 되고 결국 패가망신하게 되는 것이다.

:: 노름이니 도박이니 하는 건 결국 남의 살돈을 딴 사람이나 살닳은 사람이나 모두 그 끝은 패가망신이다.

1228 **새경** 한 해 동안 일한 대가로 머슴에게 주는 돈이나 현물.

오늘날 급여는 주로 '월 급여' 방식에 따른다. 하지만 언제부턴가 급여 방식에 변화가 일어나서 '연봉(年俸)제'를 채택하는 회사가 늘고 있다. 그런데 옛날 우리나라에도 연봉제 비슷한 품삯 제도가 있었다. '새경'이 바로 그것이다. '새경'은 원래 '사경(私耕)'이 변한 말로, 머슴이 고용주에게 한 해 동안 일을 해준 대가를 말한다. 새경은 현금으로 계산하는 경우도 있었지만 통상 곡물로 계산하였다. 머슴들은 주로 고용주의 집에서 먹고 자는 것을 원칙으로 하였던 까닭에 별도로 정기적인 생활비가 들지 않았다. 그래서 한 해 농사를 땀 흘려 짓고 가을걷이가 끝날 때쯤 해서 한 해치 품삯을 한꺼번에 계산하였다. 새경과 비슷한 제도로 '사래'라는 것이 있는데, 이는 묘지기나 마름이 수고의 대가로 얻어서 부치는 논밭을 말한다. 새경이 흔히 현물이나 곡물로 지급되는 데 비하여 사래는 토지 자체를 임대해주고 거기서 나온 수확물로 생계를 꾸리게 한다. 노동력의 대가를 지급하는 방식에 약간의 차이가 있는 것이다. 한편 한 해 농사가 끝나고 새경 계산이 끝나면 다시 이듬해의 '새경 인상안'을 놓고 머슴과 고용인 지주가 서로 협상을 벌이기도 하였다. 그러다가 만약 협상이 결렬되면 머슴은 다른 고용인의 '스카우트' 제의에 응하여 짐보따리를 싸는 일도 더러 있었던 모양이다.

:: 박 생원은 힘 좋고 일 잘하기로 소문난 김 영감네 머슴 바우에게 눈독을 들이다가 새경을 두 섬 더 주겠다며 꼬드겼다.

1229 색갈이 봄에 묵은 곡식을 꾸어주었다가 가을에 비싼 길미를 붙여서 햇곡식으로 받는 일.

'색갈이 놓다', '색갈이 내다' 등의 형태로 쓰인다. 옛날 가난한 서민들에게 '색갈이'는 참으로 무서운 것이었다. 봄에 묵은 곡식을 꾸어다 먹고 가을에 비싼 길미(이자)를 붙여서 색갈이를 갚고 나면 또다시 곳간이 텅텅 비게 된다. 그러다 보면 겨울을 나기도 전에 또 곡식이 떨어져서 색갈이를 내게 된다. 악순환이 되풀이되는 것이다. 오늘날에는 식량이 떨어져서 색갈이를 내는 집은 거의 없을 것이다. 하지만 서민들이 급한 돈을 마련하기 위해서 길미가 엄청나게 높은 사채를 빌려 쓰거나, 신용카드로 이른바 '현금서비스'를 받고 나중에 비싼 이자를 무는 것도 색갈이의 한 형태라고 할 수 있다.

:: 옆 마을 최 부자는 손에 흙 한 줌 묻히지 않지만, 봄에 놓은 색갈이를 가을에 거두어들이기만 해도 곳간이 가득가득 넘친다.

1230 선변 빌려 쓴 돈에 대하여 다달이 갚는 길미.

'선변'에서 '선-'은 '서다', '서 있다'는 뜻이다. '-변(邊)'은

'길미(이자)'를 뜻하는 한자말이다. 즉 빌린 돈에 대하여 원금과 이자를 다달이 갚는 상환방법을 '선변'이라 한다. 이와 반대로, 다달이 돈을 갚지 않고 거치(据置)기간을 두었다가 원금과 이자를 한꺼번에 갚는 변리를 '누운변'이라 한다. 누운변을 보통 '장변(長邊)'이라고도 한다. 변리관계에서 '눕다'는 것은 원금이 그대로 빚으로 누워 있다는 것을 말한다. 오늘날 신용카드를 이용한 현금 대출 따위는 대부분 선변이다.

:: 선변으로 빌려 쓴 돈을 다달이 갚지 못하여 길미가 눈 덩어리처럼 불어나기 시작하더니, 이태쯤 지나서는 감당할 수 없게 되어 사업이고 뭐고 들머리판을 내고 말았지.

1231 웃돈

본값에 덧붙이는 돈. 물건을 서로 바꿀 때, 값을 따져서 값이 적은 쪽에서 물건 외에 더 주는 돈.

관공서 따위에서 어떤 일에 대한 진행 권한을 가질 때, 그 일을 빨리 봐줄 것을 부탁하며 주는 돈을 일컬어 흔히 '급행료'라 한다. 자정이 넘은 시각에 택시를 타게 되면 보통 때보다 일정액의 요금, 즉 할증료(割增料)를 더 내야 하는데, 이러한 제도를 '심야할증제'라 한다. 이를 순우리말로 풀어보면 '한밤웃돈제'라 할 수 있다. 급행료든 할증료든 모두 웃돈이다. 하지만 급행료는 정당하지 못한 웃돈이다.

:: 체제가 허술하고 윤리적인 수준이 낮은 사회일수록 웃돈이 먹힌다. 웃돈이 없는 사회가 성숙한 사회다.

1232 젓가락돈 옛날 기생들이 놀음차로 받던 돈을 속되게 이르는 말.

옛날에 양반들은 기생들에게 놀음차를 줄 때, 그 돈을 젓가락으로 집어 주었다고 한다. 상 위에 엽전을 놓아두고, 접대하는 기생이 비위를 맞추어줄 때마다 한 닢씩 젓가락으로 집어 주는 것이다. 돈을 '더러운 것'으로 여기는 의식을 드러낸 행동이다. 하지만 그것을 받는 사람으로서도 참 치사하고 더러운 느낌이 들었을 법하다. 젓가락돈은 오늘날 유흥업소의 접대여성이 받는, 이른바 '팁(tip)'에 해당한다. 오늘날에는 어떤 모멸스러운 방법으로 놀음차를 주고받는지 모를 일이다.

∷ 그녀는 오늘도 술잔을 움켜쥐고 숨죽여 운다. 젓가락돈 몇 푼에 웃음을 팔아야 하는 신세가 막막하고 처량하다.

1233 해웃값 논다니를 상대하고 그 대가로 주는 돈.

기생, 창기 등의 '논다니(노는 여자)'를 상대하고 주는 돈을 '해웃값'이라고 한다. 다른 말로 '해우차', '놀음차', '해웃돈' 따위로 부르기도 하는데, 오늘날의 '화대(花代)'에 해당하는 우리말이다. '해우(解憂)'는 근심을 푼다는 말이다. 도대체 무슨 근심일까? 성을 상품화하여 거래를 하는 일이 예전에도 있었고 지금도 횡행하지만, 단지 옛사람들은 이를 '웃음을 판다'고 하였다. 그 웃음으로 일부의 남정네들이 근심을 풀었던 모양이다. 예나 지금이나 몸을 파는 쪽은 주로 여자들이고, 사는 쪽은 남자들이다. 그리고 이처럼 몸을 사는 쪽은 그에 대한 비용을 지불하게 되는데 흔히 '화대(花代)', 즉 '꽃값' 이라고 한다. 여자를 꽃으로 비유하여 붙인 이름일 터이다. 그러나 근래에 와서는 극히 드물기는 하지만 여자가 남자를 사는 경우도 있는 모양이다. 이럴 때 드는 비용은 '화대' 라기보다는 '해웃값' 이 아닐까.

:: 그 사람 아직도 정신을 못 차렸더군. 이번에도 땀흘려 일하고 받은 월급을 몽땅 해웃값으로 날려버렸다지 뭔가?

● **여줄가리 올림말**

1234**겉돈**   남을 호리어 그 공으로 얻은 돈.

1235**고린전**   보잘것없는 푼돈.

1236**군돈**   필요 없는 데 쓰는 돈.

1237**금새**   물건의 매매에서 널리 통하는 시세나 물가의 싸고 비싼 정도.

1238**깔쭈기**   가장자리를 톱니처럼 금을 내어 깔쭉깔쭉하게 만든 은전.

1239**끝돈**   물건값의 나머지를 끝으로 마저 치르는 돈.

1240**나가시**   공청(公廳)에서 집집마다에 부담시키던 공전(公錢).

1241**날찍**   일한 결과로 생기는 이익. 소득(所得).

1242**날치**   날마다 길미(이자)를 무는 빚.

1243**낱값**   단가(單價).

1244**노린동전**(-銅錢)   매우 적은 액수의 돈. 줄여서 '노린전'. (=피천)

1245놀음차 잔치 때에 기생이나 악공에게 주는 돈. (=해웃값)

1246대푼 보잘것없는 아주 적은 돈. 돈 한 푼. *대푼짜리-값어치 없는 물건.

1247덧두리 정해진 금액 외에 얼마만큼 더 보태는 돈. 보너스.

1248데밀다 사업이나 장사에 금품을 마구 대거나 제공하다. 밖에서 안으로 들여 밀다.

1249돈거리 팔면 약간의 돈을 받을 수 있는 물건.

1250뜬돈 뜻하지 않은 우연한 기회에 생긴 돈.

1251뜬벌이 어쩌다가 닥치는 일자리에서 버는 돈.

1252말벗김 마름이 마당통이나 가량통으로 마질을 속여 그 나머지를 남겨먹는 일.

1253맞은돈 당첨금.

1254먹은금 물건을 사는 데 들어간 돈.

1255민값 물건을 받기 전에 먼저 주는 물건값. 앞돈, 선금(先金).

1256발리다 돈이나 물건을 뜯기다. 이모저모로 빼앗기다.

1257본살 노름에서 밑천이 되는 돈.

1258불전(-錢) 노름판에서 집주인에게 얼마씩 떼어주는 돈. '북쩍이'라고도 함.

1259비발 경비, 비용. (=해자)

1260빚구럭 빚이 많아서 헤어나지 못하는 상태.

1261사슬돈 꿰거나 싸지 않은 쇠붙이 돈, 즉 잔돈.

1262살지르다 노름판에서 걸어놓은 몫에 더 태워 돈을 놓다. 베팅(betting)하다.

1263 새수나다   갑자기 좋은 수가 생기다. 뜻밖에 재물이 생기다. 횡재하다.

1264 새초   작게 만든 엽전.

1265 샐닢   매우 적은 액수의 돈. 청나라 시대 황동전(黃銅錢) 반 푼을 말함.

1266 속가름   돈이나 물품의 총액, 조목별 액수 등을 밝히는 것. 명세표 작성.

1267 쇠푼   많지 않은 돈. (소분小分→소푼→쇠푼)

1268 수쪽   어음의 오른편 조각. 채무자가 가지는 왼편 조각은 '암쪽'.

1269 신발차   심부름하는 이에게 노자(路資)나 사례로 주는 돈.

1270 안돈   여자들이 갖고 있는 소액의 돈.

1271 알돈   알짜가 되는 돈. 몹시 소중한 돈.

1272 알차지   모든 비용을 빼고 손에 쥔 돈. 순익(純益).

1273 알천   재산 가운데 가장 값나가는 물건. 또는 음식 가운데 가장 맛이 있는 것.

1274 엇셈   서로 주고받을 것을 비겨 없애는 셈. 상쇄(相殺)함.

1275 에움   갚음. 배상(賠償). *에움하다—배상하다, 변상하다.

1276 옥셈   잘못하여 자기에게 불리하게 하는 셈. 옹졸하게 잘못 가지는 생각.

1277 왁대값   아내를 간부(姦夫)에게 빼앗기고 받는 돈.

1278 우수리   일정한 수효를 다 채우고 남은 수. 거스름돈. 잔돈. 줄여서 '우수'.

¹²⁷⁹**입빔** 입을 꾸미는 일, 즉 입막음이나 입씻이로 주는 돈이나 물건.

¹²⁸⁰**잔셈** 액수가 적은 여러 가지 셈.

¹²⁸¹**잔용** 사소한 잡비로 쓰는 용돈.

¹²⁸²**주먹셈** 주먹을 쥐었다 폈다 하면서 손가락으로 간단한 셈을 하는 것. 암산.

¹²⁸³**짙은천량** 대대로 전해 내려오는 많은 재물. 유산.

¹²⁸⁴**찬돈** 밑천.

¹²⁸⁵**퉁때** 엽전에 묻은 때, 곧 세상의 온갖 사람들의 손때.

¹²⁸⁶**판몰이** 노름판의 돈을 한 사람이 전부 몰아 가짐.

¹²⁸⁷**판셈** 여러 군데 빚을 진 채무자가 가진 재산을 전부 내놓고 한꺼번에 셈하도록 함.

¹²⁸⁸**품돈** 품삯으로 받는 돈, 곧 노동의 대가.

¹²⁸⁹**풋돈냥** 갑자기 생긴 약간의 돈.

¹²⁹⁰**피천** 아주 적은 돈. (=노린동전, 노린전)

¹²⁹¹**해자** 어떤 일을 하는 데 드는 돈. 비용, 경비. (=비발)

5부 · 일상생활과 문화

 의식주

● 옷과 장신구

1292 **가락지** 여자가 손가락에 장식으로 끼우는 두 짝의 고리.
'한 짝으로만 끼게 된 가락지'를 '반지'라 하는데, 이를 한자로 '斑指' 또는 '半指'라고 쓴다. 그런데 '斑'은 얼룩이나 무늬를 뜻하는 말이므로 단순히 '한 짝으로만 끼는 가락지'는 '반지(半指)'라고 해야 할 성싶다. 하지만 한 짝이든 두 짝이든 손가락에 치레하는 고리는 모두 '가락지'라고 하면 어떨까?
∷ 석양에 물든 하늘을 바라보며 한숨짓던 그녀는 손가락에 낀 금가락지 두 짝에 가만히 입술을 대어본다.

1293 **개짐** 여자의 생리 때 샅에 차는 헝겊.
오늘날 여성들의 생활필수품이라 할 수 있는 '생리대'가 일반화한 것은 그리 오래되지 않은 일이다. 요즈음의 간편하고 위생적인 생리대가 상품으로 나오기 전까지 여성들은 달거리(월경)를 하게 되면 마치 아기들이 기저귀를 차는 것처럼 살에 수건을 찼다. 그때 썼던 천이나 수건 같은 것을 '개짐'이라 하였다. 결국 '개짐'은 그 용도가 오늘날의 생리대와 꼭 같은 것이다. 그러니 생리대를 '개짐'으로 불러도 무방하지 않을까.

∷ 갑자기 달거리가 시작되는 바람에 미처 개짐을 준비하지 못한 그녀는 무척 당황하였다.

1294 거들지   손을 감추기 위해 두루마기나 여자의 저고리 소매 끝에 길게 덧대는 소매.

이를 한자말로 '한삼(汗衫)'이라고 한다. 일상복보다는 춤 출 때 입는 무용복에서 많이 볼 수 있다. 예컨대 탈춤을 출 때 한삼자락 휘날리며 덩실덩실 춤을 추는 모양새를 떠올려보면 그 모양이 생생하다. 또한 고구려 고분벽화에 거들지 자락을 휘날리며 춤추는 여인들의 모습이 그려져 있다.

∷ 하늘로 쳐든 거들지 자락이 힘차게 휘날리는 모습이 고구려인들의 기상을 일깨워주는 듯하다.

1295 난든벌   난벌과 든벌, 또는 드나들면서 입을 수 있는 옷.

외출할 때만 입는 옷이나 신발을 '난벌' 또는 '나들잇벌'이라 한다. 나들이할 때 입는 '외출복'이라는 뜻이다. 또한 집에 있을 때, 즉 집에 들어와서 입는 옷이나 신발을 '든벌'이라 한다. '난벌'은 많은 사람들에게 보이는 옷이므로 아무래도 예의와 격식을 차릴 필요가 있는 옷이다. 반면에 '든벌'은 입기 편해야 하기 때문에 실용성이 강조되기 마련이다. 그러다 보니 실용성과 격식을 둘 다 살릴 수 있는 옷이 생겨나게 되었는데, 요즘에는 이런 옷을 일컬어 '캐주얼'이라는 말을 흔히 쓴다. 이것이 우리말로는 '난든벌' 또는 '든난벌'이다.

∷ 계절이 바뀌니까 입을 만한 옷이 없어서 불편하더군. 이번에 상여금 받으면 난든벌로 두어 벌 장만해야겠어.

1296 다리속곳
여자의 옷차림에서 가장 안에 입는 아래 속옷. 속속곳.

옛날의 여자들이 격식에 따라 옷을 차려입게 되면 그 가짓수가 매우 많다. 겉에 입는 치마를 들추어보면 받쳐 입는 속치마가 나온다. 다시 그 속에 '단속곳'이라 하여 폭이 넓은 바지처럼 생긴 속옷을 입는다. 그리고 한 겹 안에는 헐렁한 반바지 모양의 '고쟁이'라는 것을 입고, 그 속에 비로소 진짜 속옷을 입는데 이를 '다리속곳' 또는 '속속곳'이라 한다. 오늘날의 '팬티'에 해당하는 것이다.

∷ 그의 머릿속에는 다리속곳 차림의 여인네들이 교태 섞인 웃음을 흘리며 사내들과 마구 뒤섞여 놀아나던 광경이 자꾸만 떠오른다.

1297 동곳 상투가 풀리지 않게 꽂는 물건.

동곳을 빼면 상투가 흐트러진다. 격식과 체면을 생명처럼 여겼던 유교 사회에서 상투가 풀어지는 것은 굴복을 상징하는 것이었다. 사극에서 보면 더러 전쟁에서 진 장수나 옥에 갇힌 죄인들이 머리를 풀어헤친 채로 형틀을 차고 있는 모습을 볼 수 있는데, 이것이 곧 '동곳이 빠진' 모습이다. 그래서 '동곳(을) 빼다'라고 하면 굴복하는 것을 의미한다.

:: 이름 석 자만으로도 조선팔도의 산천초목을 떨게 할 정도로 세도 당당하던 그가, 지금은 동곳이 풀린 채로 피범벅이 되어 국청(鞠廳)에 엎드려 있으니, 그야말로 인간사 새옹지마다.

1298 두루주머니 아래는 둥글고 위는 모가 진, 허리에 차는 주머니. 염낭.

어린아이들의 한복 차림에서 흔히 볼 수 있다. 설날 세뱃돈을 넣는 '복주머니'도 두루주머니의 하나다. 아가리에 잔주름을 잡고 두 개의 끈을 좌우로 꿰어서 당기면 주머니 입구가 오므라지게 된 주머니다.

∷ 설날 아침이다. 색동 옷감으로 곱게 지은 두루주머니를 허리춤에 찬 아이들이 기쁨에 상기된 얼굴로 연을 날리고 있다.

1299 들보   남자의 자지나 똥구멍에 병이 생기거나 상처가 있을 때 샅에 차는 헝겊.

젊은 여성들의 일상용품인 생리대를 순우리말로 '개짐'이라고 하는데, 남성들에게는 그런 '헝겊'이 일상적인 용품은 아니다. 하지만 남성도 비뇨기(泌尿器)나 항문에 관계된 수술을 한 때처럼 샅에 헝겊을 차야 하는 경우가 있다. 그런 때 차는 헝겊을 '개짐'과 구별하여 '들보'라고 하는데, '들뽀'라고 소리 내야 한다. 한편 건축에서 두 기둥 사이를 건너지르는 나무도 '들보'라고 하는데, 표기와 소리가 똑같은 말이므로 상황에 따라 잘 구분해서 써야 한다.

∷ 한 시간쯤 지나서 그가 어기적거리는 걸음걸이로 수술실을 나왔다. 바지 엉덩이가 두툼한 것이 샅에 들보를 찬 게 틀림없었다.

1300 따개비모자   조가비처럼 둥글납작하게 생긴 모자.

따개비는 바닷물이 드는 바위 표면에 붙어 사는 원추형의 절지동물이다. 몸길이 1센티미터 정도거나 그보다 조금 큰 것도 있다. '따개비모자'는 바로 그 따개비의 모양을 한 모자를 말한다. 전체적으로 둥글납작하지만 뒤쪽은 조금 서 있고, 앞쪽은 눌리어 납작한 모양이다. 흔히 일본말인 '도리우찌'로 더 잘 알려져 있다.

∷ 찰리 채플린같이 콧수염을 기른 길쭉한 얼굴에 따개비모자를 눌러 쓴 그의 모습은 마치 일제시대 일본 형사나 그 앞잡이를 연상케 한다.

1301 **맞단추** 암단추, 수단추를 맞대어 끼워지게 해서 쓰는 단추.

주로 어린아이들의 옷이나 지갑, 손가방 등의 덮개를 고정시키는 데 많이 쓰는 단추를 말한다. 흔히 속어로 '똑딱단추'라 한다. 우리가 일상에서 자주 접하는 물건 중에는 엄연히 있는 제 이름으로 제대로 불리지 못하는 것들이 매우 많다. '맞단추'도 그 가운데 하나다.

∷ 만원버스에서 내린 뒤에 보니 나도 모르는 사이에 손가방 뚜껑의 맞단추가 열려 있었다. 깜짝 놀란 나는 가방 안의 물건들을 살펴보았다.

1302 **바대** 홑적삼이나 고의의 해어지기 쉬운 부분 안에 덧대는 헝겊조각.

한마디로 옷에 덧대는 헝겊조각을 말하는데, 홑옷의 양쪽 겨드랑이 안쪽에 대는 헝겊을 '곁바대'라 하고 등덜미 쪽에 넓게 덧대는 헝겊을 '등바대'라 한다. 오늘날 흔히 '빠대'라는 된소리로 쓰는데 이는 잘못이다. 이 밖에 건축공사 현장에서 미장이들이 벽 따위의 틈새를 덧칠하여 메우는 일을 '빠대질' 이라 부르기도 하는데, 이 또한 '바대'에서 비롯된 말이다.

∷ 자릿내가 코를 찌르는 세탁기 안에는 곁바대며 등바대가 너덜너덜한, 뒤집힌 빨랫감이 마구 섞여 있다.

1303 바리안베 썩 고운 베.

한 필을 접어서 바리(밥그릇) 안에 넣을 만큼 고운 베라는 뜻으로 쓰는 말이다. 최근 옷 종류의 상표나 패션과 관련되는 말은 보통 유럽 계통의 외국어를 빌려다 쓰는 경우가 많은데, 굳이 외국어 느낌이 나면서도 우리말을 써서 옷의 상표를 만들고 싶다면 한번 써볼 만한 말이다. 특히 시어(詩語)나 문학작품에 잘 살려 쓰면 고운 느낌이 생생하게 전해질 수 있는 우리말이다.

∷ 시어머니는 보물을 다루듯 조심스럽게, 그리고 미세하게 떨리는 손길로, 바리안베에 곱게 싸인 물건을 조심스럽게 풀어놓는다.

1304 바짓부리 바짓가랑이의 끝부분.

너무 긴 바지를 오랫동안 입고 다니다 보면 땅바닥에 스친 바지 끝이 닳아서 올이 풀리는 경우가 종종 있다. 물론 요즘에야 입성이 하도 흔한 세상이라서 '바짓부리'가 닳기도 전에 버리기 십상이지만, 먹고 입는 것에 주리던 옛날에는 닳아빠진 바짓부리를 다시 안으로 말아 올려서 겅둥하게 짧아진 바지를 입고 다니는 사람들을 심심찮게 볼 수 있었다.

∷ 옷을 관리할 때 바짓부리나 소맷부리는 가장 닳기 쉬운 곳이

기 때문에 더욱 신경을 써야 할 것이다.

1305 오지랖   웃옷이나 윗도리에 입는 겉옷의 앞자락.

'오지랖이 넓다'는 말을 오늘날에도 종종 쓴다. 그런데 이 말이 그다지 좋은 뜻은 아니다. 옷의 앞자락이 넓으면 몸이나 다른 옷을 넓게 겹으로 감싸게 되는데, 간섭할 필요도 없는 일에 주제넘게 간섭하는 사람을 비꼬는 말이다. 그런 사람에게 '오지랖이 몇 폭이냐?'고 비아냥거리며 묻기도 한다. 그런데 오지랖이 넓다는 것은 가슴이 넓다는 말이다. 즉 남을 배려하고 감싸는 마음의 폭이 넓다는 것을 말한다. 그런 점에서 본다면 오지랖이 넓은 것이 미덕이다. 다만 그것이 지나쳐서 남에게 도움이 되기보다는 오히려 귀찮게 하는 결과를 가져올 때, 이를 경계하여 '오지랖이 넓다'고 하는 것이다.

:: 오늘날 개인주의 사회에서는 오지랖이 넓은 게 문제가 아니라, 제 몸과 관계없는 사람에게는 좀처럼 눈길도 주지 않는 세태가 더 문제다. 오히려 사람들의 오지랖이 너무 좁다는 데 우리 사회의 어두운 그림자가 도사리고 있는 것이다.

1306 진솔   한 번도 빨지 않은 새 옷.

옷을 새로 지어 입고 빨 때까지의 동안을 '첫물'이라고 하는데, '진솔옷'은 곧 '첫물의 옷'을 말한다. 원래는 봄가을에 다듬어 지어서 입는 모시옷을 진솔옷이라 불렀는데 이를 줄여서 '진솔'이라고 한다. 이와 관련된 말로 모시옷을 지을 때 풀을 먹이고 다듬이를 하여 짓는 방식을 '짓것'이라고 하며, 진솔을 단번에 찢거나 떨어뜨리는 사람을 조롱하여 '진솔집'이라고 부른다.

:: 나는 진솔 두루마기를 입었었고 내 동무는 흰 무명옷을 입었었다. (이양하 수필집)

1307 **짤짜리**   발끝만 꿰어 신을 수 있는 간단한 신발.

생활양식이 근대화되면서 우리나라 사람들도 짚신을 버리고 고무신에서부터 시작하여 구두, 운동화 따위의 '상품'으로 바꾸어 신게 되었다. 그리고 그런 과정에서 '발끝만 꿰어 신을 수 있는 실내용의 간단한 신', 즉 '슬리퍼'라는 것도 애용하게 되었지만, 그것에 걸맞은 우리말 이름을 미처 만들어내지 못하였다. 물론 '실내화'라는 한자말을 쓰기도 하지만, 슬리퍼를 어디 실내에서만 신고 다니는가. 그래서 영어에 익숙지 못한 사람들 중 일부는 이를 '짤짜리'라고 불러왔다. 오늘날 슬리퍼를 일컬어 속어로 '딸따리'라고도 하는데, 이는 '짤짜리'에서 비롯된 말이다.

:: 신발가게에 가서 짤짜리 한 켤레 달라고 했더니, 주인이 어리둥절한 표정을 짓더라구. 그래서 다시 슬리퍼 사러 왔다고 말했더니 그때서야 알아듣더군.

1308 **풀대님**   바지나 고의를 입고 대님을 매지 않는 일.

'대님'은 남자의 한복 바지 끝부분을 동여매는 끈을 말한다. 대님을 매지 않으면 바짓부리가 바닥에 질질 끌리게 된다. 그러한 불편함에 앞서서 풀대님 차림은 예의와 격식에 어긋나는, 조금 이상한 짓으로 여겨진다. 따라서 풀대님 차림은 어지간히 경황이 없는 상태나 예의 없는 차림새를 빗대는 말이다.

:: 집 안에서 한바탕 난리를 친 김 첨지는 풀대님으로 사립짝을 나선다.

● **여줄가리 올림말**

1309**가배**   고려 때 바지를 일컫던 말.

1310**개구멍바지**   오줌똥을 누기 편하게 밑을 터서 만든 사내아이의 바지.

1311**걸단추**   걸어서 채우게 된 단추. 호크.

1312**곁마기**   노랑 바탕에 깃, 끝동, 고름 따위에 자주색 장식을 한 회장(回裝)저고리.

1313**고**   옷고름 따위를 맬 때 풀리지 않도록 한 가닥을 고리모양으로 잡아 뺀 것.

1314**고두저고리**   제사지낼 때 여자가 입는, 회장을 달지 않은 저고리.

1315**길목버선**   먼길 갈 때 신는 허름한 버선.

1316**까치두루마기**   까치설빔으로 아이들이 입는, 오색으로 지은 두루마기.

1317**꾸미개**   옷, 돗자리 따위의 가를 여미기 위해 꾸미는 헝겊

오리.

1318너널 겨울에 신는, 솜을 두어 만든 커다란 덧버선.

1319너울 옛날 여자가 나들이할 때 머리에 쓰던 것.

1320달린옷 원피스.

1321동방 승려들이 입는 방한용 윗도리.

1322마름질 재단(裁斷).

1323말기 치마나 바지 따위의 맨 위에 둘러서 댄, 허리에 닿는 부분. 말기끈.

1324매미옷 아래 위를 통짜로 간편하게 만든 아기옷.

1325물결바지 헝겊을 호아서 지은 바지. 나팔바지나 월남치마와 같은 꼴임.

1326바늘밥 바느질할 때 더 쓸 수 없을 만큼 짧게 된 실 동강. '바느질밥'이라고도 함.

1327배래기 한복 소매 아래쪽의 물고기 배와 비슷한 부분.

1328배악비 가죽신의 창이나 울 속에 두껍게 대는, 여러 겹으로 붙인 헝겊조각. 백비.

1329뱃대끈 여자의 치마 또는 바지의 허리 위에 덧매는 끈.

1330보무라지 종이나 헝겊, 실 따위의 잔 부스러기. 줄여서 '보물'.

1331볼끼 추위를 막기 위해 두 볼을 얼러 싸서 머리 위로 잡아매게 된 방한구.

1332부심이 빨강 치마, 노랑 저고리의 봄맞이 나들이옷.

1333부전 색 헝겊으로 예쁘게 만들어 차는 계집아이의 노리개.

1334사발옷 가랑이가 무릎 아래까지만 내려오는 여자의 짧은 바지.

1335 **상답** 자녀의 혼인 등 뒷날에 쓰려고 마련해두는 옷감.

1336 **설기** 싸리 따위로 엮어서 만든 고리짝으로, 자주 입지 않는 옷을 담는 용기.

1337 **솔기** 옷 따위의 두 폭을 꿰맬 때 맞대고 꿰맨 줄.

1338 **수목** 헌 솜으로 실을 켜서 짠 무명.

1339 **스란치마** 입으면 발이 보이지 않을 정도로 길고 폭이 넓은 치마.

1340 **시접** 속으로 접혀 들어간 옷솔기의 한 부분.

1341 **아얌** 겨울에 부녀자들이 나들이할 때 추위를 막으려고 머리에 쓰는 물건.

1342 **안개치마** 안개처럼 엷고 가벼운 치마.

1343 **안타깨비** 명주실의 토막을 이어서 짠 굵은 명주.

1344 **어깨걸이** 여자가 장식으로 어깨에 걸치는 목도리. 숄(shawl).

1345 **오목누비** 두꺼운 솜옷이나 이불에 줄을 굵게 잡아 골이 깊게 된 누비.

1346 **옷거리** 옷을 입은 맵시. 옷을 거는 도구를 뜻하는 '옷걸이'와 구별.

1347 **옷두지** 옷 따위를 담아두는 세간.

1348 **옷물림** 주로 형제끼리 옷을 차례로 물려가며 입는 일.

1349 **외씨버선** 볼이 갸름하고 맵시 있는 버선.

1350 **잠방이** 가랑이가 무릎까지 오는 홑바지. 농부들이 여름철에 입음.

1351 **장(場)내기옷** 사람들에게 팔기 위하여 미리 만들어놓은 옷.

기성복.

1352 절치 거칠게 삼은 미투리(신). 본디 절에서 만들어 신던 데서 유래된 말.

1353 정띠 걸음을 걸을 때 가뜬하게 하기 위해 발에서 무릎 아래까지 감는 헝겊 띠. 행전(行纏). 등산할 때나 운동할 때 착용하는 긴 양말이나 스타킹에 해당하는 말.

1354 중치막 소매가 넓고 길이가 길며 앞은 두 자락, 뒤는 한 자락으로 된, 무가 없이 옆이 터진 네 폭짜리 웃옷.

1355 쥐대기옷 여러 천조각을 붙여 기워서 만든 옷.

1356 진동 소매의 겨드랑이 밑의 넓이.

1357 차렵 초겨울에 쓰도록 옷이나 이불에 솜을 얇게 두는 일.

1358 치레거리 액세서리.

1359 토끝 피륙의 끄트머리. 피륙의 필(疋) 끝에 글씨나 그림이 박힌 부분.

1360 트임새 옷을 만들 때 앞이나 뒤를 터놓는 것, 또는 트인 모양새.

1361 풀치마 양쪽으로 선단을 대어 둘러 입게 된 치마. 반대말은 '통치마'.

1362 핫것 솜을 두어 지은 옷이나 이불 따위의 총칭. 핫바지, 핫옷 따위.

1363 핫반 두 겹으로 된 솜반.

1364 허리말기 치마나 바지의 허리에 둘러서 댄 부분.

● 먹을거리와 마실거리

1365 강다짐   국이나 물 없이 마른밥을 먹음.

'강다짐', '강울음', '강바람' 따위 말에서 '강-'은 '메마르다'는 뜻을 가진 접두어로 쓰인다. 또한 바늘에 실이 따르듯 당연히 따라야 할 것이 없는 상태를 뜻하기도 하는데 '강술'이 그런 경우다. 또 '-다짐'은 '허기짐을 달래다'는 뜻의 접미어로 쓰인다. '초다짐', '조다짐'이 그런 예다. '강다짐'은 술적심(숟가락을 적심)할 만한 국이나 물 없이 마른밥을 먹는 것을 말한다. 주로 들판에서 일을 하다가 먹는 밥이 그러하다. 한편 주는 것도 없이 남을 억지로 부리거나 덮어놓고 억눌러 꾸짖는 짓을 '강다짐하다'라고 하는데, 여기서 '강-'은 메마르다는 뜻이 아니라 강압적이고 강제적인 태도를 말한다.

:: 꽁보리밥 한 덩어리에 소금 절인 깍두기 두어 조각으로 강다짐을 하고는 숟가락을 놓자마자 바우는 불끈 자리에서 일어난다.

1366 고두밥   알갱이가 꼬들꼬들한 된밥.

밥은 지어진 상태나 조리방법에 따라 여러 가지 명칭으로 불린다. 물기가 많으면 '진밥'이라 하고 적으면 '된밥'이라 한다. 된밥 중에서도 그냥 먹기 힘들 정도로 쌀 알갱이가 '꼬들

꼬들한' 된밥이 '고두밥'이다. 술을 빚으려면 찹쌀이나 멥쌀, 조 등을 시루에 쪄서 '지에밥'이라는 술밥을 지어야 한다. 이 지에밥이야말로 고두밥의 대표격이라 할 수 있다. 한편 그릇 위까지 수북이 퍼 담은 밥은 '감투밥' 또는 '고봉밥'이라 불렀다. 오늘날에야 식량이 없어서 배를 곯는 사람들은 거의 찾아볼 수가 없지만 불과 20~30년 전만 하더라도 식량난이 심각하였다. 그래서 가난한 서민들은 감투밥, 고봉밥을 배불리 먹어보는 게 소원이었을 것이다. 더욱이 흉년에는 푸석푸석한 고두밥이라도 배불리 먹어보는 게 다들 소원이었다.

∷ 군대 훈련소 시절에는 늘 배가 고팠지. 배급받은 밥을 뚝딱 해치우고 고두밥 한 덩이라도 더 먹을 수 없나 하고 공연히 배식구 주변을 어슬렁거리던 일이 바로 엊그제 같아.

1367 구메밥 감옥에서 좁은 구멍을 통하여 죄수에게 넣어주는 밥. 밥을 먹는 때와 장소에 따라서 부르는 이름도 다양하다. 들에서 김맬 때 먹는 '기슴밥', 신령에게 제사 지낼 때 올리는 '노구메', 드난살이 하면서 얻어먹는 '드난밥' 등이 그런 것들이다. 감옥에서 좁은 구멍을 통하여 죄수에게 넣어주는 밥은 '구메밥'이라 한다. 따라서 '구메밥 먹다'라고 하면 '감옥살이한다'는 것을 뜻한다. 예나 지금이나 감옥에 갇힌 죄수들은 좁은 구멍을 통하여 밥을 받아먹는데, '구메'가 바로 '구멍'을 뜻하는 옛말이다. 일제 시대 이후에 한동안은 이 구메밥에 콩이 섞여 나온 모양이다. 그래서 감옥살이를 은어로 '콩밥 먹는다'고 했

다. 교도소에서 '콩밥'은 사라진 지 오래다.

:: 8·15 특별사면으로 대전교도소에서 가석방된 김선명 씨는 무려 43년 10개월 동안 구메밥을 먹었는데, 김씨는 세계 최장기수로서 기네스북에 오른 바 있다.

1368 다지기 고추, 마늘 따위를 함께 섞어 다진 양념.

김장을 할 때 절인 배추나 무를 버무리기 위하여, 여러 가지 재료를 다져서 만든 양념이 곧 '다지기'다. 또 국밥 따위를 말아서 먹을 때 넣어 먹는 양념도 다지기다. 얼큰한 음식을 좋아하는 사람들은 설렁탕이나 칼국수 따위 음식을 먹을 때도 벌겋게 다지기를 풀어서 먹는다. 이를 '다대기'라 부르는 사람들이 많은데 '다지기'가 맞는 말이다.

:: 플라스틱 통에 바짝 말라붙은 다지기를 한 덩어리 겨우 떼내어, 멀건 국물에 넣고 풀어서 맛을 보지만, 영 입맛이 돌지 않는다.

1369 대궁밥 밥그릇 안에 먹다 남은 밥.

군대 속어 중에 '짬밥'이라는 말이 있다. 이 말은 '군대 경력'과 '먹다 남긴 밥'이란 두 가지 뜻으로 쓰인다. 한자말 '잔반(殘飯)'에서 유래된 말로 짐작된다. 잔반을 우리말로는 '대궁밥' 또는 '군밥'이라고도 하는데, 깨끗이 먹다 남은 대궁밥을 새 밥과 섞어서 지어 먹는 것을 '되지기'라 한다. 요즘에는 대궁밥은 있지만 이를 되지기해서 먹는 일은 많지 않을 것이다.

:: 그는 주린 배를 움켜쥐고 걷다가 마침내 길가에 주저앉고 말았다. 돼지우리에 던져질 대궁밥 한 덩어리라도 얻어먹을 수 있다면 살 수 있으련만!

1370 도깨비뜨물 '술'의 다른 이름.

옛날 민가에서 담가 마시던 농주는 그 빛깔만 보면 마치 허연 쌀뜨물 비슷하다. 그런데 많이 마시면 무슨 조화를 부려서 사람의 정신을 오락가락하게 한다. 술에 대한 은유적 표현이며, 과음(過飮)을 경계하라는 뜻을 담고 있는 말이다.

:: 하루라도 도깨비뜨물에 속을 적시지 않으면 사지가 덜덜 떨릴 만큼, 그의 정신과 육신은 급속도로 황폐해갔다.

1371 머드러기 무더기로 있는 과실이나 생선 중에서 가장 굵거나 큰 것.

어머니들이 시장에 가서 과일이나 생선 따위를 살 때 한참 동안 뒤적이는 것을 볼 수가 있다. 같은 가격이면 조금이라도 더 큰 과일, 조금 더 살진 생선을 사려는 알뜰한 마음에서 그렇게 고르고 고르는 것인데, 그렇게 고른 물건을 '머드러기'라고 한다. 그런데 과일이나 생선에만 머드러기가 있는 것은 아니다. 사람 중에서도 머드러기가 있으니, 어떤 쓸 만한 일이나 쓸 만한 사람을 머드러기라고 하기도 한다. 흔히 '군계일학(群鷄一鶴)' 따위의 한자말을 쓰지만 '머드러기'라는 순우리말을 써도 손색이 없을 것이다.

:: 이 사과 좀 보렴. 과일더미를 한참 뒤져서 머드러기만 골라왔더니 제법 마음에 드는구나.

1372 **모둠밥** 여러 사람이 내 것 네 것 없이 같이 먹기 위하여 많이 담은 밥.

'모둠'은 여러 사람이 모인 단체를 말한다. 옛 농경사회에서 여럿이 함께 들일을 할 때, 일일이 별도의 밥그릇을 챙겨 가는 것이 번거로워서 큰 함지박에 한꺼번에 밥을 담아가지고 가서 일을 하다가 둘러앉아 먹는다. 이것이 바로 '모둠밥'이다.

:: 밥을 비벼놓고 보니 고추장을 너무 많이 넣어서 아무래도 맛이 짤 것 같아. 네 밥하고 합쳐서 다시 비벼 모둠밥으로 먹자.

1373 **볏술** 가을에 벼로 갚기로 하고 외상으로 먹는 술.

'외상 없는 술장사 없다'고 한다. 예나 지금이나 외상술에 얽힌 일화는 어느 동네에서든 쉽게 접할 수 있다. 우리 조상들 중에는 가을에 벼로 갚기로 하고 외상술을 먹는 사람들도 있었던 모양이다. 이를 우리말로 '볏술'이라고 하는데, 오늘날에도 볏술을 먹는 사람들이 있다. 퇴근 후에 한잔 생각이 간절한데 주머니 사정이 여의치 않을 때는 월급을 '담보'로 하여 외상술을 먹는 도리밖에 없다. 일종의 볏술인 셈이다.

:: 그가 능글맞은 웃음을 지으며 "아주머니 오늘은 볏술 좀

주시오. 월급날 꼭 갚아드릴게요" 한다. 그러자 주인아주머니는 "우리 집에서는 벼 안 받으니 돈으로 주시오"라고 대거리한다.

1374 소나기밥 보통 때는 그다지 많이 먹지 않던 사람이 갑자기 무섭게 많이 먹는 밥.

한방에서는 적게 먹어야 오래 산다고 한다. 그런데 한번 입맛이 당기기 시작하면 무한정 먹어버리는 사람도 있다. 이렇게 먹는 밥을 '소나기밥'이라고 하는데, 이는 건강을 크게 해치는 식사 습관이다. 어디 식사습관뿐이겠는가? 부귀와 영화도 그렇다. 느닷없이 많은 재산을 갖게 된 사람들은 자칫 정신건강을 해치기 쉽다. 자신이 소화할 만큼의 재산에 만족해야 정신이 건강하다. 한편 보통 때는 술을 잘 먹지 않다가 한번 입에 대면 많은 양의 술을 마시는 것을 '소나기술'이라 한다.

:: 아무리 배가 고파도 그렇지, 그렇게 소나기밥을 먹다가 체하기라도 하면 어떡할려고?

1375 술적심 국, 찌개와 같은 국물이 있는 음식, 곧 숟가락을 적실 만한 음식.

밥과 함께 국이나 찌개를 먹는 것은 우리나라 특유의 식습관이다. 이런 음식 문화에 길이 든 우리의 밥상에는 지금도 국물이 오른다. 이런 음식을 일러 '술적심'이라 한다. '술적심'에서 '술-'은 숟가락을 뜻한다. 즉 '숟가락을 적시다'라는 뜻인데 결국 이는 입 안을 국물로 적시는 것이다. 술적심을 준비하려면

매 끼니마다 끓여서 데워야 하기 때문에 조금 번거롭기는 하지만, 우리 고유의 체질에는 매우 적합한 식습관이라 할 것이다.
∷ 밥과 술적심으로 차려진 우리 고유의 식단은 빵과 우유, 또는 햄버거나 콜라 따위와는 비교할 바가 아니다.

1376 숫음식   만든 채 그대로인, 헐지 않은 음식.

'숫-'은 잡된 것이 섞이지 않은 '순수한' 것을 뜻하는 접두사이다. 때 묻지 않은 물건을 '숫것'이라고 한다. 또 거짓 없이 순수한 사람을 '숫사람'이라고 하는데, 그런 사람에게서는 '숫티'가 난다. 더불어 아무도 밟지 않은 눈을 '숫눈'이라고 한다. 같은 이치로 '숫음식'은 만들어 차려놓고 아무도 손대지 않은 음식을 말한다.
∷ 그날 갑자기 벌어진 일로 잔칫집은 북새통으로 변하고 말았고, 덕분에 상에 차린 음식은 숫음식 그대로 남게 되었다.

1377 언덕밥   솥에 쌀을 언덕지게 안쳐서 한쪽은 질게, 한쪽은 되게 지은 밥.

'고깔밥'이나 '감투밥'은 밥을 그릇에 담은 모양에 따라 붙여진 이름이고, '언덕밥'은 밥을 안칠 때의 모양에 따라 붙인 이름이다. 진밥을 좋아하는 사람과 된밥을 좋아하는 사람이 함께 사는 경우에 양쪽 모두의 입맛을 맞출 수 있는 발상이다. 오늘날 이런 기능을 가진 압력밥솥이 나온다면 사람들의 반응이 어떨까?

:: 시아버지는 된밥 투정이고 남편은 진밥 투정이니, 순례는 어느 장단에 맞추어야 할지 난감해하다가 언덕밥을 짓기로 하고는 제 꾀에 만족스러운 듯 흐뭇한 미소를 짓는다.

1378 입시   하인이나 종이 밥 먹는 것을 낮게 이르는 말.

우리말은 신분 구별이 뚜렷한 편이다. 특히 밥에 관련된 말은 더욱 그렇다. 밥을 신분에 따라 나누면 대략 이렇다. 임금님의 밥은 '수라', 윗사람의 밥은 '진지', 아랫사람의 밥은 '입시'다. 입시는 신분이 가장 낮은 밥이다. "밥 먹었는가?" 하면 될 것을 굳이 "입시는 하였는가?" 함으로써 자신의 체면을 높이려 했던 듯하다.

:: 아무리 미련하고 천한 머슴놈이라도 그렇지, 쥐꼬리만 한 새경으로 밤낮 부려먹으면서, 그래도 제때에 입시는 하도록 해줘야 할 게 아닌가?

1379 지레뜸   밥이 뜸이 들기 전에 지레 푸는 일, 또는 그런 밥.

요즘에야 온갖 기능을 갖춘 첨단 밥솥이 나와서 일단 쌀을 안쳐놓기만 하면 저절로 밥이 되지만, 재래식 솥에 밥을 하는 경우에는 뜸을 제대로 들이는 게 여간 어려운 일이 아니었다. 그래서 성질 급한 사람들은 '지레뜸'을 들이기 일쑤였다. 밥 짓는 일뿐만 아니라 이러저러한 세상살이에는 지레뜸으로 일을 망치는 경우가 허다하다. 어떤 일이든 너무 성급하게 굴어서 지레뜸

들이지 않도록 해야 한다.

∷ 이번 계약이 되었다고 지레뜸 들이지 마십시오. 어떤 변수나 장애물이 생길지 모르니 대금결제가 이뤄질 때까지는 긴장을 늦추어서는 안 됩니다.

1380 칼나물 절에서 칼치 따위의 생선을 은밀히 이르는 말.

절간에 사는 스님들은 차(茶)를 마시되 술은 마시지 아니하고, 나물은 먹되 고기는 물론 생선도 먹지 않는 것이 원칙인데, 스님들 가운데는 더러 유혹을 이기지 못하여 술과 고기를 몰래 먹는 이도 있는 모양이다. '칼나물'은 그런 스님들 사이에서 쓰는 숨은말(은어) 가운데 하나다. 요컨대 술을 '곡차'라 하고, 칼치(갈치) 따위의 생선을 '칼나물'이라고 부르는 것이다. 모든 것이 마음먹기에 달렸다고 생각해서 생선을 먹고도 이를 '나물'이라 생각하고, 술을 마시되 이를 '차'라고 생각하면 된다는 것이다. 하지만 이름이 어떠하든 어디까지나 술은 술이요, 생선은 생선일 뿐이다.

∷ 저녁상에 생선구이가 올라왔지만 비린내를 싫어하는 나는 거들떠보지도 않았다. 그러자 아내는 "이건 생선이 아니라 칼나물이어요" 하면서 사람 좋은 웃음을 지어보였다.

1381 칼제비 밀방망이로 밀어 고르게 된 밀가루 반죽을 칼로 썰어서 물에 끓인 음식.

밀가루 반죽을 손대중으로 떼어내어 물에 넣고 끓인 음식을 일러, '손 수(手)' 자를 써서 '수제비'라 한다. 반면 손으로 떼어 내지 않고 밀방망이로 밀어 고르게 된 밀가루 반죽을 칼로 썰어서 물에 끓인 음식을 '칼제비'라 한다. 그런데 어찌된 영문인지 '수제비'는 오늘날에도 살아 있는데 '칼제비'라는 말은 사라지고 그 자리를 '칼국수'가 차지하고 있다. 칼국수는 밀가루 반죽을 국수처럼 길게 썬 것이고, 반죽을 깍두기처럼 굵직한 조각으로 썰어서 물에 끓인 것은 '칼싹두기'라고 한다. 이러한 칼국수와 칼싹두기를 통틀어 부르는 이름이 바로 '칼제비'다. 한편 칼국수는 국수 가닥을 칼로 자른 것임에 견주어, 밀가루 반죽을 '틀'에 넣고 눌러서 한꺼번에 여러 가닥으로 뺀 국수는 '틀국수'라고 한다.

∷ 요즘에는 '칼제비'라는 말을 잘 쓰지 않는데, 알고 보면 어떤 전임 대통령이 좋아한다는 칼국수도 '칼제비'의 일종이지.

1382 편쑤기   차례상이나 어른에게 올리는 떡국.

우리말은 음식에서도 높임말이 매우 발달되어 있다. 예를 들어 우리가 먹는 주식을 보통 '밥'이라고 부르지만, 어른의 밥은 '진지'가 되고, 임금의 밥은 '수라'가 되는 것이다. 이와 마찬가지로 명절이나 잔치 때 해먹는 음식 중 하나인 떡도 아이들이나 여염집 부녀자들이 먹을 때는 '떡'이라 하지만, 제사상이나 어른에게 올릴 때는 '편'이라고 불렀다. 한가위 차례상에 올리는 떡을 '송편'이라고 부른 것도 그런 맥락이다. 설날 차례상에 올리는 떡국도 그냥 '떡국'이라 하지 않고 '편쑤기'라 불렀다.

'떡'의 높임말인 '편'과 '죽을 쑤다'의 뜻으로 '쑤기'라는 말이 결합되어 '편쑤기'가 된 것이다. 아무 때나 떡국을 먹는다고 나이를 먹는 것은 아니다. 바로 편쑤기를 먹어야 제대로 한 살 더 먹게 되는 것이다.

:: '떡보다 편이 낫다'는 말이 있다. 기실 떡이나 편이나 똑같은 것이지만, 어떻게 부르느냐에 따라서 듣는 사람의 기분이 달라진다는 말이다. 같은 이치로 '떡국보다 편쑤기가 낫다'고 하면 억지 주장일까?

1383 피골집 돼지의 창자 속에 쌀, 두부, 나물 따위를 양념하여 이겨서 넣고 삶은 음식, 곧 순대.

순대는 원래 돼지의 창자를 껍질로 쓰는 까닭에 그 생김새가 퍽이나 흉측스럽다. 하지만 그 생김에 비하여 순대는 매우 인기 있는 음식이다. 삶은 것을 그냥 썰어서 먹기도 하지만 순대국, 순대볶음 등 조리법도 다양하다. 그런데 순대를 다른 말로 '피골집'이라 하였다. 물론 순대나 피골집이나 다같이 우리말이지만, 백성들에게 인기 있는 음식이었던 만큼 그 이름도 한 가지가 아니었을 것이다. 오늘날에는 '순대'라는 말로 거의 정리된 듯하지만 '피골집' 역시 똑같은 음식을 지칭하는 말로 쓰였다는 것을 알아야 할 것이다. 재료는 다르지만 피골집은 서양의 소시지(sausage)와 비슷한 음식이라 할 수 있다.

:: 내가 다닌 초등학교는 서울 변두리 언덕바지에 있었는데,

학교 부근 골목시장에서 먹었던 피골집 맛을 아직도 잊을 수가 없다.

1384 한동자   식사를 마친 뒤에 다시 새로 밥을 짓는 일.

밥을 짓는 일을 '동자'라고 한다. 그런데 이 말은 '한동자', '새벽동자' 따위처럼 주로 다른 말과 어울려 쓰인다. '한동자'는 밥을 지어 먹는 한 과정이 끝나고 다시 밥을 짓는 것을 말한다. 즉 밥 짓는 일의 반복이다. '새벽동자'는 새벽밥을 짓는다는 뜻으로, '새벽박동'이라고도 한다. '한동자'나 '새벽동자'는 '~하다'의 형태로 주로 쓰인다.

:: 명절 때 주부들은 집안 식구며 손님들의 음식 시중을 들다가 보면 한동자하고 나서야 밥을 먹을 수 있게 된다.

1385 흘떼기   짐승의 힘줄이나 근육 사이에 박힌, 얇은 껍질로 된 질긴 고기.

짐승의 힘줄이나 근육 사이에 박힌 고기는 얇은 껍질이 많이 섞여 있기 때문에 꽤나 질기다. 우리말로 이를 '흘떼기'라고 하는데, 그다지 중요하지도 않은 일에 매우 끈질기게 달라붙는 사람을 빗대어 이르기도 한다. 예컨대 뻔히 질 장기에서 안 지려고 떼를 써가며 끈질기게 두는 장기를 일러 '흘떼기장기'라고 한다.

:: 시아비 기일인데도 고래심줄 같은 흘떼기 고기 한 근 달랑 들려서 보내놓고 코빼기도 비치지 않는 게 어디 자식이라 하겠소?

여줄가리 올림말

1386 **가리**   소의 갈비를 식용으로 할 때 이르는 말.

1387 **감투밥**   그릇 위까지 수북하게 높이 담은 밥.

1388 **강술**   안주 없이 먹는 술.

1389 **거섶**   비빔밥에 섞는 나물붙이의 총칭.

1390 **건개**   반찬(飯饌). 특히 고춧가루나 마늘 등의 다진 양념에 버무린 반찬 종류.

1391 **게감정**   게의 등딱지를 떼어내고 게장을 긁어낸 뒤, 다진 쇠고기와 두부를 함께 섞어 갖은양념을 하여 등딱지 속에 담아 조린 음식.

1392 **곁들이**   구색을 맞추기 위하여 놓은 음식.

1393 **계면떡**   굿이 끝난 뒤에 무당이 구경꾼에게 나누어주는 떡.

1394 **골마지**   간장, 김치 따위의 물기 있는 음식물 겉에 생기는 흰곰팡이 같은 것.

1395 **궂은고기**   병 따위로 죽은 짐승의 고기.

1396 **깨바심**   볶은 깨를 찧어서 곱게 만든 것.

1397 **꽃물**   고기를 삶거나 뼈를 고아내고 아직 맹물을 타지 않은 진한 국물.

1398 **너비아니**   얄팍얄팍하게 저며 갖은양념을 해서 구운 고기.

1399 **대접살**   소의 사타구니에 붙은 고기.

1400 **덤불김치**   무의 잎과 줄기, 또는 배추의 지스러기로 담근 김치.

1401 **도가니** 소 무릎의 종지뼈와 거기 붙은 살.

1402 **도끼나물** 절에서 쇠고기 따위의 육류를 이르는 변말(은어).

1403 **돌알** 삶은 달걀.

1404 **동그랑땡** 엽전 모양으로 생긴 저냐, 즉 '돈저냐'를 속되게 이르는 말. '저냐'는 얇게 저민 고기나 생선 따위에 밀가루를 바르고 달걀을 입혀 기름에 지진 음식.

1405 **되지기** 찬밥을 더운밥 위에 얹어 찌거나 데운 밥.

1406 **두루치기** 돼지고기, 조갯살, 낙지 따위를 슬쩍 데쳐서 갖은양념을 한 음식.

1407 **맛바르다** 맛있게 먹던 음식이 다 없어져 양에 차지 않다.

1408 **메** 제사 때 신위 앞에 올리는 밥. 또는 궁중에서 '밥'을 일컫는 말.

1409 **무술** 제사 지낼 때 술 대신 쓰는 맑은 물. 현주(玄酒).

1410 **묵나물** 뜯어두었다가 이듬해 봄에 먹는 산나물. 묵은 나물.

1411 **미절** 국거리로 쓰는 허접스러운 쇠고기.

1412 **밀컷** 밀가루로 만든 음식. 분식(粉食).

1413 **반기** 잔치나 제사 뒤에 몫몫이 챙겨서 동네 사람들에게 나누어주는 음식.

1414 **밥물림** 갓난아기에게 밥을 먹일 때, 밥을 미리 씹어서 아기에게 되먹이는 일.

1415 **방아살** 쇠고기 등심의 한복판에 붙어 있는 고기.

1416 **방자고기** 씻지 않은 채 양념 없이 소금만 뿌려 구운 짐승의 고기.

1417**벼락김치** 날배추나 날무를 간장에 절여서 당장 먹게 만든 김치.

1418**별박이** 살치의 끝에 붙은 쇠고기. 쇠고기 중에서 가장 질기다.

1419**볼가심** 얼마 안 되는 음식으로 겨우 시장기나 면하는 일. (~거리, ~하다)

1420**부꾸미** 찹쌀가루 따위를 반죽하여 둥글넓적하게 지진 떡. 전병(煎餅).

1421**삼태불** 콩나물이나 숙주나물 따위에 지저분하게 많이 난 잔뿌리.

1422**생이** 새우 새끼. 토하(土蝦). (토하젓=생이젓)

1423**섬떡** 한 섬 분량의 쌀로 만든 떡. 곧 많은 사람이 모이는 경조사가 있다는 뜻.

1424**성애술** 물건을 매매하거나 거래를 할 때, 흥정이 끝난 증거로 옆에 있는 사람들에게 대접하는 술.

1425**수구레** 쇠가죽 밑에서 벗겨낸 질긴 고기. 수구레편.

1426**아감젓** 물고기의 아가미와 이리(정액)로 담근 젓.

1427**알반대기** 달걀을 부쳐서 만든 얇은 지짐이.

1428**여동밥** 절에서 귀신에게 준다 하여 밥 먹기 전에 한 술씩 떠놓는 밥.

1429**완자** 다진 쇠고기를 기름에 지진 음식.

1430**웃기** 합이나 접시에 떡을 담고 그 위에 모양을 내기 위하여 다시 얹는 떡.

1431 **원밥수기** 떡국에 밥을 넣어서 끓인 음식.

1432 **월천국** 국물이 많고 건더기는 없어서 맛이 없는 국. '진국'의 반대.

1433 **익반죽** 가루에 끓는 물을 쳐가며 하는 반죽.

1434 **저냐** 고기붙이를 얇게 저미거나 다져서 밀가루를 바르고 달걀을 입혀 기름에 지진 음식.

1435 **조침젓** 여러 가지 물고기를 섞어서 담근 젓.

1436 **쥐코밥상** 아주 간단히 차린 밥상.

1437 **지레김치** 김장 전에 김장김치처럼 조금 담가 임시로 먹는 김치. (=벼락김치)

1438 **지짐이** 국물이 적고 간이 좀 짜게 끓인 음식의 총칭.

1439 **차반** 맛있게 잘 차린 음식. 예물로 가져가는 맛있는 음식.

1440 **첫국** 빚어 담근 술이 익었을 때 박아놓은 용수에서 처음 떠내는 맑은 술.

1441 **초다짐** 밥이나 좋은 음식을 먹기 전에 우선 배고픈 것을 면하려고 간단히 먹는 일.

1442 **칼싹두기** 밀가루를 반죽하여 방망이로 밀어서 칼로 굵직굵직하고 조각지게 썰어서 물에 끓인 음식.

1443 **풀떼기** 잡곡의 가루로 풀처럼 쑨 죽.

1444 **홀태** 뱃속에 알이나 이리(정액)가 없어서 홀쭉한 생선.

집과 잠

1445 **걸레받이** 장판을 깐 방에, 걸레질할 때 벽의 굽도리가 상하지 않도록 밑으로 좁게 돌려 바르는 기름종이.

방바닥에 걸레질을 하다 보면, 방바닥과 벽이 만나는 모서리 부분의 굽도리에 젖은 걸레가 닿아서 때가 묻기 십상이다. 그래서 서민용 주택에서는 아예 비닐장판을 반 뼘 정도 꺾어 올려서 걸레받이로 삼기도 한다. 요즘의 아파트 거실 같은 곳은 벽의 굽도리에 두세 치 넓이의 널을 붙여 깨끗하게 단장한다.

:: 시공회사에서 최고급임을 자랑하는 그 견본 주택은 심지어 걸레받이까지도 고급 수입자재로 깔끔하게 단장되어 있다.

1446 **괭이잠** 깊이 들지 못하고 자꾸 깨면서 드는 잠.

한여름 밤 열대야 현상이 일어날 때면 깊이 잠들지도 못하고, 또 잠을 자다가도 자주 깨게 된다. 이렇게 선잠이 드는 것을 '괭이잠'이라 한다. '괭이'는 '고양이'의 줄임말이다. 고양이, 토끼 따위의 짐승들은 경계심이 많아서 깊이 잠들지 않는 데서 유래된 말이다. 마음에 근심이 많은 사람들은 괭이잠을 자기 십상이다.

:: 꺾일 줄 모르는 더위에 밤마다 괭이잠을 자고 나니 아침에 일어나도 몸이 영 개운치가 않더군요.

1447 **그늘대** 장대를 세우고 위에 짚자리나 삿자리를 덮어서 지붕을 만들어 그늘을 지게 한 물건.

옛날에 길거리에서 장사하는 사람들이 '그늘대'를 많이 사용하였다. 오늘날의 노점상도 '그늘대'를 쓰긴 하지만, 짚자리나 삿자리가 아니라 비닐천, 또는 여름철 해수욕장 같은 데서 흔히 볼 수 있는 '비치파라솔' 따위로 '그늘대'를 삼는다.

∷ 즐겁게 놀다 오세요. 저는 물을 무서워해서 어차피 수영을 못하니까 그늘대에서 쉬고 있을게요.

1448 **까대기** 건물이나 담 따위에 임시로 덧붙여서 만든 허술한 건조물.

제대로 된 집은 아니지만 임시로 집 구실을 하는 가건물(假建物)을 말한다. 골목길에 듬성듬성 있는 방범초소를 보면 담장에 붙여서 만든 것도 있는데 이런 것도 '까대기'라 할 수 있다. 까대기는 건축 공사장에서 인부들의 임시휴게소용으로 쓰이는 것을 흔히 볼 수 있다. 근래에는 컨테이너 상자를 개조하여 까대기로 쓰는 경우가 많다.

∷ 공사현장에서 잡부로 일하는 철수는 햇빛을 피해 잠시 까대기 그늘에 들어가 몸을 눕히고 있던 중 아뜩한 현기증을 느꼈다. 더위를 먹은 탓이리라.

1449 **나비잠** 어린아이가 반듯이 누워 팔을 머리 위로 벌리고 자는 잠.

천진난만한 표정으로 새근새근 숨을 몰아쉬면서 두 팔을 머
리 위로 벌리고 평화로운 표정으로
자고 있는 어린아이의 모습은, 말 그
대로 한 마리의 나비가 사뿐히 앉았
다가 날아가는 모습을 연상케 한다.
어린아이의 그런 모습을 표현하기
에 '나비잠'보다 적당한 말은 없을
것이다.

:: 딸아이는 새근새근 숨을 몰아쉬며 행복한 표정으로 나비
잠을 자고 있다. 모처럼의 여행이 조금은 고단했던 모양이다.

1450 **대마루** 지붕 위의 가장 높게 마루턱이 진 부분.

우리 전통가옥의 지붕은 기와지붕이든 초가지붕이든 '대마
루'를 중심으로 물매가 지도록 되어 있다. 시각적으로는 주변
경관과 잘 어울리고, 실용적인 면에서는 빗물이 잘 흘러내릴
수 있는 구조다. 지붕에 떨어진 빗방울은 대마루를 가운데로
하여 집의 앞쪽 처마와 뒤쪽 처마를 향하여 흘러내린다. 그런
의미에서 보면 대마루는 '분수령(分水嶺)'이다. 한편 일의 성
패와 싸움의 승부가 결정되는 마지막 판을 '대마루판'이라고
한다.

:: 갑오농민전쟁은 봉건주의의 피폐한 역사가 이어지느냐,
합리적인 근대사회를 여느냐를 가름하는, 우리 역사의 대마
루판이었다.

1451 **들창** 바깥쪽으로 밀어 올려 열게 되어 있는 문.

문은 여는 방향에 따라 여러 가지가 있다. 그중 가장 흔한 것이 출입문으로 흔히 쓰이는 '여닫이문'이다. 그리고 창문은 보통 '미세기문'이 많다. '미세기'는 두 쪽의 문을 좌우로 겹치도록 밀어서 열거나 닫게 된 것이다. 같은 미세기라도 한쪽만 밀고 닫게 된 것은 '미닫이'라고 한다. 한편 '들창'은 창문 중에서도 밖으로 밀어 올려서 고정시키도록 된 창문이다. 중앙 냉난방을 하는 대형 건물에서 흔히 볼 수 있는데, 열을 차단하기 위해서 창문을 붙박이로 만들고,

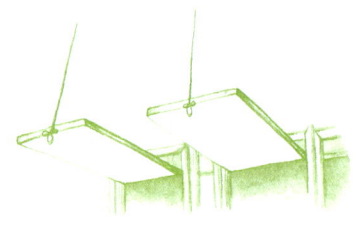

그 아래쪽에 환기를 위하여 작은 들창을 내는 것이다. 따라서 들창은 미세기에 비해서 대체로 창문의 크기가 작다. 이를 옛말로는 '벼락닫이'라고 부르기도 하였다.

∷ 그는 창가로 다가가서 들창을 밀어 올렸다. 그 순간, 거리를 가득 메운 자동차 엔진 소리가 괴성처럼 밀고 들어왔다.

1452 **바라지** 햇빛을 받아들이기 위하여 바람벽에 내는 자그마한 창.

집의 둘레 또는 방의 칸막이를 하기 위하여 친 벽을 '바람벽'이라 하고, 이런 바람벽에 햇빛을 받아들이기 위하여 자그마하게 낸 창을 '바라지'라 한다. 원래 '파라지(破羅之)'라는 한자말에

서 온 말이다. 요즘에는 번듯한 건물에는 대부분 볕이 잘 들도록 넓고 큰 창을 내지만 화장실이나 지하실 같은 데는 건물 구조상 바라지를 낼 수밖에 없다. 지하방의 '책가방만 한 창문'이 바로 바라지다. 두 짝으로 된 바라지는 '쌍바라지'라고 한다. 한편 '옥바라지', '해산바라지' 같은 말에서 쓰는 '바라지'는 이와는 다른 뜻으로, 일을 뒤보아주거나 음식, 옷 따위를 대주는 일을 말한다. 구별하여 써야 할 것이다.

:: 사방이 벽으로 둘러싸인 그 감방은 늘 칙칙한 어둠이 도사리고 있었는데, 한낮이 되어서야 비로소 천장 부근에 난 바라지를 통하여 한 줄기 햇살이 가늘게 비쳐들 뿐이었다.

1453 반자

방이나 마루의, 종이나 나무로 반반하게 만든 천장.

우리가 기거하는 방이나 대부분의 건물은 천장 쪽에 어느 정도 공간을 두고 새로 천장을 만드는데, 이때 생기는 공간을 '더그매'라고 한다. 그리고 더그매의 아래쪽, 즉 우리 눈에 보이는 쪽 천장은 각목 따위로 뼈대를 대고 그 위에 반반하게 종이를 바르거나 합판을 덧대어 마감을 하는데 이것이 곧 '반자'다. 옛 한옥에서는 천장을 꾸미지 않고 서까래에 직접 종이를 바르는 경우도 있는데 이는 그 모양에 빗대어 '삿갓반자'라 하며, 아예 반자를 들이지 않고 서까래에 흙을 붙여 만든 천장은 '제고물'이라 한다. 한편 사람이 몹시 노하여 날뛰는 행위를 일러 '반자를 받다'라고 한다. 반자에 머리가 닿을 정도로 길길이 뛴다는 뜻이다.

∷ 그 소식을 들은 아내는 반자를 받을 듯 길길이 뛰더니 급기야 내 손목을 끌고 집을 나선다.

1454 부넘기 솥을 건 아궁이의 뒷벽. 불길이 방고래로 넘어가게 된 곳.

온돌은 매우 효율적인 난방 방식이다. 음식을 만들기 위하여 아궁이에 불을 지피면 그 불길이 부넘기를 타고 넘어 방고래를 지나면서 구들장을 덥혀주고, 남은 연기는 집 뒤편에 설치된 굴뚝으로 빠져나간다. 일종의 '대류현상'을 이용한 방식이다.

∷ 온돌에서 부넘기의 구조는 상당히 과학적이다. 아궁이보다 방고래가 약간 높게 되어 있어서 불길이 아궁이 입구로 역류하지 않고 방고래 속으로 빨려들어가게 되는 것이다.

1455 불목 온돌방 아래의 가장 더운 자리.

구들장에 불을 지펴서 난방을 하던 옛날식 온돌방은 아랫목과 윗목의 차이가 뚜렷했다. 그래서 한겨울에 손님이 오면 아랫목을 권하는 것이 예의였고, 집에서도 아랫목은 늘 집안 어른들의 차지였다. 그런데 명절 때나 잔치 준비를 할 때 음식을 만드느라 불을 너무 많이 지피게 되면, 부넘기에 가까운 자리는 장판이 검게 그을릴 정도로 뜨거워진다. 그 지점이 바로 '불목'이다.

∷ 그 여인네는 전쟁터에 나간 아들이 돌아오기를 손꼽아 기다리며 날마다 불목에 밥공기를 꼭꼭 묻어두는 것이었다.

1456 살강 부엌의 벽 중간에 가로로 드려 그릇 따위를 올려놓게 한 선반.

냉장고가 보급되기 전에 일반 가정의 부엌에는 주로 두 가지 세간이 있었다. 하나는 '찬장(饌欌)'으로, 반찬 따위를 넣어두는 일종의 수납장이었다. 다른 하나는 개수대 위에 드린, 식기 따위를 올려놓는 선반 같은 것인데 그것이 바로 '살강'이다. '살강 밑에서 숟가락 얻었다'는 속담이 있다. 남이 빠뜨린 물건을 얻어서 횡재했다고 좋아하지만 물건 임자가 너무도 분명하여 결국은 좋아할 일이 아니라는 뜻이다. 또는 아주 쉬운 일을 하고 자랑한다는 뜻도 있다. 오늘날에는 조리대와 개수대와 살강을 통틀어서 '싱크대'라는 말로 부르는데, 이는 적합한 말이 아니다.

:: 사소한 일을 해놓고 내가 자랑삼아 떠벌리면 어머니는 "살강 밑에서 숟가락 얻었구나" 하고 짐짓 핀잔투로 말하면서 눈을 흘기셨다.

1457 어리 병아리를 가두어 기르는 기구.

돼지, 염소 등의 짐승을 가두어 기르는 곳을 '우리'라고 한다. 그런데 닭이나 새 따위의 날짐승들을 가두어 기르는 곳, 특히 병아리를 기르는 기구를 '어리'라고 한다. '우리'와 용도는 비슷하지만 크기가 작고 앙증맞은 느낌이 난다. 보통 싸리나 가는 나무로 엮어 둥근 돔형으로 만든다. 옛날에는 닭이나 새 등의 날짐승이나 여러 가지 물품을 어리에 넣어서 가지고 다니며 파는 사람들이 있었는데, 이런 장사를 '어리장사'라고 하였다. 오늘날에도 관상용으로 새를 기르는 집이 더러 있는데, 이때 쓰는 새장 역시 '어리'라고 할 수 있다. 한편 위아래 문지방과 좌우 문설주를 통틀어 일컫는 '어리'와는 구분해서 써야 할 것이다.

:: 아버지는 어렵게 구해오신 앵무새 한 쌍을 어리에 넣은 뒤, 날갯짓하는 새들을 신기한 듯한 눈길로 바라보았다.

1458 한뎃잠 길거리나 다리 밑과 같이, 집이 아닌 추운 데서 자는 잠.

'한데'서 자는 잠을 말한다. '한데'란 바람막이가 없는 추운 곳이다. 그런 곳에서 불어오는 바람을 '한뎃바람'이라 하고, 한데에서 밤을 보내는 것을 '한둔하다'라고 한다. 한뎃잠은 한마디로 '노숙(露宿)'에 해당한다. 한뎃잠을 한 번이라도 자본 사람은 집의 고마움을 안다.

:: 그들이 궁전 같은 집에서 제왕의 모습으로 잠을 청하고 있을 때, 수천 수만의 실직자가 길거리에서 한뎃잠을 자고 있다는 사실을 한 번이라도 생각해보았는가?

1459 홰 새장이나 닭장에 가로지른 대.

'홰'란 새장이나 닭장 안에 가로지른 나무막대를 말한다. 그래서 잠에서 깬 닭이 새벽에 힘차게 울면서 날개를 퍼덕거리는 것을 '홰치다'라고 한다. 즉 닭이 홰에 올라앉아서 날갯짓으로 홰

대를 친다는 뜻이다. 또한 닭이 그렇게 하는 횟수를 세는 말로 '홰'를 쓰기도 하였는데, 옛날 사람들은 '한 홰', '두 홰'와 같이 홰치는 횟수를 세며 새벽 시간을 어림잡았다. '오리가 홰 탄 격이다'라는 말이 있다. 자기가 있을 위치가 아닌 높은 자리에 있으면 결국에는 자신만 위태롭다는 뜻이다. 한편 '홰'를 닭장이나 새장뿐만 아니라 사람이 사는 방의 벽에도 가로질렀다. 그것이 바로 '횃대'라는 것이다. 옷을 걸칠 수 있도록 벽에다 긴 막대의 끝을 노끈으로 묶어 매달아놓은 것이다. 거기에 옷을 걸고 긴 보자기로 덮었다. 또한 횃대 대신 줄을 건너질러 매어놓은 것을 '횃줄'이라 하였는데 이는 모두 옷걸이에 해당한다. 한편 오늘날 높이뛰기 기록을 측정할 때 두 기둥 위에 가로로 걸치는 나무막대기도 '홰'라고 할 수 있을 것이다.

∷ 학교 육상 대표로 뽑힌 지혜는 높이뛰기 종목을 부지런히 연습하였는데, 오늘은 어제보다 한 뼘이나 높이 걸린 홰를 가뿐히 뛰어넘었다.

● **여줄가리 올림말**

1460 **갈개잠**   잠잘 때 몸을 바르게 가지지 않고 이리저리 뒹굴며 자는 잠.
1461 **갈치잠**   비좁은 방에서 여럿이 모로 자는 잠.
1462 **강담**   흙을 쓰지 않고 돌로만 쌓은 담.

1463 **개잠**   개처럼 머리와 팔다리를 오그리고 옆으로 누워 자는 불편한 잠.

1464 **거느림채**   원채나 사랑채에 딸린 작은 집채.

1465 **건밤**   잠을 자지 않고 뜬눈으로 새운 밤.

1466 **곁잠**   곁눈감고 자는 체하는 일. 깊이 들지 않은 잠. 선잠.

1467 **고드름똥**   고드름같이 뾰족하게 눈 똥. 방이 매우 추움을 빗대는 말.

1468 **고삿**   초가지붕을 일 때 쓰는 새끼. 이엉을 얹기 전이나 후에 지붕 위에 건너질러서 맨다.

1469 **고팡**   제주도 사람들이 세간 따위를 넣어두기 위하여 마루를 깐 방을 이르는 말.

1470 **고패집**   일자로 된 집채에 직각으로 이어 부엌이나 외양간 따위를 붙인 집.

1471 **귀틀집**   큰 통나무를 '정(井)'자 모양으로 층층이 얹고 틈을 흙으로 메워 지은 집.

1472 **그루잠**   깨었다가 다시 든 잠.

1473 **기스락**   기슭의 가장자리. 초가(草家)의 처마 끝.

1474 **날개집**   한 집채 안에서 주 되는 집채의 좌우로 부속 건물이 뻗친 집.

1475 **노둣돌**   말을 타거나 내릴 때 발돋움하기 위하여 대문 앞에 놓은 큰 돌. 하마석(下馬石).

1476 **노루잠**   자꾸 깨어서 깊이 들지 못하는 잠.

1477 **더그매**   지붕 밑과 천장 사이의 빈 공간.

1478도리 기둥과 기둥 위에 얹히는 나무. 그 위에 서까래를 얹음.

1479두벌잠 한번 들었던 잠이 깨었다가 다시 드는 잠.

1480들마루 방문 바로 앞에 잇달아 들인 쪽마루.

1481등걸잠 옷을 입은 채로 덮개도 없이 아무 곳에서나 쓰러져 편하지 않게 자는 잠.

1482마름 이엉을 엮어서 말아놓은 단, 또는 그것을 세는 단위.

1483말뚝잠 앉은 채로 자는 잠.

1484말집 추녀가 사방으로 뺑 돌아가게 지은 집.

1485맞배지붕 지붕의 완각(옆면)이 잘려져 측면 벽이 삼각형으로 된 지붕. (=박공지붕)

1486매흙 벽의 거죽에 바르는 잿빛의 곱고 보드라운 흙. *매흙질.

1487멍석잠 너무 피곤하여 아무 데서나 쓰러져 자는 잠.

1488모둠꽃밭 나무와 꽃을 같이 심은 꽃밭.

1489목담 버력(허드레 돌)으로 쌓은 담.

1490바자 대, 갈대, 수수깡 따위로 발처럼 엮은 울타리.

1491발칫잠 남의 발치에서 자는 잠. 남의 신세를 지느라고 눈치를 보면서 자는 불편한 잠.

1492벼룩잠 벼룩처럼 몸을 오그리고 잠깐 눈을 붙이는 선잠.

1493붙임혀 추녀의 양쪽 옆에 붙이는 반쪽의 서까래.

1494살대 기둥이나 벽이 넘어지지 않도록 버티는 나무.

1495삿갓집 지붕을 삿갓 모양으로 지은 집.

1496 **새막이** 돌담을 쌓을 때 돌과 돌 사이의 흙을 회나 백토로 덧바르는 일. (=사춤)

1497 **서돌** 집 짓는 데 꼭 필요한 서까래, 도리, 보, 기둥 따위 재목을 아울러 이르는 말.

1498 **섬돌** 집채의 앞뒤에 오르내리기 위해 만든 돌층계.

1499 **소맷돌** 돌계단의 난간.

1500 **속잠** 깊이 든 잠.

1501 **쇠구들** 불길이 잘 들지 않아 불을 때도 덥지 않은 방의 구들.

1502 **숫잠** 깊이 들지 않은 풋잠.

1503 **시위잠** 활시위 모양으로 웅크리고 자는 잠.

1504 **실뒤** 집을 짓고 남은 빈터로 된 뒷마당.

1505 **실터** 집과 집 사이에 남은 길고 좁은 빈터. 자투리땅.

1506 **실퇴** 썩 좁게 놓은 툇마루.

1507 **옆집** 빗물이 한쪽으로만 흐르도록 지붕의 앞쪽은 높고 뒤쪽은 낮게 하여 지은 집.

1508 **여윈잠** 깊이 들지 않은 잠. 충분하지 않은 잠.

1509 **옥새** 잘못 구워서 안으로 오그라든 기와. '옥'은 오그라든 것, '새'는 기와를 뜻함.

1510 **완각** 맞배지붕이나 팔작지붕의 측면.

1511 **워락** 궁궐이나 절같이 큰 건물의 대문 양쪽에 붙어 있는 방. 행랑(行廊).

1512 **일잠** 저녁에 일찍 자는 잠.

1513 **전곡** 집터들의 경계선.

1514죽담   잡돌과 흙을 섞어서 쌓은 담.

1515줏개   대궐 지붕에 세운 짐승 모양의 기와.

1516집터서리   집의 바깥 언저리.

1517쪽잠   짧은 틈을 타서 불편하게 자는 잠.

1518찬합집   그리 넓지는 않지만 구조가 탐탁하고 쓸모 있는 집.

1519토끼잠   잠이 깊이 들지 못하고 아무 데서나 잠깐 눈을 붙이는 일.

1520통마루   안방과 건넌방 사이에 놓인 큰 마루. '툇마루' 나 '들마루' 와 상대되는 말.

1521통잠   한 번도 깨지 않고 푹 자는 잠. 북한에서 쓰는 말.

1522풋잠   든 지 얼마 안 된 옅은 잠.

1523헛잠   잔 둥 만 둥한 잠. 선잠과 비슷하지만 거짓으로 자는 체하는 잠. 일은 하지 않고 쓸데없이 자꾸 자는 잠.

문화와 풍속

● 말글과 예술

1524 겹말 같은 뜻의 말들이 겹쳐서 된 말.

역전앞, 철교다리, 족발, 모래사장 따위처럼 뜻이 같은 말이 겹쳐 있는 말을 뜻한다. 한자말로 '첩어(疊語)'라고 하는데 습관적으로 쓰다가 굳어진 말들이다. 겹말은 주로 한자나 외국어와 순 우리말이 조합된 경우가 많다. 굳이 뜻이 통하지도 않는 외국어나 한자말로 이름을 붙이고, 이것이 못미더워 우리말로 토를 다는 격이다. '역전앞'은 '역 앞'으로, '돼지족발'은 '돼지발'로 써야 하는데, 해당되는 한자말을 하나씩 없애면 뜻이 분명하게 살아난다.

:: 우리가 생각 없이 겹말을 쓰는 습관 속에도 사대주의의 찌꺼기가 남아 있다고 하면 지나친 생각일까?

1525 깐줄기 말이나 글에서 겉으로 직접 드러내지 않고 속에 깔려 있게 하는 표현, 또는 그런 내용.

'깔다'와 '줄기'가 더해진 말이다. 깔려 있다는 것은 감추어져 있다는 것을 말한다. 줄기는 식물의 줄기가 아니라 '이야기'를 말한다. 그러므로 일정한 조건이 성숙될 때까지 겉으로 직접 드러내지 않고 바탕에 깔려 있게 하는 내용을 말한다. 즉 어떤 암시를 통해서만 뜻을 짐작케 하는 것인데, 소설의 '복선(伏線)'에 해당하는 우리말이다.

∷ 민족적 과거사를 정리하자는 데에 친일 가문의 후손들도 찬성을 하고 나섰다지만, 그들의 발언 속에 깐줄기가 들어 있음을 모르는 사람은 별로 없다.

1526 다스름 어떤 곡조를 연주하기 전에 음률을 고르기 위해 먼저 적당한 짧은 곡조를 연주해보는 일, 또는 그 악곡.

단소, 거문고, 가야금 따위를 연주하기 전에 대체로 다스름을 한다. 국악 연주뿐만 아니라 양악에서도 다스름을 반드시 한다. 다만 그것을 리허설(rehearsal)이라 부를 뿐이다. 연극, 무용, 음악, 방송 등의 분야에서 공연을 앞두고 하는 연습도 넓게 보아 '다스름'이라 할 수 있다.

∷ 이번 공연을 성공하려면 각자 악기를 잘 다스름해야겠지만, 무엇보다도 단원 여러분 각자 마음의 다스름이 중요합니다.

1527 **돋을새김** 물건의 면에 형상이 도드라지게 새긴 조각. 부조(浮彫). 섭새김.

재료의 한쪽 면에만 형상을 새긴 것을 '부조'라 한다. 그중에서도 형상이 도드라지게 새기는 것을 '돋을새김' 또는 '섭새김'이라 한다. 양각(陽刻)에 해당한다.

∷ 화엄사 5층석탑의 1층 탑신석에는 사천왕상이 돋을새김되어 있는데, 그 윗면 장방형 홈에서 통일신라 말기인 9세기 중반에 만들어진 국보급 두루마리 종이뭉치가 발견되었다.

1528 **등글기** 표절한 그림.

그림을 새로 그리지 않고 남의 그림이나 이미 그려진 그림을 그대로 본뜨는 일, 또는 그렇게 그린 그림을 말한다. 오늘날의 개념으로 보면 '표절'이나 '복제'와 비슷하다. 하지만 초보 환장이가 그림 공부를 위하여 잘된 그림을 흉내내는 것도 '등글기'라 할 수 있다. 모방은 창조의 어머니라고 하는 것처럼 '모사(模寫)'를 통하여 여러 가지 기법을 훈련한다는 뜻도 있는 것이다. 다만 남의 그림이나 글을 베껴서 자신의 것인 양 세상에 내보이는 것은 엄연히 불법이고 범죄이므로 삼가야 할 일이다.

∷ 저 또한 스스로를 변변치 않은 환장이라고 부르는 그는 등글기 서너 점을 작품이랍시고 던져놓고 휑하니 사라져버렸다.

1529 **밑글** 이미 배운 글. 밑천이 되는 글.

기본지식 또는 기초가 되는 학문을 말한다. 학벌사회에서는 이른바 명문대학을 나와야만 지도자가 된다고 생각하기 쉽지만, 사실은 고등학교 정도의 밑글만 가지면 세상을 이끌어가는 데 필요한 밑글은 충분히 갖출 수 있다고 생각된다.

:: 학교 교육은 제물로도 살아가는 능력을 길러주지만, 평생 교육의 밑글이 된다는 점에서 더 중요하다.

1530 바림 채색을 한쪽은 진하게 하고 점점 엷게 하여 흐리게 하는 일.

색을 단계적으로 점점 엷게 하거나 점점 진하게 하는 그러데이션(gradation) 기법을 말한다. 한쪽으로 갈수록 색이 바랜 듯한 효과를 낼 수 있는 색채기법이다. 한편 그림을 그리는 바탕에 물기를 먹여 눅눅하게 한 다음 색을 칠하여 짙은 색으로부터 점점 연하게 퍼지게 그리는 방법을 '피우기'라고 한다. 색의 번짐 효과를 활용하는 기법인데 한국화에서 자주 쓰인다. 바림은 직접 칠하여 효과를 내는 기법이고, 피우기는 번지는 효과를 이용한 것이므로 구별해야 한다.

:: 깊은 계곡에서 안개가 피어나듯, 위쪽으로 갈수록 점점 색상이 엷어지도록 바림한 기법이 매우 세련되어 보인다.

1531 속긋 덮어 쓰면서 연습할 수 있도록 먼저 가늘고 희미하게 그려주는 획.

글씨나 그림을 처음 배우는 사람이 덮어서 쓰거나 그리면서 연습을 할 수 있도록 본을 그려주는 것이다. 그렇게 속긋을 그려주는 것을 '속긋을 긋다'거나 '속긋을 넣다'라고 한다. 한편 속긋을 '밑글'이라 표현하는 사람이 더러 있는데, 밑글은 '밑천이 되는 글'을 뜻하는 말이므로 구별해서 써야 한다.

:: 글씨를 처음 배우는 아이에게 속긋도 그려주지 않고서 처음부터 잘 쓰기를 기대하는 것은 말이 안 된다. 가르치는 사람도 처음에는 속긋에 따라 그리는 것부터 시작하지 않았는가.

1532 **적바림** 글로 간단히 적어두는 일, 또는 그 기록.

'적바림'은 문서에 사실을 죽 적어놓는 것, 또는 그 글발을 말한다. 그렇게 하는 짓을 '적바림하다'라고 한다. 일상의 간단한 메모나 공식적인 기록 모두 적바림이다. 또한 그렇게 '적바림하여 적는 것'을 '적발'이라고도 한다. 한편 '적바르다'는 말이 있는데, 이는 '겨우 모자라지 않다'는 뜻으로 '적바림하다'와는 전혀 다르다.

:: 적바림한 쪽지 한 장만 달랑 들고 연단에 오른 그는 신념이 가득 찬 말을 거침없이 쏟아낸다.

1533 **찌** 특별히 기억해야 할 것을 기억하려고 글을 써서 붙여놓는, 좁고 기름한 종이.

일반적인 메모장이라기보다는 눈에 띄는 곳에 붙여둘 수 있게 만든 낱장의 메모장이라고 할 수 있다. 요즘 '포스트잇'이라는 상표명으로 나온 여러 종류의 '찌'가 널리 사용되고 있다.

:: 그의 책상 앞에는 깨알 같은 글씨가 적힌 찌들이 여러 장 너

덜너덜 붙어 있다.

1534 차림표 식당이나 찻집 같은 곳에서 음식이나 음료 따위의 종목과 값을 적은 표.

식당에 가서 "여기 차림표 좀 주시오" 하면 "메뉴판요?"라고 되물어오기 일쑤다. 식당이나 찻집 같은 곳에서 음식이나 음료 따위의 차림과 값을 적은 표를 우리말로 '차림표'라 한다. 요즘에는 거의 '메뉴판'이라는 말을 쓰는데, 그냥 '메뉴(menu)'나 '메뉴표'도 아니고 '메뉴판'이라고 하니 참으로 '엽기'적인 용어다.

:: 생선회 정식을 한번 드셔보시죠. 차림표에는 적혀 있지 않지만 오늘 저희 식당의 특별 요리입니다.

1535 책씻이 서당에서 학동이 책 한 권을 떼거나 베끼는 일이 끝났을 때 훈장과 동료들에게 한턱내는 일.

서당에서 학동이 책 한 권을 떼거나 베끼는 일이 끝나서 훈장과 동료들에게 한턱내던 일을 '책씻이'라 하였다. 이를 다른 말로는 '책거리'라고도 하고, 한자말로는 '책례(冊禮)'라 한다. 근래에 와서는 '책씻이'나 '책례'보다는 '책거리'라는 말을 더 많이 쓰고 있다. 그러나 '책거리'는 '책이나 문방구를 그린 그림'을 뜻하기도 한다. 따라서 책 한 권을 뗐을 때 한턱내는 것을 뜻하는 말로는 '책씻이'가 좋다. 이 밖에도 책과 관련하여 서가(書架) 또는 책장, 책꽂이를 '책시렁'이라 하였으며, 책의 겉장이 상하지 않도록 덧씌우는 종이나 비닐 같은 것을 '책가위'라 하였다.
:: 내일은 1학기 마지막 강의가 있는 날이므로 수업을 마친 뒤 책씻이를 겸하여 간단한 다과회가 있을 것입니다.

1536 한무릎공부 한동안 착실히 하는 공부.

옛날에는 앉은뱅이책상 앞에서 무릎을 꿇고 공부하였다. 그렇게 공부하다 보면 곧 무릎이 저려온다. 그래서 공부 자체보다도 앉은 자세 때문에 더욱 힘이 들게 된다. 그런 고통을 무릅쓰면서 오랫동안 같은 자세로 앉아서 공부를 한다는 것은 대단한 인내심이 필요한 일이다. '한무릎공부'는 이처럼 인내심을 가지고 한동안 공부에 정진하는 것을 일컫는 말이다.
:: 아버지의 사업이 위기를 맞은 것은, 내가 대학 입학시험을 앞두고 난생 처음 한무릎공부를 하고 있을 무렵이었다.

1537 헛글 배워도 쓰지 못하는 지식.

배운 만큼 실천해야 한다는 것을 일깨우는 말이다. 사실 지식이란 꼭 실제 생활에 쓸모가 있어야 하는 것은 아니다. 사람의 정신세계를 풍족하게 하는 것만으로도 지식의 가치가 있다. 다만 사람의 삶과 동떨어진, 죽어 있는 지식을 경계할 일이다.
:: 직업 교육만 중시하는 관료들이나 기업가들은 기초학문을 헛글처럼 여기고, 오로지 기술혁신이나 영업에 필요한 교육만을 강조하고 있다.

1538**환** 아무렇게나 마구 그린 그림.

화가를 낮추어 부를 때 흔히 '환쟁이'라고 하는데, 여기서 '환'은 아무렇게나 마구 그린 그림을 뜻한다. 즉 환쟁이는 환을 그리거나 환을 치는 사람을 뜻하는 것이다. 한편 얼럭덜럭하게 되는 대로 칠하는 것, 또는 그렇게 된 칠을 '환칠'이라 한다. 그리고 아무렇게나 마구 그림을 그리는 것을 '환치다'라고 한다.

:: 나는 본래 제 기분 내키는 대로 눈요깃거리나 됨직한 환이나 몇 폭 쳐서 헐값에 내다 파는 환쟁이일 뿐이오. 예술이니 뭐니 하는 것은 도통 내 관심 밖이올시다.

● **여줄가리 올림말**

1539**가랑이표** 문장이나 수식에 쓰이는 부등호(〈, 〉). 중괄호.

1540**갈매** 짙은 초록빛.

1541**갤칼** 물감을 섞어서 갤 때 쓰는 칼. 그림칼.

1542**겉말** 마음은 그렇지 않으면서 겉으로만 꾸짖는 말.

1543**겹씨** 복합어. 합성어. 두 개 이상의 단어가 모여서 이루어진 단어.

1544**귀치레** 듣기만 좋게 꾸미는 겉치레.

1545**글발** ①적어놓은 글. ②문장(文章). ③써놓은 글자의 생김이나 형식.

1546**글속** 학문적인 이해. 학문적 소양. (~이 깊다)

1547**글지** 작가(作家).

1548**글품쟁이** 글 쓰는 데에 힘과 노력을 들이는 사람.

1549**끔말** 논문 따위의 서론(序論). 들머리.

1550**늣** 어떤 뜻을 지니는 낱말의 가장 작은 단위의 말. 형태소(形態素).

1551**들머리** 들어가는 첫머리. 글의 서론 부분.

1552**뜻매김** 정의(定意).

1553**막청** 여성의 고음. 소프라노.

1554**말갈** 어학(語學).

1555**말갈망** 말의 뒷수습.

1556**말꼭지 떼다** 첫마디의 말을 시작하다.

1557**말마투리** 말을 다하지 않고 남긴 여운.

1558**말모이** 사전.

1559**말본새** 말의 본새. 말투.

1560**말비침** 상대가 알아챌 수 있도록 넌지시 말로 하는 암시. 힌트.

1561**말빚** 대답을 하거나 말을 해주어야 할 것을 아직 해주지 못한 것.

1562**말임자** 말하는 사람. 발화(發話)자. 발언(發言)자.

1563**말자루** 말의 주도권.

1564**말재기** 쓸데없는 말을 수다스럽게 꾸며내는 사람. 말쟁이.

1565**말전주** 이쪽저쪽 다니며 좋지 않은 말을 전하여 이간질하는 짓.

1566**말질** 이러니저러니 하면서 시비를 다투는 짓.

1567머무름표 세미콜론(;).

1568물씨 색소(色素).

1569미쁜글 약정서.

1570바디 판소리에서 명창이 한 마당 전부를 절묘하게 다듬어놓은 소리.

1571반물 검은 빛을 띤 짙은 남색. (~치마)

1572발괄 억울한 사정을 말이나 글로 관청에 하소연하는 일. '백활(白活)'에서 변한 말.

1573발림 판소리에서 창하는 사람이 몸짓이나 손짓으로 하는 짓거리.

1574방울북 탬버린.

1575벼리 그물의 코를 꿰어 오므렸다 폈다 하는 동아줄. 일이나 글의 뼈대.

1576변말 은어(隱語). (=곁말)

1577비사치다 에둘러서 말하여 은근히 알아차리도록 하다. 암시하다.

1578소리돌림 차례로 한 바퀴 돌아가면서 소리를 함.

1579소리맵시 음색.

1580소릿귀 남의 노래나 악기의 음을 제대로 알아듣는 총기. 청음(聽音).

1581솟을무늬 좀 도드라지게 놓인 피륙의 무늬.

1582시나위 씻김굿이나 성주굿에서 피리, 장구, 해금, 징 등으로 연주하는 기악합주.

1583 **신소리**　남의 말을 슬쩍 농으로 받아넘기는 말.

1584 **아니리**　판소리에서 연기자가 창을 하는 사이에 극적인 줄거리를 엮어 나가는 사설.

1585 **악청**　악을 써서 내지르는 목청.

1586 **에두르다**　에워서 둘러막다. 말을 바로 하지 않고 둘러서 하여 짐작하게 하다.

1587 **여김/지움**　긍정(肯定)/부정(不定).

1588 **올림말**　사전 등에 올리는 표제어(標題語).

1589 **월총**　글 따위를 잘 외워 기억하는 총기. 기억력.

1590 **이끔말**　들머리, 서론(序論).

1591 **이즈막**　이제까지에 이르는 가까운 과거. 작은말은 '요즈막'. 한자로는 '근자(近者)'.

1592 **익은말**　숙어(熟語).

1593 **입고프다**　말할 자유를 갖고 싶다. 말이 하고 싶어 입이 근질근질하다.

1594 **입길**　남의 허물을 흉보는 입의 놀림.

1595 **입내**　소리나 말로 내는 흉내, 곧 성대모사.

1596 **입심거리**　이런저런 이야기가 될 만한 화젯거리.

1597 **잔생이**　지긋지긋할 정도로.

1598 **준보기**　글의 맞춤법이나 문법 관계 등을 살피어 바로잡는 것. 교정(校正).

1599 **줄글**　산문(散文).

1600 **지매**　그림의 여백에 연한 초록, 노랑, 보랏빛을 칠하는 일.

1601**지치보라** 도라지꽃과 같은 보라색.

1602**짙음새** 농담(濃淡). 짙고 엷은 정도.

1603**쨈빛** 엷은 빛깔 위에 칠하는 짙은 빛깔. 두 빛깔을 조화시키려고 더 칠하는 빛깔.

1604**쩍말없다** 썩 잘되어서 더 말할 나위 없다.

1605**쪽모이** 여러 조각을 모아 만든 일이나 그렇게 만든 물건. 모자이크.

1606**코큰소리** 잘난 체하는 소리.

1607**타목** 쉰 것처럼 탁한 목소리. 탁성(濁聲).

1608**토막말** 토막토막 끊어 간격을 두고 하는 말. 긴 내용을 한마디로 표현한 말.

1609**풍장** 징, 장고, 꽹과리, 소고 등 농악에 쓰이는 풍물을 일컫는 말.

1610**피끗** 어떤 사람이나 사물이 빠르게 잠깐 나타나 보이는 모양.

1611**하냥** 한결같이 늘. 계속하여 줄곧.

1612**함박** 분량이 차고도 남도록 낙낙하게.

1613**해적이** 지나온 일을 햇수 차례로 간략히 적어놓은 것. 연보(年譜).

1614**헌해** 남을 좋지 않게 이야기하는 것. 험담.

1615**호드기** 물오른 버들가지의 통껍질이나 보릿짚, 밀짚 토막 따위로 만든 피리.

1616**흘림** 미관상 기둥의 위를 아래보다 조금 가늘게 하는 일.

● 민속과 풍습

1617 고누 땅이나 종이 위에 말밭을 그려놓고 두 편으로 나누어, 말을 많이 따거나 말길을 막는 것을 다투는 놀이의 한 가지.

'고누'는 바둑이나 장기와 원리는 비슷하지만 형식이 더 간단하다.

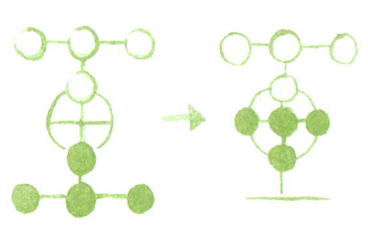

아무 종이나, 심지어는 땅바닥에다 말밭을 그려놓고, 비슷한 크기의 작은 돌멩이나 나뭇조각 따위로 말을 삼아서 할 수 있다. 놀이 방법이나 규칙도 동네마다, 두는 사람마다 정하기 나름이다. 고누는 오늘날 많은 게임의 원형이라 할 수 있다. 한편 '우물고누 첫수'라는 말이 있다. 한 가지 외엔 변통할 재주가 없다는 말이다.

∷ 쉬운 것은 무엇인고? 우물고누 첫수로 백성의 피를 긁어 바치기만 잘하면 그만이라……. (이해조, 은세계)

1618 고수레 굿을 할 때나 들에서 음식을 먹기 전에 조금 떼어내어 귀신에게 먼저 바치면서 하는 소리나 짓.

단군 때 고시(高矢)라는 사람이 백성에게 농사짓는 방법을 가르쳤다는 데서 온 말인데, 한자로는 '제반(除飯)'이다. 남의 집에서 음식을 가져왔을 때 고수레를 하는 경우도 있다. 지방에 따라서 '고시레'라고도 한다. 한편 흙이나 떡 반죽을 할 때 물이 골고루 섞이게 하는 일을 뜻하는 말도 고수레다. 갈아엎은 논판의 흙이 물에 골고루 잘 풀리게 하는 것이고, 떡을 할 때는 쌀가루 반죽이 물에 골고루 잘 풀어져서 잘 익은 떡이 나오게 하는 것을 말한다.

:: 아버지는 시루떡 한 조각을 떼어내 숲 속으로 던지며 "고수레!" 하고 외친다. 그것은 자연에 대한 감사와 경외감의 표현이었다.

1619 **꼬까뻬** 진달래가 피는 철, 남도 산촌 처녀 총각들의 꽃나들이.

억울하게 죽은 이들의 영혼을 달래는 풍습 가운데 하나다. 꽃을 꺾어, 시집 장가 못 가고 죽은 처녀 총각의 무덤이나 머슴살다가 죽은 이, 객사한 이의 무덤에 바친다. 원한이 많은 혼령의 해코지를 막고자 하는 풍습이라 할 수 있다. '꽃갚이'에서 유래된 말이다.

:: 그해 봄날 뒷산에 꼬까뻬를 갔다가 여자의 고무신 한 짝을 주워 왔는데, 그 신의 주인이 바로 너의 할머니였단다.

1620 **달풀이** 정월부터 섣달까지 달마다의 절후(節侯)나 행사를 노래로 풀어 부르거나, 또는 매달의 액(厄)이나 병

을 노래하는 것.

지구가 삼백 예순 다섯 번을 정신없이 돌며 해의 둘레를 한 바퀴 도는 데 걸리는 시간을 '해'라고 하듯이, 달이 지구를 한 바퀴 도는 데 드는 시간을 '달'이라고 한다. '해'와 '달'은 천체의 이름이면서 곧 시간의 단위이기도 하다. 달의 주기를 이용한 시간 개념이 바로 음력(陰曆)인데, 이는 어로와 농경 사회에서는 필수적인 시간 셈법이다. '달풀이'는 액을 막기 위한 기복적인 내용을 포함하고 있지만 무엇보다도 각 절기별로 필요한 일을 환기시켜주는, 교훈적인 목적에서 행한 것으로 보인다.

∷ '액막이 노래'와 같은 형식으로 오늘날까지 전해오는 달풀이는 농사법을 담은 '매뉴얼'이었던 셈이다.

1621 도리기   여러 사람이 추렴하여 같은 음식을 나눠 먹는 일.

'도리기'는 추렴, 즉 갹출(醵出)을 말한다. 이에 비하여 여러 사람이 돌아가며 한턱씩 내는 일을 '돌림턱'이라 하며, 순서대로 한 바퀴가 돌아간 것을 '한돌림'이라 한다. 따라서 '도리기'와 '돌림턱'은 그 뜻을 구별해서 써야 한다. 한편 일정한 순서 없이 여러 사람이 음식을 돌려가며 내어 함께 먹는 일은 '도르리'라고 하는데, 이는 도리기와 돌림턱이 합쳐진 형태라 할 수 있다.

∷ 마을 청년들은 날마다 저녁이 되면 충주집에 가서 도리기로 막걸리를 마시거나 투전판을 벌이기 일쑤였다.

¹⁶²²**동티** 건드리지 않을 일을 공연히 건드려서 스스로 걱정이 나 해를 입게 된 것.

'동티'는 본디 '건드려서는 안 될 땅을 파는 일'을 뜻하는 한자말 '동토(動土)'가 변해서 우리말로 굳어진 것이다. 토목이나 건축 등의 일에서 흙 따위를 잘못 다루어, 지신(地神)의 노여움을 사서 재앙을 받는다고 믿는 것이다. 불가항력한 재앙이 일어나거나, 가만 두어야 할 것을 공연히 건드려 일이 잘못되는 것을 '동티나다'고 한다.

:: 잘못된 하천 공사로 물길이 바뀌어 홍수 때 큰 피해가 나거나, 헐벗은 산에 산사태가 나서 동네를 덮치는 일들은, 무분별한 개발이 동티를 내는 것임을 여실히 보여주는 자연의 경고다.

¹⁶²³**물수제비 뜨기** 얇고 둥근 돌 같은 것을 물 위로 비껴가게 던져서 탐방탐방 수면을 스치며 가게 하는 장난질.

물수제비 뜨기를 하면서, 누가 던진 돌이 더 많이 튕겨오르는지 서로 내기를 하기도 한다. 물수제비 뜨기는 자맥질과 구별해야 한다. 자맥질은 물속에서 멱을 감으며 노는 놀이이고, 물수제비 뜨기는 물 밖에서 돌멩이를 수면에 던지며 노는 놀이이다. 지역에 따라서 '팔매치기', '물찰찰이', '물종개' 따위로 부르기도 한다.

:: 무수히 쏟아지는 햇살이 호수의 표면에서 부서지고 있다.

:: 잔잔한 수면 위로 물수제비를 뜨는 아이들의 웃음소리가 햇살과 함께 번진다.

1624 **백태털기**   함부로 몸을 드러내놓고 목욕을 하지 않는 옛날 양반들이 바지를 벗어 그 안의 때를 털어내는 일.

'백태'란 '하얀 때'를 뜻하는데, '백태털기'는 우리 조상들에게 전통적인 목욕문화가 없었음을 의미한다. 이를 두고 우리 조상들이 지저분했다고 말할 수는 없다. 몽골 등 대륙 중앙의 건조 지역에서는 땀이 거의 증발해버리기 때문에 몸에 때가 잘 생기지 않는다. 따라서 목욕문화가 거의 발달하지 않았다. 우리 조상들의 백태털기 풍습은, 우리 민족의 원류가 대륙의 건조 지역에서 이동해 왔음을 보여주는 한 예라고 할 수 있다. 예컨대 일본에 목욕문화가 발달한 것은 그들이 습기가 많은 남방계 종족의 후손이기 때문이다.

:: 마당에서 시앗싸움이 한창임에도 박 초시는 그저 사랑채에서 백태를 털고 있다. 가는귀를 먹었다고는 하나 악청을 질러대는 여인네들의 목소리를 설마 못 들었을까.

1625 **복달임**   복(伏)날에 고기붙이로 국을 끓여 먹는 풍속.

초복, 중복, 말복 복날이 들어 있는 달의 찌는 듯한 더위를 가리켜 '복달임하다'라고 한다. 또한 그러한 때에 고기붙이로 국을 끓여 먹는 풍습을 '복달임'이라 한다. 오늘날 복날에 먹는 단고기 보신탕이나 삼계탕 같은 음식이 바로 복달임이다. 무더운 여름날 최고의 피서는 '이열치열(以熱治熱)'일 것이다. 영양이 풍부한 뜨거운 음식을 땀을 뻘뻘 흘리며 먹음으로써 체온을 조절하고 건강하게 여름을 나는 지혜로운 풍속이라 할 수 있다.

:: 온 가족이 삼계탕으로 복달임을 한 뒤 근처 시원한 개울가에 가서 흐르는 물에 발을 담그고 수박 한 통 쪼개 먹고 돌아오는 것으로 휴가를 갈음했답니다.

1626 **비김수** 장기, 바둑 따위에서 서로 비기게 되는 수. 무승부.

운동경기나 게임 등에서 승부가 나지 않은 것을 '무승부(無勝負)'라고 한다. '비김수'는 무승부에 갈음하여 쓸 수 있는 말이다. 비김수의 '수'는 '수가 나다', '수가 높다'고 할 때의 '수(手)'와 같은 한자말이다. 비김수를 줄여서 '빅수'라고 하고, 바둑 애호가들은 흔히 이를 더 줄여서 '빅'이라고도 한다. 현대 바둑에서는 실제로 비김수가 없다. 다만 부분적인 '사활(死活) 싸움'을 할 때 흑과 백 어느 쪽도 상대를 잡을 수 없는 상태가 생기는데, 이것을 '빅수'라고 한다. 한편 축구나 야구 같은 운동경기에서 비김수는 예사로 일어나는 일이다.

:: 사랑하는 남녀 사이에서도 다툼이나 싸움이 있을 수 있지만, 서로 승부를 내려고 해서는 안 된다. 부부나 연인 사이의 싸움은 비김수로 끝나야 한다. 때로는 냉엄한 승부보다도 비김수가 더불어 살아가는 방법이 되는 것이다.

1627 비나리 앞길의 행복을 비는 말.

원래는 남사당패 놀이의 성주풀이 굿에서 곡식과 돈을 상 위에 받아놓고 외는 고사문이나, 그것을 외는 사람을 가리키는 말이었는데, 이후 사람들의 행복을 비는 말로 쓰이게 되었다. 그래서 앞날의 행복을 기원하는 것을 '비나리하다'라고 한다. 한편 '비나리치다'라고 하면 '아첨하여 환심을 사다'는 뜻이므로 구별해 써야 한다. 또한 구구한 말로 남에게 무엇을 청하는 짓을 '비라리'라고 한다. 어감은 비슷하지만 뜻은 상반되는 말들이다.

∷ 억울한 영혼들에게 안식을 주시고, 가난하고 억눌린 이들에게 희망과 용기를 달라고 비나리하는 그의 표정이 사뭇 붉게 상기된다.

1628 양거지 아내가 임신을 하였을 때, 남편이 주변 남자들에게 한턱내는 일.

남자들이 모인 자리에서, 그중에 아내가 아이를 밴 사람이 있으면 덮어놓고 한턱을 내는데, 나중에 아들을 낳으면 아이의 아버지가 한턱낸 것으로 하고, 딸을 낳으면 아버지가 서운할 것을 염려하여 나머지 사람들이 먹은 비용을 낸다. 아들 선호 사상이 드러나는 풍속 가운데 하나다.

∷ 월급의 절반을 양거지한다고 다 날린 김 대리는 내심 아내가 예쁜 딸아이를 낳았으면 하고 은근히 바란다.

1629 이박기 대보름날에 이를 건강히 하고자 부럼을 씹는 일.

정월 대보름날 아이들이 까서 먹는 밤, 잣, 호두 따위의 딱딱한 과실을 통틀어서 '부럼'이라 하며, 이 부럼을 씹는 것을 '이박기'라고 한다. 일 년 내내 아이들이 부스럼을 앓지 않게 한다는 민속 신앙에서 비롯된 것이다. 지방에 따라 부럼을 '보름'이라 하기도 하는데 이는 잘못된 쓰임이다.

:: 치아가 성치 못한 시어머니는 조금이라도 된밥이 나오면 "대보름날 이박기하랴?" 하시면서 숟가락을 놓아버리는 것이었다.

1630 추렴 여러 사람이 돈이나 곡식 따위를 얼마씩 내어 거두는 것, 또는 그렇게 하여 무엇을 사먹는 일.

'추렴'은 '출렴(出斂)' 또는 '염출(斂出)'이라는 한자말에서 비롯되었다. 흔히 서양식으로 '더치페이'라고 하는 것이다. 한자말로는 '갹금(醵金)', '갹출(醵出)'이라고도 한다. 각 사람에게서 똑같은 액수의 돈이나 물건을 걷는 것은 '각추렴'이라 하고, 먼저 추렴을 했는데 그것으로 부족하여 더하는 추렴을 '가추렴'이라 한다.

:: 동무들의 말을 가만히 듣고만 있던 김씨는 아무도 자신을 거들떠보지 않자 "나는 닷돈 추렴에 두 돈 오 푼을 내었나"라고 너스레 떨며 사람들 사이로 끼어들었다.

●● **여줄가리 올림말**

1631 **가댁질** 서로 피하고 잡고 하며 노는 아이들 장난.

1632 **검** '신(神)'의 옛말. '단군왕검'의 '검'은 단군이 인간이 아니라 신이라는 것을 보여주는 말임.

1633 **계면놀이** 무당이 돈이나 쌀을 얻으려고 집집마다 돌아다니는 짓.

1634 **기대** 무동(舞童)을 따라다니는 여자. 무당이 굿을 할 때 음악을 맡은 사람.

1635 **길놀이** 탈춤놀이에 들어가기 전에 탈꾼들이 탈춤을 놀 자리까지 삼현육각(三絃六角)을 잡히면서 가는 행렬.

1636 **꽃달임** 진달래나 국화를 따서 전을 부치거나 떡에 넣어 여럿이 모여 먹는 놀이.

1637 **꽃트림** 백중날, 농악꾼을 사서 마을 사람들이 즐기는 일.

1638 **난등** 연꽃이나 모란꽃을 만들어 불상의 머리 위나 영단(靈壇) 위에 둘러 장식하는 꽃뭉치.

1639 **뜬것** 떠돌아다니는 못된 귀신.

1640 **말롱질** 아이들이 말 타는 것을 흉내내어 하는 장난이나 놀이.

1641 **먹국** 주먹 속에 쥔 물건의 수를 알아맞히는 아이들의 놀이.

1642 **목두기** 무엇인지 알 수 없는 귀신. 목재를 다듬을 때 잘라버린 나뭇개비 따위.

1643 **몸주** 무당의 몸에 내린 신.

1644 **몽달이** 밤중에 나무 따위가 사람의 형상으로 보이는 것.

1645물할머니 우물이나 샘에 있다고 하는 귀신.

1646바가지장단 아낙네들이 물동이에 바가지를 엎어놓고 가락에 맞추어 두드리는 장단.

1647바람할미 음력 이월에 심통을 부려 꽃샘바람을 불게 한다고 하는 할머니.

1648방자 남을 못 되게 하거나 재앙을 받게 하기 위하여 귀신에게 빌거나 방술을 쓰는 짓.

1649보리바둑 법식도 없이 아무렇게나 되는 대로 두는 서투른 바둑.

1650부리 한 집안의 역대 조상의 혼령이나 그 집안을 지켜주는 귀신.

1651비손 두 손을 싹싹 비비면서 신에게 소원을 비는 일. (~하다)

1652살매 사람의 의지와 관계없이 초인적인 위력으로 길흉화복을 지배하는 운명의 힘.

1653성주 집을 지킨다는 신령.

1654속꽂이 물속으로 머리를 박으며 곧바로 들어가는 짓. 다이빙.

1655손 날을 따라 네 방위로 돌아다니면서 사람의 활동을 방해한다는 귀신. (~없는 날)

1656손떠퀴 무슨 일이든지 손만 대면 길흉화복이 따라 생기는 일.

1657손말명 처녀가 죽어서 된 귀신.

1658**손속**   노름이나 내기할 때 손 대는 대로 잘 맞아 나오는 운수나 패.

1659**실력굿**   집안을 편안하고 안정되게 해달라고 3년에 한 번씩 하는 굿.

1660**앉은굿**   장구와 춤이 없이 하는 굿.

1661**업**   집안을 보호하고 복을 준다는 가상의 동물이나 사람.

1662**영산**   참혹하고 억울하게 죽은 사람의 넋.

1663**이령수**   신에게 소원을 빌 때, 말로 고하는 일. (~하다)

1664**저퀴**   사람에게 씌워서 몹시 앓게 한다는 귀신.

1665**전래**   신이 지핀 여자.

1666**종날**   농가의 음력 이월 초하루. 이날 온 집 안의 먼지를 털고 농사를 시작하며, 송편을 만들어 하인들에게 숫자대로 나누어 먹이던 풍속이 있었음.

1667**주당**   뒷간을 지킨다는 귀신.

1668**쥐불**   농가에서 음력 정월 첫 쥐날에 쥐를 쫓는다 하여 논둑이나 밭둑의 마른 풀에 붙이는 불.

1669**태주**   마마를 앓다가 죽은 계집아이의 귀신.

1670**풍계문이**   아이들 장난의 한 가지. 물건을 감추어두고 서로 찾아내는 놀이.

1671**핑구**   위에 꼭지가 달린 팽이.

1672**허주굿**   무당이 되려고 할 때, 처음으로 신을 맞아들인다고 하는 굿.

1673**호미씻이**   농가에서 김매기가 끝나는 음력 칠월경 하루를 쉬며 즐겁게 노는 일.
1674**화줏머리** 솟대의 꼭대기 부분.
1675**회목잡이** 손목이나 발목의 잘록한 곳, 즉 회목을 잡고 겨루는 놀이.

●● 혼인과 성(性) 풍속

1676**감투거리** 여성이 남자 위로 올라가서 하는 성행위.

'감투거리'는 이른바 '여성상위'다. 상당히 '야한' 옛말이다. 그러나 단순히 야한 느낌만 드는 말은 아니다. 이 말에는 아무리 뛰어난 능력을 지니고 있어도 벼슬길에 나갈 수 없었던 옛 여인들의 회한(悔恨)이 배어 있다. 철저한 가부장제 아래서 평생 남자의 그늘에 가려 살아야 했던 옛 봉건사회의 여성들은 길을 갈 때도 남자와 나란히 걷지 못함은 물론, 끼니 때 밥상조차 마주하지 못하고 부엌에서 쪼그리고 앉아 밥을 먹기도 하였다. 그런 옛 여성들에게 있어서 남성을 짓뭉갤 수 있는 유일한 방법이 있다면 그것은 남편과 잠자리할 때 '남편 위로 올라가는 것' 뿐이었을 것이다. '하늘'에 비유되는 남편을 깔아뭉갰으니 여성으로서는 그보다 높은 벼슬이 어디 있겠는가. 그래서 그런 체위를 여성의 입장에서 '감투거리'라고 부른 것이다.

:: 옛 여인들은 비록 내놓고 벼슬자리에 오르지는 못했지만, 감투거리하는 순간만큼은 남정네를 깔고 앉아서 잠시 '하늘'이 되어보는 것이었다.

1677 고마 작고 어린 것. '첩'을 이르는 말.

작고 귀여운 어린아이를 부를 때 "꼬마야!"라고 한다. 이 '꼬마'는 엉뚱하게도 '첩'을 이르는 '고마'에서 유래된 말이다. '첩'에 대한 호칭은 남자의 신분에 따라 '작은 마님', '소실(小室)', '작은 사람', '작은 각시' 등 다양한데, 모두 '작다'는 뜻을 포함하고 있다. 또한 '작다'는 것은 나이가 어리다는 것을 나타낸다. 이렇게 연상지어 첩을 '고마'라고 불렀던 것이다. '작고 어린' 것을 뜻하는 '고마'가 첩을 나타내는 말로 활용된 것이다.

:: 주막에서 막걸리 두어 사발을 들이켜고 난 뒤 불콰한 얼굴로 빈집에 돌아온 박 첨지는 공연히 서글퍼졌다. 어떤 양반것들은 부인은 물론이고 고마까지 두엇씩 거느리고 있는데 자신에게는 변변한 아내도 없었던 것이다.

1678 꽃잠 결혼한 신랑 신부가 처음으로 함께하는 잠.

흔히 갓 결혼한 신랑 신부가 처음으로 함께하는 잠자리를 '첫날밤'이라고 말한다. 그러나 '첫날밤'이라는 말로는 그 절절하고 가슴 떨리는 느낌을 다 담아내지 못하는 것 같다. 일생에서 가장 아름다우며 영원히 기억될 그 잠자리를 우리 옛말로 '꽃잠'이라 하였다. '첫날밤' 보다는 느낌이 훨씬 참신한 말이다.

:: 그들 부부는 스무 번째의 결혼기념일을 맞아 제주도로 여행을 떠났다. 이십 년 전 꽃잠의 추억을 새긴 그 숙소를 다시 찾기 위해서였다.

1679 낮거리   낮에 하는 성교(性交).

일반적으로 남녀의 성행위는 밤에 하는 것으로 그 습관이 굳어졌다. 그래서 성행위를 일컬어 '밤일'이라고 은유적으로 표현하기도 한다. 그런데 주택 사정이 그리 좋지 못했던 옛날에는 방 한 칸에서 자식들, 심지어는 노부모와 함께 사는 부부가 많았다. 그러다 보니 밤에 부부가 사랑을 속삭이는 데 여간 불편이 따르지 않았을 터이고, 그래서 낮에 다른 식구들이 없는 틈을 타 집에서, 혹은 깊은 숲속에서 '낮거리'로 서로의 사랑을 확인하곤 하였던 것이다. 그러고 보면 '낮거리'라는 말에는 가난한 부부들의 애환이 서려 있음을 알 수 있다. 오늘날에도 직업상 야간 근무를 하여 부부가 함께 잠자리에 들 수 없는 사람들은 더러 낮거리를 할 수밖에 없을 것이다.
:: 단칸방에 네 식구가 세 들어 살던 시절, 김씨는 어쩌다가 낮거리로 헐레벌떡 부부의 정을 나누는 게 고작이었으니, 더듬을 만한 신혼의 추억이 있기나 하겠는가.

1680 두더지혼인   처음에는 허영에 들떠 가장 높은 일을 구하다가 결국에는 하찮은 일을 하게 되는 것.

옛날 우화(寓話)에, 두더지가 이 세상에서 가장 높은 상대자와 결혼을 하려고 애를 쓰다가 결국 두더지를 배필로 맞이하였다는 이야기에서 비롯된 말이다. 두더지혼인은 결국 분에 넘치는 엉뚱한 소망을 품은 사람은 공연히 애만 쓰다가 결국은 실패하고 만다는 교훈을 담고 있는 관용어이다.

∷ 우리 역사에서 권력에 눈이 먼 몇몇 군인들이 잔혹한 범죄행위와 같은 방법으로 권력을 찬탈하였는데, 일개 군인이었던 그들이 정치권력을 탐하는 것 역시 두더지혼인과 같은 것이었다.

1681 밭팔다   여자가 몸을 팔다.

남자를 '씨앗'에, 여자를 '밭'에 비유하는 경우가 있다. 좋은 씨앗을 토질이 좋은 밭에 뿌려야 좋은 결실을 맺을 수 있다. 그래서 남자는 자신의 씨앗을 안심하고 뿌릴 수 있는 토질 좋은 밭을 찾기 위해, 또한 여자는 자신의 밭에 가꿀 여문 씨앗을 찾기 위해 젊음의 한때를 바친다. 연애에서 결혼까지의 과정이 바로 그것이다. 그런데 밭에 씨앗을 가꾸는 것이 아니라 아예 밭 자체를 팔아서 생활하는 여성들이 있다. 몸을 파는 것, 다시 말해서 '매춘'을 이르는 것이다. 이렇게 '밭팔아서' 생활하는 여자를 일컬어 '논다니'라고 한다. '논다니'는 정확히 말하면 '웃음과 몸을 팔며 함부로 노는 계집'을 뜻하는 말로, 오늘날의 '접대부'에 해당한다. 또한 논다니가 밭팔기 위해서 그 상대를 접대하는 것을 일컬어 '손보기'라 한다. 논다니에게 있어서 남자는 곧 밭팔아줄 '손님'이기 때문이다. 논다니가 밭팔고 손보기 하는 것, 이는 주로 옛날의 기방에서 유래된 말들이다.

:: 한창 공부하거나 일해야 할 나이의 많은 여성들이 유흥업소 등에 나가 '밭팔아서' 생활하고 있다는데, 이것은 그들 개인을 떠나서 사회적인 문제다. 그리고 여성들의 '밭팔기'를 강요, 또는 묵인하는 사회의 책임 또한 무시할 수 없다.

1682 **보쟁이다** 부부 사이가 아닌 남녀가 몰래 친밀한 관계를 연하여 맺다.

'보쟁이는' 사이는 정상적인 부부관계가 아니라 '불륜' 관계이다. 어느 한쪽이 배우자가 있음에도 이를 무시하고 서로 정분이 나서 간통(姦通)하는 것을 말한다. 비슷한 경우에 쓸 수 있는 옛말로 '오쟁이 지다'라는 말이 있다. 이 또한 남편 있는 여자가 다른 사내와 간통하는 것을 이르는 말이다. '보쟁이다'나 '오쟁이 지다' 나 둘 다 바르지 못한 남녀관계를 속되게 표현하는 말인 만큼 이 말이 생긴 내막도 뭔가 은밀하다.

:: 정육점 이씨의 아내와 세탁소 안씨가 보쟁이는 것을 알 만한 사람은 다 알건만, 정작 이씨 자신은 거기에 대해서 입도 벙긋하지 않았다.

1683 **비역질/밴대질** 사내끼리/여자끼리 성교하듯 하는 짓.

우리나라에서도 옛날부터 동성연애가 있었을까. 우리 역사 속에 동성애와 관련된 흔적들은 가끔 있다. 고려 말 공민왕이 노국공주를 잃은 슬픔에 방황하며 미소년들을 가까이 하였다는 기록을 동성애의 관점에서 보기도 하는데, 이보다 더 뚜렷한 흔적을 '비역질' 또는 '밴대질'이라는 말에서 찾을 수 있다. '비역질'은 한자말로는 '계간(鷄姦)' 또는 '남색(男色)'이라고도 한다. '비역'은 지방에 따라서 조금씩 다르게 소리를 내기도 하는데, 전라도 일부 지방에서는 지금도 '남녀의 성행위'를 일컬어 '뻑'이라고 한다. '비역'의 준말인 '벽'이 된소리 '뻑'으로 되면서 그 뜻이 넓어진 것이다. 또한 사람의 신체에서 '궁둥이 안쪽의 사타구니 살'을 '비역살'이라고 하는데, '비역질할 때 마찰하는 부위'라는 뜻에서 붙여진 이름이다. 그리고 '비역질'의 상대되는 친구를 일컬어 '살친구'라고 하였다. 한편 여자끼리의 동성애를 일컫는 '밴대질'은 '밴대보지'에서 유래한 말이다. 어른이 되었어도 '거웃'이 나지 않은 여자의 음부를 일컬어 '알보지' 또는 '밴대보지'라 하는데 '밴대'에 '-질'이 붙어서 여자끼리의 동성애를 나타내는 말이 된 것이다. 그리고 이런 행위를 하는 것을 '밴대질치다'라고 한다. 또한 이 경우에도 '밴대질' 치는 상대자는 '살친구'가 된다. 동성애가 서양이나 중국에서만 있어온 것이 아니라는 것을 새삼 깨닫게 된다. 동양이나 서양이나 문화적 차이에도 불구하고 동성애는 인간의 본능적인 행위 중의 하나로 은밀히 자리잡아 온 것이다.

∷ 현대의 흑사병이라고 하는 에이즈는 비역질을 통해서 감염될 확률이 매우 높다. 비역질을 하다 보면 비역살 부위의 모세혈관이 파열되는 수가 있는데, 그 경로를 따라서 바이러스가 침투하기 때문이다.

1684 빗장거리   남녀가 십자 모양으로 눕거나 기대어 서서 하는 성행위.

인간의 성행위와 관련된 옛말에는 '빗장거리'라는 것도 있다. '빗장'은 '문빗장'의 줄임말로 '열 십(十)'자 모양을 말하는 것이다. 따라서 '빗장거리'는 남녀가 십자 모양으로 눕거나 기대어 서서 하는 성행위를 이르는 말이다. 예나 지금이나 남녀간의 성행위와 관련된 체위는 별로 다를 바가 없었던 모양이다.

:: 어떻게 그런 낯 뜨거운 장면을 영화에 담을 수 있는지, 빗장거리 하면서 여자가 씩씩대는 장면을 노골적으로 묘사해놓았더군.

1685 오쟁이 지다   남편이 있는 여자가 다른 사내와 간통하다.

'오쟁이'는 '짚으로 엮어서 만든 작은 바구니'를 가리키는 말이다. 그런데 '오쟁이 지다'라고 하면 '남편이 있는 여자가 다른 사내와 간통하다'는 뜻으로 쓰인다. 생활용품의 하나인 '오쟁이'에 '지다'라는 말이 붙어서 엉뚱하게도 '유부녀가 간통하는 것'을 뜻하는 말로 굳어진 것이다. 일종의 관용적인 표현이라 할 수 있는데, 어떻게 해서 이렇게 전혀 새로운 뜻이 만들어졌는지, 무슨 곡절이 숨어 있을 법도 하지만 그 내막을 알 수 없으니 안타까운 일이다.

:: 못난 놈 같으니, 제 계집까지 빼앗기다니. 나는 비록 가진 게 변변치 않은 한량이지만 오쟁이 지는 일은 없었어.

1686 이바지   갓 혼인한 신부가 시댁에 갈 때 음식을 장만해 가는 것.

사람 또는 어떤 일에 도움이 되도록 힘을 쓰는 것, 물건을 갖추어 바라지하는 것, 어떤 보람 있는 일에 도움을 주거나 힘을 바치어 보태는 일 등을 '이바지'라고 한다. 지금은 독재의 유산이라 하여 '국민교육헌장'이 거의 사라지다시피 하였지만 과거 유신정권 시절에 전 국민을 세뇌시켰던 이 헌장에는 '……안으로 자주독립을 확립하고 밖으로 인류공영에 이바지할 때다. 이에 우리의 나아갈 바를 밝혀……'라는 구절이 나온다. 여기서 '이바지'는 '어떤 보람 있는 일에 도움을 주거나 힘을 바치어 보태는 일'을 뜻한다. 과연 유신정권이 추진하던 일이 '보람 있는 일'이었는지는 다시 생각해볼 문제지만, 한 나라의 백성으로 겨레에게 보탬이 되는 일에 '이바지'하는 것은 당연한 일일 터이다. 한편 갓 혼인한 신부가 시댁에 갈 때 음식을 장만해 가는 것을 '이바지하다'라고 했는데, 오늘날 그 말은 자주 쓰지 않지만 시댁에 음식을 들고 가는 일은 더러 명맥을 유지하고 있는 것으로 보인다.

:: 일제 식민지 치하에서 목숨 걸고 독립운동을 벌인 투사들이야말로 조국의 미래에 크게 이바지한 분들이다.

1687 자리보기   신랑 신부가 첫날밤을 지낸 다음날 친척이나 친구들을 초대하여 음식을 먹고 노는 일. 새내기 색시의 꽃잠을 잔 자리를 구경하는 일.

밤에 마시려고 잠자리의 머리맡에 두는 물을 '자리끼'라고 한다. 여기서 '자리'는 잠자리를 뜻하는 말이다. 또한 '자릿조반'이라고 하면 아침에 잠에서 깨어나 곧바로 먹는 죽이나 미음 따위의 음식을 말하는 것으로, 역시 잠자리와 관련 있는 말이다. 옛날 혼례 때에는 '자리보기'라는 풍습이 하나 있었다. 조금 짓궂은 풍습의 하나인 '자리보기'는 신랑 신부가 첫날밤을 지낸 다음날에 친척이나 친구들이 함께 모여서 음식을 먹고 노는 일을 이르는 것인데, 말뜻 그대로 풀어보면 '첫날밤을 보낸 신랑 신부의 잠자리를 구경하는 것'이었다. 오늘날에도 신혼부부가 이른바 '집들이'라는 명목으로 친지를 초대하여 음식을 대접하고 어울려 노는데, 이때 초대받은 손님들은 신혼부부의 예쁘게 꾸며진 침실을 구경하며 부부생활과 관련한 짓궂은 농담을 주고받기도 한다. 요즘의 이러한 풍습도 옛날의 '자리보기'에서 영향을 받은 것이라고 할 수 있다.
∷ 요즘 신혼 재미가 어때? 자리보기라도 한번 해야 하는 거 아닌가?

1688 **첫길** 시집가거나 장가들러 가는 길.

전통혼례는 혼인을 하기 위하여 신랑이 신부의 집으로 가는 것부터 시작된다. 연애결혼이 일반화된 요즘에는 남녀가 충분히 교제를 해본 다음에 당사자의 의사에 따라서 혼인이 이루어지지만, 옛날 전통사회에서는 양쪽 부모의 합의에 따라 혼인이 추진되었다. 따라서 정작 당사자인 신랑과 신부는 혼인 당일이 되어서야 비로소 공식적으로 마주 볼 수 있는 것이다. 그러므로 혼례를 위하여 가는 길이 서로에게는 당연히 '첫길'이 되는 것이다.

∷ 얼굴 한번 본 적 없는 색시와 혼례를 치르기 위해 첫길을 떠나는 그의 마음속에서는 방망이질이 한창이다.

1689 풀보기
새색시가 혼인한 며칠 뒤에 시부모를 뵈러 가는 예식.

전통혼례에서 신부의 차림을 보면 엄하기 그지없다. 이를 '응장성식(凝粧盛飾)'이라고 한다. 혼례날은 물론이고 예식이 끝난 뒤에도 오랫동안 신부는 온갖 복잡한 절차로 시댁 어른들에게 예를 지켜야 한다. 그래서 혼례라는 게 의미만 따진다면 평생 그보다 더한 경사가 없을 터이나, 한편으로는 육체적으로, 정신적으로 피곤한 절차이기도 하다. '풀보기'는 '풀고 본다'는 뜻을 가지고 있다. 즉 응장성식을 풀어버리고 간단한 예장으로 뵙는다는 뜻이다. 이를 한자말로는 '해현례(解見禮)'라고 한다.

∷ 부모 뜻에 따라 한 혼인이었으니 신혼 첫날의 꽃잠 따위는 관심이 없지만, 다만 풀보기하러 가는 길에 응장성식하지 않는 일만으로도 다행스럽다고 생각한다.

1690 함진아비
혼인 전날 밤이나 혼인날 신랑 측에서 신부 측에 보내는 함(函)을 지고 가는 사람.

'함'이란 혼인 때 혼서지(婚書紙), 채단(采緞) 따위를 넣어 보내는 나무상자를 이르는 말이다. '함진아비'는 무명 한 필로 질빵을 만들어 함을 짊어지고 간다. 오늘날에도 이어지는 이 풍습은 지역에 따라 다양한 모양으로 행해지는데, 대체로 함진아비는 등짐을 지고 가는 말[馬]에 비유되었다. 오늘날 함을 지고 신부 집 앞에서 볼썽사나운 흥정을 하는 것은 우리의 전래 풍습이 아니다. 옛날에는 먼 길을 오느라 수고한 함진아비와 그 일행에게 식사와 술을 한 상 걸게 차려서 대접했던 것으로 보이지만, 돈으로 함을 사고파는 풍습은 없었다.

:: 옆집 덕이의 혼례가 있기 전날, 바우는 저녁 밥상을 물린 뒤 일찌감치 이불 속으로 기어들어갔으나, 함진아비와 그 일행이 함 사라고 외치는 소리에 공연히 이리저리 뒤척이며 밤새 잠을 못 이루었다.

1691 홀앗이살림 식구가 많지 않은 단출한 살림.

사회상이 복잡하게 될수록 사람들의 삶의 형태도 다양해지기 마련이다. 그러다 보니 결혼제도에도 많은 변화가 일어나고 있는데, 이혼과 재혼이 예사로 이뤄지는가 하면 아예 독신으로 사는 사람도 종종 있다. 오늘날의 '독신'을 지칭하는 옛말이 바로 '홀앗이'다. 그리고 식구가 단출하여 홀홀한 살림을 '홀앗이살림'이라고 하였다. 한편 요즘에 아이를 가진 부인을 일러 '홀몸이 아니다'라는 표현을 더러 쓰는데 이는 잘못이다. 홀몸이 아니라는 것은 배우자가 있다는 뜻이다. 따라서 임신했다는 것을 나타낼 때는 '홑몸이 아니다'라고 해야 한다. '홀몸'과 '홑몸'은 겨우 받침 하나 차이지만 뜻은 이렇게 완전히 달라지는 것이다.

∷ 얼마 전에 길에서 주워온 강아지 한 마리가 그에게는 홀앗이 살림의 적적함을 달래주는 식구이자 친구였다.

● **여줄가리 올림말**

1692 기름공이 남자의 성기를 빗댄 말. '참기름이 나게 하는 방앗공이'라는 뜻.

1693 꼬깔춤 이불을 들썩이며 성교하는 짓.

1694 꽃꺾기 노는 계집과 상관하는 일.

1695 눈흘레 눈요기로 상대방과 성교하는 일을 상상하는 것. 관음증(觀淫症). (~하다)

1696 는실날실 (남녀간의 몸가짐에서) 성적 충동을 받아 야릇하고 추잡하게 구는 모양.

1697 매미 여자의 벗은 아랫도리.

1698 무라지하다 시집간 딸이 사흘 만에 집에 음식을 가지고 돌아오다. 북한말.

1699 무자이불 결혼할 때 혼수로 준비하는 폭신하고 부드러운 이불.

1700 반살미 혼인한 뒤에 신랑과 신부를 일가에서 처음으로 초대하는 일.

1701 살꽃 논다니 계집의 몸뚱이.

1702살맛   사랑하는 남녀간에 서로의 몸을 통하여 느끼는 맛.

1703살친구   동성애의 상대가 되는 친구.

1704새호루기   얼른 하는 성교.

1705어르다   남녀간에 정을 통하거나 교합하다. 배필로 삼다.

1706어지자지   남녀의 생식기를 겸하여 가진 사람. 두 발로 번갈아 차는 제기.

1707요분질   성교할 때 여자가 남자에게 쾌감을 주려고 몸을 움직여 놀리는 짓.

1708웃손   혼례 때 신랑이나 신부를 데리고 가는 사람. 후행(後行).

1709촛불놀이   밤에 노는 남녀의 사랑놀이.

1710품방아   여자를 품에 끼고 노는 것을 속되게 이르는 말.

찾아보기

*이 책에 수록된 1710개의 올림말(표제어)을 가나다 순으로 수록하였으며, 숫자는 본문의 올림말 앞에 붙은 일련번호입니다.

⟨ㄱ⟩
가게내기 1078
가납사니 0726
가년스럽다 0922
가녈 0337
가는베 낳겠다 0603
가다귀 0405
가다루다 0943
가다리 0944
가대기 1015
가댁질 1631
가동질 0780
가두리 0326
가라지 0417
가락 1166
가락 나다 1032
가락 떼다 1033
가락지 1292
가람 0200
가랑눈 0152
가랑니 0345
가랑비 0076

가랑이표 1539
가리 1386
가리 틀다 0751
가리말 0359
가리사니 0820
가리새 0529
가무리다 0781
가배 1309
가살 0752
가선 0587
가수알바람 0124
가시 0360
가시버시 0874
가웃 1167
가을부채 0460
가지기 0687
가탈 0382
가풀막 0289
각다귀판 1218
각단 0481
간각 0837
간물때/찬물때 0267

간새 0125
간자미 0361
갈개 0216
갈개다 0782
갈개발 0712
갈개잠 1460
갈고리달 0023
갈마들다 0838
갈마쥐다 0783
갈매 1540
갈목 0406
갈무리 1034
갈바람 0126
갈붙이다 0784
갈비 1176
갈아주다 1079
갈치잠 1461
갈피 0482
감정아이 0639
감탕 0201
감투거리 1676
감투밥 1387

감풀 0250	개잠 1463	건지 1140
갓 1177	개짐 1293	걸기질 0947
갓길 0290	개치 0271	걸단추 1311
갓밝이 0001	개피떡 0674	걸때 0606
강다리 1178	개호주 0362	걸레받이 1445
강다짐 0753	갤칼 1541	걸음나비 1181
강다짐 1365	갯고랑 0272	걸태질 1219
강담 1462	거느림채 1464	검 1632
강대 0407	거님길 0304	검기울다 0002
강더위 0170	거딜 1060	검불 0462
강똥 0673	거들지 1294	검정새치 0714
강모 0945	거룻배 1139	겉갈이 0948
강바람 0112	거리 1179	겉돈 1234
강샘 0821	거먹구름 0172	겉말 1542
강쇠바람 0127	거멀 1124	겉잠 1466
강술 1388	거미발 1125	계감정 1391
강울음 0754	거섶 0273	계정 0787
개 0268	거섶 1389	겨끔내기 1035
개구멍바지 1310	거스러미 0461	겨리(질) 0964
개구멍받이 0640	거웃 1180	결기 0822
개똥참외 0418	거위영장 0701	결찌 0875
개막은땅 0202	거적눈 0605	겹말 1524
개미장 0171	거탈 0785	겹씨 1543
개발코 0604	거통 0713	곗불 0544
개밥바라기 0035	건개 1390	곁골목 0305
개부심 0077	건다짐 0786	곁들이 1392
개숫물 0543	건들마 0128	곁마기 1312
개암들다 0651	건들장마 0094	곁붙이 0889
개어귀 0269	건밥 1465	곁사돈 0876
개자리 0270	건사하다 0755	곁쪽 0890
개자리 0946	건잠머리 1016	계면놀이 1633

계면떡 1393
계명워리 0727
고 1313
고갱이 0483
고누 1617
고도리 0346
고두밥 1366
고두저고리 1314
고드름똥 1467
고드름장아찌 0715
고락 0383
고래실 0965
고른한낮 0019
고리일식 0020
고린전 1235
고마 1677
고물 1141
고바우 0728
고샅 1468
고샅 0291
고섶 0327
고수레 1618
고장물 0545
고주박 0436
고지 0384
고지 0949
고추바람 0129
고추뿔 0395
고팡 1469
고패집 1470
고팽이 1182

곡두 0506
곤쇠 0729
골마지 1394
골안개 0183
곰비임비 0507
곰손이 0730
곰솔 0419
괭이잠 1446
구들더께 0688
구름결 0184
구름바다 0185
구름발 0186
구름밭 0187
구름장 0188
구메밥 1367
군돈 1236
군물 0546
군불 0547
군입 0662
군치리 1061
군턱 0607
굳기름 0608
굳비늘 0385
굴레미 1142
굼뉘 0274
굽돌이길 0306
궂기다 0641
궂은고기 1395
귀치레 1544
귀틀집 1471
그늘대 1447

그루 0950
그루벼 0966
그루잠 1472
글발 1545
글속 1546
글지 1547
글품쟁이 1548
금새 1237
굿다 0095
기대 1634
기름공이 1692
기스락 1473
기스락물 0560
기음 0967
길놀이 1635
길눈 0153
길라잡이 0292
길목버선 1315
길미 1220
길섶 0307
길속 1036
길짐승/날짐승 0347
길처 0308
길턱 0309
길품 0293
김첨지감투 0508
깊드리 0968
까대기 1448
까치걸음 0788
까치놀 0251
까치두루마기 1316

까치발 0756
깍짓동 0689
깐줄기 1525
깔쭈기 1238
깜냥 0823
깨바심 1396
꺼병이 0363
꺽지다 0839
껄떼기 0364
꼬까삐 1619
꼬깔춤 1693
꼬창모 0969
꼭지 1168
꼭짓집 1062
꼴뚜기질 0757
꽁무니바람 0130
꽃구름 0173
꽃꺾기 1694
꽃눈깨비 0437
꽃다지 0438
꽃달임 1636
꽃등 0530
꽃무덤 0642
꽃물 1397
꽃보라 0439
꽃불 0548
꽃샘바람 0113
꽃손 0440
꽃자리 0441
꽃잠 1678
꽃트림 1637

꽝다리 0365
꾸미개 1317
꾹돈 1221
끔말 1549
끝갈망 1037
끝돈 1239

〈ㄴ〉
나가시 1240
나달 0051
나드리 0310
나들목 0311
나릇 0609
나무말미 0052
나무초리 0429
나비눈 0789
나비물 0549
나비잠 1449
나비질 0970
낙낙하다 0509
낚시걸이 0790
난달 0294
난데 0203
난든벌 1295
난든집 1017
난둥 1638
난바다 0252
난벌 0217
난질 0891
날개집 1474
날금/씨금 0328

날땅 0218
날붙이 1126
날비 0096
날사리 0971
날송장 0652
날일 1018
날찍 1241
날치 1242
날파람 0131
남새 0408
남우세 0923
남진 0877
남진아비 0892
낫낫하다 0824
낮거리 1679
낮곁 0053
낮꽃 피다 0610
낱값 1243
낱뜨기 1080
낱훙정 1081
내걸 0972
내리기 0675
내릴톱 1143
내림바탕 0676
냅뜰성 0840
냉과리 0561
너겁 0430
너나들이 0878
너널 1318
너덜겅 0204
너럭바위 0219

너럭배 1127
너레 0220
너비아니 1398
너설 0221
너울 0253
너울 1319
너테 0163
넉장거리하다 0791
넛할아버지/넛할머니 0879
넝쿨지다 0442
네굽질 0758
네눈박이 0366
노 0338
노구거리 0396
노놓치다 0759
노둣돌 1475
노랑감투 0702
노랑꽃 0611
노루막이 0222
노루잠 1476
노린동전 1244
노해 0223
녹비 0397
녹초 0484
논다니 0731
논배미 0973
논틀길 0295
놀 0003
놀금 1082
놀음차 1245

높게더기 0224
높드리 0974
높새 0114
녓보 0732
누렁물 0562
누리 0189
누비다 0975
누에머리 0225
누에머리손톱 0612
누이바꿈 0893
눈딱부리 0690
눈석임 0154
눈설레 0155
눈흘레 1695
느루 1019
늑대별 0036
늑줄 주다 1020
는개 0097
는실난실 1696
늣 1550
능소니 0367
늦깎이 0691
늦바람 0132
늦사리 0976
늦잎 0443

〈ㄷ〉
다락갈이 0977
다리속곳 1296
다림방 1063
다릿돌 0312

다복솔 0409
다솜 0841
다스름 1526
다슬다 0531
다슴어미 0894
다잡이 1038
다지기 1368
달가림 0024
달걀가리 0510
달구비 0078
달구치다 0792
달램수 0793
달린옷 1320
달무리 0025
달물결 0026
달안개 0027
달편 0028
달풀이 1620
담불 1183
당도리 1144
닻별 0037
대궁밥 1369
대마루 1450
대못박이 0716
대밑 0226
대살 0588
대접살 1399
대접젖 0613
대푼 1246
댑바람 0133
더그매 1477

더껑이 0463
더께 0464
더넘스럽다 0511
덕석몰이 0924
덜미꾼 1083
덤받이 0895
덤불김치 1400
덧게비치다 0794
덧두리 1247
덧물 0563
덩 1145
데밀다 1248
데시근하다 0842
덴가슴 0843
덴바람 0134
도가니 1401
도가머리 0398
도깨비뜨물 1370
도꼭지 0733
도끼나물 1402
도둑눈 0156
도래 0329
도래솔 0410
도리 1478
도리기 1621
도새 0135
돈 1184
돈거리 1249
돈되기/졸되기 0532
돋을볕 0004
돋을새김 1527

돋을양지 0005
돌개바람 0136
돌너덜길 0313
돌림쟁이 0703
돌물 0275
돌박산 0227
돌비알 0228
돌서더릿길 0314
돌알 1403
돌옷 0420
돌짬 0229
동곳 1297
동그랑땡 1404
동돌 0550
동방 1321
동부레기 0368
동부새 0137
동산바치 1084
동살 0006
동아리 0906
동티 1622
되모시 0692
되사 1185
되술래잡다 0760
되지기 1405
된바람 0115
된불 0564
된비알 0230
된여울 0276
됫밑 1186
두겁 0485

두더지혼인 1680
두동지다 0533
두럭 0907
두렁 0951
두렁서리 0978
두레 0908
두레 1188
두루주머니 1298
두루치기 1406
두름 1189
두매한짝 1190
두벌잠 1479
두절개 0717
둔치 0205
뒤바람 0138
뒤쓰레질 1021
뒤안길 0296
뒷배 0795
드레지다 0844
드레질 0796
드림셈 1222
드팀전 1064
든바람 0139
든버릇 0761
든손 1022
듣그럽다 0825
듣보기 0762
듣보기장사 1065
들놀이 0925
들대 0231
들때밑 0718

들마 0068
들마루 1480
들머리 1551
들머리판 1223
들몰 0232
들보 1299
들창 1451
들턱 0926
등걸 0444
등걸음치다 0643
등걸잠 1481
등굽잇길 0297
등글개첩 0704
등글기 1528
등대기톱 1146
등태 1023
따개비 0348
따개비모자 1300
따라지 0693
따로나다 0927
따지기 0054
땅까불 0386
땅별 0206
땅보탬 0644
땅자리 0445
땅주릅 1086
떡눈 0157
떡니 0614
떡비 0079
떨거지 0705
떨꺼둥이 0706

떨커 0446
똘기 0447
뜨게부부 0880
뜬것 1639
뜬금없다 0763
뜬돈 1250
뜬벌이 1251
뜸 1191
뜻매김 1552
띠앗머리 0896
띠집 0979

〈ㅁ〉
마까질 1192
마냥모 0980
마늘각시 0707
마당질 0981
마디다 0512
마뜩찮다 0845
마라 0330
마름 1482
마름쇠 1128
마름질 1322
마리 1193
마바리 0982
마속 1194
마수걸다 1087
마음고름 0846
마음씨갈 0847
마음자리 0848
마작 0339

마장 1195
마전 1088
마쪽 0340
마칼바람 0140
마투리 1196
마파람 0116
막달 0653
막대잡이/부채잡이 0331
막사리 0277
막새바람 0141
막서리 0734
막창자 0615
막청 1553
만경되다 0616
만도리 0983
만무방 0735
맏뜻 0849
맏물 0465
맏배 0369
말갈 1554
말갈망 1555
말기 1323
말꼭지 떼다 1556
말뚝잠 1483
말롱질 1640
말림갓 0207
말마투리 1557
말머리아이 0654
말모이 1558
말몫 0984
말밑 1197

말벗김 1252
말본새 1559
말비침 1560
말빛 1561
말살에 쇠살 0513
말소수 1198
말임자 1562
말자루 1563
말재기 1564
말전주 1565
말질 1566
말집 1484
맛바르다 1407
망석중 0736
맞단추 1301
맞돈 1224
맞받기 1225
맞배지붕 1485
맞은돈 1253
맞은바라기 0332
맞잡이 0486
맞줄임 1199
매구 0370
매나니 1024
매미 1697
매미옷 1324
매지구름 0174
매흙 1486
맥장꾼 0737
머드러기 1371
머리등 0565

머무름표 1567
먹국 1641
먹은금 1254
먼가래 0645
먼지잼 0080
멀기 0254
멍석잠 1487
멍첨지 0719
메 1408
메밀곶이 0985
메밀꽃 0255
메밀눈 0589
메주볼 0617
메지 1025
며느리발톱 0399
명지바람 0142
모가비 1089
모꼬지 0909
모둠 0928
모둠꽃밭 1488
모둠밥 1372
모람 0929
모래집 0400
모래집물 0646
모롱이 0233
모숨 1169
모종비 0081
모지라지다 0514
모지랑이 0535
모춤 1200
모탕 1147

모태 1201
목담 1489
목대잡이 0720
목도 1026
목두기 1642
목물 0551
목밑 0055
목비 0082
몬존하다 0850
몰개 0278
몸밑천 1090
몸바탕 0618
몸씨 0619
몸엣것 0663
몸주 1643
몸주체 0620
몸태질 0797
몸틀 0621
몸풀이 0647
몸피 0622
몸흙 0986
못동 0208
몽니 0826
몽달이 1644
몽짜 0851
뫼 0209
무거리 1039
무녀리 0387
무대 0256
무더기비 0083
무라지하다 1698

무른모 1148
무릎맞춤 0930
무서리 0164
무수기 0257
무술 1409
무자이불 1699
무잡이 1091
무저울 0038
무지 1202
무지개 0007
무질 1092
묵나물 1410
묵사리 0279
묵재 0566
묵정밭 0952
물결바지 1325
물계 0536
물들이 0280
물떠러지 0281
물띠 0258
물마 0098
물보낌 0910
물수제비 뜨기 1623
물씨 1568
물알 0987
물집 1093
물찌똥 0677
물참 0259
물할머니 1645
뭇 1203
뭇가름 1204

뭇갈림 0988
뭉게구름 0190
미늘 0466
미리내 0039
미립 0537
미쁘다 0852
미쁜글 1569
미세기 0282
미절 1411
미주알 0590
민값 1255
민날 1129
민낯 0591
민머리 0694
밀컷 1412
밑감 0487
밑글 1529

〈ㅂ〉
바가지장단 1646
바늘밥 1326
바대 1302
바디 1570
바라지 1452
바람 1205
바람꽃 0117
바람비 0099
바람칼 0388
바람할미 1647
바르집다 0764
바리안베 1303

바림 1530
바심 1040
바자 1490
바잡이 1094
바짓부리 1304
바치 1027
박다위 1149
반기 1413
반물 1571
반보기 0911
반살미 1700
반자 1453
반자치 1170
반지기 0467
받자 1095
받자하다 0798
발거리 0799
발괄 1572
발그림자 0897
발김쟁이 0738
발덧 0655
발리다 1256
발림 1573
발만스럽다 0853
발바심 0989
발비 0100
발칫잠 1491
발탄강아지 0739
밟다듬이 1041
밤물잡이 1096
밤볼 0623

밥내다 0931	벌렁코 0625	보름사리 0992
밥물림 1414	벌물 0552	보름치 0176
밥풀눈 0624	벌불 0553	보리누름 0069
방아살 1415	벌창 0554	보리동지 0721
방울꽃 0567	벗개다 0175	보리바둑 1649
방울나무 0411	벗바리 0740	보릿동 0070
방울북 1574	벗장이 1028	보무라지 1330
방자 1648	벼락김치 1417	보슬비 0084
방자고기 1416	벼랑톱 0235	보자기 1100
밭쟁이 1097	벼루 0210	보잡이 1101
밭팔이 1681	벼룩잠 1492	보쟁이다 1682
배내 0389	벼룻길 0315	보지락 1171
배내똥 0678	벼리 1575	보짱 0855
배냇냄새 0679	벼슬덤 1226	보추 0856
배래기 1327	벽장코 0626	복달임 1625
배메기 0990	변말 1576	복찻다리 0316
배악비 1328	별똥별 0040	본데 0857
배알티 0854	별박이 1418	본살 1257
배척 1150	볏 0991	본치 0627
백태 0664	볏술 1373	볼가심 1419
백태털기 1624	볕뉘 0008	볼끼 1331
밸 0592	보 1206	볼만장만 0765
뱃대끈 1329	보갚음 0800	봇줄 0993
뱃덧 0680	보굿 0431	봉창고지 1102
버덩 0234	보깨다 0665	봉창하다 0801
버렁 0341	보늬 0432	봉충다리 0708
버력 0468	보드기 0421	부검지 0994
버새 0371	보득솔 0422	부꾸미 1420
버슷하다 0898	보라매 0372	부넘기 1454
버캐 0469	보라바람 0118	부대 0953
벌낫 1151	보람 0470	부등깃 0390

부룩 0954
부룩소 0373
부룻 1207
부리 1650
부림소 0374
부사리 0349
부손 1152
부심이 1332
부엉이셈 1208
부전 1333
북데기 0995
북돌 0656
북새 0912
분대질 0802
분지 0681
불가물 0101
불갈기 0568
불강아지 0375
불개 0376
불깃 0569
불구러미 0570
불당그래 0571
불더미 0572
불돌 0573
불땀 0574
불땀머리 0555
불땔꾼 0722
불망울 0575
불머리 0576
불목 1455
불보라 0577

불어리 0556
불잉걸 0557
불전 1258
붕장어 0350
붙박이별 0041
붙임혀 1493
비각 0515
비거스렁이 0085
비게질 0377
비그이 0102
비김수 1626
비꽃 0086
비나리 1627
비늘구름 0192
비루 0391
비무리 0177
비바리 0955
비받이 0103
비발 1259
비보라 0104
비사치다 1577
비설거지 0087
비손 1651
비역질/밴대질 1683
비이슬 0105
비접 0657
빈지 1066
빗장거리 1684
빗점 0236
빛구럭 1260
빛기둥 0021

빨래말미 0056
뻠치 1209
뿌다구니 0471
삘기 0412

〈ㅅ〉
사개 0472
사그랑이 0488
사둘 0956
사득판 0283
사람멀미 0932
사래 0957
사름 0996
사리 0260
사발옷 1334
사복개천 0741
사북 0489
사슬돈 1261
사시랑이 0709
사위다 0558
사축 0997
사춤 0516
사품 0766
삭갈다 0998
삭신 0593
삭정이 0448
삯메기 1103
삯팔이 1104
산똥 0682
산불 0578
산소리 0803

살 0009
살강 1456
살거름 0999
살기다툼 0933
살꽃 1701
살눈 0158
살대 1494
살돈 1227
살맛 1702
살매 1652
살바람 0119
살별 0042
살사리꽃 0423
살손 1042
살여울 0284
살지르다 1262
살차다 0043
살천스럽다 0827
살친구 1703
살품 0594
살피 0342
살피 0473
삼 0648
삼이웃 0881
삼태불 1421
삿갓구름 0178
삿갓들이 1000
삿갓집 1495
상답 1335
상사목 0237
새경 1228

새내기 0710
새때 0071
새막이 1496
새수나다 1263
새쪽 0343
새초 1264
새털구름 0193
새품 0413
새호루기 1704
색갈이 1229
색바람 0143
샌전 1105
샐닢 1265
샐쭉하다 0517
샘밑 0518
샛바람 0144
샛별 0044
생게망게하다 0519
생목 0666
생이 1422
생청 0858
서늘맞이 0057
서덜 0490
서덜길 0317
서돌 1497
서리가을 0058
서리꽃 0165
서리병아리 0351
서리치기 1043
서릿바람 0145
서벅돌 0579

서슬 1130
선걸음 0859
선똥 0683
선바람 0767
선바위 0238
선변 1230
선샘 0239
선웃음 0768
설기 1336
설레꾼 1106
설면하다 0899
설밥 0159
설핏하다 0520
섬돌 1498
섬떡 1423
성애술 1424
성주 1653
섶 0433
섶나무 0414
세나절 1044
세뚜리 1172
세벌이 1067
셈평 펴이다 0913
소나기눈 0166
소나기밥 1374
소도리 1153
소드락질 0804
소리돌림 1578
소리맵시 1579
소릿귀 1580
소마 0667

소맷돌 1499
소소리바람 0120
소수 1173
속가름 1266
속굿 1531
속길 0298
속꽂이 1654
속잠 1500
속종 0860
속지르다 0805
손 1655
손갓 0769
손겪이 0914
손기척 0770
손돌이바람 0146
손돌이추위 0194
손떠퀴 1656
손말명 1657
손모둠 0658
손보기 1107
손속 1658
손숫물 0580
손톱달 0029
손티 0628
솔가리 0449
솔개그늘 0179
솔기 1337
솔버덩 0240
솔봉이 0711
솔포기 0450
솜병아리 0378

솜털씨앗 0451
솟을무늬 1581
송아리 1210
송치 0352
쇠구들 1501
쇠기침 0659
쇠푼 1267
수구레 1425
수멍 1001
수목 1338
수쪽 1268
술적심 1375
숨은여 0261
숨탄것 0353
숫눈 0160
숫음식 1376
숫잠 1502
숯등걸 0581
쉰둥이 0649
스란치마 1339
슴베 1154
시나브로 0521
시나위 1582
시난고난 0650
시르죽다 0668
시마 0147
시새우다 0538
시앗 0882
시우쇠 1155
시울 0333
시위 0106

시위잠 1503
시접 1340
신들메 1029
신떨음 1045
신발차 1269
신소리 1583
실골목 0318
실구름 0195
실뒤 1504
실력굿 1659
실바람 0148
실살 1068
실터 1505
실퇴 1506
싸다듬이 0915
싸라기눈 0161
싸라기별 0045
쏘개질 0806
쏠 0285
쓰레그물 0958

〈ㅇ〉

아감젓 1426
아니리 1584
아람 0434
아람치 0522
아랫바람 0149
아얌 1341
아우거리 1002
아음 0900
아퀴를 짓다 1030

악청 1585
안갚음 0916
안개눈썹 0629
안개치마 1342
안날 0059
안돈 1270
안돌이 0211
안동 0807
안저지 1108
안침술집 1109
안타깨비 1343
앉은굿 1660
알나리 0695
알돈 1271
알땀 0669
알땅 0212
알반대기 1427
알배기 0354
알섬 0262
알심 0828
알음 0883
알짬 0491
알차지 1272
알천 1273
암물 0582
앙가발이 0696
앞잔치 0934
애끌 1156
애돌 0379
애만지다 0808
애면글면 0771

애오라지 0829
애옥살이 0917
애잔하다 0861
애채 0452
야거리 1157
야바윗속 0830
야살 0862
양거지 1628
양냥이줄 1158
어김다리 0319
어깨걸이 1344
어깨저울 1159
어둠별 0046
어뚝새벽 0072
어루꾀다 0772
어르다 1705
어름 0523
어리 1457
어리눅다 0831
어리보기 0742
어림생각 0863
어릿보기 0684
어섯 0524
어스름달 0030
어이 0355
어지자지 1706
어처구니 0492
억수 0107
억짓손 1046
언덕밥 1377
언죽번죽 0773

얼갈이 1003
얼거리 0493
얼럭 0474
얼럭장사 1069
얼럭집 0494
엄두 0864
엄장 0630
업 1661
엇셈 1274
엇절이 0743
엎집 1507
에누리 1070
에돌다 0809
에두르다 1586
에움 1275
에움길 0299
엘레지 0356
여김/지움 0865
여동밥 1428
여리꾼 1071
여마리꾼 1072
여물 0583
여우별 0047
여우비 0088
여울 0286
여윈잠 1508
여의다 0884
여줄가리 0475
여탐 0832
연모 1131
연사질 0810

연생이 0697
열구름 0180
열끼 0595
열나절 0060
염 0263
염접 1047
염통 0596
영산 1662
오가리 0476
오독도기 0584
오돌지다 0539
오둠지 0334
오디 0424
오목누비 1345
오미 0287
오사리 0357
오얏 0425
오쟁이 지다 1685
오지랖 1305
옥새 1509
옥생각 0833
옥셈 1276
온품 1048
올림말 1588
올무 1160
올서리 0162
올제 0073
올풀이 1110
옴 0631
옴살 0901
옴큼 1211

옷거리 1346
옷깃차례 0335
옷두지 1347
옷물림 1348
옹글다 0525
왁대값 1277
완각 1510
완자 1429
왜뚜리 0495
왜바람 0150
왜배기 0496
외씨버선 1349
윌총 1589
요분질 1707
용고뚜리 0723
용총줄 1161
우금 0288
우듬지 0435
우렁잇속 0834
우리 1212
우멍거지 0597
우수리 1278
우케 1004
울대뼈 0632
울력 1049
움딸 0885
웃기 1430
웃돈 1231
웃비 0089
웃손 1708
워락 1511

원밥수기 1431
월천국 1432
위턱구름 0196
윤똑똑이 0724
으스름달 0031
을모지다 0541
음전하다 0866
의뭉하다 0867
의초 0902
이끔말 1590
이내 0197
이녁 0886
이듬 1005
이령수 1663
이르집다 0774
이마받이 0336
이바지 1686
이박기 1629
이새 1050
이슬비 0090
이악하다 0868
이어갈이 1006
이즈막 1591
이지가지 0497
이태 0074
익반죽 1433
익은말 1592
일더위 0198
일떠서다 0775
일쑤 1051
일잠 1512

입고프다 1593
입길 1594
입내 1595
입빔 1279
입시 1378
입심거리 1596
잎나무 0453
잎샘 0181
잎파랑이 0454

⟨ㅈ⟩

자개미 0633
자국눈 0167
자귀 0401
자드락 0241
자드락길 0320
자드락비 0091
자라눈 0634
자루목 0344
자리보기 1687
자릿내 0477
자릿쇠 1162
자발없다 0869
자밤 1213
자치동갑 0887
자풀이 1174
작벼리 0242
잔별 0048
잔생이 1597
잔셈 1280
잔솔 0426

잔용 1281
잔입 0670
잔재비 1052
잠방이 1350
잠비 0092
잠포록하다 0182
잠풀 0427
잡도리 1053
잡살뱅이 0498
잡살전 1111
잡을손 1054
잡힐손 1055
잣눈 0168
장구배미 1007
장내기옷 1351
장다리꽃 0415
장사옷덮기 1073
잦감 0264
재넘이 0151
재빼기 0243
재여리 1112
저냐 1434
저울자리 0049
저잣거리 1113
저퀴 1664
적바림 1532
전곡 1513
전래 1665
절치 1352
젓가락돈 1232
정띠 1353

정짜 1074
제돌이 0032
제시중 1075
조가비 0402
조각달 0033
조금 0265
조막 0499
조바심 1008
조부비다 0835
조새 1163
조짐 1214
조침젓 1435
졸가리 0455
졸보기 0685
좀나무 0428
종날 1666
주니를 내다 0870
주당 1667
주럽 0671
주릅 1076
주먹셈 1282
주저리 0526
주접 0672
죽담 1514
죽치 1114
준보기 1598
줄가리 1009
줄글 1599
줏개 1515
줏대 1132
중치막 1354

453

쥐대기옷 1355
쥐불 1668
쥐코밥상 1436
쥐통 0660
지개미 0686
지돌이 0321
지레김치 1437
지레뜸 1379
지레목 0244
지매 1600
지방 0322
지샌달 0034
지짐거리다 0108
지짐이 1438
지치보라 1601
진갈이 1010
진대 0811
진동 1356
진솔 1306
질땅 0959
짐방 1115
집알이 0918
집주름 1116
집터서리 1516
짙은천량 1283
짙음새 1602
짚신할아비 0050
짜개 0500
짤짜리 1307
짬짜미 0919
쨈빛 1603

쩍말없다 1604
쪽다리 0323
쪽모이 1605
쪽잠 1517
쫏개 1133
찌 1533
찌러기 0380
찔레꽃머리 0061

〈ㅊ〉
차렵 1357
차림표 1534
차반 1439
차집 1117
찬돈 1284
찬바람머리 0062
찬합집 1518
찰배미논 0960
참살 0635
찾을모 0871
채 1215
채발 0598
채찍비 0093
책씻이 1535
처서판 1056
천둥지기 0961
철록어미 0744
철매 0501
첫국 1440
첫길 1688
첫물지다 0109

첫사리 1011
청기와장수 0745
청승살 0636
초다짐 1441
초련 1012
촛불놀이 1709
추깃물 0559
추레하다 0935
추렴 1630
치레거리 1358
치마양반 0746
치받이/내리받이 0300

〈ㅋ〉
칼나물 1380
칼싹두기 1442
칼제비 1381
켯속 0478
코머리 1118
코큰소리 1606

〈ㅌ〉
타래송곳 1134
타목 1607
탑삭나룻 0599
탕개 1135
태주 1669
터무니 0502
터앝 0213
터울 0527
털모숨 0403

털북이 0392
텡쇠 0698
토끝 1359
토끼잠 1519
토리 1136
토막말 1608
통길 0301
통마루 1520
통잠 1521
톺아보다 0776
퉁때 1285
튀개 1164
트리 0936
트임새 1360
틀박이 0699
틀수하다 0872
틀톱 1137

⟨ㅍ⟩

파당 1119
판몰이 1286
판셈 1287
판수 1120
펀더기 0245
편수 1121
편쑤기 1382
포실하다 0937
푸네기 0903
푸새 0416
푸서리 0214
푸서릿길 0324
푸석살 0600
푸주질 1122
푼치 1175
푼소 0381
풀대님 1308
풀등 0246
풀땜질 1057
풀떨기 0456
풀떼기 1443
풀벌 0247
풀보기 1689
풀치 0358
풀치마 1361
품돈 1288
품방아 1710
풋낯 0888
풋눈 0169
풋돈냥 1289
풋뜸 0747
풋머리 0075
풋잠 1522
풋장 0457
풍계묻이 1670
풍장 1609
피골집 1383
피끗 1610
피죽바람 0121
피천 1290
핏본 0637
핑구 1671

⟨ㅎ⟩

하냥 1611
하느라지 0638
하늘갓 0022
하늘바라기 0812
하늬바람 0122
하릅 1216
하리놀다 0813
하리들다 0814
한겻 0063
한골 0938
한길 0302
한뉘 0064
한데우물 0585
한뎃잠 1458
한동자 1384
한무릎공부 1536
한물 0065
한바닥 0939
한소끔 1058
한속 0904
한시름 0836
한올지다 0905
한터 0920
한팔접이 0748
한풀 0528
함박 1612
함지땅 0248
함지방 0479
함진아비 1690
핫것 1362

핫반 1363
핫어미/핫아비 0700
항정 0404
해가림 0749
해감 0480
해감하다 0873
해거름 0010
해껏 0066
해넘이 0011
해돋이 0012
해뜰참 0067
해매 0503
해미 0266
해바라기 0013
해받이 0110
해웃값 1233
해자 1291
해적이 1613
해전치기 1059
해쪼이 0815
해찰 1031
해포이웃 0940
햇귀 0014
햇내기 0750
햇덧 0015
햇무리 0016
햇물 0586
햇발 0017
햇살 0018
행감치다 0816
행짜 0817

허릅숭이 0725
허리말기 1364
허리안개 0199
허발 0777
허방 0303
허주굿 1672
허튼모 0962
헌해 1614
헛가게 1077
헛글 1537
헛돌이 1138
헛무덤 0661
헛잠 1523
헤살 0778
호듯속 0542
호드기 1615
호락질 1013
호리(질) 1014
호미씻이 1673
홀림길 0325
홀알 0393
홀앗이 0921
홀앗이살림 1691
홀태 1444
화라지 0458
화줏머리 1674
환 1538
활개 0601
활죽 0504
황소바람 0123
홰 1459

회목 0602
회목잡이 1675
회술레 0818
후미 0215
휘 1217
휘장걸음 0779
흑책질 0819
흔전하다 0941
흔줄 0942
흘떼기 1385
흘레 0394
흘림 1616
흙감태기 0505
흙격지 0249
흙깔이 0963
흙비 0111
훗대 1165
희나리 0459
흰고무래 1123